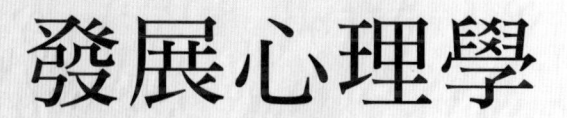

發展心理學
健康促進的觀點

Journey Across the Life Span:
Human Development and Health Promotion/7e

Elaine U. Polan & Daphne R. Taylor ◆ 著

陳增穎 ◆ 譯

Journey Across the Life Span:
Human Development and Health Promotion

SEVENTH EDITION

Elaine U. Polan & Daphne R. Taylor

The original English language work has been published by:

The F. A. Davis Company, Philadelphia, Pennsylvania

Copyright © 2023 by F. A. Davis Company.

All rights reserved.

Complex Chinese Edition Copyright © 2025 by Psychological Publishing Co., Ltd.

作者簡介

Elaine U. Polan, RN, MS, PhD
美國紐約州尤寧戴爾鎮（Uniondale）職業教育與進修委員會附設實務護理師學校
「護理師實務課程」督導（已退休）

Daphne R. Taylor, RN, MS
美國紐約州尤寧戴爾鎮職業教育與進修委員會附設實務護理師學校
「護理師實務課程」副督導（已退休）

獻辭

謹以摯愛的回憶獻給我的姊妹 Harriet 與 Joanne，以及我的父母。
我的人生旅程何其有幸，能與 Ed、家人、五位孫子女繼續結伴同行。

～Elaine U. Polan

謹以摯愛的回憶獻給我的母親 Jemima，並感謝我的丈夫與家人的支持。

～Daphne R. Taylor

譯者簡介

陳增穎

現職：南華大學生死學系所副教授

學歷：國立臺灣師範大學教育心理與輔導學系博士
　　　美國伊利諾大學香檳校區訪問學生

經歷：諮商心理師高考及格
　　　國高中輔導教師
　　　諮商與心理治療實務工作者及督導

譯作：《敘事治療入門》（2008）
　　　《諮商概論：諮商專業的第一本書》（2012）
　　　《團體諮商：概念與歷程》（2014）
　　　《諮商技巧精要：實務與運用指南》（2015）
　　　《悲傷諮商：原理與實務》（2016）
　　　《40個諮商師必知的諮商技術》（2017）
　　　《社會心理學》（2019）
　　　《兒童與青少年諮商：理論、發展與多樣性》（2021）
　　　《青少年心理學》（2022）
　　　《兒童發展：主動學習的觀點》（2024）
　　　《一學就上手的諮商技巧》（2025）
　　　《發展心理學：健康促進的觀點》（2025）
　　　（以上皆由心理出版社出版）

原作者序

美國的健康照護系統正在改變和發展，期能最好地滿足民眾的需求，重點仍將放在促進、維護和恢復健康。在這個新的醫療服務系統中，健康照護人員應在個體的整個生命週期、生活的各種環境中為其提供服務。本書作者根據研究、臨床實務和自身經驗提供資訊給讀者參考。原書第七版新增與《2030 健康國民》（Healthy People 2030）相關的內容，以及有關健康的社會決定因素（SDOH）等資訊。綜觀本書，我們皆致力於保持客觀並尊重他人的信念和想法。

本書旨在幫助學生瞭解從受孕到死亡的生命週期，完整呈現整個生命週期的成長和發展。此外，我們希望培養學生欣賞和體會他人為維持、促進和恢復健康而奮鬥的精神。

本書共有 14 章，編排的要旨在使本書易於閱讀。最後一章討論臨終與死亡、喪親之痛等主題，作者希望讀者在處理個人或專業失落時，能夠從本章中找到安慰和指引。每章開頭都有學習目標，協助讀者理解閱讀內容；實用小提示是本書撰寫特色之一，旨在吸引讀者注意可用於服務對象的重要實務；其他特色包括圖、表、專欄和照片。

每章的末尾都有一或多個思辨練習，接著是本章重點回顧，期能提高讀者的覺察並挑戰思考。每章最後的課後評量有助於學生測試對書本內容的理解。

思辨練習和案例研究中所使用的人名都是虛構的，與真實人名若有任何相似之處純屬巧合。

我們誠摯地希望本書對學生而言易懂好讀，並適用於臨床實務和個人成長。

—*Elaine U. Polan, RN, MS, PhD*
—*Daphne R. Taylor, RN, MS*

生是起點，

死是終點。

人生是一場旅程：

從童年到成熟，

從青年到老年；

從天真到覺醒，

從無知到博學，

從愚昧到明智，

然後，或許，到睿智；

從軟弱到堅強，

或從堅強到軟弱，

甚至，重新來過。

從健康到疾病，

我們祈禱，又能恢復健康。

從冒犯到寬容，

從孤獨到愛戀，

從喜悅到感激，

從痛苦到同情，

從悲傷到理解，

從恐懼到信心；

從失敗到失敗再繼續失敗，

直到，無論回首往事還是展望未來，

我們都會看到，勝利不在於登上沿途的某個高處，

而在於一步一步走完這段神聖的朝聖之旅。

生是起點，

死是終點。

人生是一場旅程，

一場通往永恆的朝聖之旅。

同意許可轉載： *The New Union Prayer Book.*
Central Conference of American Rabbis: New York, 1978, p.283

審閱者

Christa Berthiaume, MSN, RN
Program Coordinator
McCann Technical School
North Adams, Massachusetts

Frances Ann Bivens, RN, BS, BSN
Retired Coordinator of 33 years
McDowell City Career Center
Welch, West Virginia

Wendy A. Cockron, MSN-Ed, RN, AGACNP-BC
Director of Nursing Programs
North American University
Stafford, Texas

Thomas H. Hodges, MN, CMSRN
Director of Nursing/Curriculum Chair
ECPI University
Greensboro, North Carolina

Patricia K. Parks, MSN, RN
Nursing Instructor
Flint Hills Technical College
Emporia, Kansas

Andrea D. Ruff, MS, RN
Coordinator of Healthcare Occupations
Cayuga-Onondaga BOCES
Auburn, New York

Natasha Sanders-Beaver, MSN, BSN, RN
Nursing Faculty
Bryant and Stratton College
Wauwatosa, Wisconsin

Melissa S. Smiley, RN, CNE, MSN
Nursing Faculty
Wayne Community College
Goldsboro, North Carolina

Loretta R. Vobr, MSN, RN
Nursing Instructor
Northwest Technical College
Bemidji, Minnesota

Michelle Whittet, RN, MSN
Content Enrichment Specialist
Galen College of Nursing
Louisville, Kentucky

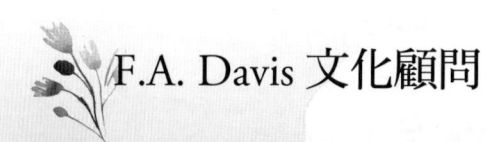

F.A. Davis 文化顧問

作者與出版社特別感謝主題專家的貢獻，協助確保本書的內容能幫助學生為來自各種文化背景的人提供照護做好準備。

Victoria Haynes, DNP, APRN, FNP-C
Tenured Professor/Coordinator of Diversity and Cultural Competency
Mid America Nazarene University
Olathe, Kansas

Carol O. Long, PhD, RN, FPCN, FAAN
Principal, Capstone Healthcare & Founder, Palliative Care Essentials
Transcultural Nursing Scholar
Fredericksburg, Virginia

Marilyn A. Ray, RN, PhD, CTN-A, FAAN
Col. (Ret.), United States Air Force (USAF), Nurse Corps
Professor Emeritus
Florida Atlantic University
The Christine E. Lynn College of Nursing
Boca Raton, Florida

目次

Chapter 1・健康的生活方式 —— *001*

Chapter 2・溝通 —— *037*

Chapter 3・文化 —— *061*

Chapter 4・家庭 —— *081*

Chapter 5・成長與發展的理論 —— *111*

Chapter 6・產前期到 1 歲 —— *139*

Chapter 7・幼兒期 —— *187*

Chapter 8・學齡前期 —— *221*

Chapter 9・學齡期 —— *251*

Chapter 10・青春期 —— *287*

Chapter 11・成年早期（青壯年期）—— *325*

Chapter 12・成年中期（中年期）—— *355*

Chapter 13・成年後期（老年期）—— *379*

Chapter 14・臨終與死亡 —— *427*

附錄A　生前預囑範本 —— *445*

附錄B　醫療代理委託書範本 —— *447*

名詞彙編 —— *449*

免責聲明

　　隨著基礎與臨床研究不斷進展，科學資訊不斷推陳出新，專家建議的治療方法與藥物治療亦隨之調整。作者與出版社已盡最大努力，確保本書內容在出版時準確、最新，並符合當前學界公認的專業標準。然而，作者、編輯群及出版社對於書中可能存在的錯誤或疏漏，以及因誤用本書內容而產生的任何後果，概不負責，且不對書中內容提供任何明示或暗示的保證。本書所描述的臨床操作及方法，讀者應依據專業照護標準，並結合各個具體情境的特殊需求，謹慎運用。在給予任何藥物前，務必查閱產品資訊（如包裝說明書），確認劑量、禁忌及最新變更與資訊。對於新藥或不常開立的藥物，尤應格外謹慎。

Chapter 1
健康的生活方式

學習目標

1. 說明健康的歷史。
2. 說明《2030 健康國民》提出的國民健康模式。
3. 說明健康的概念。
4. 解釋健康的社會決定因素的影響。
5. 列出五種健康的生活方式。
6. 說明健康照護人員在健康促進中的作用。
7. 列出兩個會干擾服務對象改變個人習慣能力的因素。

健康照護的歷史

　　早期文明就已經非常關心健康和疾病。疾病通常被歸因於自然和超自然力量，有時，疾病被認為是某些邪惡行為的後果。人們常透過咒語、魔法和符咒，或服用混合藥草來預防疾病。偶爾，人們會採取嚴厲的措施來驅趕體內的惡魔，例如拍打、折磨或讓病人挨餓；有些則仰賴民間療法。簡單的手術甚至在希臘醫學出現之前就已經存在。大約在西元前 6 世紀，希臘成立了醫學院。希波克拉底（Hippocrates）是第一位主張治療奠基在相信自然具有強大治癒能力的醫生。飲食、運動和衛生是治療疾病的重要方式。

　　整個中世紀（5 世紀到 15 世紀），醫學和宗教是交織在一起的。瘟疫和流行病奪走了數百萬人的生命，直到 19 世紀細菌學（bacteriology）興起，人們才對疾病過程有所瞭解。Louis Pasteur、Robert Koch 與 Joseph Lister 是這段時期以科學來理解健康和疾病的三位重要科學家。20 世紀，傳染病是主要死因，但衛生條件、水質和糧食供應的改善，有助於提高生活品質並延長壽命。1936 年至 1954 年間，疫苗和抗生素的發明與普及，有效降低了傳染病的死亡人數。

　　儘管種種進步限縮了傳染病的發病率和死亡人數，但有些疾病在 20 世紀和 21 世紀照樣捲土重來。結核病和麻疹等疾病死灰復燃，人類免疫缺乏病毒（HIV）、後天免疫缺乏症候群（AIDS）、伊波拉病毒（Ebola virus）和頑強的抗藥性菌株（金黃色葡萄球菌、肺炎鏈球菌和沙門氏菌）等新傳染病，對當今全球人口構成威脅。

　　許多和疾病有關的術語經常被錯置誤用。為幫助讀者理解何謂**流行病**、**全球大流行**和**地方病**等術語，本書使用美國疾病管制與預防中心（Centers for Disease Control and Prevention, CDC）認可的定義來避免混淆。

- **流行病**（**epidemic**）係指影響社區中大量居民的疾病。
- 在多個國家或大洲傳播的疾病，是為**全球大流行**（**pandemic**）。
- 僅影響特定族群或國家的疾病，是為**地方病**（**endemic**）。

　　1918 年 H1N1 病毒造成人類史上首度流感大流行，它的起因至今仍是個

謎，只知道最早是在美國軍人身上發現的。之所以命名為**西班牙流感**（Spanish flu），是因為西班牙媒體首度披露，大肆報導。幸而經過抗病毒藥物治療，疫情逐漸趨緩。然而，流感病毒有許多突變和變種，在不同時期引爆大流行。1957 年，H2N2 流感發端於中國南方。1968 年，H3N2 病毒首先在美國豬隻身上發現，後來人類也受到感染，稱為**豬流感**（swine flu）。2019 年，中東呼吸症候群冠狀病毒（Middle Eastern Respiratory Syndrome, MERS）因其起源於阿拉伯半島和非洲而得名。這種病毒首先現蹤於駱駝，接著傳染給人類，最後演變成人傳人。

2019 年，中國武漢出現新型冠狀病毒（SARS-CoV-2），並引發名為 COVID-19 的全球大流行。這種疾病經由空氣中的呼吸道飛沫以及接觸受病毒污染的表面或物體傳播。世界衛生組織（World Health Organization, WHO）表示這是一種不明原因的肺炎，導致武漢周邊地區多人死亡，主要表現為急性呼吸窘迫症候群。只要能明確識別出病毒，科學家就開始尋找治療方法，促成在美國國家衛生研究院（National Institutes of Health, NIH）的指導下開發出 mRNA 疫苗。

所有年齡層的人都有可能暴露在疾病的威脅中，尤以年長者和患有潛在疾病的人為甚。這場迅速蔓延的全球大流行疾病令人震驚。世界各地的健康照護系統（health care system）在應對病例數量及嚴重程度方面陷入困境，只能透過篩檢、隔離、保持社交距離和使用個人防護裝備，減緩感染傳播的速度來拯救生命。2021 年初，COVID-19 疫苗已廣泛施打。這次全球大流行疾病導致邊緣化的社區出現更多死亡病例，凸顯美國健康照護資源不平等。COVID-19 感染的嚴重程度可分為中度、重度或危急，截至 2021 年底，導致美國超過 70 萬人多重器官衰竭和死亡。

另有許多成就對長壽和健康做出了貢獻。孕產婦照護的改善和進步，導致全球孕產婦和嬰兒死亡率下降。然而，美國的孕產婦死亡率雖已降低，但現在又開始上升。大量育齡女性在懷孕期間不願配合產檢，增加了自身和嬰兒的風險。擁有更好的營養、衛生條件和醫療科技進步，能夠降低母親和嬰兒在生命第一年的潛在危險。儘管如此，如何讓所有民眾都能獲得健康照護，仍是需要多加關注的議題。

其他得到改善的領域包括：香菸使用風險的衛教、遺傳諮詢、車輛安全及心

臟病和中風等心血管疾病的診斷和治療進步。工作場所在安全和職業相關危害方面的改善，亦有助於進一步降低死亡率。現今工作場所的死亡率低於歷史上任何時期。

🌸 健康國民

四十年來，美國衛生與公眾服務部（U.S. Department of Health and Human Services）發布了一項名為《健康國民》（*Healthy People*）的改善國民健康十年計畫。《健康國民》為實現國家未來十年健康照護目標提供了科學基礎。第一卷是《2000 健康國民》，目的是減少美國人的健康不平等差距。

在《2000 健康國民》中首次揭示的目標基礎上，《2010 健康國民》繼續推廣改善健康的系統性方法。《2010 健康國民》確立了兩個主要的國家健康目標。第一個目標是提高健康生活的品質和預期壽命。**預期壽命（life expectancy）**是一個人預期可存活的平均年數。美國人的預期壽命從 20 世紀初的 47.3 歲，增加到今日的近 79 歲。第二個目標是消除民眾因性別、族裔、教育、收入、身心障礙、居住地和性取向而存在的健康不平等差距。這項倡議致力於確保國家的所有人民，無論差異如何，都有平等的機會滿足其健康照護的需求。

《2020 健康國民》倡導提供健康和疾病預防的服務，旨在改善所有國民的健康，鼓勵跨社區合作，共享訊息，使個體能做出有益健康的決定。這些預防性健康策略的結果將持續加以測量和評估。

《2020 健康國民》的總體目標是提高所有國民的生活品質，避免可預防的疾病、失能、傷害和過早死亡。健康照護的公平性和消除不同群體之間的差異，目的不僅是改善所有國民的健康，且強調在個人一生的各個發展階段，皆能保持良好的生活品質，採取健康促進的行動。

2021 年發布的《2030 健康國民》著眼於前幾年未實現的目標，並將健康公平和國家福祉視為重點。每個目標都有可衡量的方針和具有實證基礎的實施建議，五大目標分述如下。

1. **健康狀況**（Health Conditions）目標著重於患有成癮、心臟病、腦中風等疾病或懷孕和分娩等個體的生活品質。
2. **健康行為**（Health Behaviors）目標著重於可以向服務對象衛教的主題，例如營養和健康飲食、不抽菸或吸入尼古丁，以及增加身體活動。
3. **人口政策**（Populations）目標涵蓋影響青少年、LGBTQ+、男性和女性，以及身心障礙人士等族群的問題。
4. **環境和系統**（Settings and Systems）目標著重於健康照護組織能發揮減少健康不平等差距的作用，提供一個讓所有人民都能獲得健康照護的資源。這些目標為健康照護服務系統、居住環境和大眾交通系統、健康保險和緊急醫療服務等領域實現健康公平提供了指引。
5. **健康的社會決定因素**（Social Determinants of Health, SDOH）目標著重於影響人民健康、功能與生活品質的環境條件。

SDOH 是健康和疾病的重要因素（見圖 1.1）。更多資訊請參閱專欄 1.1。

圖 1.1 │《2030 健康國民》所概述健康的社會決定因素包括：經濟穩定性、教育機會和品質、健康照護機會和品質、鄰里和建物環境，以及社會和社區環境

資料來源：*Healthy People 2030*, U.S. Department of Health and Human Services, Office of Disease Prevention and Health Promotion。取自 https://health.gov/healthypeople/objectives-and-data/social-determinants-health

專欄 1.1

健康的社會決定因素

研究人員和世界衛生組織（WHO）等健康照護團體探究健康的社會決定因素（SDOH）對個人健康和福祉的影響。研究發現，出生地區、成長地區、生活地區、工作地區以及終老地區，對個體一生的健康結果至關重要。《2030 健康國民》也將健康的社會決定因素分為五個類別，每個類別都有一個目標和建議的介入措施（參見圖1.1）。

健康的社會決定因素	目標	介入措施
社會和社區環境	強化社會和社區支持	協助人民獲得改善健康與福祉所需的社會和社區支持
經濟穩定性	協助人民獲得穩定的收入，以滿足每個人的健康照護需求	建議人民參與就業計畫並尋找優質的托兒服務，協助他們支付食物、居住、醫療、托兒以及教育費用
教育機會和品質	增加教育機會，協助兒童和青少年取得良好的學業成就	推動賦予兒童學習機會，並協助父母支付子女大學費用和取得較佳健康照護費用的計畫
健康照護機會和品質	增加獲得全面高品質健康照護的機會	協助人民能親自或以遠端通訊傳達其健康照護的需求
鄰里和建物環境	創造促進健康和安全的鄰里環境	倡議地方、州和聯邦層級的政策改革。在社區中劃分可以安全步行或騎乘車輛的區域，降低健康和安全風險

　　《2030 健康國民》中的主要健康指標（Leading Health Indicators, LHI）是由數個改善健康和福祉的優先目標所組成。這些都是影響死亡和疾病的因素，依生命階段分期，如表1.1 所示。

表 1.1　《2030 健康國民》中的主要健康指標

生命階段	主要健康指標
嬰兒期	・降低嬰兒死亡率
兒童與青少年期	・提高四年級學生閱讀程度達到或超過年級水準的比例 ・增加憂鬱症青少年接受治療的人數 ・減少肥胖兒童和青少年的人數 ・減少青少年對菸草製品的使用
成年與老年期	・減少成人酗酒的比例 ・增加進行足夠有氧運動和肌肉強化活動的成人數 ・增加接受大腸癌篩檢的成人數 ・控制成人高血壓以預防心臟病和腦中風 ・減少成人吸菸人數 ・增加勞動年齡成人的就業率 ・減少懷孕和分娩期間的孕產婦死亡 ・減少每年的糖尿病診斷病例數
全年齡層	・增加 2 歲以上兒童對口腔保健系統的使用率 ・減少 2 歲以上兒童添加糖（added sugar）的攝取量 ・減少因藥物過量導致的死亡人數 ・減少人民暴露在不健康空氣中的天數 ・預防及減少兇殺案 ・減少家庭糧食不安全和飢餓 ・增加每年接種流感疫苗的人數比例 ・增加 13 歲以上族群對人類免疫缺乏病毒（HIV）的知識 ・增加擁有健康保險的人數 ・降低精神疾病患者的自殺率

健康照護服務

19 世紀和 20 世紀初的美國健康照護系統由醫生和醫院主導。在那段時期，患者和醫生之間的關係非常密切。醫生設定費用、開立帳單或收取費用，並經常根據患者的支付能力調整費用。多年來，美國醫學會（American Medical

Association, AMA）一直反對由第三方干預或介入患者和醫生之間的醫療問題。

19 世紀初，有些人從工會、共濟會或某些商業機構購買醫療保險。這類「疾病保險」，顧名思義，是為疾病或受傷而損失的時間提供簡單的保障。多年後，保險的涵蓋範圍擴大到勞工的家屬等人。第一次世界大戰之前，經過一些歐洲國家的倡議，加速了強制醫療保險的推動。「產業」（Industrial）保單由大都會人壽保險公司（Metropolitan Life）和保德信人壽保險公司（Prudential Life Insurance Companies）銷售。這些早期的健康保險費用低廉，僅在死亡時一次性理賠一小筆費用，用以支付最後的醫療費用以及喪葬費用。

1929 年開始的經濟大蕭條，改變了醫院和醫生的財務保障。美國醫學會持續重申健康保險的概念，建議「國民存錢以備生病不時之需」。

1900 年代初，民眾提出希望在因疾病和年老而失業時能有保險的保障。為解決公眾健康照護問題，藍十字保險公司（Blue Cross Insurance）推出預付型住院照護保險。其後，藍盾保險公司（Blue Shield）又提供就診償付型保險。這兩種保險獲得多數美國人的青睞，紛紛加保，但仍有大量民眾無法負擔保險費用。

為了向因年老而失去收入的人提供失業保險，美國國會於 1935 年通過《社會保障法》（Social Security Act），明定聯邦政府應對各州的公共衛生和援助提供支援。《社會保障法》於焉成為 1965 年聯邦醫療保險（Medicare）和聯邦醫療補助（Medicaid）立法發展的基礎。

1972 年，《社會保障法》修正案引入了 Medicare Part A（醫療保險 A 部分，即醫院保險）和 Medicare Part B（醫療保險 B 部分，即門診保險）。涵蓋範圍也擴大到身心障礙人士和 65 歲以上的年長者。2006 年，Medicare Part D（醫療保險 D 部分，即處方藥保險）擴大到涵蓋處方藥費用。1970 年代，聯邦醫療補助計畫也擴大到涵蓋低收入者、孕婦、需要長期照護的個人或身心障礙人士。

1970 年代，希冀透過管理式健康照護制度來控制服務提供成本的需求日增。管理式健康照護已成為當今美國醫療服務的主流。該系統會指定一名基礎醫療人員（primary care provider, PCP）來提供基本健康照護服務。PCP 可以是醫生、護理師或醫生助理，目的是減少昂貴的住院次數，以及不必要的手術和轉診次數。

美國有兩種類型的管理式健康照護系統，分別是：健康維護組織（health maintenance organizations, HMO）和優選醫療組織（preferred provider organizations, PPO）。HMO 是管理式醫療機構，負責為成員提供資金、組織和委託服務。HMO 提出一項計畫，讓健康照護人員（health care provider, HCP）承擔部分財務風險，並將 PCP 作為提供基本健康照護服務的守門員。

PPO 是最全面的管理式健康照護型態，透過其已建立的 HCP 網絡，以折扣價為私營企業提供服務，再由患者（而非 HCP）支付部分醫療費用。患者也可以使用 HCP 網絡以外的醫療，但需支付額外費用。若是由 PPO 支付某些醫療費用，須先取得 PPO 對專家看診或住院的批准。其他還有模仿 HMO 和個別化選擇系統功能的計畫。在這些稱為定點服務（point-of-service, POS）的計畫中，HCP 根據被保險人資格或風險系統獲取預先設定的款項。民眾也可以選擇自己的健康照護人員，但須自行承擔財務風險。

官方和志願提供公共健康照護的機構，在州、聯邦和地方各級單位運作。健康促進、疾病預防和教育是這些機構的重點推行項目。

1996 年，美國國會推出《統一綜合預算協調法案》（Consolidated Omnibus Budget Reconciliation Act, COBRA）和《健康保險流通與責任法案》（Health Insurance Portability and Accountability Act, HIPAA）。COBRA 為必須離職的人提供健康保險保障。HIPAA 要求醫療機構和醫療工作者負責保護敏感的病患資料。HIPAA 要求制定患者資訊（包括電子資訊）交換標準，保護所有民眾的紀錄隱私和機密性。

1997 年，美國衛生與公眾服務部將基金用於建立兒童健康保險計畫（Children's Health Insurance Program, CHIP），為數百萬不符合聯邦醫療補助資格的低收入家庭兒童提供保險。該保險由州和聯邦政府資助，由各州負責計畫管理；有些州也將孕婦納入保險範圍。

2010 年，《平價醫療法案》（Affordable Care Act, ACA）頒布，目標是為數百萬沒有保險的民眾提供健康保險，同時提高原有保險者的保險範圍。ACA 的主要目標之一是從關注疾病轉向關注預防和健康，另一個目標則是創造平等的健康照護機會。該法案還強調提高照護品質、治療效果、當責制和降低成本。ACA

也擴大了聯邦醫療補助範圍。

ACA 的規定如下：
- 家庭有資格免費獲得某些預防性健康服務。
- 保險公司不能拒絕已有健康狀況的民眾投保。
- 未投保的兒童將依附於父母的保險直到 26 歲。
- 擁有 50 名或以上員工的公司，都必須提供健康保險。
- 開辦州級健康照護交流計畫，讓未受雇主或其他類型權利方案承保的消費者購買健康保險。

許多因素影響當今健康照護系統的財政資金，包括健康照護人員、雇主、購買者、消費者和政治人物。控制不斷上漲的費用以及為將近 4,800 萬保險不足或沒有保險的美國人提供準備金，是當今最急迫的兩個問題。目前，國會正在辯論並試圖修改或替換 ACA，但尚未達成共識。將來會出現什麼變化，還有待觀察。

21 世紀的美國健康照護由公共和私營組織提供，這些組織擁有並經營健康照護設施。傳統上，照護費用是透過健康保險支付的，其中大部分由政府提供，其餘由私人企業提供。美國的健康照護服務系統是世界上最複雜、最昂貴的系統之一。儘管系統龐雜，但仍無法充分滿足全民受惠的需求。

美國與加拿大的健康照護系統之比較

加拿大和美國的健康照護系統經常被拿來相互比較。兩國的制度在 1970 年代之前有些相似，直到加拿大將健康照護制度改革為一套社會保險計畫，為所有加拿大公民提供保險。這套計畫由國家資助，涵蓋許多預防性的醫療，如：基礎醫療人員、醫院、牙醫和其他健康照護人員。

無論病史、收入和生活水準如何，多數加拿大人都有資格獲得保險。統計數據表明，加拿大人民的預期壽命比美國人更長，嬰兒死亡率更低。然而，造成這些統計數據的因素很多，包括：不同的族裔組成、酗酒率和肥胖率。兩國之間也有許多相似之處，例如健康照護費用的成長速度快於通貨膨脹率。

世界衛生組織

世界衛生組織（WHO）是聯合國的專門國際組織之一，它關注全世界的健康促進，包括疾病預防、疾病的早期發現和治療。WHO 也致力於改善某些地區取得健康照護的機會，否則恐會影響個人的生理、心理和社會等各個方面的健康。WHO 協調全球的衛生保健工作，應對公共衛生威脅，例如嚴重急性呼吸道症候群（Severe acute respiratory syndrome, SARS）和 H1N1（豬流感）疫情，以及需要人道主義援助的緊急情況。WHO 亦負責監測全球衛生保健問題，例如結核病等傳染病捲土重來，以及其他與國際旅行和商業貿易增加有關的疾病。

美國疾病管制與預防中心

美國疾病管制與預防中心（CDC）是衛生與公眾服務部轄屬的聯邦機構，旨在促進美國及全球的疾病預防。CDC 的目標是為民眾和健康照護機構制定指導方針、預防疾病和失能、支援感染控制和提供安全的措施來改善公共衛生。CDC 也進行大規模研究，並向民眾傳遞正確訊息。

美國國家衛生研究院

美國國家衛生研究院（NIH）也隸屬於衛生與公眾服務部，是執行公共衛生和醫學研究的機構。研究結果用於促進健康、減少疾病和失能、延長預期壽命。美國國家衛生研究院蒐集的研究資訊，也會分享給健康照護人員和民眾。

健康的定義

今日的健康照護人員必須正確認識何謂健康，因為健康照護的主要目標之一就是協助個體實現最高的健康水平。1947 年，WHO 將**健康（health）**定義為「兼顧生理、心理和社會適應的健全狀態，而非僅是沒有病痛或消除虛弱。」本書提出的**全人（holistic）**健康取向不僅考慮到生理方面，還考慮到心理、社會、認知和環境的影響。生理健康受到基因組成的影響，包括從父母那裡遺傳的所有

特徵。這些特徵不單是外在身體特徵，還有內隱的遺傳弱點或疾病（第 6 章將進一步探討基因遺傳）；心理健康係指個體如何感受和表達情緒；社會健康涉及經濟、宗教、文化以及人際互動等日常生活問題；認知健康涵蓋個體的學習和發展能力；環境健康包含水和空氣品質、噪音和生化污染等問題。

本書將引用特定的發展理論來支持成長和發展的全人健康取向。這些理論家包括：Freud（佛洛伊德）（精神分析論）、Erikson（艾瑞克森）（心理社會論）、Piaget（皮亞傑）（認知發展論）、Maslow（馬斯洛）（人類需求論）和 Kohlberg（柯伯格）（道德發展論）。全人健康取向認為個人是一個整體，要提升個體生活的各個層面。全人健康取向要求健康照護人員瞭解每位個體，並賦予每個人重要性、價值和意義。全人健康取向有助於找出人與人之間的相似與差異之處，從而以個人獨特的角度做出決策。全人健康取向的積極照護，終極目標是強調個體的獨立性，發揮個人最大的潛力。

本書將 health（健康）和 wellness（健康）視為同義詞。從全人角度來看，健康是內力和外力平衡，從而發揮最佳功能（如表 1.2 所示）。真正的健康狀態係指個體能夠滿足自己的需求，並以互利互惠的方式與環境互動。健康的人具備有效的因應模式，並在活動中體驗到一定程度的舒適和愉悅感。健康狀態可具象化為量尺或連續光譜（圖 1.2）。光譜的一端是最佳的健康狀態，另一端則顯示疾病到完全失能或死亡。**疾病（disease）**是內力與外力失衡的結果。在整個生命週期中，健康不是靜態的而是動態的，可能從健康狀態到疾病狀態來回移動。

表 1.2　全人健康取向

內在影響力	外在影響力
生理系統	文化
心智能力	鄰里社區
神經化學物質	家庭
遺傳	生物圈（Biosphere）

疾病	疾病前兆	健康持平	健康良好	身心健康舒適
生活品質不佳；多重疾病症狀；需服用多種藥物；需進行手術；生活功能受限	健康狀態不佳；出現某些症狀；藥物治療；手術治療；生活功能降低	維持健康狀態；沒有症狀；營養不均；偶爾運動；功能尚可	健康良好；營養均衡；規律運動；完善的健康教育；功能良好	非常健康；營養豐富；正向的生活方式；持續發展成長；發揮最佳功能

圖1.2 ｜疾病與健康的光譜

傳統的健康照護著重在疾病模式，重心放在減輕疼痛和痛苦。如今，疾病預防正成為健康照護關注的面向。這項變革對健康照護人員的要求更多，強調他們對生命週期各個階段人民的教育和健康促進所應發揮的作用。

促進、維持和恢復健康

健康促進

健康促進（health promotion）係指以提高最佳健康水準為目標的健康照護。健康的生活意味著在生命週期的每個階段（從嬰兒期到老年期）都擁有完善的功能和能力（圖 1.3）。健康促進隨時隨地都能做到，與個人的生活方式和選擇有關。健康促進要讓每個人在工作和娛樂中都能建立令人滿意的關係。健康意味著充滿活力、有生產力、富有創造力，並有能力為社會做出貢獻。

健康促進的國家級目標有三：
1. 讓更多國人過著健康的生活。
2. 消除所有族裔群體之間的健康照護差距。
3. 每個人都能獲得便利的預防服務。

健康促進的首要之務是知識分享。知識會影響態度並導致行為改變。當處於支持性的社會環境時，健康促進是最容易成功的。這種環境首先從家庭開始，並

延伸到社區。社區包括學校、教會和企業組織。學校為莘莘學子提供傳播健康訊息的場所。超過 85% 的美國成年人一天中大部分的時間都在工作場所中度過，因此，職場是繼續對成年人進行健康議題教育的另一個絕佳場所。健康促進強調營養、運動、心理健康和避免物質濫用。本書將逐一討論與特定年齡有關的健康促進問題（圖 1.4）。

圖 1.3 ｜運動有助於保持各年齡層的健康　　圖 1.4 ｜透過正向的生活方式來促進健康

　　健康促進的第一步是評估個人和家庭的潛在風險。生理、社會和個人價值觀是關懷評估的重點。健康照護人員須鼓勵個體對自己的行為承擔全部責任，並採取更健康的生活方式。**賦能（empowerment）**就是賦予個體自我負責的能力，鼓勵個體為自己的決定負責。健康照護人員在教育和指導個體方面發揮重要作用，使其有足夠的資訊做出關鍵決定，成為知情的健康消費者。健康照護人員須想方設法協助個體認識自己的需求，解決問題並獲得資源，教導他們生活掌握在自己手中。賦能個體表示健康照護人員承擔起為個體倡議的角色。健康照護人員必須留心，不要灌輸個人意見，而是分享足夠的訊息，以便個體做出明智的決定。例如，才剛被診斷出癌症的患者，試圖在醫生提供的不同治療方式中做選擇時，健康照護人員就要發揮賦能代理人的作用，協助評估個體的知識程度、傳達清楚明

確的訊息,並支持個體的治療決定。本書將討論能促進健康的活動,使個體能保持健康、充分發揮潛力並享受高品質的生活。

近期由於對健康促進和疾病預防的關注,引入不少補充和替代療法作為治療方式,其中許多療法起源於幾個世紀前的東方文明。如今在美國,這些療法可以與西方科學醫療一起使用,管理式醫療組織也願意核銷某些特定的療法。替代療法的醫療措施包括:觸摸治療(therapeutic touch)、針灸和反射療法(reflexology)(譯注:反射療法也稱為區帶療法,在台灣亦稱作穴道按摩,是一種替代療法,乃以拇指、手指和手部對特定部位施加壓力,以達疼痛緩解或健康促進之目的——引自維基百科)。

實用小提示:健康的社會決定因素

為了促進個體的健康,請帶領他們思考健康的社會決定因素:
- 為所有民眾倡議優質的健康照護。
- 詢問個體是否有健康保險,或是否有能力支付醫療費用。
- 攝取良好的營養。
- 強調基本衛生的必要性。
- 串聯個體的社會網絡或轉介給社福機構。
- 確定個體是否有安全的住所。
- 確定個體是否可獲得乾淨的水。
- 詢問個體是否能夠取得並使用可靠的交通工具。
- 培養個體有效、清楚的溝通能力。
- 用尊重的態度對待個體。
- 消除族裔、宗教或性取向的不平等差距。
- 詢問其子女是否接受有品質的教育。
- 確保個體能獲得托兒服務。

預防疾病和傷害

疾病預防（disease prevention）分為一級、二級、三級等三個層次（表 1.3）。

表 1.3 疾病預防的層次

一級預防	二級預防	三級預防
疫苗接種	篩檢	復健
控制風險因子	治療	生理治療、飲食、運動、減壓
HIV/AIDS 教育	病情控制	疼痛控制

一級預防

一級預防係指在任何疾病或功能失調發生之前，就做好預防的工作。**健康促進**一詞有時可與**一級預防**（primary prevention）互換使用。一級預防的例子包括對個體進行基本衛生、營養和運動方面的教育，另如針對傳染病的疫苗接種、避免物質濫用和定期牙科檢查，也屬一級預防的範疇。

上個世紀最重要的公共衛生成就是降低傳染病的發生率。許多因素都有助於消除傳染病，基本衛生、食品和水質處理的改善以及廣泛接種疫苗，都能促進疾病控制，抗生素的發明與應用進一步成功治療傳染病。嬰幼兒、年長者、少數族群和醫護人員都有很高的風險罹患傳染病。所有致病微生物，即使是目前罕見的微生物，也可能在根除疾病很長一段時間後構成潛在威脅，例如結核病和天花的捲土重來。國家級的主要目標之一是為至少 90% 的學齡前兒童提供有效的疫苗接種，特別是非裔和拉美裔等少數族群，即使在今天，他們的疫苗接種率也比一般人低。

透過改善環境品質，可以預防全球許多疾病。近年來，美國採取有效措施確保水質清潔、糧食安全和適當的廢棄物處理，從而降低傳染病的風險。我們仍須進一步改善空氣品質，並研發新方法來消除其他污染物和環境危害。

流感疫苗注射大幅降低了常見傳染病的風險。年長者、嬰幼兒、懷孕女性和患有某些健康問題（如氣喘、糖尿病或心臟病）的人，因季節性流感而出現嚴重

併發症的風險更高。美國疾病管制與預防中心建議,每年要為這些族群接種流感疫苗(有關最新建議,請參閱美國疾病管制與預防中心 [CDC] 的網站)。

另一個促進健康的方法是減少人身傷害的風險,例如跌倒、工作場所事故和其他傷害。人身傷害是美國的主要死因之一。每個人都必須懂得辨識危險,並減少在家中、工作中和旅行時的高風險行為。生命週期各階段的不同健康危害因素,將在後面的章節詳述。

二級預防

二級預防(secondary prevention)係指從疾病確診或感染反應出現開始,就著手進行的預防工作,重點是早期診斷和治療疾病,以防止永久性失能。二級預防包含所有用於阻止現有疾病惡化的干預措施,以及所有類型的篩檢(例如,乳房自我檢查、高血壓或鐮狀細胞疾病檢測)。在疾病的後期,二級預防還包括防止失能退化的教育行動。例如,健康照護人員可以透過教導個體進行良好的足部保健,幫助糖尿病患者預防足潰瘍和截肢。

三級預防

當永久性失能不可避免時,就需啟動三級預防(tertiary prevention)。三級預防也稱為**健康復健(health restoration)**,也就是當病程穩定,即可開始進行健康復健,目標為協助個體康復並恢復到最佳功能水準,重新獲得失去的功能並發展新的補償技能,例如使用手杖或助聽器等輔助設備。另一個目標是幫助患者(包括不治之症的患者)獲得最大程度的健康。為了幫助個體實現這一目標,必須與其他醫事專業人員合作,例如物理治療師和職能治療師。三級預防也包括為患者和家屬提供心理支持。例如,以尊重的態度和方式對待患者,協助其發揮最佳功能。其次,提供個人化的照護,發揮個人最大的優勢,盡可能彌補弱點的不足。

健康的生活方式

近年來的證據指出，許多疾病顯然是可以預防的，某些生活方式可以大大降低心臟病、腦中風和其他疾病的發生率。健康行為可以降低現今的死亡率，更是不言自明的事實，故實有必要教導民眾學習辨識會使個人面臨感染和傳播疾病的高風險行為。個人的健康也取決於是否有獲得優質健康照護的機會。國家層級的重要目標之一是，擴大健康照護機會並消除不平等差距。

健康促進行動的目標是注意營養、運動、心理健康、避免物質濫用、提升自我概念和疾病預防（專欄 1.2）。任何健康促進計畫要能成功，很重要的一點是激勵個體對自己的行為和健康照護計畫負起責任。例如，讓整個家庭參與必要的改變，像是健康飲食，或讓孩子參與餐點準備工作等。

專欄 1.2

健康促進行動

- 攝取良好的營養
- 避免接觸化學物質
- 定期鍛鍊身體
- 壓力管理
- 疾病預防
- 健全的自我概念

營養

營養（nutrition）是一門研究人體對食物的需求、食物如何消化，以及食物選擇與健康和疾病之間關聯的科學，是從受孕到老年整個生命週期中，促進生長和成熟、維持最佳健康狀態的重要因素。研究表明，與不良飲食習慣有關的五大死因分別是：冠狀動脈心臟病、癌症、腦中風、非胰島素依賴型糖尿病（第二型糖尿病）和冠狀動脈疾病。**營養不良**（malnutrition）係指缺乏必需營養素或未能攝取食物而導致的飲食不佳狀態。營養不良可能與營養不足（如營養缺乏症）

或營養過剩有關。本書重點會放在生長和發育各階段的飲食需求。

　　《2030 健康國民》的目標之一是，透過健康飲食和維持健康體重來促進健康並減少疾病。適當的飲食可提供足夠的能量、必需脂肪酸和胺基酸、維生素和礦物質，用以支持最佳生長，維持和修復身體組織。與不健康飲食有關的疾病包括：肥胖、營養不良、缺鐵性貧血、心臟病、高血壓、第二型糖尿病、骨質疏鬆症、口腔疾病、便秘、憩室症（diverticular disease）和某些癌症。

　　除了社會因素外，每個人對營養的需求，因年齡、性別、生長速度和體能活動量的不同，差異極大（專欄 1.3），因此無法設計出一體適用的飲食。由於多數營養素廣泛分布在各種食物中，故應根據個人和文化偏好、生活方式，設計出能滿足獨特需求的健康飲食計畫。

　　讀者可從「我的餐盤」（MyPlate）圖示（圖 1.5）中列出的五種膳食類別，選擇各種食物來搭配，同時限制飽和脂肪、糖分和酒精的攝取量。這些指引旨在協助民眾做出更好的食物選擇，並瞭解熱量攝取必須與能量輸出相符。

　　食物提供維持健康所需的營養。這些營養素包括蛋白質、碳水化合物、脂肪、維生素、礦物質和水（專欄 1.4）。

專欄 1.3

影響飲食的社會因素

- 態度
- 經濟與價格結構
- 糧食與農業政策
- 糧食援助計畫
- 知識
- 技能
- 社會支持
- 社會文化因素
- 使用菸草製品或藥毒品

Chapter 1 ｜ 健康的生活方式

專欄 1.4

營養素

蛋白質

蛋白質在體內分解為胺基酸。胺基酸是修復人體細胞和組織所需的構成要素。蛋白質的來源包括：肉、魚、蛋、豆類、牛奶、起司和堅果。

碳水化合物

碳水化合物係指能為身體提供能量的澱粉和膳食纖維。大腦、肌肉和心臟要發揮功能，都需要碳水化合物。碳水化合物可分為簡單形式和複合形式。簡單碳水化合物是水果中的單醣，而複合碳水化合物則來自於穀類，其他來源還有麵包、玉米片和蔬菜。碳水化合物中的纖維對於降低血液中的膽固醇濃度非常重要。

脂肪

脂肪，又稱為脂類（lipids），可以為體內的重要器官提供緩衝和隔熱作用，也有助於維生素的吸收。脂肪可分為飽和脂肪或不飽和脂肪。飽和脂肪係指在室溫下呈固態狀的油，不飽和脂肪是在室溫下呈液態狀的油。不飽和脂肪是較適合食用和烹調用的脂肪類型，飽和脂肪則會提高體內的膽固醇濃度。脂肪的來源包括：肉類、堅果、蔬菜和牛奶。

維生素

維生素是有助於建立身體組織的有機化合物，是體內所有化學反應的必要物質。維生素存在於多種食物中，其中維生素 K 是由腸道細菌所製造。

礦物質

礦物質是來自地球的無機物質，是身體機能賴以運作的關鍵角色。鈣質有助於將食物轉化為能量，強化骨骼、牙齒和肌肉，也有助於血液凝固。鐵質是製造血紅素（將氧氣輸送到器官組織）的必要物質。礦物質存在於多種食物中。

水

水有助於調節體溫、潤滑和緩衝關節、保護脊髓，並透過尿液、排汗和排便排出體內廢物。

圖 1.5 ｜我的餐盤。本圖清楚地展示均衡飲食的比例
資料來源：U.S. Department of Agriculture, ChooseMyPlate.gov

肥胖的成因

研究人員認為，肥胖可能有遺傳傾向。其他可能導致肥胖的因素包括：藥物、速食和久坐不動的生活方式，例如每天看電視超過兩小時。更多有關肥胖的資訊以及如何協助不同年齡族群因應日益嚴重的健康問題，請參閱本書各章節。

運動

規律運動可以提高肌力與耐力、增加肺活量、減輕緊張和壓力，並有助於維持良好的心血管功能。研究證實，規律運動有助於預防心臟病、骨質疏鬆症、第二型糖尿病和其他疾病。維持終生身體健康是運動所帶來最大的好處。表 1.4 列出運動的好處。

關於運動，有兩個重點必須謹記在心。第一，在開始實施運動計畫之前，應先諮詢醫師。其次，適度練習優於過度練習。許多人嘗試將規律運動納入日常生活中時，面臨到的困難包括缺乏時間和沒有安全運動的場所。建議成年人每日或每週數日進行至少 30 分鐘的適度體能活動；兒童應每日進行至少 60 分鐘的體能活動。本書每一章都會說明運動對各個成長和發展階段的必要性及適用性。

表 1.4　運動的好處

人體系統	好處
心血管系統	增加血容量與含氧量 增加肌肉與神經的血液供應 降低血清三酸甘油酯和膽固醇濃度 降低靜止心率 增加心肌體積
呼吸系統	增加血液供應 增加氧氣和二氧化碳的交換速度 提高功能能力（functional capacity）
神經系統	減輕壓力 改善心理健康 減少憂鬱
肌肉骨骼系統	增加肌肉量 減少身體脂肪 增加肌肉張力 改善姿勢

心理健康

　　心理健康是一種波動的狀態，在這種狀態下，個體試圖適應新的情況，在沒有過度壓力的情況下處理個人問題，且以有意義的方式為社會做出貢獻。心理健康的人會務實地看待自己和他人。儘管個人的心理健康狀態每天都略有起伏，但仍保持一定程度的連續性和一致性。某些行為適度時是正常的，但過度時則有礙健康。例如，洗手是很好的日常衛生習慣，然而，無意義的反覆洗手卻是怪異的表現，損害心理健康。

　　所有人都會經驗許多情緒。有趣的是，情緒無法一體適用，因人而異。某個人對某種情況的反應，可能與另一個人完全不同。在一天的過程中，個體會經驗到各種不同的情緒。

　　情緒（emotions）是一種感覺狀態，會引發生理和心理變化。與情緒相關的生理變化是肌肉動作、腺體分泌和內臟活動所致。特定的大腦區域和自主神經系

統在引發某些與情緒相關的生理變化方面扮演關鍵角色。研究已知，在人類情緒反應中擔任這種角色的大腦區域，分別是大腦皮質（cerebral cortex）和邊緣系統（limbic system）。大腦皮質透過接收傳入的感覺訊息來發揮作用；大腦邊緣系統由影響記憶和情緒、互相連通的基底核組成。大腦中的傳導路徑改變了心肌和平滑肌的收縮，以及某些腺體的分泌。憤怒和恐懼會增加交感神經活動，例如：心跳和呼吸加快、腸胃緊縮和痙攣等生理反應。

嬰兒出生時的情緒經驗是簡單且自發的（圖 1.6），他們的情緒反應大都取決於基本需求是否獲得滿足。例如，當嬰兒飢餓時，情緒反應可能是哭泣和激烈的身體動作。一旦基本需求獲得滿足，反應就會轉成愉悅和平靜。隨著個體的成熟和學習，情緒反應會越來越具有區辨性和個性。

年齡較大兒童和成人的情緒會透過各種不同強度的反應來表達。事實上，不同的刺激會對個體產生不同的情緒反應。常見的情緒包括：生氣、嫉妒、快樂、喜愛、恐懼和焦慮。當個體能夠控制自己的反應，並以社會認可的方式表達自己的情緒時，才能說是情緒成熟（emotional maturity）。

可能影響個體心理健康的因素是壓力。**壓力（stress）** 可定義為任何擾亂心理或生理**平衡機制（equilibrium）**的事物。對壓力的反應可能是生理的、情緒的或認知的。

圖 1.6 ｜ 嬰兒的情緒體驗是即時且自發的

對壓力的一些常見生理反應包括：心跳加速、呼吸急促和血壓升高；情緒反應包括：煩躁、不安和不適；認知反應通常包括：健忘、心事重重和注意力不集中。

許多年前，Hans Selye 將壓力的生理反應分成三個不同的階段，稱為**一般適應症候群**（general adaptation syndrome, GAS）：

1. 警報階段（alarm stage）：腎上腺皮質分泌的荷爾蒙，使身體處於一種稱為「戰或逃反應」（fight-or-flight response）的準備狀態。

2. 抵抗狀態（state of resistance）：身體試圖適應壓力源。

3. 耗竭狀態（state of exhaustion）：長時間承受壓力後，身體的能量逐漸耗盡，導致生病或弄壞身體。

壓力源

每個人對壓力源的反應不盡相同，取決於習得的行為、年齡和個性（圖 1.7）。例如，有些人認為搭機旅遊好玩有趣，有些人則認為搭機旅遊壓力爆表。壓力可能來自於體內，例如疾病；或來自於外界，例如家庭、學校或同儕。有些壓力是急性的，有些是慢性的。

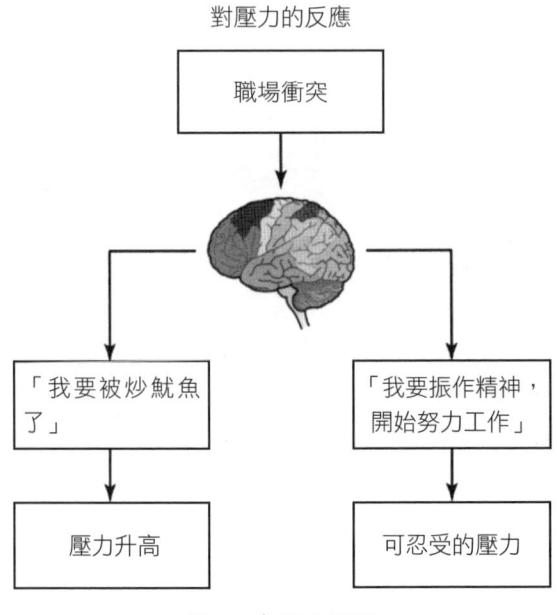

對壓力的反應

職場衝突
↓
（大腦）
↙ ↘
「我要被炒魷魚了」　　「我要振作精神，開始努力工作」
↓　　　　　　　　　　↓
壓力升高　　　　　　可忍受的壓力

圖 1.7 ｜ 壓力反應

兒童期典型的壓力源包括：弟弟妹妹出生、家庭成員死亡、上學、生病、住院和分離焦慮等事件。分離焦慮（separation anxiety）可分為三個階段：抗議（protest）、沮喪（despair）、漠然（detachment）。抗議階段的表現為大聲哭泣、焦躁不安，以及對替代照顧者不滿；沮喪階段會產生一種無望感，是看似冷靜的時期；漠然階段則是一種退縮和**冷漠（apathy）**的狀態，或對周遭環境缺乏興趣。我們對這些分離焦慮階段的認識，有助於孩子和照顧者因應與適應壓力。**退化（regression）**，即回到早期的發展階段，可能是兒童期對壓力的另一種適應方式。重症或住院的壓力可能導致兒童表現出退化行為。我們能做的就是請家長放心，孩子生病後再次尿床只是暫時的。病癒後，孩子通常可以恢復到以前的發展水準。

青春期的典型壓力源與個人對自我認同的追尋有關。爭取做決定和獨立常常導致家庭失和。我們可以支持和鼓勵青少年在爭取獨立的過程中，深思熟慮後再做決定。

成年人的主要壓力源與其重要關係有關。根據社會適應評估量表（Social Readjustment Rating Scale, SRRS）施測結果顯示，配偶過世、離婚和分居是成年人認為壓力最大的事件。老年時期的生活壓力包括：配偶離世、退休、生病或功能喪失。

創傷後壓力症候群（Post-traumatic stress disorder, PTSD）可能襲擊任何經歷創傷事件的人。創傷後壓力症候群可能發生在身體虐待或性虐待、暴力犯罪、車禍事故、戰爭經驗之後，許多曾在軍隊服役的人都有這樣的經驗。創傷後壓力症候群的典型症狀是反覆出現的侵入性記憶，這些症狀是不由自主的，患者無法控制它們。症狀可能會在壓力事件發生後立即出現，也可能延遲數天、數月或數年。症狀各不相同，可持續至少六個月，或演變成慢性症狀。患者自述經歷至少一次閃回／重現（flashback），彷彿重新經歷創傷一般；其他症狀如做惡夢、可怕的念頭、出汗和心跳加快。創傷後壓力症候群患者通常會對某些讓他們回想起創傷的聲音，產生誇張的驚嚇反應。他們疏遠人群，不想與人接觸和迴避責任。除了支持和理解之外，心理治療和藥物治療等專業協助，都有助於減輕創傷後壓力症狀反應。

無庸置疑，年長者也有壓力。健康照護人員應辨識和動員可用的支持系統來協助年長者有效因應壓力。例如，當年長者住院時，家庭成員需參與照護計畫。家庭參與和頻繁的家庭互動，有助於減輕家庭成員的壓力。

　　壓力管理的其中一個環節是辨識個人主觀感知壓力過大的事件。找出壓力源之後，個體必須學習減輕壓力或學習如何以健康的方式管理壓力。適應壓力的健康作為包括：放鬆、運動、培養幽默感和引導式心像。專欄 1.5 說明兩種減輕壓力的技巧，這兩種技巧每天都可以練習數次不等。

專欄 1.5

減壓技巧

放鬆練習
1. 採取舒適的姿勢。
2. 排除其他干擾。
3. 閉上眼睛。
4. 調節呼吸，專注於吸氣和吐氣。
5. 漸進式放鬆肌肉。
6. 根據需要，重新把注意力集中在呼吸上。
7. 持續 10 到 15 分鐘。

引導式心像
1. 採取放鬆的姿勢。
2. 閉上眼睛。
3. 回憶一個會讓你感到愉悅的畫面、事件或地點。
4. 將你的全副心力集中在這個畫面上，同時放鬆從頭到腳的肌肉。
5. 專注在這個畫面 10 到 15 分鐘。

對壓力的適應不良反應

　　對壓力的不健康或適應不良反應，包括：否認、退縮和發洩行為。否認的例子像是喪偶者在歷經長時間的哀悼之後，仍將臥室的衣物保留原狀，原封不動，彷彿死去的配偶仍會再回來一樣。壓力是生活中不可避免的現象，想要消除生活

中所有壓力是不切實際的幻想，也不是健康的做法。對壓力的適應不良反應請見第 5 章。

物質濫用也是對壓力的另一種適應不良反應。**物質濫用（substance abuse）** 通常是指毫無節制、失控地使用酒精、尼古丁、咖啡因及其他合法或非法藥物製劑。有關物質濫用的進一步討論，請參閱第 10 章。物質濫用者不僅對藥毒品有強烈的渴望，同時伴隨著逐漸喪失覺察、自尊心低落和退縮行為。近年來，美國政府非常重視對人民進行物質濫用影響的教育。

菸草製品使用是當今美國社會最迫切且可預防的死亡原因之一。研究表明，每天有 1,600 名年輕人開始吸菸。吸菸與肺部疾病之間的關聯已有五十多年的詳細紀錄。吸菸也會導致心臟病，以及胎兒與新生兒畸形和死亡。健康促進旨在鼓勵戒菸並避免接觸二手菸。由於所有的行為都會受到角色樣板的影響，因此需要社會教育和個人負起責任，以減少下一代的吸菸率。

儘管適量飲酒有益於降低血液中的膽固醇濃度，但酗酒無疑對社會造成了嚴重的健康問題。酗酒並非依實際的飲用量來衡量；而是當一個人無法減少飲酒量或酒精干擾了個人的日常功能時，就是酒精濫用了。根據文獻記載，酗酒問題開始的年齡很早。研究表明，有 29% 的 12 至 20 歲青少年自述曾飲酒。

長期飲酒與酒精性肝損害、心臟病和新生兒疾病風險增加有關。統計數據顯示，酒精會導致嚴重的社會和健康問題，例如車禍。事實上，車輛事故造成的死亡案例中，將近一半與飲酒有關。飲酒也與三分之一的兇殺案、溺水和划船死亡事故有關。

靜脈注射毒品者及其性伴侶罹患 AIDS 和其他性傳播感染（sexually transmitted infections, STI）的風險增加。藥物治療計畫、諮商、教育和頻繁檢測，可減少使用藥毒品的許多潛在危害。

焦慮

焦慮（anxiety） 是對壓力情境的反應。焦慮可分為四種不同程度：輕度、中度、重度、恐慌。

1. 輕度焦慮 是日常生活中常見的情緒。個體經歷到些微身體症狀，例如：不

安、煩躁和輕微不適。輕度焦慮會使人的感知能力更加敏銳，並為採取行動做好準備，例如敦促自己準備考試。輕度焦慮的場景如下：一位年輕的母親開車載孩子回家，此時開始降雪，能見度略微下降。母親開始感到緊張，告訴孩子她必須集中心力開車。

2. 中度焦慮發生於因不適的增加而升高的焦慮。個人的感知能力下降，只能意識到某些面向，對那些自認為不太相關的內容充耳不聞。在這種程度的焦慮下，儘管還能學習，但效果不如輕度焦慮時良好。當此時，身體症狀逐一冒出，如心悸、脈搏和呼吸加快及輕微胃部不適。上述場景中的那位母親現在更難以在大雪中開車，她開始感到胃部收緊、頭痛和煩躁不耐。她無法回答孩子的問題或與孩子交談，因為她必須專心開車。

3. 重度焦慮更進一步降低個體的感知能力，只能關注在小細節上。在重度焦慮的情況下，學習效果不可能很好。此時的個體常倉皇失措，抱怨許多身體症狀，籠罩在厄運和陰鬱的感覺下。此時，上述那位母親已經偏離了車道，差點撞上另一輛車。她非常焦慮，開始哭泣，無視孩子的反應。

4. 恐慌是最極端的焦慮。個體無法清晰思考、現實感扭曲、無法有效地進行溝通、茫然失去行動方向、身體症狀過度激發。上述那位母親冒著大雪繼續前行，結果撞到另一輛車。儘管兩輛車都無人受傷，但她仍處於恐慌狀態，無法跟路人描述剛剛發生了什麼事，也不知道接下來要做什麼。

🌸 健全的自我概念

瞭解並實踐健康行為、避免危險行為，並不能保證健康良好。許多因素會影響個體的健康狀況，包括：家庭與社區關係、對各種社會壓力的感知，及個體本身的氣質。以上所有因素導致每個人以獨特且有時不可預測的方式對環境做出反應。此外，對環境的感知、對環境的反應和個人的需求，都受到個體的自我概念影響（圖1.8）。

個體與環境的關係是互相的，亦即，自我概念受到生活環境的影響。自我概念也受到個人發展階段的影響。本書將討論發展的階段、發展階段如何影響個體的健康，以及與健康生活方式相關的選擇。

第 5 章將解釋與個人發展相關的幾種理論，如：精神分析論、心理社會論、認知發展論、道德發展論等。要維持良好的健康不只是去看醫生尋求治療，我們每天都可以做出健康的決定，例如午餐吃什麼或做多少運動。儘管許多民眾正在走向健康的生活方式，但仍有許多人需要多方鼓勵來實踐健康的行為。每個人都必須設定合乎現實的目標來強化正向的行為。第一步就是盤點健康和不健康的行為，並制定健康評估計畫。就從你自己和服務對象開始做起（專欄 1.6 和 1.7）。

圖 1.8｜健康的行為會帶來健全的自我概念

專欄 1.6

健康行為量表

在開始改變生活方式之前，首先需評估你的行為。列出你所做過的健康和不健康的行為。

健康行為：_____

_____

不健康行為：_____

_____

專欄 1.7　個人健康評估計畫

進行健康評估時，首先要清楚瞭解你的個人生活品質。完成以下問題，再來制定你的個人健康行動計畫。

1. 根據我的看法，我最關心的個人健康問題是＿＿＿＿＿＿＿＿＿＿＿＿＿。
2. 我最首要的健康問題是＿＿＿＿＿＿＿＿＿＿＿＿＿＿＿＿＿＿＿＿＿。
3. 我可以採取以下措施來解決上述問題：＿＿＿＿＿＿＿＿＿＿＿＿＿＿。
4. 我的目標是＿＿＿＿＿＿＿＿＿＿＿＿＿＿＿＿＿＿＿＿＿＿＿＿＿＿。

你在健康促進中的角色

隨著健康照護系統的變化，健康照護人員的角色也需要改變，以滿足新的健康照護服務系統的要求。健康照護人員不僅需要在傳統的醫療環境中工作，還需要在社區中工作，往後的重點工作將會放在預防和健康促進上。各層級的健康照護人員都有責任對主管單位和服務對象負責。

健康照護人員的五種角色和職責如下：

1. **照顧者**：提供健康照護服務。
2. **教育者**：教育服務對象、家屬和社區。
3. **倡議者**：幫助服務對象在可用選項中進行選擇。
4. **合作者**：作為團隊成員的一分子，分享和交換資訊。
5. **榜樣**：實踐健康的生活方式，影響並強化服務對象的行動。

思辨練習

練習一：

47 歲的銀行經理萊利到保險公司特約的健康診所就診。萊利體重 104 公斤，身高 172 公分。過去三十年來，他每週吸兩包菸。萊利的娛樂活動從週五晚上在當地的酒吧開始，一個晚上喝五到六罐啤酒。週六晚上基本上再重複一次，週日則回家休息。根據健康診所的建議，萊利開始進行一項運動計畫。

1. 在沒有其他重大行為改變的情況下，你如何評估運動對萊利的好處？
2. 請制定一套最有利於萊利的飲食建議。
3. 萊利還可以將哪些健康選項納入他的生活方式？
4. 萊利的哪些行為可說是高風險行為？

練習二：

一名學生在離開學校幾年後重返校園上課。第一次段考之前，該名學生注意到自己變得越來越焦慮和壓力山大。考試前一天晚上，他徹夜不眠地學習。考試當天早上到達教室後，他突然一陣噁心、胃痛和腹瀉。他的肌肉緊繃、全身僵硬冒冷汗。

1. 這名學生正在經歷哪些生理反應？
2. 說明你自己在壓力下的生理反應。
3. 說明在這種情況下，可以採取哪些措施來降低壓力反應。

本章重點回顧

- 早期文明已經關注到健康與疾病。
- 許多改善措施延長了當代人類的預期壽命。
- 《2030 健康國民》制定了十年可衡量的目標，協助個體、組織和社區改善健康和福祉。
- 健康是內力和外力的平衡，從而發揮最佳功能。
- 健康促進係指提供個體最佳健康狀態的健康照護。
- 改變生活方式或個人習慣，是促進最佳健康的必要行動。
- 維持健康的重點在於預防、早期診斷和早期治療。
- 國家層級的重要目標之一是，擴大健康照護機會並消除不平等差距。
- 病程穩定後即可開始健康復健，目標是重新獲得失去的功能並發展新的補償技能。
- 健康的生活方式包括：注意營養、運動、心理健康、避免物質濫用和疾病預防。
- 情緒是一種感覺狀態，會引發生理和心理變化。
- 影響個人健康行為的因素包括：家庭、榜樣、社會壓力、壓力源、焦慮和自我概念。
- 疾病預防分為一級、二級、三級等三個層次。
- 健康照護人員在健康促進中的五種角色，分別是照顧者、教育者、倡議者、合作者和榜樣。

課後評量

1. 在早期文明中，疾病通常被認為是由哪些因素引起的？
   A. 細菌和病毒。
   B. 超自然力量。
   C. 內部失衡。
   D. 外部衝突。

2. 對疾病過程的知識，與哪個事件最相關？
   A. 希波克拉底的教導。
   B. 使用草藥。
   C. 美國衛生部的設立。
   D. 細菌學的出現。

3. 下列哪一項敘述最能說明《平價醫療法案》？
   A. 所有民眾都享有健康保險。
   B. 擴大醫療補助。
   C. 所有健康保險公司將改由聯邦政府擁有和經營。
   D. 主要重點是提供住院護理。

4. 如果健康照護人員欲告訴民眾《2030 健康國民》的資訊，下列哪一項是正確的說法？
   A. 關注世界健康議題。
   B. 加拿大健康照護系統發展的基本架構。
   C. 為所有美國人的預防疾病和健康促進提供科學基礎。
   D. 低收入美國人的國民健康保險。

5. 管理式健康照護系統的目標是什麼？
   A. 減少住院人數。
   B. 確定每個案例的風險和品質。
   C. 增加醫生收入。
   D. 減少住院天數。

6. 關於健康的定義,哪一個是正確的?
   A. 疾病與健康的和諧。
   B. 內力與外力的平衡。
   C. 心理思考過程的一種狀態。
   D. 最佳的身體機能狀態。

7. 健康促進的目標是什麼?
   A. 要求專業的健康照護人員對患者的生活方式負責。
   B. 提供正向的增強,以確保每個健康行為。
   C. 達到最佳的健康水準。
   D. 降低個體對壓力事件的耐受程度。

8. 下列哪一項最符合「賦能」的定義?
   A. 服務對象產生的情緒強度。
   B. 基於需求的行為。
   C. 以服務對象為中心的決策。
   D. 服務對象與環境之間的開放互動。

9. 下列哪一項是運動的好處?
   A. 肌肉量減少。
   B. 體重減輕。
   C. 血液供應量減少。
   D. 神經功能下降。

10. 下列哪一項敘述最能描述心理健康?
    A. 沒有問題。
    B. 一成不變。
    C. 固守儀式與過度在意。
    D. 合乎現實且適應性強。

11. 中度焦慮的生理反應,包括哪些徵兆或症狀?
    A. 心情好轉。
    B. 放鬆的姿勢。

C. 呼吸減慢。

D. 心跳加速。

12. 下列哪些是常見的壓力反應？（複選題）

    A. 心跳降低。

    B. 平滑肌收縮。

    C. 腺體分泌。

    D. 呼吸加速。

    E. 睡意。

13. 關於地方病、流行病和全球大流行的區別，下列哪一個是正確的答案？

    A. 全球大流行的傳染性病毒生存在人體內，流行病是指病毒在體外傳播。

    B. 全球大流行是指影響多個國家的傳染病，流行病是指影響某個社區許多人的傳染病。

    C. 全球大流行是指影響某個社區許多人的傳染病，流行病是指影響多個國家的傳染病。

    D. 全球大流行是指在世界各地傳播的感染，地方病是指病毒在人體中發生突變。

14. 下列哪些選項是《2030 健康國民》的目標？（複選題）

    A. 列出從現在到 2030 年的國家健康目標。

    B. 這是一本幫助家庭增加社交的手冊。

    C. 重視健康平等和國家福祉。

    D. 是即將推出的全民新健康保險計畫的指南。

15. 流感病毒的哪些特徵，引起了健康照護人員的重視？

    A. 病毒飛沫很容易控制。

    B. 病毒具有變異能力。

    C. 病毒的變種導致多種流行病。

    D. 人體並不是一個適合病毒繁殖的地方。

答案：1. (B)；2. (D)；3. (B)；4. (C)；5. (A)；6. (B)；7. (C)；8. (C)；9. (B)；10. (D)；11. (D)；12. (B)、(D)、(C)；13. (A)；14. (A)、(C)；15. (B)。

Chapter 1 │ 健康的生活方式　　035

Chapter 2
溝通

學習目標

1. 說明「溝通」的定義。
2. 說明語言溝通和非語言溝通之間的差異。
3. 區分社交性溝通和治療性溝通。
4. 列出阻礙有效溝通的回應。
5. 說明有效溝通的技巧。

溝通（communication）是兩個人以上的人際互動——交流訊息、想法、感受或情感。溝通是複雜的、動態的和持續的。在健康照護的場域中，溝通是服務對象、家屬、健康照護人員（HCP）和其他人員之間的重要橋梁。國際醫院評鑑（Joint Commission International, JCI）（譯注：是國際最具知名度與公信力的醫院認證機構）於 2018 年表示，健康照護人員與服務對象及其家屬之間的有效溝通，對於安全、優質的照護至關重要。此外，研究也顯示，溝通不良可能導致服務對象福祉受損甚至死亡。溝通是健康照護的基礎——從評估到規劃和實踐，再到評估——無不是為了提供服務對象稱職、富有關懷慈悲心的照顧。溝通從嬰兒期就開始了，是我們生存的要素。溝通能力的發展是一生中持續存在的過程。溝通和語言習得將在接下來的章節中進一步探討。

溝通的過程

溝通的過程（圖 2.1）由訊息、發送者、方式、接收者、回饋五個部分組成。**訊息**（message）是指使用文字、符號或肢體語言來表達想法和感受。**發送者**（sender）先發起對話來傳遞訊息。決定訊息如何形成的因素數不勝數，包括知識庫——也就是發送者過去的經驗。傳達訊息的**方式**（method）由發送者決定，可以是文字、符號、示意動作或三者組合。**接收者**（receiver）是訊息發送的接收對象。接收者會解釋並重構訊息。接收者如何解釋訊息，受到年齡、知識和過去經驗的影響。年齡、感受、態度和情緒也會影響訊息的傳送和接收方式。**回饋**（feedback）是對訊息的回應。得到回饋才能驗證訊息是否如發送者預期地被對方接收到。

圖 2.1｜溝通的過程

溝通的類型和方式

個體一般會進行兩個層面的溝通：人際溝通和內在溝通，兩者可以同時並行，或者各自獨立運作。**內在溝通**（intrapersonal）係指個體獨立思考時的狀態，目的是協助自我控制情緒。內在想法會影響個體與他人互動的方式，消極的想法會導致消極的互動，隨之影響人際關係；正向思考能使個體的反應與人際關係變得更加愉快和樂觀。**人際**（interpersonal）溝通發生在兩個以上的人之間，包括語言和非語言溝通。

語言溝通（verbal communication） 係指使用口語或書寫文字來傳達態度、想法和感受。語詞的意思很大程度取決於每個人對語詞的理解、語詞的使用方式及個人的情緒狀態。文化也會影響語詞的意思。語言溝通涵括了當今職場中所使用的電腦和網路技術，讓健康照護人員之間得以共享資訊並補充語言溝通疏漏之處。語言溝通的方式，包括手機、個人數位助理、電子健康紀錄和遠距醫療，皆有助於健康照護人員提升關懷品質以及服務對象的處遇效果。

非語言溝通（nonverbal communication） 也稱為**肢體語言**（body language），也就是使用肢體語言來強調想法或感受，或在沒有意識到的情況下使用手勢動作。非語言溝通方式部分是後天習得的，部分是出於本能，是傳遞訊息較為準確的方法。八種常見的非語言溝通方式如下：

1. 外表和衣著。 從外表可看出一個人的精神、身體和情緒狀態。對顏色或裝飾品（如：珠寶、口紅和香水）的選擇或不修邊幅，亦可透露許多資訊，例如憂鬱症患者就無心在意自己的外表或打扮。外表專業的健康照護人員傳達出有能力和自信風采，而外表蓬亂的健康照護人員則看似能力不足和漠不關心。

2. 身體動作和姿勢。 身體動作和姿勢可以傳達許多不同的訊息。坐、站或移動時的身體姿勢，傳達出自尊和態度等訊息。

- 採取**開放式姿勢**的人坐姿放鬆，雙手和雙腳不交叉，面向對方。開放式姿勢傳達了溫暖、關懷和溝通的意願。
- 雙臂雙腿緊緊交叉而坐，是典型的**封閉式姿勢**。這種姿勢通常表示冷漠、不感興趣和拒絕。

- 其他姿勢，例如居高臨下俯視對方，可能是想展現權威和控制。頭和眼睛向下低垂的姿勢表示低自尊，緊繃的姿勢暗示著憤怒或焦慮。

3. 臉部表情。 除了言語之外，臉部表情是人類溝通的主要媒介，並且在所有文化中具有普遍性。臉部表情傳達悲傷、快樂、憤怒、恐懼和驚訝等情緒，可補充或修飾情感。兒童通常可以透過觀察父母的臉部表情來判斷他們是否生氣或心煩氣躁。

4. 示意動作。 身體動作可以表達感受。例如，嬰兒最初學習和理解的事情之一就是揮手道別，或點頭表示同意，或搖頭表示「不」的簡單示意動作。疼痛和焦慮可以透過搓擰雙手或踱步來表達。

5. 眼神接觸。 眼睛被喻為「靈魂之窗」。眼神接觸表示有溝通的意願。注視有時會引起焦慮，而缺乏眼神接觸則可能表示害羞、尷尬或緊張。

6. 語氣和聲調。 語氣和聲調可以傳達熱情、悲傷、煩惱或怒氣。說話小聲給人猶豫或缺乏興趣的印象，說話大聲則可讓聽力障礙人士聽得更清楚。不過，與聽力障礙人士溝通時，最好使用低聲調而不是高聲調。

7. 碰觸。 碰觸是一種強大的溝通工具，可能引起正面或負面的反應。觸覺是基本且原始的本能，從嬰兒期就開始了，可幫助嬰兒在出生後立即感到安心。碰觸是我們用來傳達人類情感最重要的工具之一。親吻、擁抱、輕撫手臂或臉頰是表達愛意的幾種方式（圖 2.2）。在各種情況下適當地使用碰觸是很重要的。擁抱或碰觸你認識的人是一種合適的問候方式，但對陌生人來說就不適合了。突然的碰觸可能會讓對方感受到威脅，不合適的碰觸會被視為侵犯隱私或性挑逗，所以我們應該從小就教導兒童什麼是適當或不適當的碰觸。在健康照護場域中，碰觸服務對象或提供照顧之前，應徵

圖 2.2｜碰觸可以傳達情感

得服務對象的同意。某些文化的個體可能會對碰觸感到不舒服。

8. 沉默。沉默傳達出不同的訊息，視伴隨的手勢和身體姿勢而定。人與人之間的沉默會引發思考或焦慮。沉默可能表示接納、逃避、恐懼、不確定、憤怒、反對或拒絕。有些人認為他們必須一直說話，因為沉默的時間讓他們感到不舒服。然而，短暫的沉默可讓人更客觀地審視想法和感受。

性格類型

性格類型影響溝通方式。溝通時，要考慮自己的性格以及與你交談的人的性格。

被動或自疑型

被動或自疑型（passive or unassertive）的人無法與他人分享自己的感受或需求。他們很難尋求協助，經常因為覺得別人在利用自己而感到受傷或生悶氣。他們常把「對不起」掛在嘴邊，聲音微弱、輕柔，少有眼神交流，坐立難安。他們通常很順從，不敢奢求任何東西，也很少受到關注。他們往往會犧牲自己的權利來滿足他人的需求。

攻擊型

攻擊型（aggressive）的人有很強的破壞力，經常以憤怒的聲調來支配和傷害他人。他們不關心他人的福祉，而是把自己的需求放在第一位，苛待且善於操縱他人。

自信型

自信型（assertive）的人自立有主見，自信大方並樂於分享自己的感受。他們的語氣堅定，眼神接觸合宜。他們對自己行為的後果負責，行為舉止自重自愛，同時也積極傾聽並回應他人的感受。

溝通的類型

語言和非語言溝通技巧都可用於社交性溝通和治療性溝通。治療性溝通是助

人專業中使用的類型，下一節將詳細討論。**社交性溝通**（social communication）是在社交場域中使用的語言技巧，常見於日常生活中與家人、朋友和同事之間的互動。社交性溝通雖不一定懷有特定的目的或方向，但總歸是想滿足參與互動者的需求（圖 2.3）。治療性溝通則是健康照護人員和服務對象之間的互動過程，目的是協助服務對象實現健康目標。

圖 2.3 ｜社交性溝通

治療性溝通

治療性溝通（therapeutic communication）具有目的性、以目標為導向，欲促進彼此的信任和良好友善的關係。健康照護人員須將治療性溝通應用於和服務對象、和／或家屬之間的工作交談中。訊息可從認知層面或情感層面，或兩者兼而有之的方式發送。認知層面係指用文字表達的訊息，情感層面則是透過語氣表達感受。

治療性溝通的六個要素

1. 傾聽與觀察（listening and observing）。**傾聽**可以是主動的，也可以是被動的，再加上對語言的詮釋。傾聽不僅要聽到對方所說的話，也要同時考慮語言和非語言訊息。當聽者注意力不集中時，就會容易分心。專欄 2.1 說明積極傾聽的要素。

2. 溫暖（warmth）。溫暖是指表現出友好和接納的態度，讓人感到放鬆和安全。

3. 真誠（genuineness）。真誠就是開放且誠實地做你自己。誠實地說你不知道或不確定答案是什麼。真誠意味著關心。

4. 專注（attentiveness）。注意力集中在對方所說的內容上，讓他們知道自己得到你全部的注意力。

5. 同理心（empathy）。同理心係指你理解他人的感受，並從他人的角度看待世界。同理心不等同於同情心。同情心（sympathy）意指吸收對方的感受，當你有同情心但不是同理心時，會迷失在其中而失去客觀性。展現同理心表示你可以掌握互動，表現充滿自信又合宜的舉止，帶給對方安心感。

6. 積極的尊重（positive regard）。積極的尊重是指不加評判、完全接納服務對象的本來面目，給予重視和尊重。積極的尊重的另一個相似詞是關懷，是為了讓對方感到安全。我們不需要全盤同意對方的觀點，但還是可以做到積極的尊重。

實用小提示：傾聽

傾聽是：
- 瞭解
- 詮釋
- 評估
- 回應

專欄 2.1

積極傾聽的要素

- 面向服務對象。
- 採取開放姿勢。
- 身體向前傾。
- 眼神接觸。
- 放鬆並集中注意力。

實用小提示：傾聽的原則

傾聽的原則包括：

- 專心傾聽，切勿插話。
- 採取開放、放鬆的姿勢。
- 專注於說話者的內容。
- 傾聽是為了理解而不是急於回答。
- 確保安靜、不受干擾的環境。
- 表現出關懷與理解。
- 確認對方的感受。
- 不批評。
- 如其所是地接納對方。
- 不帶偏見。
- 以開放式問題提問。
- 重述對方的問題，隨時驗證對話的準確度。

治療性溝通的功能列於專欄 2.2。

專欄 2.2　治療性溝通的功能

- 理解對方並促進改變。
- 讓對方訴說自己的情況和感受，以減少焦慮。每個人處理情緒的方式都各不相同，故須隨著對方的需要調整溝通方式，以滿足每個人的需求。
- 提供資訊。
- 誠實地回答問題，建立信賴感並展現關懷的態度。

人際關係與治療性溝通

早期護理理論家 Hildegard Peplau 發展出應用於護理的人際關係。在照顧個體的過程中，健康照護人員須扮演多重角色，例如：老師、資源提供者、領導者和安全守護者。Peplau 的理論非常重視治療關係。她相信，當服務對象求助於健康照護人員，為了獲致滿意的結果，健康照護人員必須接受教育和準備，並善用溝通來形成安全的治療關係。這樣的關係能使健康照護人員帶領服務對象從依賴走向獨立。治療性溝通分為三個階段，概述如下。

治療關係的三個階段

定向階段

在定向階段（orientation phase），健康照護人員和服務對象第一次接觸，雙方都會感到有些緊張。作為一名健康照護人員，你可以先自我介紹（姓名加頭銜），並詢問服務對象希望如何被稱呼。接下來可以使用一般性的開場白，為晤談設定方向、建立期望並交換意見。在定向階段，我們要去理解服務對象的擔憂和需求，傾聽他們的意見並細心觀察（請參閱實用小提示：傾聽的原則）。同時，也要讓服務對象瞭解你的角色，簽訂工作契約。定向階段的目標是建立信任關係，信任是慢慢建立而來的。

工作階段

在工作階段（working phase），健康照護人員確定服務對象使用的因應機制類型，以及擁有哪些支持系統。接著，健康照護人員須依服務對象的需求制定服務計畫，設定合乎實際的目標。服務計畫是為了促進服務對象的獨立性和最佳功能。服務對象擁有要求健康照護團隊所有成員保密的基本權利，所以必須向服務對象保證，共享的資訊不會超出直接參與服務的工作人員範圍。如果工作階段順利，服務對象會願意分享和探索個人的想法和感受，並努力改變行為或尋求可行的解決方案。

結束階段

結束階段（termination phase）是一段關係的結束。理想情況下應包括評估和綜合整個照護過程，並為分離做好準備。在結束階段，重要的是回顧思考並自問：「這個人有得到幫助嗎？」

影響溝通的因素

真誠一致

真誠一致（congruence）意指語言和非語言溝通一致。語言與非語言溝通相符非常重要，若能真誠一致，訊息對接收者來說即是清楚的。當說話者的語言與非語言溝通出現差異時，就是**沒有真誠一致**。例如，服務對象聲稱自己沒事，卻愁容滿面。

時機與環境

在大多數西方文化中，溝通的時機非常重要。時機與互動的前後背景脈絡有關，不要輕易承諾在不切實際的時間範圍內完成某事是很重要的。環境包括溝通發生時的物理環境。環境應具有隱私性，沒有噪音和其他干擾。進行有意義對話

的環境，應讓參與溝通的人感到舒適。在會談或私人談話中欲讓其他人在場時，一定要徵求服務對象的許可。

空間關係

空間關係（proxemics）係指個體與另一個人的距離到多近時會感到不舒服。個體需要人際空間，人際空間的距離因各人的年齡、性別和文化不同而異。

偏見

偏見（bias）係指對某人或某事的歧視或負面信念。這些偏見多半無的放矢，不是基於事實或證據，而是無知造成的。為了避免偏見，我們必須深入瞭解自己的個人感受，這個過程稱為自我覺察（self-awareness）。自我覺察是一個終生的過程，我們要不時自問是什麼激發了自己的助人興趣，確定自己對其他文化的感受，學習尊重所有的文化，並嘗試從對方的文化角度看待事物。專欄 2.3 列出若干有助於多元文化溝通的建議。

身體障礙

身體障礙（physical disabilities），例如視力、聽力或疾病問題，可能會干擾個體正確溝通的能力。與視力障礙者溝通時，在碰觸之前應先告訴對方你的位置及接下來要做什麼。與聽力障礙者溝通時，應放慢語速，面對對方，並使用手語或示意動作來強調訊息。

> **專欄 2.3**
>
> ## 多元文化溝通
>
> - 請服務對象敘明他們的健康保健做法和信念。
> - 尊重他人的文化傳統與尊嚴。
> - 聆聽語言和用詞，並在需要時提供翻譯服務。
> - 避免刻板印象。
> - 體認到每個人是獨一無二的，擁有各自的需求。
> - 協助個體做出明智的選擇。
> - 不強加灌輸你的個人信念。
> - 保持開放和覺察的態度。
> - 確認服務對象的理解程度。
> - 請服務對象給予回饋，以評估其理解程度。
> - 以服務對象的主要語言提供文件說明。
> - 有時用非語言溝通較容易讓服務對象理解。

溝通的絆腳石

　　溝通的絆腳石是指妨礙訊息傳遞的言語或行為。常見的溝通絆腳石包括：

- **貶低（belittling）**是指否定或嘲笑他人的信念或恐懼。例如，一個 3 歲的幼兒說他害怕怪物，他的媽媽說：「別再像個小寶寶了，根本就沒有怪物。」或患者說：「我想我沒辦法活著離開這裡了。」護理師回答：「太荒謬了，你為什麼要這樣想？」
- **反對（disagreeing）**係指向對方表示你認為他是錯的。當你反對對方的觀點，對方必然感到不悅、心生戒備。例如，一位女性告訴她的媽媽，她的男朋友很棒。她的母親卻回答說：「我認為他是個魯蛇，你可以找到更好的。」或是患者說：「我為什麼要留在這裡？沒有人來治療我，我的情況也沒有好轉。」護理師回答：「你有在好轉。」

- 贊同（agreeing）係指說出一些話，表示你認為對方所言是對的，但這種說法會打斷對話，讓對方的擔憂顯得不重要。例如，某位女性向鄰居訴苦，說自己正在考慮與丈夫離婚，鄰居回答說：「是我的話，我也會叫他滾蛋。」或是患者說：「我擔心明天醫生不會讓我出院。」護理師回答：「我想你說的沒錯，我猜他不會那麼快讓你出院。」

- 辯駁（defending）係指陳述理由或反唇相譏。例如，一位青少年說他的零用錢比朋友少，他的父親回答說：「我已經盡我所能的給你了。」或是患者說：「我的呼叫燈已經亮了 15 分鐘了。」護理師回答：「我正在盡力處理，你不是這裡唯一的病人。」

- 刻板印象（stereotyping）或以偏概全（generalizing）是一種不真誠的言論，這些言論預設立場，而不是把對方當作獨特的個體來對待。例如，「小珍很不乖，所有 2 歲的孩子都很不乖。」或當服務對象說：「我真的很擔心我的孩子。我急急忙忙趕到醫院，卻沒能見到他們。」醫護人員回答：「所有的家長都一樣。」

- 提供虛假的保證（giving false reassurance）係指提供沒有誠意或毫無根據的保證，讓對方覺得自己不重要、不值得關心。當保證有憑有據且適當時，保證才是最有效的。例如，有人說：「別擔心，一切都會好起來的，你很快就會感覺好一些。」又如患者說：「如果這是惡性腫瘤，我該怎麼辦？」結果醫護人員的回答是：「你不用擔心，一切都會好起來的。」

- 提供建議（giving advice）是告訴對方你認為他們應該怎麼做。藉由提供建議，你在暗示你知道什麼對這個人最好，使此人往後更難自主判斷對錯。提供建議的常用句型如下：「如果我是你……」、「你為什麼不……」或「我認為你應該……」。或某位患者提到：「我從滑板上摔下來，摔斷了手臂。」結果護理師卻說：「看你年紀不小了，我建議你放棄滑板。」

- 改變話題（changing the subject）係指帶入新的話題，刻意淡化說話者的感受，這會讓對方覺得自己的擔憂不重要。例如，一位患者說：「你們說明天要做切片檢查。我希望這不是癌症。」護理師回答：「這些是你孩子的照片嗎？你們一家人怎麼都長得這麼好看！」

- **提問封閉式問題（asking closed-ended questions）**，這種問法只要求對方用「是」或「否」一個字回答，等於不給對方進一步探索擔憂或感受的機會。例如，健康照護人員問：「你會痛嗎？」但這樣的問法得到的答案並無法得知患者疼痛的嚴重程度或部位。
- **問「為什麼」的問題（asking "why" questions）**，通常會增加他人的不安，因為這類問題是要求對方立即回答。有時，對方會編造一個回答「為什麼」問題的答案，好盡快擺脫這兩難的局面。他們只是提供你想聽的回答。
- **刨根問底（probing）** 係指探問更多訊息，極具侵入性和威脅性。

當健康照護人員或服務對象配戴口罩、手套和防護衣等個人防護裝備（personal protective equipment, PPE）時，溝通可能會出現阻礙（圖 2.4）。口罩也會是溝通的絆腳石，因為口罩遮蔽了臉部表情，弱化與壓低說話者的音量和語氣，但這些都是我們用來強調訊息的線索。若服務對象或健康照護人員無法聽到和理解訊息，會增加他們的壓力和焦慮，導致關懷品質和效果下降。另外，健康照護人員還必須考慮到年長者及感官或認知缺陷者（如中風、聽力缺陷、語言或讀寫障礙）的需求，要確保訊息清晰易懂。

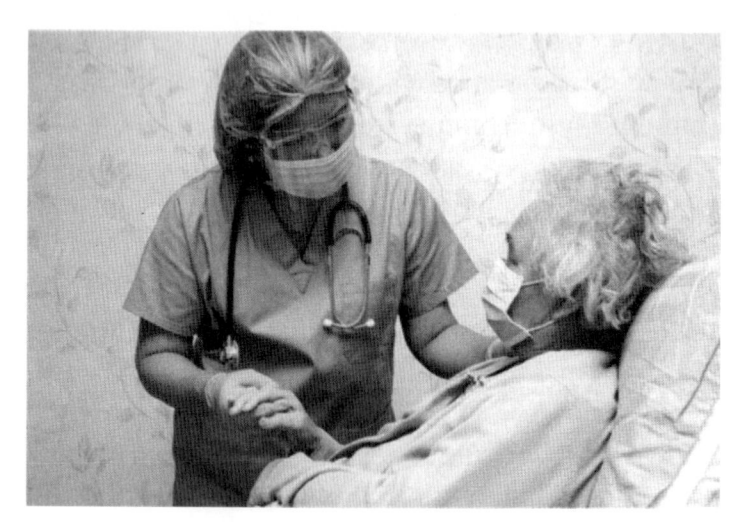

圖 2.4 ｜ 健康照護人員穿戴個人防護裝備時，更要留意如何清楚地溝通

加強溝通的技巧

以下是可以提升溝通的技巧，健康照護人員應該謹記在心並學以致用。

- **提供資訊（giving information）**，幫助服務對象認識你的角色、你在做什麼，以及你需要從他們那裡獲得哪些訊息。這些資訊解釋了溝通過程的目的，並減少服務對象的焦慮。

- **確認（validating）** 係指為了確認你對服務對象的語言和非語言訊息理解是否正確所提出的問題。本質上，就是在確認對方的需求是否已得到滿足。例如詢問：「身體還有哪些地方不舒服？」

- **澄清（clarifying）** 係指消除可能的誤解或蒐集有助於理解所需的資訊。澄清可以幫助其他人繼續關注這個主題。如果訊息不夠清楚，健康照護人員絕對不能假裝自己理解服務對象所說的內容，而需進一步詢問：「你能解釋一下嗎？」或是「我不太懂你的意思。」你可能還需要釐清：「『他們』是誰？」一位服務對象說：「服藥根本沒用。」健康照護人員回答：「你的意思是當你焦慮時，沒有人拿藥給你服用？還是藥物對你的焦慮沒有效果？」

- **反映（reflecting）** 係指從情緒（感覺）層面表達你對他人訊息的理解。這可協助服務對象掌握自己的情緒，藉由感受情緒進而找到問題的解決方法，從而提升自尊。反映、複述或重述他人的話，可協助對方意識到所表達的心情、情緒或感受。然而，最好不要說出負面的評論或會加劇內疚、敵意或憂鬱的意見。例如，一位服務對象說：「我姊姊不肯幫忙照顧母親。」健康照護人員回答：「你聽起來好像很生氣。」這表明健康照護人員在對方的語氣中聽到線索。

- **重述（paraphrasing）或複述（restating）** 係指使用相似的語詞來表達對方剛才所說的話，目的是確認是否理解對方的意思，亦可藉此反映原來所表達的部分或全部主題。例如，一位服務對象說：「我整夜都醒著。」健康照護人員回答：「你睡不好。」又，服務對象說：「我昨天沒辦法吃晚餐。」健康照護人員回應說：「你吃東西有困難。」

- **提出廣泛的問題（asking broad questions）** 係指使用開放式問題鼓勵個體分

享對特定主題的感受。健康照護人員可以問：「你想聊什麼？」或是說：「希望你可以告訴我更多相關的訊息。」

- **使用一般性引導（using general leads）**是指給予簡短的回應來鼓勵對方繼續交談。例如，「嗯嗯」、「繼續說」、「然後呢？」或「你剛才說……」。

- **陳述（stating）或觀察（making an observation）**係指認可並說出自身看法和感受。這種技術類似於澄清，例如，健康照護人員觀察後說出：「你在發抖」，接著說：「你現在感覺怎麼樣？」

- **奉獻自我（offering self）**係指安靜地聆聽。當服務對象不願說話，或情緒十分激動且無法用言語充分傳達訊息時，這種技巧非常管用。健康照護人員可以安靜地待在服務對象身邊，適時加上一句：「我想瞭解你。」或「如果你願意，我會留下來陪你一段時間。」

- 當主題不明而想瞭解更多資訊時，**聚焦（focusing）**即可將對話引導至特定方向。聚焦時需全神貫注於對方正在說的話，不要心存雜念或分心。例如，健康照護人員關心服務對象對其他人員的看法，問道：「你提到對醫生不是很滿意，可以多告訴我一些嗎？這樣我才能多瞭解事情的來龍去脈。」

- **使用幽默（using humor）**（但不貶低他人）可以減輕焦慮、幫助個體面對壓力、提高其對疼痛的耐受度並建立信任關係。笑容是「最好的良藥」，也體現了健康照護人員的人性。研究表明，笑可以改善情緒、減輕疼痛、降低血壓並增強免疫系統。

實用小提示：提升溝通技巧的小撇步

提升溝通技巧有以下這些小撇步：
- 以積極的態度待人接物。
- 盡量減少干擾和打斷。
- 面向與你交談的人。
- 將自己的高度和對方的視線齊平。
- 聆聽時身體向前傾。
- 使用表示感興趣的肢體語言，例如點頭。
- 重述對方的話語。
- 澄清以維持焦點。
- 視情況使用碰觸和沉默。

想展現幽默感時：
- 三思而後言。同樣的笑話並不適合所有人。
- 避開有關文化、族裔、性或宗教的笑話。
- 在瞭解對方之前，謹慎使用幽默。

職場溝通

　　與同事交流時，記得先聽聽他們的想法，再做出回應。語氣和舉止應該積極，不要表現出消極不回應的態度。健康照護人員必須客觀公正並樂於接受不同的意見，保持正向的語氣和舉止。與主管溝通時，應遵循上級指示。對話應該實事求是，而不是道聽塗說或妄自判斷。不要隨意指責他人，並負起應負的責任。所謂負起責任，不是把問題都攬在自己身上，而是向適當的負責人提出問題。對回饋抱持開放的心胸虛心受教，而不是採取防禦態度。各級和各系統工作人員之間有良好的溝通，方能最大提升服務對象的處遇效果。

　　健康照護人員在服務場域中使用的溝通過程是閉迴路溝通（closed-loop communication）。閉迴路溝通有賴於回饋，確保發送者的話語被聽到並被確實地理解。在這種溝通過程中，發送者傳遞訊息並確保接收者如預期地收到訊息（圖

2.5）。發送者請接收者重複訊息以獲得回饋，如此發送者方可確認訊息已被正確接收。閉迴路溝通在緊急情況下非常有用，例如在患者恢復知覺期間，或在COVID-19 大流行期間的加護病房等密閉區域內。

發送者傳遞某個訊息並尋求回饋。　發送者

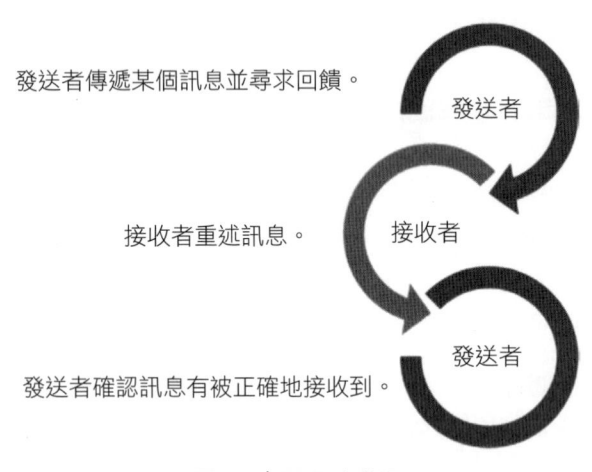

接收者重述訊息。　接收者

發送者確認訊息有被正確地接收到。　發送者

圖 2.5｜閉迴路溝通

在換班或交班期間，有效的溝通尤其重要。交班係指將患者的身體狀況、藥物和治療等資訊，從健康照護團隊的一名成員轉移到團隊的另一名成員。交班的其中一個重要性是，健康照護人員承擔在特定時間內照顧此位患者的責任，為了維護患者的安全和維持照顧的連續性，交班是必要的。據信，此時健康照護環境中的錯誤率最高。國際醫院評鑑（JCI）於 2017 年認證了一種供健康照護人員在交班期間使用的溝通工具，名為**情況、背景、評估、建議（SBAR）**。SBAR 是一套有系統、可用以促進交班期間安全照護的指引。該指引最初由美國海軍開發，廣為許多機構採用。

情況（Situation）：說明服務對象目前的情況。狀況可能是穩定的，或者需要改變照護方向，或致電詢問另一專業人員。

背景（Background）：從服務對象的過往史──診斷、接受服務原因和病史──獲得的資訊。

評估（Assessment）：從服務對象的各種檢查中獲得的資訊。

建議（Recommendation）：身為健康照護人員所提出的問題解決方式。該建議可能需要與健康照護團隊討論。

思辨練習

治療性溝通	非治療性溝通
使用一般性引導	給建議
聚焦	刻板印象
反映	貶低
澄清	否定

下列語句使用了哪種溝通方式：

「你愛上那個男人了？」＿＿＿＿＿＿＿

「請繼續說，我在聽。」＿＿＿＿＿＿＿

「你是說你對⋯⋯不滿？」＿＿＿＿＿＿＿

「學校有什麼讓你煩惱的事嗎？」＿＿＿＿＿＿＿

「所有四十多歲的女性都有這種感覺。」＿＿＿＿＿＿＿

「請說說當發生⋯⋯事時，你的感受如何？」＿＿＿＿＿＿＿

「你最好從大學休學，避免為時已晚。」＿＿＿＿＿＿＿

本章重點回顧

- 溝通是兩個人以上的人際互動——交流訊息、想法、感受或情感。
- 溝通的過程包含五個部分：訊息、發送者、方式、接收者和回饋。
- 溝通可以是內在溝通（內在所思所想）或人際溝通（兩個人以上的溝通）。
- 人際溝通包括語言（使用口語或書寫文字）和非語言（使用肢體語言）溝通。
- 非語言溝通的八種方式如下：外表和衣著、身體動作和姿勢、臉部表情、示意動作、眼神接觸、語氣和聲調、碰觸和沉默。
- 社交性溝通是指在社交場域中使用的語言技巧，常見於日常生活中與家人、朋友和同事之間的互動。
- 治療性溝通是有目的性且以目標為導向的溝通，以此協助服務對象實現健康目標。
- 治療性溝通的六個要素是：傾聽與觀察、溫暖、真誠、專注、同理心和積極的尊重。
- 治療性溝通的三個階段是：定向階段、工作階段、結束階段。
- 影響溝通的因素很多，包括真誠一致、時機與環境、空間關係、偏見和身體障礙。
- 溝通的絆腳石是指妨礙訊息傳遞的言語或行為，個人防護裝備也會使溝通變得困難。
- 用於加強溝通的技巧包括：提供資訊、確認、澄清、反映、重述或複述、提出廣泛的問題、使用一般性引導、陳述或觀察、奉獻自我、聚焦和使用幽默。
- 閉迴路溝通和 SBAR 指引是健康照護人員在職場中使用的兩種有效溝通技巧。

課後評量

1. 與來自不同文化的服務對象溝通時，健康照護人員應該：
   A. 限制與服務對象相處的時間。
   B. 不應過度強調非語言訊息。
   C. 不強加灌輸個人信念。
   D. 鼓勵服務對象改變文化習俗和信仰。

2. 與患者溝通的目標之一是：
   A. 協助患者做出明智的決定。
   B. 為患者做出醫療決定。
   C. 充當患者和家屬之間的訊息流通管道。
   D. 教導患者可能的因應方法和行為。

3. 溝通是：
   A. 關懷過程的最後一步。
   B. 診斷和疾病之間的關鍵。
   C. 交流訊息和想法。
   D. 所有思考過程的基礎。

4. 健康照護人員的職業形象應該傳達出：
   A. 無能。
   B. 漠不關心。
   C. 知識。
   D. 接納。

5. 下列哪一項是非語言行為？
   A. 書寫文字
   B. 口語
   C. 語氣
   D. 簡訊

6. 溝通過程中的一段沉默時間，是要讓健康照護人員能夠：

    A. 重新引導服務對象。

    B. 觀察非語言行為。

    C. 緩解服務對象的焦慮。

    D. 減少對方的抗拒。

7. 自信型的人是：

    A. 無法分享他們的感受。

    B. 很少眼神接觸。

    C. 把自己的需求放在第一位。

    D. 表現出自信並對自己的行為負責。

8. 深入瞭解自我內在感受就是：

    A. 同理心。

    B. 偏見。

    C. 空間關係。

    D. 自我覺察。

9. 小裕跟媽媽說他「害怕過橋」。小裕的媽媽回答：「別傻了，我們走吧！」這樣的說法是：

    A. 刻板印象。

    B. 貶低。

    C. 提供建議。

    D. 給予虛假的保證。

10. 一位母親帶著她 6 個月大的寶寶前來就診。母親在本國居住的時間很短，只能說和聽懂一點國語。這時你應該採取的最佳行動是：

    A. 放慢說話速度。

    B. 使用外語字典。

    C. 如果她不問任何問題，就假設她有聽懂。

    D. 為下次的訪視安排翻譯人員。

11. 最能描述閉迴路溝通的說法是：
    A. 無回饋溝通。
    B. 交班時採用的溝通方式。
    C. 與新服務對象晤談時使用的溝通方式。
    D. 有提供和得到回饋的溝通。
12. 交班過程中下列哪一項是最重要的？
    A. 就溝通方式達成共識。
    B. 交班需要得到醫師的充分許可。
    C. 對患者承擔全部責任。
    D. 說些讓患者放心的陳腔濫調。

答案：1. (C)；2. (A)；3. (C)；4. (C)；5. (C)；6. (B)；7. (D)；8. (D)；9. (B)；10. (D)；11. (D)；12. (C)。

學生活動

溝通觀察活動

聆聽並觀察兩個成人在學校、宗教場所或工作場所交談的 10 分鐘對話。之後回答以下問題。

1. 你觀察到哪些語言和非語言行為？
2. 根據你的觀察，這些人表達了哪些情緒？
3. 在溝通過程中，你觀察到語言與非語言溝通之間有哪些不一致之處？

Chapter 3
文化

學習目標

1. 說明文化的定義。
2. 描述信念和價值觀之間的差異。
3. 說明文化與健康照護實務的關聯。
4. 瞭解文化評估的基本要素。

何謂文化？

每個家庭都有自己的歷史、結構和運作方式。在更大的社會框架內，各個不同的家庭透過種族、文化、宗教和地理鄰近性彼此相互連結。**文化**（culture）代表社會中個人所屬的社會群體，並賦予他們生活的意義，有助於形塑一個群體的身分認同，並成為傳統、信念、習俗和儀式的支柱。文化影響人們如何看待世界、信奉宗教、人際互動，以及文化成員如何理解自己的工作角色和性別角色（圖3.1）。

圖3.1｜社區居民支持彼此的文化需求

同一文化的成員享有共同的信念、價值觀、習俗和宗教教義，這些是代代相傳的，同時又可以調整或改變，以滿足群體當前的需求。每個人類社會和族群都有其文化。儘管存在差異，文化還是有許多相似之處，如溝通方式、社會控制手段、家庭、婚姻、教育和超自然信仰。所有文化內都有次文化或次群體。**次文化**（subculture）是指在主流文化群體內，具有共同價值、信念和興趣的小眾文化，例如，身心科護理師是醫院護理師中的次文化。

文化的特性

社會人類學家將文化描述為習得的、共享的、整合化或模式化的、適應性的和象徵性的。關於這些特性的簡要說明，請參閱表3.1。

表 3.1　文化的特性

特性	說明
習得的	文化是從出生起就開始學習的。行為、價值觀、信念和傳統，透過語言代代相傳。
共享的	文化擁有共同的傳統、價值觀和信念。文化可以透過與文化群體成員的互動或直接教導來共享。
整合化或模式化的	文化是基於經濟、社會樣態、職業倫理和個人獨特性整合化或模式化的。
適應性的	文化是對環境和生物需求的不斷適應。變動的方式包括擴散、文化互滲、技術創新與全球化。
象徵性的	人類文化使用符號，特別是語言、手勢、圖畫（藝術）和音樂，在成員之間交流互動。

習得的

當行為、價值觀、信念和傳統透過**語言（language）**的學習，從上一代傳給下一代時，文化就被習得了。文化不是遺傳的，嬰兒並不是帶著文化模板來到這個世界，而是經由涵化的過程，在各自所屬的群體中透過社會化來學習文化。**涵化（enculturation）**意指透過觀察和教導來學習文化，是讓嬰兒融入文化群體的一種方式。

共享的

文化由成員共享。最常被文化群體共享的是語言；文化中的語言為所有成員共享，並為該群體的所有成員所理解。各個文化也共享相同的想法和行為。文化群體內部的共享程度，依每位成員的個性而異。

整合化或模式化的

文化是基於經濟、政治、社會樣態、職業倫理和個人獨特性整合化或模式化的。**個人獨特性（individualism）**係指所有個體都是獨一無二的，形成個體自身

文化核心的是每個文化特有的價值、理想、判斷和符號，所有面向都必須綜合起來才能構成一個完整的文化。模式化或整合化的文化，由文化特徵和行為的集合所組成，這些都是文化群體學習和分享的，對文化的存續很重要。例如，育兒方式、對子女的期許和寄望皆是遵循文化模式。

適應性的

文化是對環境和生物需求的適應性反應，人類必須操縱環境來解決生存和繁衍的問題。所有文化都在證明自己有能力發展出獲取食物、適應或應對氣候變遷問題的工具，這些能力促進或挑戰了文化群體和人口的成長。

文化不是靜態的，它得適應動態世界。自 1960 年代以來，社會經歷的變化之一是女性勞動人數增加。然而，例如 2017 年，Pew Research（皮尤研究中心）根據勞工統計局（Bureau of Labor Statistics）的預測表示，女性可能永遠無法占美國勞動力的一半。根據他們的預測，勞動力中的女性人數可能會在 2025 年達到 47.1% 的高峰，然後在 2060 年前逐漸下降到 46.3%。

文化的變化也會因擴散、文化互滲、技術創新和全球化而發生。**擴散（diffusion）** 是指將文化特徵傳播出去，例如，歐洲足球已被美國文化廣泛接受。**文化互滲（濡化，acculturation）** 係指因外部壓力，使得文化之間持續地直接互動，彼此交換價值觀和信念。例如個體移民到美國，並迅速適應和接受新的文化規範。當今社會的快速變化是由**技術創新（technological innovation）** 所驅動，包括科學、醫學、工程、通訊和製造業的進步。創新解決了社會問題並創造文化變革，例如，青黴素的發現拯救了全世界許多人的生命。**全球化（globalization）** 是擴散、互滲、移民型態和觀光旅遊業結合而造成的變化。全球化的一個例子是使用網路和社群媒體（例如 Twitter，譯注：現為 X）在世界各地進行交流。今日，文化、社會和國家以相互競爭的方式聯繫在一起，以確保生存。

如果文化無法做出改變，來協助群體應對挑戰，或因外界變化過於快速，導致文化的生存機會減少甚至文化滅絕，即表示該文化適應不良或適應失敗。

象徵性的

文化是象徵性的，因為文化最基本的面向就是發展出**象徵性符號**（symbols），讓身處其中的成員相互交流。人類文化中最重要的象徵性符號是語言、手勢和圖畫（藝術），讓人們得以和其他人溝通。每個象徵性符號（無論是語言或非語言的）在每種文化中都有特定的意義，例如，字母代表語言中會用到的發音。符號不是永恆不變的，會隨著文化的發展而變化，以維持文化的內部穩定。象徵性符號也可以是文化所製造或建造的物件，例如服飾、藝術品或手工藝品，用以識別文化的系統結構，以及隨著時間推移，人類社會如何運作和生存。

文化的要素

構成所有文化的要素是信念、價值觀、規範、風俗習慣、法律、道德觀、種族和族裔。

信念（beliefs）是文化裡的成員所抱持的真理。信念決定並影響個體處理和看待社會問題的方式。信念影響個體的思考和組織能力，也影響有關健康、疾病、照護和死亡的行為與觀念。性別角色和育兒方式也受到文化信念的支配。

價值觀（values）是決定何為好或壞、對或錯的根深柢固性格特質與感受。文化價值觀是個人決策與行動的基石與方向，這些價值觀也提供了穩定感和安全感。缺乏文化價值觀會導致社會問題。兒童從很小的時候，就明白什麼是對的、什麼是錯的，以及什麼行為在其文化中是可以被接受的。價值觀有助於驅動個人成就。當個體的文化價值觀受到挑戰時，內心會出現衝突。例如，當個體搬到更大的社區並面臨他人的價值觀時，價值觀衝突可能就會產生。這些人必須努力地融入更大的群體，同時又不捨棄原本的文化信念和價值觀。

規範（norms）是社會公認的規則和行事方式，指導個體在文化中的行為和互動。規範還根據年齡、性別或位階來確定每個家庭成員的角色。規範又可細分為以下三種：

- **風俗習慣**（folkways）是文化中的習俗，決定了我們如何互相寒暄問候。例如，在某些文化中，人們透過握手來打招呼，而在某些文化中，人們則是透

過親吻臉頰來打招呼。這些並不是正式的法律規定，但當個體未能適切地表達問候，可能會冒犯文化群體中的其他人。

- **法律**（laws）是政府支持並執行的成文政策。違反法律，例如盜竊他人財物，會受到特定的懲罰。
- **道德觀**（mores）是文化成員強烈抱持的道德信念。不遵守這些道德規範可能會招致文化成員的排擠。

以往，**種族**（race）的定義為一群具有某些相似身體特徵，包括膚色、髮質、臉型、體型大小，而被歸為同一類的人。以前的人認為種族發端於某些地理區域，但當代科學家已經知道，種族是一種社會建構，與生物學關係不大。所有人類都屬於同一物種。

偏見（prejudice）是指因種族、性別或性取向，而對他人產生負面情緒、態度或評價。兒童並非生來就有偏見，相反地，他們有著與生俱來的純真和好奇心（圖 3.2），這種好奇心使他們早在 3 歲時就意識到種族差異。父母或照顧者應展現對種族和族裔的包容度與正面態度，對膚色和種族進行公開、正確和積極的討論，協助兒童參與追溯文化傳統等活動，豐富他們的生活。首要之務是讓兒童瞭解，儘管外表看起來不同且來自不同的國家，但大家都是生命共同體。專欄 3.1 說明如何提高兒童的文化敏感度。

圖 3.2 ｜兒童有著與生俱來的純真和好奇心

族裔（ethnicity）是指來自同一種族和地理區域，擁有共同文化傳統的群體。他們擁有相同的語言和該群體特有的屬性，例如飲食、習俗、藝術、音樂和舞蹈、家庭結構和角色，以及宗教信仰或儀式。儘管個體並非完全由這些類別來定義，但這些屬性卻是生活中的重要元素。

專欄 3.1

提高兒童的文化敏感度

使用下列技巧來提升兒童的文化敏感度：

- 樹立正面的榜樣。
- 如實回答問題。
- 誠實、開放的對話。
- 不要否定膚色、髮型或眼型的差異。
- 鼓勵兒童提出任何問題。
- 培養對個別文化傳統的正面情感。
- 讓兒童接觸其他族裔和文化的人。
- 選擇來自不同文化和族裔群體的玩具。
- 為兒童朗讀描繪不同文化和族裔群體的故事。請參閱下列書單，或查找合適的書籍。
  - Adoff, Arnold. (1992). *Black Is Brown Is Tan*. Harper Collins.
  - Davis Pinkney, Andrea. (2016). *A Poem for Peter: The Story of Ezra Jack Keats and the Creation of The Snowy Day*. Viking.
  - Estes, Eleanor. (1980). *The Hundred Dresses*. Harvest Books.（一百件洋裝）
  - Hamilton, Virginia. (2000). *The People Could Fly: American Black Folktales*. Random House.
  - Robinson, C., & De La Pena, M. (2015). *Last Stop on Market Street*. Shell Education.（市場街最後一站）
  - Cook, Julia. (2018). *Uniquely Wired: A Story About Autism and Its Gifts*. Boys Town Press.
  - Latham, Irene, & Waters, Charles. (2018). *Can I Touch Your Hair? Poems of Race, Mistakes, and Friendship*. Carolrhoda Books.
  - Penfold, Alexandra. (2018). *All Are Welcome*. Knopf Books for Young Readers.
  - Cherry, Matthew A. (2019). *Hair Love*. Kokila.（蘇麗的頭髮）
  - Muhammad, Ibtihaj. (2019). *The Proudest Blue: A Story of Hijab and Family*. Little, Brown and Company.
  - Nyong'o, Lupita. (2019). *Sulwe*. Simon & Schuster Books for Young Readers.
  - Roe, Mechal Renee. (2019). *Happy Hair*. Doubleday Books for Young Readers.
  - Ho, Joanna. (2021). *Eyes That Kiss in the Corners*. HarperCollins.

健康照護的文化

跨文化照護

　　Madeleine Leininger 是護理學教授和理論家，創立並提出了跨文化照護理論。**跨文化照護**（transcultural nursing）是一個正式的研究和實務領域，著重於人性化照護，並理解和比較分析人們在信念、價值觀及文化生活方式的差異和相似之處。該理論採用全人照護取向，整合以科學知識為基礎的人性化照護哲學理念，提供與服務對象文化一致性的照護。文化一致性照護（culturally congruent care）是指融合特定文化的核心價值和信念的照護。Leininger 提出文化一致性照護的三種照護決策模式：文化核心保存／維持、文化核心調整／協商，以及文化核心重塑／重建。這種取向是為了回應健康照護服務的關係照顧，廣義地說，是為了因應不斷變化的人口統計和全球化，也就是世界不同國家之間的人口流動。當今健康照護領域的主要挑戰包括：回應全球化、多元化政策，以及推動新的、具文化關懷的健康照護措施。其他學科，如醫學、社會工作、藥理學和物理治療，現在也開始致力於因應快速增長的多元文化人口，提供符合文化能力標準的照護。

　　美國人口普查局（U.S. Census Bureau）預測，到了 2044 年，一半以上的美國人口將會由少數族裔組成，即非拉美裔白人以外的任何族裔。到了 2060 年，預計全國總人口的五分之一是在外國出生。目前，五分之一的美國人口說英語以外的語言。

　　由於各國的文化多樣性日益增加，健康照護人員來自不同的背景，每天與來自不同文化和族裔群體的服務對象互動。為了因應日益複雜的多樣性，健康照護人員和健康照護服務系統必須提供符合文化能力標準的照護。要做到具有文化能力的照護，必須認識到文化和族裔，以及所有群體（包括自身群體）的多樣性。

　　跨文化照護的目的是希望所有的健康照護人員，都具備能促進個體、家庭和社區有意義和有益的健康照護所需的知能。這種取向可以提高服務對象的滿意度，加速疾病早日康復，甚至支持有意義地面對死亡。文化一致性關懷是跨文

照護的最終目標。

在跨文化照護理論中，服務對象是身處於一個具有多種文化的世界，因此健康照護人員必須做好照顧這世界上任何地方、任何人的準備。在實務中融入跨文化照護原則的專業人員能瞭解服務對象的文化，並為所照護的服務對象提供文化一致性且有意義的照護。如果不去瞭解不同文化並致力於提供文化一致性的照護，這樣的健康照護人員不僅不具文化意識，也無能照顧文化價值觀和信念與自己不同的人。

特定文化照護是善用服務對象文化中特有的知識，來確定服務對象的價值觀和需求，從而規劃能獲得較佳結果的照護。例如，瞭解到某些文化背景的人可能更喜歡同性別的照顧者，並據此擬定他們的照護計畫，有助於排除不必要的壓力。然而，重要的是不要對其他文化的人形成刻板印象或隨意做出假設。想知道特定服務對象的價值觀和偏好，一定要多問多聽。關於非語言溝通和文化的討論內容，請參閱專欄 3.2。

健康照護人員必須留意，別成為種族中心主義者，一味相信自己的文化、價值觀和行為模式優於其他人，這種信念可是會為偏狹和冷漠埋下惡種。健康照護人員應該實踐**文化相對主義**（cultural relativism），也就是勤於學習和理解，並將對方的文化標準應用於每種情況。此外，健康照護人員應該尊重新的文化體驗並持開放態度。透過尊重他人的文化，以服務對象為本，盡可能減少刻板印象。文化理論學家認為，當健康照護人員不瞭解個人文化或族裔背景的獨特健康價值觀和信念時，就會出現文化的較量和健康照護的差距。

為了提供符合文化能力的照護服務，健康照護人員必須促進和維護所有服務對象的健康。在這個系統中，必須要讓服務對象能夠理解、解釋和分析可以使其生活方式完善的健康資訊。個體應該學習掌握健康照護系統、與健康照護人員互動並維護自己的權益，以確保個體滿意、痊癒和康復為第一優先事項。

專欄 3.2

非語言溝通與文化

　　健康照護人員自始至終都須留心確認語言溝通和非語言溝通訊息一致，好讓訊息的傳達更明確。不同文化群體的非語言溝通方式各不相同，有些文化強調肢體語言、眼神接觸和臉部線索，西方文化更注重用語言而非臉部表情來表達個人的情緒。

　　雖然在大多數文化中，眼神接觸被認為是粗魯無禮的，但在西方文化中，眼神接觸傳達了誠實、專注和自信。在東方和中東文化中，直接的眼神接觸被認為是冒犯和無禮的舉動。眼神接觸也可因性別角色而有不同的解讀。在某些文化中，女性與男性的直接眼神接觸是在調情和性挑逗。

　　碰觸有時是適當的，有時卻不適宜。例如，在西方文化中，與成年人握手和拍拍孩子的頭是適當的，但在東方文化中，則以鞠躬為問候而不是握手，拍兒童的頭被認為是一種不尊重的行為。在某些歐洲文化中，親吻單側或雙側臉頰是一種可以接受的問候方式，但在其他文化中則被認為是一種侵犯行為。

　　健康照護人員必須瞭解許多文化行為，並覺察自身的文化經驗可能會讓其他文化的人心生不悅。最好的做法是有禮地問候，但不要隨意碰觸。在徵得對方同意之前保持適當距離，在做任何事之前多看多問，確保對方得到滿意的服務。

文化能力

　　具有文化能力的健康照護人員須嘗試瞭解不同群體的價值觀、信念、傳統和習俗。健康照護人員必須努力理解每位服務對象的健康問題、文化習俗、語言、讀寫能力和宗教信仰，這些都會影響服務對象的態度和行為。健康照護人員須不帶評價地看待服務對象的健康習慣，即使這些做法違背健康照護人員自身的信念，只要服務對象的安全不受到威脅即可。提供的照護必須以服務對象為中心，考慮到對方的信念和優先事項。

　　文化能力（cultural competence）係指透過與不同文化群體的互動或學習，加以持續不斷的內省和培養文化知識和能力。文化能力是一個有意識的過程，表示健康照護人員必須運用知識和能力來加強與服務對象的互動。健康照護人員可以培養文化能力，同時保有自己的文化認同。為培養文化能力，健康照護人員雖

毋須詳細瞭解所有的文化，但必須具備**文化意識**（cultural awareness）和**文化敏感度**（cultural sensitivity）。文化能力有助於縮小健康照護差距，改善治療結果和服務對象的滿意度。

- **文化意識**意指對其他文化和族裔的理解。我們必須進入他人的世界才能瞭解對方，也就是瞭解對方的文化史，欣賞和尊重文化差異。文化意識也意味著瞭解對方的文化價值和信念、他們如何因應困難和解決問題。從對方對食物和衣服的選擇可看出他們對文化慶典的重視程度，從他們的角度瞭解文化的期望和需求。
- **文化敏感度**係指意識到多樣性的存在，尊重每個人的獨特性，也意味著我們使用的語言和互動要得體講究，避免冒犯任何人的信念或做法。健康照護人員必須瞭解溝通方式、空間和時間的使用以及家庭角色的差異，以提供合理的照護。在提供照護時保持文化敏感度，除了能讓服務對象心理安適外，還能加快其康復的速度。不具有文化敏感度的健康照護人員會讓服務對象沮喪、埋怨和不滿，在這種氛圍下，預後自然會受到影響。請參閱實用小提示，瞭解如何提高文化敏感度。

實用小提示：提高文化敏感度

為了提高文化敏感度，你可以：
- 仔細聆聽並展現真誠的興趣。
- 不心存偏見。
- 確認對方的理解程度。
- 確認對方的健康信念和做法。
- 確認對方關於性別和年齡的信念。
- 確認家庭角色和期望。
- 謹慎使用人際空間。
- 確認眼神接觸的解讀方法。
- 留意自己的語氣、語調和音量。
- 確認對方是否偏好某種性別的健康照護人員。
- 確認對方能順暢表達的主要語言。
- 確認飲食習慣。

健康照護服務中的文化評估

為了提供最佳水準的健康照護，我們應該在服務對象使用健康照護服務時進行文化評估。文化評估應包括確定服務對象的族裔、原籍語言和最習慣使用的語言、家庭的決策者，以及是否有偏好的健康照護人員性別。瞭解如何在溝通過程中掌握人際空間的分寸也很重要。健康照護人員必須瞭解服務對象對健康、疾病、死亡和臨終、懷孕和康復的信念，甚至要考慮和尊重飲食信念和偏好。請用專欄 3.3 進行文化評估的練習。

專欄 3.3　文化評估練習

訪問一位你家族中的長輩，追溯你的家族史。例如：祖先的居住國／地區、文化習俗、食物偏好和特定的服儀規範。

健康照護服務中的文化障礙

服務對象和健康照護人員之間的社會、文化和族裔差異，衍生出許多不同的態度和信念，這些差異或可左右服務對象是否遵循健康計畫。西方健康照護服務常見的文化障礙包括：

- 無法以當地的語言溝通。
- 缺乏取得健康保險和健康照護的機會。
- 知識不足。
- 不願求助健康照護人員。
- 對傳統文化習俗食古不化。

《2030 健康國民》的目標之一，是提高所有文化下個體的健康素養，這也是重要的健康的社會決定因素（SDOH）。養成健康的生活方式可以預防疾病，並

提高國民的生活品質。美國研究表明，三分之一的成人健康素養不足。健康照護組織必須將提高健康素養作為使命宣言的優先事項，照顧到服務對象健康的方方面面。美國護理學會（American Academy of Nursing, AAN）要求所有健康照護人員在提供照護時，將健康素養作為提供服務的基礎。我們必須假設所有服務對象都有誤解健康資訊的風險，以此作為維護服務對象安全、照顧品質和健康公平的前提。

向服務對象提供的說明（如：知情同意書），無論是書面版還是電子版，都必須清晰且易於理解。健康照護人員必須親口詢問並尋求回饋，確保服務對象清楚理解這些說明。這些說明必須根據服務對象的族裔和偏好的語言（或方言），以多種語言對照呈現才有意義，服務對象才能利用這些資訊做出明智的決定。

健康照護人員應瞭解健康的社會決定因素，並對服務對象的需求保持文化敏感度，盡量減少文化和族裔障礙（表 3.2）。

為了最大程度地減少語言隔閡，必須聘用經過訓練的口譯員、使用譯本版或設備。提供食物時也應將服務對象的文化偏好納入考量，認可其他文化有其重視的健康保健方法。健康照護人員須鼓勵服務對象提出治療相關問題，賦予其做決定的自主權。最後，健康照護人員必須留意服務對象的社經地位和保險理賠範圍。

安全有效的健康照護

一名 30 歲的新住民女性因家庭問題前來諮詢。她聚精會神地聽著，但只是猶豫地回答「是」或「不是」。
- 如何才能最佳確保該名女性的健康安全？

表 3.2　與文化有關的健康的社會決定因素

社會決定因素	文化的影響	不良後果
出生地	你出生的國家可能決定你的族裔、文化、社會地位和宗教，也決定你的母語和方言。	制度化的種族主義決定你能否取得財富、健康資源，並可能影響了死亡率。當地的保健方式、語言、文化習俗和宗教信仰，可能令人疑懼，並被視為不明智和不負責任的做法，會受來自不同文化、缺乏文化意識的健康照護人員鄙夷。
成長地	決定個體是否能接受到良好教育和獲得健康素養，從而提高健康照護決策的能力。良好的教育有助於個人找到工作，獲得經濟安全。	個人獲得健康照護和安全住處的機會顯著減少。對個人文化和語言的不尊重會導致文化失格（cultural incompetence）。
居住地區	個體居住的區域可能使其獲得高薪工作、安全住房、淨水設備、優質新鮮食品和健康照護的機會受限。	固守文化信念的生活條件和刻板印象，會對個體產生負面影響。低薪工作會增加身體暴露於危險的機會，累積的壓力最終惡化為慢性疾病。缺乏文化敏感度會導致個體對健康照護人員和系統的不信任，不願遵守醫囑。
退休居所	退休後居住的社區必須提供安全的交通、住處、娛樂、食物和健康保健。	缺乏文化敏感度和對年長者的忽視，會降低年長者的身心健康和福祉。健康照護人員必須展現文化意識，接受並理解文化信念和做法。

靈性與宗教

宗教（religion）是一種與文化、族裔和靈性緊密結合的特定信仰和崇拜體系，是有組織的活動，基於經文中特定信仰的儀式和符號，為信徒提供行為準則。**宗教**和**靈性**兩個詞常互換使用，但兩者並不相同，宗教只是靈性的其中一個向度，**靈性**（spirituality）關注的則是個體如何找到生命的目的和意義（圖 3.3

和 3.4）。靈性的終極目標是內心的平靜與關心眾生的福祉，包括個體如何與自然或至高無上的存在連結。

圖 3.3｜每個節日都有特別的意義　　圖 3.4｜宗教活動在某些家庭中占有重要地位

　　提供全人（包括生理、心理和精神層面）服務的健康照護人員，必須盡一切努力滿足服務對象的靈性需求，包括尊重服務對象的靈性表達。健康照護人員雖不需要和服務對象大談特談精神理想，但必須認可他們並尊重言論自由。健康照護人員必須留意，不要將自己的靈性價值觀強加在服務對象身上。健康照護人員也應該學習識別出有靈性困擾（痛苦）的服務對象，這種困擾可能表現為絕望、憤怒、憂鬱和退縮等情緒。協助服務對象與靈性連結，讓服務對象滿足其靈性需求是提供情感支持的方式之一。當今的健康照護系統要求對所有住院服務對象進行靈性和宗教評估，並記錄在他們的健康檔案中。支持服務對象的靈性需求，體現在處理他們的靈性議題時，不加評判地傾聽他們的心聲。根據文獻記載，靈性與宗教實踐的好處是減輕壓力並緩解高血壓、過敏、憂鬱和暈眩等疾病。參與宗教實踐的服務對象可能得以延長壽命、擁有更健康的自我概念和改善心理健康。

　　宗教還可滿足一些基本需求。宗教試圖定義靈性並解釋難以理解的事件，提供希望和忍耐的力量。宗教引導個人相信還有比自己更強大的力量存在。

　　宗教可以鼓勵社區居民採取健康的生活方式和健康的行為。一些宗教以支持戒菸或戒酒來促進健康行為，多數宗教都提倡建立家庭、維持婚姻與家庭完整以

及養兒育女。宗教也為人們提供促進福祉的道德指南。有宗教信仰或沒有宗教信仰，通常是由家庭代代相傳，連結過去和未來。

在美國，基督教是第一大宗教，新教教派是最大的宗教團體，天主教是第二大宗教團體。新教教派包括浸信會、聖公會、路德會、衛理公會、長老會和基督復臨安息日會等分支。也有許多人信奉其他宗教，包括猶太教、佛教、印度教和伊斯蘭教，另有越來越多人不隸屬於任何有組織的宗教團體。健康照護人員應對影響健康與疾病的宗教信仰和活動，展現寬容和理解的態度，滿足服務對象的最佳需求。宗教信仰在生病、家庭問題或其他壓力源等危機期間為信徒提供支持。

請運用專欄 3.4 的練習來提升你的宗教敏感度。

專欄 3.4

宗教敏感度練習

以下問題有助於釐清你對宗教信仰的敏感度：

- 你是否隸屬於任何宗教組織？
- 宗教對於你的日常活動有多重要？
- 什麼可以幫助你重拾力量和希望？
- 宗教是能讓你感到安心的方式嗎？
- 你在生活中堅持哪些宗教習俗？
- 你對其他宗教有何看法？

思辨練習

田先生，今年 70 歲，是一名虔誠的一貫道信徒，因有心臟衰竭病史而接受會診。在瞭解田先生的文化背景時，你會提出哪些問題？

本章重點回顧

- 文化的定義為在社會中習得的行為模式,並代代相傳。
- 文化是在家庭和社區中習得的。所有群體都有其保存的文化信念和習俗,這些文化信念和模式將一個文化群體與另一個文化群體區分開來。文化的要素是信念、價值觀、規範、儀式和象徵性符號。
- 族裔是指擁有共同的文化傳統,並來自同一種族和地理區域的群體。
- 同一族裔的人擁有相同的語言和該群體特有的屬性,例如飲食、習俗、藝術、音樂和舞蹈、家庭結構和角色,以及宗教信仰或儀式。
- 文化意識意指瞭解服務對象的文化史,欣賞和尊重文化差異。
- 文化敏感度意味著使用的語言和互動要得體,避免冒犯任何人的信念或做法。文化能力是一個持續的、有意識的學習過程,以增強個體的文化敏感度。
- 跨文化照護意指重視關係,以及瞭解人與人之間信念、價值觀和實務方面的差異和相似之處,並提供文化一致性的照護。該理論旨在促進專業人員的知識和技能發展,以提高服務對象的滿意度,加速疾病早日康復,甚至支持有意義地面對死亡。
- 健康照護服務系統中常見的文化障礙包括:無法以當地的語言溝通、缺乏健康保險、知識不足、不願求助健康照護人員、對傳統文化習俗食古不化。
- 為了提供最佳水準的健康照護,我們應該在服務對象使用健康照護服務系統時完成文化評估。
- 宗教是一種與文化、族裔和靈性緊密結合的特定信仰和崇拜體系。靈性透過對自然或至高無上存在的信仰,協助個體找到生命的目的和意義。
- 健康照護人員應對影響健康與疾病的宗教信仰和活動,展現寬容和理解的態度,滿足服務對象的最佳需求,並為所有的服務對象進行宗教評估。

課後評量

1. 文化是透過什麼機制習得的？
    A. 基因遺傳。
    B. 人類本能的反應。
    C. 傳統代代相傳。
    D. 法律和法規書籍。
2. 文化群體內部使用哪一種機制學習文化？
    A. 民俗。
    B. 道德觀。
    C. 擴散。
    D. 涵化。
3. 哪一句話可描述尊重服務對象文化差異的健康照護人員？
    A. 他們是效率很差的實務工作者。
    B. 他們提供符合文化能力的關懷。
    C. 他們給予無微不至的照顧。
    D. 他們對服務對象有刻板印象。
4. 哪個因素是文化的一部分？
    A. 年齡。
    B. 失能。
    C. 疾病。
    D. 習俗。
5. 跨文化照護理論的原則是？
    A. 一個世界，一種文化。
    B. 一個世界，多種文化。
    C. 社會相互照應。
    D. 關心相似文化的人群。

6. 哪個名詞可用來說明某種文化中的正確行為？
    A. 道德觀。
    B. 價值觀。
    C. 儀式。
    D. 符號。
7. 何謂提供符合文化能力的健康照護最佳方式？
    A. 使用科學知識來規劃健康照護。
    B. 讓服務對象和家人參與制定健康照護計畫。
    C. 使用醫生提供的醫療資訊。
    D. 使用民俗和故事來指引你的選擇。
8. 下列哪一項敘述為真？
    A. 瞭解個體的文化有助於我們瞭解他們對疾病的反應。
    B. 種族是疾病和預期壽命的唯一預測因子。
    C. 年長者會根據其文化價值觀尋求健康照護。
    D. 所有文化都對其成員負責。
9. 嬰兒出生後的育兒方式，取決於父母的文化背景。
    A. 對。
    B. 錯。
10. 一位服務對象表達了他的文化信仰，即祈禱和信仰比任何藥物都更有效。該服務對象的健康照護人員可以使用哪種方法來提供符合文化能力的關懷？
    A. 挑戰他的信念。
    B. 藉機教育他改變信仰。
    C. 試圖利用他的家人來說服他。
    D. 尊重他的信仰。

11. 當服務對象遇到具有文化敏感度的健康照護人員時，可預期的結果為何？
    A. 挫折。
    B. 滿意。
    C. 困惑。
    D. 不滿。

12. 當健康照護人員要對服務對象進行生理評估時，應納入文化的哪些要素？（複選題）
    A. 服務對象與至高無上的存在有所連結。
    B. 性別角色的意義。
    C. 適當地碰觸。
    D. 適當地眼神接觸。
    E. 服務對象如何獲得生命的意義或目的。

答案：1.(C)；2.(D)；3.(B)；4.(D)；5.(B)；6.(B)；7.(B)；8.(A)；9.(A)；10.(D)；11.(B)；12.(B)、(C)、(D)。

學生活動

觀察一個和你有著不同文化或族裔背景的人。找出你和此人的五個共同點以及五個相異點。

Chapter 4
家庭

學習目標

1. 說明家庭的經典定義。
2. 描述九種家庭型態。
3. 列出兩個能協助家庭讓孩子適應社會生活的團體。
4. 列出家庭發展的四個階段。
5. 比較有功能家庭和失功能家庭的特徵。

家庭是個體首先學習做出促進健康和福祉決策的地方。兒童和成人都能在家中受到愛護、保護和教育。個體在家庭中認識自己、與他人的關係以及自己的行為（圖 4.1）。家庭中的每個人都對其他成員的健康發揮作用，一位家庭成員的健康或疾病狀況的變化，可能會影響到其他家庭成員。健康照護人員理解家庭的重要性，有助於為臨床實務提供理論基礎和指南。

健康照護人員須將服務對象視為家庭的一分子，而非孤島。這種全人健康照護取向要求健康照護人員熟悉當今家庭的意義，包括家庭的功能、型態、階段、規模、模式和文化議題。對文化和族裔的瞭解，有助於健康照護人員更佳地認識這些議題如何影響一個人的健康行動和慣常做法。此外，重要的是，健康照護人員不僅要瞭解不同家庭的差異，也要以開放和不帶偏見的態度對待服務對象的家人。

直到最近，基本的家庭單位被定義為：兩個以上因血緣、婚姻或收養而生活在一起的人。此種**家庭**定義十分狹隘，無法涵蓋當今許多不同的生活狀況。當代對**家庭（family）**的定義是：兩個以上的人選擇住在一起，並分享他們的興趣、角色和資源。每個家庭都有其獨特的風格和組成，但依戀（attachment）和承諾才是將彼此牽繫在一起的特點。

圖 4.1 ｜家庭中的每個人對家庭的整體福祉都很重要

家庭的功能

家庭是個人所屬的最重要和最強大的群體之一。雖然每個家庭的成立都是為了特定的目的，但所有家庭的共同目標依然是家庭成員的成長和發展。隨著時間過去，家庭會經歷不同的發展階段，但最終的目標是每個成員的生存和達成個人成就。每個家庭都有其獨特的優點和弱點，但所有家庭都有一些基本的特徵。

所有的家庭都有一個基本目標、一套價值觀和管理規則，有幾個功能可以幫助家庭實現此一目標。這些功能並非家庭獨有，但結合起來，它們就成了家庭的獨特之處。家庭的基本功能包括：生存、保護、撫育、社會化與教育、生育與娛樂（圖 4.2）。家庭也是重要的健康的社會決定因素（SDOH）。根據《2030 健康國民》的報告指出：「與家人、朋友、同事和社區居民的關係與互動，會對我們的健康和福祉產生重大影響。」表 4.1 摘述在《2030 健康國民》中，一些與家庭相關的目標。

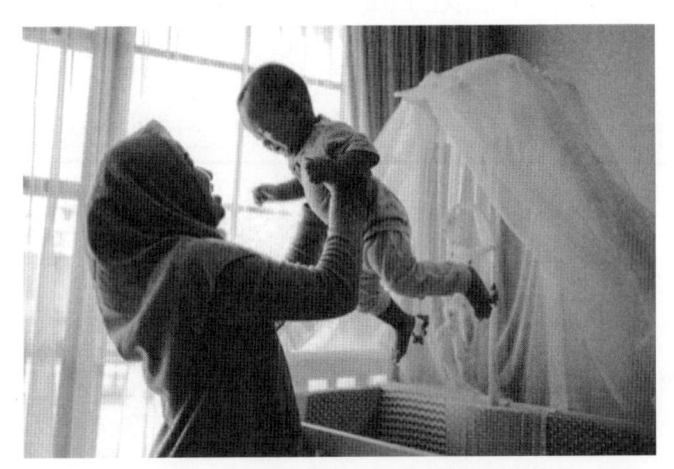

圖 4.2 ｜撫育提供愛、關懷與關注

表 4.1　《2030 健康國民》中，與家庭作為健康的社會決定因素有關的目標

與家庭有關的健康的社會決定因素	目標	介入措施
經濟穩定性	・增加就業人數 ・減少糧食不安全	・改善應徵條件並提高最低工資 ・鼓勵學校提供營養早餐和午餐
接受優質教育	・減少失學青少年的人數	・推廣幼兒教育計畫，提高教育準備度 ・提升高中或大學畢業或職業訓練人數
獲得優質的健康照護	・增加獲得預防性照護的機會 ・擴大篩檢的範圍 ・增加針對發育遲緩兒童的介入措施	・促進產前、幼兒和學齡兒童的醫療監督與預防性健康保健 ・為經濟弱勢家庭提供健康保險 ・鼓勵疫苗接種
鄰里和建物環境	・降低安全風險 ・促進健康與生活品質	・減少水和空氣中的毒素 ・實施鄰里守望相助計畫以減少犯罪
社會和社區環境	・增加網路和寬頻的普及率 ・家庭諮商	・提供筆記型電腦並教導使用電子產品 ・鼓勵有薪家庭假 ・對脆弱家庭提供家庭援助和諮商

生存

　　家庭為每個成員提供食物、衣服、水和住所。家庭提供這些必需品的難易程度及提供的方式，因每個家庭而異，同時也取決於家庭的經濟成就。近八分之一的美國家庭生活在聯邦貧窮線以下，導致低收入和高收入家庭之間的健康不平等。政府必須設立公共援助計畫，來幫助有需要的家庭滿足基本的家庭需求。

保護

每個家庭成員都需要保護,免受遺傳性與後天性疾病(內因)和環境傷害(外因)。在生命週期的不同階段,可能採取不同的保護形式。在懷孕前和懷孕期間,健康篩檢和遺傳諮詢為個體提供對某些疾病(包括遺傳性疾病)的防護。出生後,疫苗接種可以保護嬰兒和兒童免受多種疾病的侵害。飲食、運動和健康檢查可保護成年人減少生病。家庭成員在成長和發展的各個階段都受到保護,免受外在環境傷害的影響,這種保護最好是透過預防、教育、安全意識訓練和樹立榜樣來達成。家庭也透過管教來保護孩子,設定合理的限制。父母的言行都在影響和塑造孩子的行為。

撫育

家庭為每位成員提供**撫育**(**nurturance**)——關懷和關注。事實上,家庭是唯一一個為家庭成員提供幾乎無條件接納、愛和情感支持的團體。嬰兒想要茁壯成長,需要撫觸、擁抱、照顧者的聲音和食物。隨著孩子的成長,他們的行為也需要加以限制(表 4.2),如果沒有施予適當的管教,孩子會感受不到保護和愛。家庭裡的成人要互相扶持和照顧,因為對愛的需求貫穿整個生命週期。如果家庭失能,其他支持系統必須取而代之以滿足家庭的撫育需求。

社會化與教育

家庭是孩子重要的**社會化媒介**(**socializing agent**)。孩子最初透過觀察其他家庭成員的行為和反應,來學習如何與社會環境互動(圖 4.3)。孩子的教育始於家庭,他們先在家庭中認識世界及學習如何應對世界。其他重要的社會化機構——特

圖 4.3 | 家庭是兒童的主要社會化媒介

別是學校——可用來支持和增補家庭的社會化與教育功能，但除非家庭和學校一起努力朝向共同的目標，否則教育的成功就不可能實現。

今日，關於學校是否可以或應該教授某些價值觀，並提供傳統上被認為應該是家庭教育內容（例如性教育和毒品意識）的資訊，仍存在許多爭議。其他機構——如教會、媒體或男女童子軍等組織——亦可支持和增補家庭的社會化與教育功能，但家庭仍是主要的社會化場域。

表 4.2　各年齡層兒童的管教技巧

年齡	管教技巧
0-2 歲	・消除誘惑刺激 ・監督 ・重新引導 ・冷靜地說「不行」 ・使用暫停法 ・管教方法需實際可行且彈性調整 ・樹立適當的行為榜樣 ・獎勵良好的行為 ・提供選擇，而非威脅
3-5 歲	以上所有技巧，加上： ・教導孩子行為與後果的關聯 ・用幽默來化解衝突
6-8 歲	以上所有技巧，加上： ・教導孩子行為可能帶來的後果 ・聽孩子說話
9-12 歲	以上所有技巧，加上： ・強調行為的後果 ・使用角色互換來說明期望的結果 ・制定明確的規則 ・隨時提供協助與支持
13 歲以上	以上所有技巧，加上： ・設定約會和門禁規則 ・保持溝通管道暢通

🌸 生育

生育是家庭延續並將基因傳遞給後代的手段，也是從青春期開始成熟的身體機能。然而，養兒育女需要的不僅是生理上的成熟，還需要心理上的準備和一生的承諾。

🌸 娛樂

家庭應該能夠一起度過愉快的活動時間。家庭時間是健康家庭功能的最佳指標之一，家庭成員分享歡樂時光、工作和其他人物的心情點滴，對家庭的順利運作和凝聚力非常重要，創造平衡並打開溝通管道（圖 4.4）。家庭時間對孩子的情緒發展、行為和衝突解決具有正面影響。在現今的家庭中，當父母雙方都要工作或單親家長身兼數職時，要共度「閒暇時光」可能會心有餘而力不足。

圖 4.4｜娛樂是健康家庭生活的要素之一

家庭失和與失能

家庭的失和與失能是許多問題造成的。疾病、死亡和離婚是常見的因素，其他原因包括徵召入伍和入獄。

🌸 疾病與死亡

家庭成員的死亡或生病，無疑會對家庭帶來巨大壓力。突然或意外的死亡，讓生者沒有時間應付危機，來不及說再見或表達感受，使得許多身為倖存者的家人難以置信、憤怒，甚至內疚。

有些專家將死亡歸類為過早死亡、意外死亡和災難性死亡。過早死亡（premature deaths）係指嬰兒或兒童在沒有任何徵兆的情況下死亡；意外死亡（unexpected deaths）係指看似健康的人或病情不嚴重的人，在沒有任何警訊的情況下死亡，馬拉松跑者在比賽結束時死於心臟病就是意外死亡的例子之一。災難性死亡（catastrophic deaths）是因暴力、惡行造成的死亡，如謀殺、恐怖活動和天然災害。研究顯示，嬰兒死亡率因婚姻狀況、族裔而異。**嬰兒死亡率（infant mortality rate）**是指每 1,000 名活產嬰兒，在週歲前死亡的人數。

　　需要住院治療的嚴重疾病帶給所有家庭成員莫大的壓力。龐大的醫療支出、兒童照顧、回診及復健過程中不斷付出的費用，無不令人憂心忡忡。一名家人罹病，所有家庭成員皆受到影響。

　　悲傷支持（grief support）是指為經歷失落或親友死亡的人提供支持。提供支持對任何人來說都不是件容易的事。與悲傷的朋友或家人交談時，難免會感到不自在和準備不周。為有需要的人及時伸出援手非常重要，不要只會說「振作起來」，因為每個人都需要一段時間療癒，才能繼續前進。

　　父母應依孩子的年齡，協助他們理解死亡的概念（專欄 4.1）。這些教育最好在重大失落發生和父母深陷悲傷之前進行。我們得讓孩子瞭解這是「生命的循環」，在孩子為失去寵物而悲傷時，藉機教導生死教育；讓孩子參與年長祖輩的生活，並誠實地告知孩子年長祖輩終將離世；向孩子介紹靈性的概念以及我們無法控制死亡的事實，以開放和誠實的心態緬懷故人。對任何難以因應失落的人，應為其提供悲傷諮商和悲傷支持。

專欄 4.1

理解死亡

不同年齡的兒童對於死亡有不同的概念。他們的反應反映出他們的情緒和認知發展階段。
- 嬰兒沒有死亡的概念。
- 幼兒相信死亡是暫時的或可逆的。
- 學齡前兒童相信他們的想法可能會導致死亡，這會讓他們覺得內疚和羞愧。
- 學齡兒童瞭解死亡的永久性，但認為死亡與惡行有關。他們有時會將死亡擬人化為怪物或其他邪惡的事物。
- 青少年對死亡有成熟的認識，但容易因死亡事件的影響而感到內疚和羞愧。青少年是最難以接受死亡的時期，尤其是當死亡發生在同齡人身上時。

實用小提示：如何支持悲傷的人

支持悲傷的人時：
- 提供對方想要的支持。
- 避免以偏概全。
- 療癒需要時間。
- 不帶偏見。
- 建議專業協助。

離婚

離婚是家庭失和的常見結果，帶給家庭三個新的挑戰：前進、發展新的關係、重新定義撫育角色。離婚威脅到家庭的完整，影響到家庭的每個成員。父母必須保持冷靜並控制自己的情緒，與孩子開誠布公地交談。離婚對孩子的影響取決於孩子的性格、監護人家庭的性質、非監護人父母的參與，以及可用的支持系統和資源。在父母離婚的過程中，要讓孩子表達自己的感受。許多父母離婚的孩子，會認為是自己的錯才害得父母離婚，導致他們心懷內疚和生氣。孩子會擔心

父母之一方或雙方會拋棄他們,引發內心的不滿和憤怒,未表達的憤怒可能會導致孩子的行為表現失當或罹患憂鬱症。有關憂鬱症的常見症狀,請參閱第 10 章的專欄 10.2。

父母應注意不要在孩子面前說前伴侶的壞話。重要的是,別讓兒童在失和的家庭中左右為難,更不要透過孩子傳話。所有的家庭成員應盡早尋求專業諮詢,以保護每個人的心理健康。欲開始一段新的關係時,難免會遇到阻力。新的伴侶出現,意味著孩子必須應對新的關係和新的角色分配,在調整期間,支持、理解和開放的溝通管道是必要的。請參閱專欄 4.2,瞭解應如何協助兒童適應父母分居或離婚。

專欄 4.2

協助兒童適應父母分居或離婚

父母分居或離婚後,家庭需努力做到的調整有:
- 應保護兒童免受父母之間的不和拉扯;父母應該盡量避免在孩子面前起衝突。
- 充足的經濟支持有助於維持家庭原本的生活方式。
- 應讓孩子與非監護人的父／母一方保持聯絡。
- 盡可能避免搬家或轉學等其他重大改變。
- 父母應採取正向的教養方式,並提供適當的界線。
- 家庭應保留及擴大支持系統。

家庭的型態

當代的家庭結構型態眾多,最常見的包括:核心家庭、大家庭、單親家庭、混合或重組家庭、同居家庭、公社家庭、寄養或收養家庭、LGBTQ+ 家庭以及跨國／過渡家庭。請注意,家庭可以歸類於多種型態。例如,某個家庭可以是核心家庭、但也育有寄養兒童,或某個家庭可以是 LGBTQ+ 的單親家庭或有 LGBTQ+ 兒童的家庭。有關家庭型態的摘要,請參閱表 4.3。

表 4.3　家庭的型態

型態	成員組成
核心家庭或核心成對	成年已婚伴侶，有／無子女
大家庭	包含成年伴侶、孩子、祖父母或其他家庭成員
單親家庭	僅有父或母一方，加上孩子
混合或重組家庭	包含母親或父親、繼父母、孩子、兄弟姊妹、繼兄弟姊妹、同父異母（或同母異父）的兄弟姊妹
同居家庭	成年未婚伴侶，有／無子女
公社家庭	有伴侶和孩子的一群成年人同住在附近，所有的成年人都對所有孩子負有撫育責任
寄養或收養家庭	養父母或照顧者，撫育無血緣關係的孩子
LGBTQ+ 家庭	成年已婚或未婚 LGBTQ+ 伴侶，有／無子女
跨國／過渡家庭	伴侶其中一方在某個國家，另一方在另一個國家，有／無子女

核心家庭

　　核心家庭（nuclear family），也稱為傳統家庭、小家庭，由丈夫、妻子及其子女組成。當代的統計數據顯示，不到三分之一的家庭是核心家庭。由兩位成年伴侶組成，但沒有孩子的家庭稱為核心成對（nuclear dyad）（譯注：後期名為頂客族 [dink]，Double Income, No Kids）。婚姻是維繫這兩種家庭型態的主要約束力。在近代歷史中，核心家庭成為其他較複雜家庭型態的典範。傳統上，男人應該在外面工作賺取收入，女人則是照顧者和家庭主婦；而在當今的核心家庭中，父母雙方可能都要工作並承擔家務，例如夜間餵奶、採買日用品、帶孩子去踢足球或看醫生。許多家庭在父母出外工作時會聘請保母或使用日間托育，提供兒童照顧服務。

　　健康照護人員應該觀察核心家庭成員，瞭解各個成員之間的互動與關係，以及他們如何分擔角色，支撐住整個家庭。

🌸 大家庭

大家庭（擴張家庭，extended family）由核心家庭以及住在同一屋簷下的祖父母／外祖父母、伯叔姨舅或堂／表兄弟姊妹組成。大家庭的孩子有很多角色楷模，彼此共享資源和分擔角色。祖輩可以幫忙照料孫輩，滿足他們「老有所用」的需求和歸屬感。當大家庭中的年長者被輕忽甚至被視為負擔時，就會產生不良影響。因此，健康照護人員應該評估大家庭因應變化的能力。

近年來，由於生活成本增加、失業、壽命延長、離婚和近年的新冠病毒（COVID-19）等外部因素影響，大家庭型態變得越來越普遍。大家庭可以為經濟或社會困境提供暫時的喘息機會，等家庭成員恢復能力後，就可以搬出獨立。核心家庭可以住在祖輩或其他親戚家附近，在這種情況下，靠著家庭成員之間定期、頻繁的接觸，核心家庭也能有大家庭的親密感。

🌸 單親家庭

單親家庭（single-parent family）由一名成年人與一或多名子女共同生活。以前會成為單親父母，多半是因為離婚、分居或喪偶。然而，現在有越來越多的成年人選擇這種家庭型態。如今，美國四分之一的兒童生活在單親家庭。儘管最近越來越多男性成為單親爸爸，但多數的單親家長為女性。單親家庭的重大挑戰是，單親家長必須同時承擔起照顧和養家的責任。單親家長可以向自己的原生家庭尋求支持和協助，其他外部機構或個人也可為此類家庭提供協助。

離婚或分居會增加兒童出現身體和情緒問題的健康風險。健康照護人員應留心關懷單親家庭，以確保他們有足夠的資源和支持來維持家人的健康狀況。

🌸 混合或重組家庭

當一方或雙方伴侶將前任家庭的孩子帶進現任關係中，或在新的伴侶關係中誕下新生子女時，就是組成了所謂的混合或重組家庭（blended or reconstituted family）。孩子對繼父母的忠誠和怨恨情緒糾結拉扯，帶給家庭不小的壓力，如果父母一方必須為住在另一個家庭的孩子支付扶養費，壓力可能會加劇。此外，孩

子必須適應不同的觀點、態度和個性。衝突經常出現在何時以及如何管教孩子等各方面。家庭成員之間的坦誠溝通，是解決衝突和團結一心的關鍵。經過最初的調整期後，家人凝聚合作，組成一個新的、和睦相處的共同體。共享親職（coparenting）是在離婚或分居情況下，較為理想的育兒方式。在共享親職的情況下，即使父母已經分居，他們仍繼續分擔父母的責任。

由於混合家庭涉及種種複雜的動力，他們需要時間來發展和鞏固關係，同時也要釐清和強化家庭角色。繼父母應該允許孩子自主地與其親生父母保持聯繫，也要給予時間耐心地建立彼此的關係（請參閱實用小提示）。

實用小提示：撫育繼子女的建議

給撫育繼子女的家長建議如下：
- 尊重對孩子來說很重要的親生父母。
- 透過故事、照片和影片，分享和珍惜過去相處的回憶。
- 鼓勵尊重個別差異。
- 讓每位家人都有放置私人物品的地方。
- 不偏袒任何一位孩子。
- 設立一致的兒童管教方式。
- 避免說任何非同住父／母一方的壞話。
- 瞭解兒童對姓氏差異的擔憂。

同居家庭

在同居家庭（cohabitative family）中，兩個成年人選擇在沒有婚姻法律約束的情況下生活在一起，但在其他各方面，同居家庭幾乎與核心家庭或混合家庭無異。同居家庭是許多成年伴侶在結婚前偏好的家庭型態，也有許多同居家庭包括以前關係中的子女。這樣的關係或許不太穩定，隨時可能發生變化，但一旦伴侶長期生活久了，就會趨於穩定。

🌸 公社家庭

　　公社家庭（communal family），或名共居社區（coliving communities），由一群具有共同理念、價值體系和目標，因而選擇生活在一起、共享角色和資源的人組成。公社家庭中的所有孩子都是成年家庭成員的集體責任。由於 1960 年代的美國政治動盪和人民對社會的失望，公社家庭型態開始流行。公社家庭難以追蹤和記錄，但它們依舊存在，新的公社家庭仍持續創建中。

🌸 寄養或收養家庭

　　寄養家庭（foster family）係指暫時負責承擔撫育非親生子女責任的家庭。儘管這樣的安置是暫時的，但根據親生家庭的穩定與否，寄養也可能會持續很長一段時間。這類家庭面臨諸多挑戰。如果寄養兒童來自失功能家庭，他們在嘗試適應新環境的同時，可能會出現一些行為問題。兒童的年齡和寄養的時間長短，將影響他們適應新環境的能力。寄養父母對其所照顧的寄養兒童負有法律責任。

　　收養家庭（又稱領養家庭，adoptive family）則是永久地將另一個家庭的孩子納入自身的家庭結構中。這個孩子仍擁有身為兒童的所有合法權利。選擇收養他生子女的成年人，可能是因為想要孩子但無法或不願生育。過去，收養紀錄不能公開，如今，許多養子女想尋找他們的親生父母，以更多瞭解他們的身世和家族病史。

🌸 LGBTQ+ 家庭

　　LGBTQ+ 家庭（LGBTQ+ family）可為上述任何家庭型態之一，唯一的差別是由已婚或未婚的 LGBTQ+ 成年人共組家庭，住在一起並共同分享情感、資源和親職角色。近幾十年來，社會對 LGBTQ+ 關係的態度更加寬容，美國最高法院與其後的法院裁決，已在全美 50 個州將同性婚姻和同性伴侶收養合法化。有些 LGBTQ+ 伴侶會選擇收養孩子，擴增家庭成員。

🌸 跨國／過渡家庭

跨國／過渡家庭（transnational/transitional family）係指部分家庭成員因移民和經濟需求而形成的家庭型態。在這類家庭中，一或多名家人選擇到另一個國家生活和工作，以滿足家庭基本需求。我們需要更多的研究來判斷此種做法對家庭結構和福祉的影響。健康照護人員應該留意家庭成員，觀察他們在這類家庭系統生活時，是否得到必要的心理支持。

家庭階段

以下章節簡述家庭的發展階段。並非所有家庭都會經歷每個階段，例如，有些家庭沒有孩子，有些家庭無法持續到人生暮年。

🌸 伴侶階段

傳統上，當年輕的單身成年人決定離開原生家庭並組建自己的家庭時，一個新的家庭於焉誕生。兩位成年人建立起深厚的感情並住在一起時，他們就成了伴侶（圖 4.5），這是建立新家庭的第一步。這當然是個心理關卡，因為每個人都須將自己原有的價值觀和信念，與對方的價值觀和信念磨合。接受對方的習慣、偏好和作息時，必然需要做出許多調整。此外，在伴侶階段早期，雙方都需要界定角色、分配和承擔責任。這是一個重要的進展，讓雙方能將在原生家庭中學到的角色和價值觀應用在新的關係之中，並檢驗新習得的能力和獨立性。這對伴侶雙方來說，

圖 4.5｜情感與連結始於伴侶階段

Chapter 4｜家庭　095

是既令人興奮又充滿挑戰性的體驗。在交往磨合期間,雙方可與原生家庭保持良好關係;壓力過大的時候,甚至需仰賴原生家庭的經濟和情感支持。

伴侶結合的目標之一是建立相互尊重、令人滿意的關係。雙方有時須各退一步,承認和接受對方的觀點,也就是先放下自己的需求,考慮對方的需求。

有些伴侶決定推遲結婚,直到他們的職業生涯穩定。延遲有一定的優點和缺點,有的人變得更加成熟,但有的更加固執己見。保持暢通的溝通管道,以維持健康、滿意的關係固然重要,但也不能犧牲掉個體的**自主性**(autonomy)、獨立性和自我價值。愉快的活動、幽默和放鬆應該融入伴侶的日常生活中。伴侶雙方與原生家庭維持適當界線但仍保持密切聯繫,是婚姻或關係成功順利的要素(專欄 4.3)。

專欄 4.3

維持健康的關係

伴侶間維持健康關係的方法列舉如下:

- 釐清與原生家庭的角色,同時維持自我認同。
- 在維持親密感的同時,也允許對方擁有自主性。
- 珍惜獨處的時間。
- 及時覺察壓力並尋求外界的支持。
- 在壓力或危機時刻更要同心團結。
- 尊重伴侶的價值。
- 透過坦誠的溝通來處理憤怒與衝突。
- 保持幽默感。
- 滿足伴侶的安全感和安心感。
- 體貼和浪漫。
- 對伴侶的觀點抱持開放和寬容的態度。
- 花時間享受樂趣並互相分享。

養兒育女階段

新生兒的到來，給家庭系統帶來了巨大的變化。父母雙方都必須花時間適應這個前所未有的角色。盡早為為人父母的角色做準備，有助於減輕新手父母的焦慮和壓力。

在做出養兒育女的決定前，伴侶兩造都應該考慮對方的理念。與祖父母和其他親戚的密切互動、聯繫感情，也有利於兒童與父母的照顧和發展。即使與大家庭成員關係密切，隨著孩子一個個出生，家庭不斷擴大，每個家庭成員都必須做出新的角色調整，同時不損害個體的自主性和自我意識。親子之間在良性互動下，也培養出自信並提高自我價值（圖4.6）。

成為父母的時機，每對伴侶的考量各不相同。有些人想推遲到確立職涯或財務目標之後，或想等到伴侶雙方關係穩定時才想孕育下一代。趁早或延遲生育各有優缺點。延後養兒育女的好處可能有：堅實的職涯成就、心智成熟、穩定的收入和寶貴的生活經驗；趁早養兒育女的好處之一則是體力較佳和較少的孕產婦健康問題。

值得注意的是，有些伴侶因多次嘗試懷孕未果而承受極大壓力。當懷孕進展不如預期時，對伴侶雙方來說都是一項挑戰。進行一些檢查、療程和醫療選擇，或可解決不孕問題。

圖 4.6 ｜ 成年男性在撫育子女方面亦扮演重要角色

🌸 子女成年階段

當成年子女離家並開始獨立生活時，家庭必須再次適應新的家庭結構。有些父母會陷入所謂的「空巢症候群」（empty-nest syndrome）。父母再次將注意力從照顧孩子身上轉移到伴侶之間的互相照顧。這可以是發展新角色、興趣和成就的時期，許多成人在這個階段返回學校或從事新的職業。若能藉此讓伴侶去實現個人畢生目標，這將是一段非常有意義的時期。然而，這也可能是一段充滿壓力和動盪的時期，有些中年人會重新評估他們的目標、婚姻和優先事項。對某些伴侶來說，早年的衝突已經解決，但對某些伴侶來說，卻可能會導致婚姻破裂。在這個家庭發展階段，社會對經濟穩定及家庭和工作滿意度兼顧的期望，可能帶給個體不少額外的壓力。

🌸 年長家庭階段

進入到年長階段的家庭，通常從伴侶之一或雙方退休開始。對退休的看法通常與經濟準備度和身體健康程度有關。許多年長家庭喜歡與子女分開居住，但住在子女家附近。由於健康狀況變化、收入減少和體能下降，年長者必須時時調整和適應，有些年長者也必須適應配偶過世及由此產生的角色變化。年長者應在日常生活中加入愉快的娛樂活動，許多人在晚年依然與孫輩保持充實、互惠的關係，這些令人愉快的活動有助於年長者維持高自尊。

祖父母教養可能是年長家庭階段的其中一個生活樣貌，各有不同的風格，如正規型（formal）、非正規型／寵溺型（informal/spoiler）、代理型（surrogate）、智庫型（wisdom provider）和疏遠型（distant figure）。正規型祖父母在協助成年子女管教孩子的同時，也對孫子女抱持濃厚的關懷；非正規型／寵溺型祖父母與孫輩建立一種親暱、有點縱容的關係；代理型祖父母在成年子女工作時，承擔大部分撫育孫子女的任務，代替父母做出許多育兒決定；智庫型祖父母是家族信仰和傳統的重要人物，年長者受到子孫高度尊重和敬仰，家族成員仰賴祖輩的智慧和指導；疏遠型祖父母與子女和孫子女的接觸有限，這可能是因為住處遙遠，不便經常探訪，也可能是早年家庭衝突的後果。孫子女對祖父母大都懷著深厚的依戀和感情（圖 4.7），無論祖父母的教養方式如何，其角色對所有年齡層的孫子女來

說都很重要。

家庭階段概述請見表 4.4。

圖 4.7 ｜孫子女對祖父母懷著深厚的感情

表 4.4　家庭階段概述

階段	任務
伴侶階段	建立情感連結。 適應新的生活習慣。 界定角色和責任。
養兒育女階段	迎接新生兒進入家庭。 適應新角色；將關係擴展到大家庭。 探索並確立育兒理念。
子女成年階段	適應新角色和「空巢期」。 重建婚姻關係。 培養新的角色、興趣和成就。
年長家庭階段	適應退休生活。 調整收入減少的生活。 適應不斷變化的健康狀況和體能下降。 與子孫保持互惠的關係。 進行愉快的活動來建立自尊。

家庭規模、出生次序與子女性別

家庭規模的大小，可不能率性決定。關於家庭計畫——生育的子女數與間隔——伴侶雙方的心智成熟和責任感缺一不可。有些家庭選擇不生小孩；想要有孩子的家庭，最好能預先計畫生育（或避免意外懷孕）。研究顯示，計畫生育的女性往往比意外懷孕的女性更早尋求產前護理。

家庭單位不是固定不變的，會隨著每位新成員的加入而變化。每個孩子在家庭中都有著獨特的地位。孩子的行為可從他們的出生次序中看出一些端倪，因為出生次序會影響孩子對世界的看法和反應；但我們不能將出生次序視為行為的決定因素。

- **長子女（oldest children）**有段時間會得到父母全心全意的關注，從而產生一種**無所不能（omnipotence）**或擁有無限權力或權威的全能感。長子女總希望事情能照他們的意思發展，這可能會導致他們日後在家庭和社區的人際關係碰壁。父母通常對長子女抱持高度期待，對他們的要求很高。
- **次子女（second children）**（或排行中間的孩子，middle children）永遠無法像長子女那樣得到父母全心全意的關注。次子女必須一直與長子女競爭，希望有朝一日能與年長的兄姊分庭抗禮。這一方面可以激勵次子女更加努力地實現目標，或相反地，他們會放棄原本設立的高遠目標，轉而滿足於能實現低階目標就好。父母在撫育次子女的時候，可能不像當初養育長子女那般嚴謹。
- **么子女（youngest children）**常是家中的寶貝，因為受寵和過多的關注，牽動影響了他們的發展。
- **獨生子女（only children）**只有成人的陪伴和角色樣板。如何與周遭成人相處和獲得關注，依各個獨生子女的性格而異。

性別也會影響成人對兒童的教養。對女孩和男孩之間的差異或相似之處一概而論是不公平的。每個家庭都有自己的文化影響力和期望，無疑會影響孩子對自身性別和性的態度。

跨性別者（transgender）係指性別認同或性別表達有別於生理性別的人。近

期研究顯示，當跨性別者的性別認同得到支持時，才能強化他們的心理健康。即使有家人的支持，跨性別者仍然面臨巨大的挑戰，歧視、偏見、孤立和霸凌是他們經常遇到的問題。

教養方式

教養方式可分為獨裁型或專制型、開明型或民主型、縱容型或放任型，依家庭成員之間的關係而定。

- **獨裁型或專制型家庭**（authoritarian or autocratic family）。獨裁型父母傾向於大權獨攬，做出所有的決定。規則是由父母制定和執行的，孩子無權參與和置喙。父母要求子女尊重並達成自己訂定的期望，教養方式嚴厲且苛刻，子女必須照著父母希望的方式行事。
- **開明型或民主型的家庭**（authoritative or democratic family）。開明型父母賦予子女做選擇的權利，並鼓勵子女負起責任。開明型家庭秉持相互尊重的理念，子女擁有更高的自尊和自主性，學會自立自強、自我控制、善於與他人共事。家庭會議是開明型家庭表達和解決分歧的有效方法。
- **縱容型或放任型的家庭**（permissive or laissez-faire family）。縱容型父母給子女完全的自由，毫不監督或設定限制。在這種教養方式下長大的孩子往往無法學會控制衝動。縱容型父母很少在意教養或根本不在乎，只顧滿足自己的需求。這些父母的情感疏離，扛不起壓力，對孩子正在發展的自主性漠不關心。在這種教養方式下長大的孩子行為時常失控、衝動不成熟。

有功能家庭和失功能家庭

家庭亦可分成有功能家庭或失功能家庭。**有功能家庭**（functional family）是能促進家庭成員成長和發展的家庭。家庭成員之間的凝聚力也有助於提升情感、身體和社交健康，滿足每位家庭成員對愛、歸屬感和安全感的需求，維持家庭的

穩定。有功能家庭樂意接納新成員進入家庭，且不會損害原本成員的價值和個性。健康的家庭能夠認識並接受每個人的個別差異，設法適應來自家庭內部或外部的壓力源。常見的家庭壓力包括：經濟問題、教養問題和衝突、生病、死亡、離婚、時間管理不佳和角色分配不均。健康的家庭並非沒有問題，而是願意一體同心地解決問題或尋求外界資源援助，來維持家庭的健全。健康照護人員讓整個家庭參與健康照護決策，維持家庭的優勢，從而改善服務對象的治療效果和整體健康。

失功能家庭（dysfunctional family） 無法為家庭成員提供穩定的結構。因此，家庭成員的人際溝通能力相對較差，缺乏因應壓力和衝突的能力。欠缺適當和一致的管教方式可能會導致子女的行為不當或反社會行為。失功能家庭很難向直系親屬以外的人尋求協助。父母的生活能力不佳，不足以處理衝突和壓力，一點點小事也可以搞得雞飛狗跳，導致家庭成員情緒激動、反應失當，鮮少感受到喜悅情緒，讓親情消磨殆盡。造成家庭「高風險」的因素包括：失業、年紀輕輕就成為父母、低收入、低教育程度、酗酒和吸毒，以及缺乏足夠的社會支持。這些家庭的成員面臨身體、性和心理虐待或忽視的風險。

雖然大多數家庭都是溫馨和相親相愛的，但仍有不少家庭深陷家庭暴力、虐待兒童或老人的困境。這些案件的數量難以準確估量，因為家醜不可外揚。受害者對此感到羞愧，不願意向有關當局舉報這些虐待行為。無論族裔、社經地位或宗教信仰為何，任何家庭都可能暗藏著家庭暴力。

可能導致家庭暴力的因素包括：婚姻衝突、經濟問題、社會孤立、育兒技巧不佳，以及酗酒和物質濫用。處理家庭暴力有兩種方法，其一是透過一級預防（primary prevention）傳授親職技巧來降低風險；其二是二級預防（secondary prevention），重點在於及早發現虐待行為，協助家庭修復。

其他家庭議題

另有其他兩種情況對家庭產生重大影響：移民和無家可歸。

移民

　　移民（immigration）的定義為人口遷移向非原生國或不具有公民身分國家的國際性流動現象，目的是取得永久居留權。移民對移民者本人和移居國家雙方都有好處。有些人是為了經濟利益或逃避貧窮、迫害、衝突、暴力，或人權受到侵犯，從一個國家移居到另一個國家。移民已成為全世界共同關注的議題。根據 Pew Commission（皮尤民調）的調查數據顯示，超過 4,000 萬以上（占美國人口的 13.7%）的人出生於另一個國家。美國的移民人口急速成長，預計 2065 年將再翻倍。

　　移民有分為核准許可的，或未經核准許可、非法進入的。核准許可的移民包括經由聯邦難民安置計畫進入移民國的人。根據 Pew Research（皮尤研究中心）的資料，77% 的移民在美國合法居留，每年有超過 100 萬移民來到美國。

　　移民在適應新國家、語言、習俗和偏見方面，面臨許多挑戰。例如，成人要學習新語言、找到並適應新工作，同時保留自身的文化價值觀和習俗；兒童必須融入新的學校環境、學習新的語言、因應文化和社會偏見。

　　一旦抵達移居國，目標是迅速完成合法的移民程序，以維持家庭穩定和／或與大家庭成員團聚。儘管移民普遍具有適應能力，但從一個國家移居到另一個國家難免會升高壓力風險，因為他們得面臨適應新生活和融入新文化的艱巨任務。兒童和年長者更容易出現心理健康惡化，進而導致焦慮、憂鬱和健康脆弱。情緒困擾會影響兒童的心理社會發展。

　　為移民家庭提供健康照護的人員必須在溝通基礎上表現出文化意識和文化敏感度，必須不帶偏見，確保資訊清晰且易於理解；使用翻譯設備或聘請專業譯員，充分保障訊息得到正確傳達和解釋。移民造成的情緒耗損，可能受性別、族裔和文化程度的影響，健康照護人員應支持並培養個體或家庭的因應能力。

　　擁有強烈的族裔背景認同，有助於促進健康的自尊。適應新的國家是一個總體目標，其中伴隨著許多問題和挑戰。

無家可歸

家庭可能會受到貧窮和無家可歸（homelessness）的不利影響。任何家庭，無論有無子女、年長者、少數族裔、性別，都可能經歷與收入損失和失業相關的困境，這些困境導致經濟狀況無法滿足家庭的生活所需。有些人被迫住在空間狹小的危險社區，有些人甚至負擔不起住房，成為無家可歸者，生活在避難所或流落街頭。

當今的美國存在著精神疾病、失能、藥物濫用和族裔不平等等問題，導致人民無家可歸。無家可歸往往招致汙名，對健康照護卻步不前。缺乏保險、文化問題、語言隔閡、交通問題和法律問題，只會讓民眾對健康照護望而生畏，避之唯恐不及。一昧逃避的結果往往只會讓疾病慢性化，在未善加檢查的情況下日漸惡化。健康照護人員須以不評判和接納的態度來取得服務對象的信任。無家可歸者需要的是理解、關懷的跨領域照護。

學生活動一

觀察家庭

選擇一個你可以短期近距離觀察的家庭。在觀察家庭成員互動的同時，嘗試回答以下問題：

1. 每一位家庭成員的具體角色是什麼？
2. 請舉出這個家庭三個獨特的優勢。
3. 這個家庭可以使用哪兩種外部支持系統？
4. 這個家庭遭遇哪些壓力？
5. 哪三種介入措施可以增強這個家庭的因應能力？

學生活動二

自我反思

家庭/家族中的哪個家人，對你的人生產生了什麼影響？

思辨練習

38 歲的梅絲被學校輔導人員約去晤談，因為她 9 歲的兒子雷德曾多次與同學和老師發生爭執。經過晤談之後，輔導人員才知道梅絲和她的第一任丈夫在雷德 5 歲時就離婚了。兩年後，梅絲開始和另一個也離過婚的男性約會，他有兩個年長雷德數歲的兒子。經過一年的約會，他們結婚了。此後不久，他們買了新房子並搬離原住處。差不多就在這個時候，8 歲的雷德與他的繼父和繼兄開始發生衝突。這些衝突最近不斷地升高加劇。

1. 雷德目前的家庭型態是什麼？
2. 指出雷德和繼親家庭之間發生衝突的兩個原因。
3. 如何才能建立和諧的家庭？

案例討論一

學齡前兒童對死亡的看法

莎拉，4 歲，她的父母想讓她做好對重病叔叔去世的準備。他們談論了喬治叔叔的病情並誠實地回答她所有的問題。叔叔去世後，全家人也一起參加了告別式。在準備告別式的過程中，父母說喬治叔叔去天堂了。告別式幾天過後，莎拉問道：「喬治叔叔到天堂了嗎？」莎拉的話顯示她對死亡的理解是什麼？

Chapter 4 | 家庭

案例討論二

問題解決

　　麗絲和約翰來自鄉下的低收入工人階級家庭。他們都是家裡第一個完成大學學業並獲得學位的人。他們是青梅竹馬，大學畢業後就結婚了，並從鄉下搬到某個大城市定居，約翰是金融分析師，麗絲則是學校教師。他們育有三子，分別為 14 歲、12 歲和 7 歲。現在，麗絲成為全職家庭主婦，留在家裡照顧孩子。

　　突如其來的經濟衰退讓現年 44 歲的約翰失去工作，尋找新工作的進展並不順利。夫妻倆的積蓄所剩無幾，股票也蒙受巨大損失。自從失業後，約翰一直悶悶不樂、鬱鬱寡歡，後因胸痛入院，被診斷出罹患下壁心肌梗塞。

　　轉入二級病房後，健康照護人員正在教導約翰和麗絲做出院準備。在晤談過程中，約翰開始哭泣，洩氣地表示如果他死了對家人來說會更好。麗絲聽了也哭了，並表示他們甚至無法為孩子購買食物或支付醫院帳單。她還說，他們無法支付抵押貸款，可能會失去房子。

1. 健康照護人員應如何回應並確認該家庭的困境？
2. 健康照護人員可以做些什麼來緩解家庭壓力？
3. 現在是健康照護人員繼續做出院準備的好時機嗎？
4. 家庭成員的健康和經濟狀況改變，會對孩子產生什麼影響？

本章重點回顧

- 當代對家庭的定義是:兩個以上的人選擇住在一起,並分享他們的興趣、角色和資源。依戀和承諾是將彼此牽繫在一起的特點。
- 每個家庭都是獨一無二的,但所有家庭都有共同的生存目標和想要達成的個人成就。
- 家庭的基本功能是家庭成員的生存、保護、撫育、社會化與教育、生育與娛樂。
- 家庭可能會經歷不同的發展階段:伴侶階段、養兒育女階段、子女成年階段和年長家庭階段。
- 出生次序可能會影響孩子的發展。
- 教養方式可分為獨裁型或專制型、開明型或民主型、縱容型或放任型,依家庭成員之間的關係而定。
- 任何社會群體都可能發生家庭暴力。一級預防旨在傳授親職技巧來降低風險,二級預防的重點是虐待發生後的修復。

課後評量

1. 當代家庭的定義為何？
   A. 兩個以上的人住在一起，彼此擁有愛和親密關係。
   B. 兩個以上的人住在一起，彼此有血緣關係和相同的價值觀。
   C. 兩個以上的人住在一起，共享角色和資源。
   D. 兩個以上的人住在一起，彼此有收養關係且具有相同族裔背景。

2. 哪一項是所有家庭的共同特徵？
   A. 特定的目的。
   B. 每個成員都有其特定的角色。
   C. 具體的成員人數。
   D. 具體的行為規範。

3. 哪一個是所有家庭的共同目標？
   A. 紀律嚴明的行動。
   B. 儀式行為。
   C. 發財賺大錢。
   D. 個人成就。

4. 哪一個是家庭的基本功能？
   A. 哲學觀。
   B. 誠實。
   C. 保護。
   D. 創造力。

5. 趁早養兒育女的好處之一是？
   A. 建立職涯目標。
   B. 收入穩定。
   C. 人生閱歷豐富。
   D. 體力較佳和較少孕產婦健康問題。

6. 以下哪一項是常見的家庭型態？

    A. 開放式。

    B. 封閉式。

    C. 合同式。

    D. 大家庭。

7. 有功能家庭的特徵為何？

    A. 完全沒問題。

    B. 預防壓力狀況的能力。

    C. 促進成長和發展的能力。

    D. 角色僵化。

8. 哪一個是兒童最初的社會化場域？

    A. 學校。

    B. 教會。

    C. 家庭。

    D. 朋友和同儕。

9. 健康照護人員可以透過哪些服務來進行二級預防家庭暴力？

    A. 監禁。

    B. 藥物治療。

    C. 緩刑。

    D. 復健和教育。

10. 哪一個問題可用來釐清家庭成員的角色？

    A. 「當你父親喝得醉醺醺回家時，你母親會說什麼？」

    B. 「當你需要找人傾訴時，你會去找哪位家人？」

    C. 「你的母親對你父親的病情有何想法？」

    D. 「你認為是什麼導致你生病？」

11. 在正規型的祖父母角色中，對孫輩的管教主要由父母負責。

    A. 正確。

    B. 錯誤。

12. 在一名家庭成員經歷了嚴重的健康危機後，健康照護人員介入服務該家庭。哪些跡象顯示這個家庭正在復原中？（複選題）

    A. 家庭成員之間的溝通變多。
    B. 家庭成員之間互有怨言。
    C. 這家人表示他們正在計畫分擔照顧責任。
    D. 正在復健的那位家庭成員說：「你能幫幫我嗎？我不想再留在這個家了。」
    E. 每次訪視結束後，家庭成員會互相質疑情況什麼時候才會好轉。

13. 健康照護人員得知服務對象及其家人是新移民，如何才能幫助服務對象適應新環境？

    A. 告訴服務對象，假以時日，一切都會好起來的。
    B. 告訴服務對象生病不要緊，這只是一個小挫折。
    C. 保持文化敏感度。
    D. 避免提及任何有關移民處境困難的話題。

答案：1.（C）；2.（A）；3.（D）；4.（C）；5.（D）；6.（D）；7.（C）；8.（C）；9.（D）；10.（B）；11.（A）；12.（A）、（C）；13.（C）。

Chapter 5
成長與發展的理論

學習目標

1. 說明成長與發展的五個普遍公認的特徵。
2. 說明成長與發展的兩個主要影響因素。
3. 比較 Freud 的精神分析論和 Erikson 的心理社會論。
4. 說明常用於減少焦慮的防衛機制。
5. 說明 Piaget 的認知發展論。
6. 說明 Maslow 的人類需求論。
7. 說明 Kohlberg 的道德發展論。

成長與發展的特徵

　　成長與發展是多數人津津樂道的話題。例如：對自己的出生和未來感到好奇、探討為什麼其中一個孩子看起來更像父親（或母親），或行為舉止更像父母親其中一方。為了成為父母的後盾，健康照護人員必須瞭解正常的成長與發展模式，並辨識任何異於正常的情況。本章探討成長與發展的特徵、模式和理論。

　　成長與**發展**這兩個名詞經常交互使用，但其實具有不同的含義。**成長（growth）**是指體型大小的增長。成長的指標是量化的，可以用英寸或釐米、磅或公斤來衡量。**發展（development）**是指逐步獲得技能和發揮功能。發展是質變的，從一般能力進展到特定能力。成長與發展同時發生且相互依存。成長與發展普遍公認的特徵如專欄 5.1 所示。發展是學習和成熟交織的結果，**成熟（maturation）**與發展相似，是無須經由練習或訓練，即可使能力和潛力發生的過程。成熟代表某一特定能力獲得充分發展。

　　解釋成長與發展兩個方向的專業術語分別是：從頭到尾的發展和從軀幹到四肢的發展。**從頭到尾的發展（cephalocaudal）**係指個體從頭部開始，向下往腳部方向的生長和發育。**從軀幹到四肢的發展（proximodistal）**則指從身體中心向四肢方向的生長和發育（圖 5.1）。以嬰兒來說，肩膀的控制早於掌握手部肌肉，接下來則是控制手指靈巧度。

　　如第 1 章所述，健康受到遺傳和環境因素的影響，遺傳和環境也是影響個體生長發育的主要因素。遺傳（genetics 或 heredity，**又稱基因**）包括頭髮顏色、眼睛顏色、體型大小和身材等特徵。第 6 章會再更詳細討論遺傳特徵。

　　每個人從嬰兒期到老年期都會歷經一定的發展階段。當個體邁入這些階段，就會接觸到影響遺傳特徵的各種環境因素，由此形成的行為對個體來說是獨一無二的，也就是人格。**人格（personality）**是有別於他人的獨特行為模式，即個人的行為風格（圖 5.2）。人格特質是個體終其一生可辨識的特點，深入瞭解人格發展，有助於健康照護人員提供促進健康和照顧的服務。

> **專欄 5.1**
>
> ## 成長與發展的五個特徵
>
> 成長與發展：
> 1. 依照從簡單到複雜的順序發生。必須先完成一項任務，接著才能嘗試下一項任務。例如，嬰兒先學會控制頭部，然後才學會坐著。
> 2. 是連續的過程，有時成長快速，有時成長緩慢和穩定。例如，嬰兒期是生長非常迅速的時期；過了嬰兒期後，生長速度趨緩，直到青春期再次變化迅速。
> 3. 每個人的發展速度不同，相當個別化，各有各的成長時間表。因此，不該擅自將個體的成長模式與另一個體的成長模式相提並論。
> 4. 影響所有身體系統，但特定的器官組織在不同的時間受到影響。例如，許多器官在兒童期成熟和發育，但生殖器官要等到青春期才會成熟。
> 5. 是影響個體生理、心理和社會面向的整體歷程。

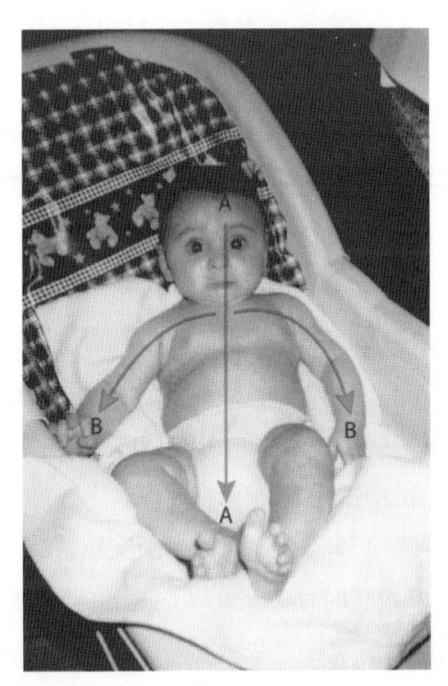

圖 5.1｜生長和發育的原則包括：（A）從頭到尾的發展；（B）從軀幹到四肢的發展

圖 5.2｜每個嬰兒都有獨特的個性

　　儘管沒有單一理論可以解釋所有個體的人格發展，但仍有幾個重要理論是健康照護人員理解不同面向人格發展的指標。本章簡要說明 Freud 的精神分析論、Erikson 的心理社會論、Piaget 的認知發展論、Maslow 的人類需求論和 Kohlberg 的道德發展論。

　　接下來的章節將深入介紹上述理論，其中又以 Freud 的理論為其他理論的發展奠定了基礎。我們選擇在本章中介紹他的理論，因為你需要瞭解人格發展的基本知識，這能讓你確認各個階段的行為，並更好地瞭解該行為對於特定的發展水準是否合適。與後來的理論家不同，Freud 認為嬰兒期和兒童期是發展和改變的關鍵時期，但他的理論只討論到這些階段為止。其實發展在整個生命週期中持續進行，因此，我們對 Freud 的討論僅限於這一章，後面的章節則將援用其他學者的理論。

　　所有發展理論皆以階段劃分，循序漸進。理論上，個體在某一階段完成一項任務或技能，然後再進入到下一階段。然而，衝突和各種壓力可能會推遲或延長任務的完成時間，甚至導致暫時性的**退化**（regression）。衝突或壓力解決後，個體通常會恢復到適當的發展層次。這些發展階段的特定年齡範圍相似，但也因人而異。各階段之間部分相互重疊，期間個體可同時處理多項任務。

精神分析論

　　Sigmund Freud（佛洛伊德）(1856-1939) 對人格發展提出了許多重要貢獻。他的理論分為三大部分：意識層次、人格或心智的組成部分，以及性心理發展階段。Freud 認為意識的層次包括意識、前意識和潛意識。**意識（conscious）** 層次是指個體當下覺察到的所有經驗，本於現實和邏輯；**前意識（subconscious）** 或下意識層次儲存記憶、想法和感受，僅需少許費力，即可以回想起這些內容並將其帶到意識層次；**潛意識（unconscious）** 層次是指被個體封閉的意識。這些被封閉的記憶通常是痛苦的，被保存在潛意識中以防止焦慮和壓力。Freud 認為，可以透過深入研究潛意識的力量來理解行為。意識層次是 Freud 精神分析論的基礎，圖 5.3 說明 Freud 的意識層次。

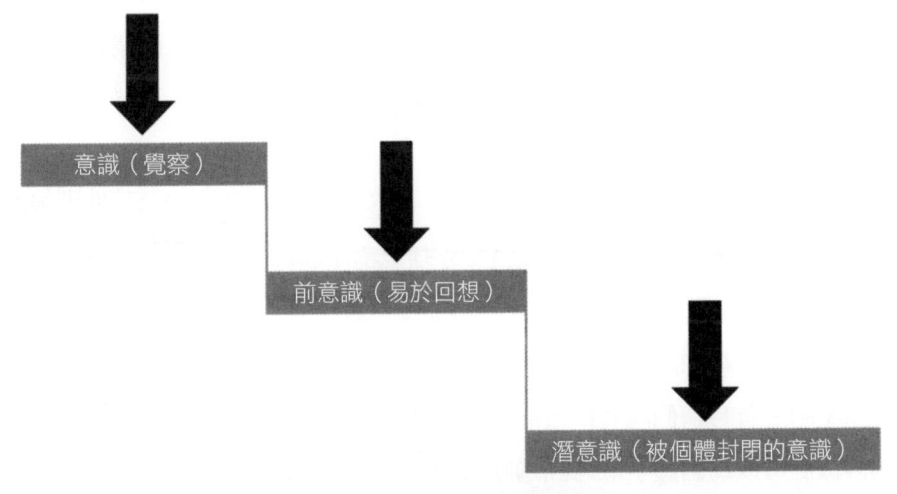

圖 5.3｜Freud 的意識層次

　　Freud 進一步闡釋心靈運作的三個組成部分：本我、自我和超我。**本我（id）** 是身體基本、原始的衝動。快樂原則或**性能量（libido）** 和滿足感與快樂有關，是多數人類行為背後的驅力。本我按照快樂原則運作，要求驅力獲得立即滿足。**自我（ego）**，也被稱為「心靈的執行者」，是最接近現實的部分。當本我的要求遇到環境的阻力時，自我就會出面協調。透過與環境的互動，兒童學會延遲立即滿足他們的需求，這就是自我發展的表現。**超我（superego）** 是從自我延伸發展

出來的，它會審判、控制和懲罰，決定是非對錯，運作方式與良知類似。本我、自我和超我的三方衝突似乎沒有停戰的跡象。

理想情況下，本我、自我和超我三方之間應達成平衡或妥協，它們的溝通內容舉例如下。本我說：「我現在就想要！」超我說：「不行。」自我試圖調解，說：「好吧，也許等一下吧。」若無節制的讓本我主導，會導致人格崩潰，致使孩子氣的行為持續到成年生活，過於嚴厲的超我則會導致合理的需求和驅力受到阻礙。圖 5.4 說明 Freud 的心靈組成部分。

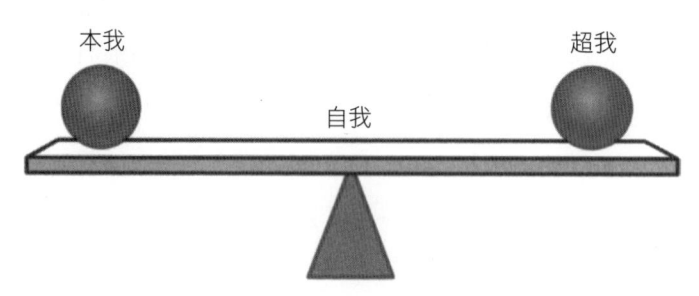

圖 5.4 ｜ Freud 的三個心靈組成部分

防衛機制

防衛機制（defense mechanisms），又稱心理防衛機制，是在生命週期各個階段，個體用來因應焦慮威脅的手段，Freud 認為其中許多防衛機制是自我保護的一種方式。除了壓抑之外，多數的防衛機制都在潛意識層次運作。根據防衛機制的使用頻率，有時它們能發揮效能，有時卻會造成傷害。從短期來看，適當地使用防衛機制可以為個體爭取時間適應壓力，同時擬定可讓人接受的因應方法。適應性的防衛機制保護個體免受焦慮和衝突的影響，但過度使用或不當使用防衛機制會阻礙個體實現個人成長和滿足需求。使用防衛機制的頻率和強度，將決定防衛機制是對個體有益，抑或是用扭曲現實在傷害自己。

- **壓抑（suppression）**是在意識層次發揮作用的防衛機制，也就是有意識地迴避讓人苦惱的事，這些感受可以隨時依意願被重新喚起。幾乎所有人都會使用壓抑作為專注於手邊事務的一種方式，例如，剛與配偶發生爭執、但得趕去上班的人說：「我得專心工作，不能一邊工作一邊生氣。」

- **合理化（rationalization）**是各個年齡層的人最廣泛使用的防衛機制，意指為不佳的行為或感受辯解或找藉口。這是一種保全面子的技巧，與真相無關。合理化是個體先用以暫時逃避面對現實的權宜之計，例如，學生為自己的考試成績不佳找藉口，說自己只想在喜歡的課程中取得好成績。
- **認同（identification）**係指個體表現出令其相當尊重的人的性格特質。兒童在性別角色認同過程中常使用這個機制，例如，小男孩想學習父親的陽剛特質，或學生想模仿敬重的教授的行為舉止。
- **昇華（sublimation）**係指個體將不被社會接受的衝動，轉化到社會可接受的方向，亦即將原始驅力或強烈慾望，以社會許可的方式表達。例如，當一段關係結束時，個體將負面情感傾注到詩歌或歌曲中。昇華是一種積極、有效的因應機制。
- **退化（regression）**係指面臨衝突的個體退化到更早期、更安全的發展階段。例如，受過如廁訓練的兒童面臨弟妹出生的壓力，又開始尿床。此種退化到早期發展階段的做法，可使個體稍微放寬心、更少感受到威脅。
- **否認（denial）**是完全在潛意識層次上使用的防衛機制。當個體意外遭遇難以承受的消息時，就會自動否認。透過否認，個體得以不必承認事件或經驗與事件有關的情緒。例如，妻子得知丈夫在事故中喪生的消息時，不僅拒絕接受這個消息，還打電話到丈夫的辦公室要與他談話。
- **替代（displacement）**係指將對某人或某物的情緒轉移到另一個威脅較小的人或物上。例如，員工對老闆生氣，回家後卻對家人大吼大叫；這樣雖然可以避免失業，卻對家人造成傷害。
- **投射（projection）**常被稱為責他機制（blaming mechanism），係指個體排拒不可接受的想法或感受，而將其歸因於另一個人。例如，丈夫或妻子指責另一半在外調情和不忠，但其實是自己有出軌的念頭。
- **補償（compensation）**係指個體在某個面向表現優異，來彌補另一個面向的不足。例如，學生試圖在體育方面取得優異成績，以彌補學業能力的不足，維護個人的自尊。
- **抵消（undoing）**係指個體以某些行為象徵性地抵消先前不被接受的想法或行

動，試圖予以彌補。例如，老師嚴詞批評學生的作業後，又讚揚其禮貌行為。
- **反向作用**（reaction formation），有時又稱為**過度補償**（overcompensation），係指將不願接受的感覺或想法排除在意識之外，並以相反的感覺或想法取代。例如，一位不喜歡狗的男人在公園裡遇到朋友在遛狗，對狗表現出很和善的樣子。
- **轉化**（conversion）係指將潛意識的感受和焦慮轉化為身體症狀，但這些症狀並沒有潛在的生理問題。例如，一名目擊可怕犯罪現場的證人突然失明，無法指認嫌犯。

防衛機制常見的適應良好和適應不良做法舉例，請參閱表 5.1。

表 5.1　防衛機制常見的適應良好和適應不良做法舉例

適應良好	適應不良
壓抑 一位女士一邊開車，一邊說：「先專心開車，之後再來想辦法支付帳單。」	通常是適應良好的。
合理化 學生說：「再怎麼樣，我都不想當老師。」	「我不想用功，因為我知道我考試不會過。」
認同 小男孩說：「我長大後要像爸爸一樣。」	「那些幫派成員都非常有錢，我希望能像他們一樣。」
昇華 原本充滿敵意、憤怒的男孩，成為一名成功的拳擊手。	通常是適應良好的。
退化 一名住院的 5 歲男孩再次吸吮拇指。	成年女性在不順她意的時候亂發脾氣。

（續）

適應良好	適應不良
否認 一位剛得知自己身患絕症的女性告訴家人，她會活得比大家都久。	過去十年裡，父母一直完整保留已故兒子的房間，談起他就好像他會回家一樣。
替代 一名女性在收到交通罰單後，立即回家瘋狂地打掃房子。	男孩被父親責罵後，在校車上欺負另一名同學。
投射 一名年輕男子指責一位男性友人對他調情，但其實是他潛意識裡愛慕那位男性友人。	老闆自己多次提早下班，卻對沒有完成任務的員工大喊大叫。
補償 弱勢家庭的學生為了取得好成績而加倍努力。	通常是適應良好的。
抵消 一個被罰暫時隔離的孩子，處罰結束後摘花要送給媽媽。	經歷嚴厲、刻板的教養後，一位年輕人一有性衝動就強迫性的洗手。
反向作用 一名酗酒女性對學生演講未成年飲酒的危險。	虐待孩子的母親在傷害孩子後，表現出過度保護的行為。
轉化 一位學生沒有準備好參加期末考試，她突然頭痛不已，無法去上課，等她準備好才重新補考。	戰場前線的士兵無法移動手臂和握住武器殺敵。

Freud 的性心理發展階段

　　Freud 提出了性心理發展（psychosexual development）的五個階段：口腔期、肛門期、性器期、潛伏期和生殖期。每個階段都與特定的內在衝突有關，在兒童進入到下一階段之前，必須解決這些衝突。Freud 也認為，兒童的早期成長經驗，決定了成年後的適應模式和性格特徵（圖 5.5）。

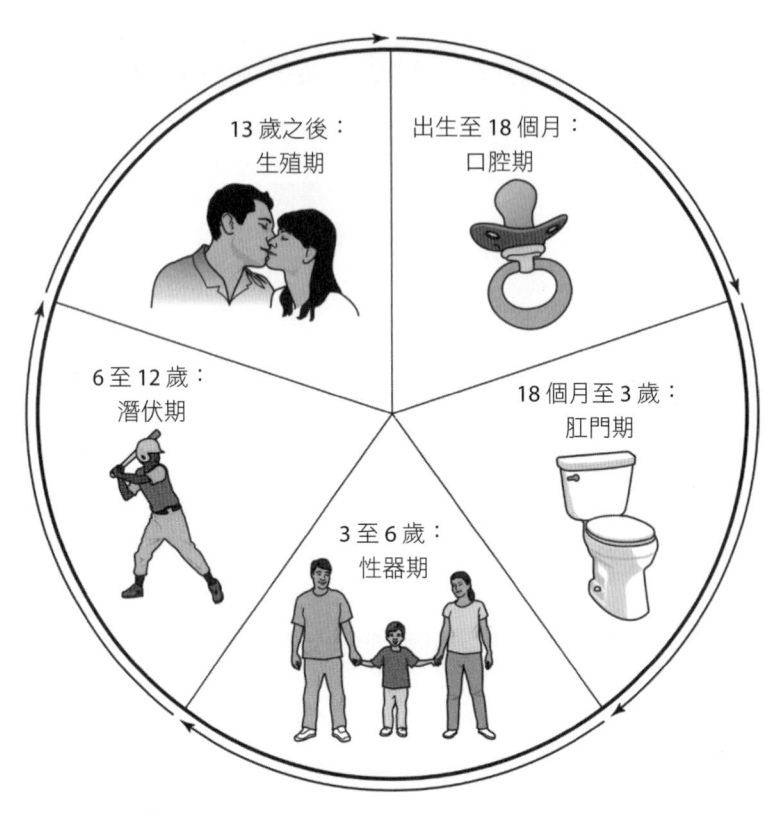

重要發展任務
口腔期：經由口腔需求的滿足來釋放焦慮。
肛門期：學習獨立與自制；對排泄器官的作用感興趣。
性器期：認同同性別的父／母；建立性別認同。
潛伏期：性能量蟄伏不動；重視與同性朋友的互動。
生殖期：隨著生殖器的成熟，性能量開始覺醒；渴望與異性建立親密關係。

圖 5.5 ｜ Freud 的性心理發展階段

口腔期

　　口腔期（oral stage）從出生持續到 1 歲半。嬰兒的嘴巴是愉悅（性喚起）區域，也是所有舒適和滿足的來源（圖 5.6）。如果嬰兒的口腔需求得到滿足，就會感到愉悅。嬰兒透過吸吮和咬嚼來獲得快樂，以嘴巴作為滿足的重心。在 1 歲時，嬰兒開始意識到，他們與母親、環境中的其他物體是分別獨立的個體。

圖 5.6 ｜嬰兒的嘴巴是舒適和快樂的來源

肛門期

　　肛門期（anal stage）從 1 歲半持續到 3 歲。在肛門期初期，口腔仍然是幼兒滿足感的重要來源。到了 2 歲時，口腔和肛門同為快感的來源。排便的過程不但不會讓幼兒厭惡，反而帶給他們快樂和滿足。如廁訓練剛開始時，常因父母的要求與幼兒生理需求之間的矛盾產生衝突。衝突的解決能強化幼兒自我控制和獨立的體驗。有關如廁訓練的建議，將在第 7 章「幼兒期」中討論。

性器期

　　性器期（phallic stage）從 3 歲持續到 6 歲。在這段期間，幼兒會花大量時間探索自己的生殖器。自慰和對性器官的興趣是正常的。裸露也是這個年齡的典型現象，幼兒對自己的身體很滿意，喜歡脫衣服、光著身子。父母阻止孩子對生殖器的好奇與探索，會讓幼兒覺得困惑和羞恥。**伊底帕斯情結**（Oedipus complex）**和埃勒克特拉情結**（Electra complexes）是性器期的發展特點。伊底帕斯情結（戀母情結）是指小男孩對母親產生無意識的性吸引力，渴望霸占母親並將父親視為爭奪母親感情的競爭對手。為贏得母親的愛，小男孩最終是以認同父親來解決衝突。這個過程開啟了性別角色認同。而當小女孩被父親吸引並希望排擠母親時，就產生埃勒克特拉情結（戀父情結）。透過模仿，小女孩複製母親的角色，最終獲得父親的喜愛與認可。戀父情結的解決，塑造了小女孩的性別角色認同。

潛伏期

潛伏期（latency stage）從 6 歲持續到 12 歲左右。性能量被轉移到更能為社會所接受的表達方式。學齡兒童的重心放在追求課業成就，同性別兒童之間的同儕關係更加密切。體育和其他競技活動有助於強化同儕關係（圖 5.7）。

圖 5.7｜兒童很喜歡戶外活動

生殖期

生殖期（genital stage）從青春期開始。到了**青春期（puberty）**，身體會發生許多變化，為繁衍後代做好準備。荷爾蒙活動和性器官的成熟，喚醒性吸引力和對浪漫關係的興趣。此時期的兒童繼續爭取獨立，但仍然需要接受父母的監督。

心理社會論

Erik Erikson（艾瑞克森）（1902-1994）是一位心理學家，也是 Freud 的忠誠追隨者，他拓展了 Freud 的人格發展論，確立了涵蓋嬰兒期到老年期整個生命週期的八個階段，研究兒童在原生家庭之外的社會環境。Erikson 認為，每個階段都必須完成某些關鍵任務，成功完成每個階段的任務，才能增強個體的獨立性，提升自我和他人的價值。Erikson 心理社會論的八個發展階段詳述如下，並列於表 5.2 中。

表 5.2　Erikson 心理社會論的發展階段

年齡	階段	重要發展任務
嬰兒期（出生至 18 個月）	信任 vs. 不信任	對照顧者建立基本的信任感，進而信任他人。
幼兒期（18 個月至 3 歲）	自主決定 vs. 羞愧懷疑	在環境中獲得一定的自我控制與獨立性。
學齡前期（3 至 6 歲）	積極主動 vs. 退縮內疚	發展目標感及啟動和指導自身行動的能力。
學齡期（6 至 11 歲）	勤奮進取 vs. 自貶自卑	透過學習、競爭、成功表現，及獲得重要他人、同儕和知己的認可來建立自信。
青春期（12 至 20 歲）	自我認同 vs. 角色混淆	將前幾個階段所掌握的任務整合成健全的自我概念。
成年早期（20 至 30 歲）	親密 vs. 孤獨	與他人、事業、組織機構建立密切、持久的關係或做出承諾。
成年中期（30 至 65 歲）	創生育成 vs. 停滯不前	實現既定的人生目標，同時也關懷子孫後代的福祉。
成年晚期（65 歲之後）	自我統整 vs. 悲觀絕望	回顧過往人生，從正面和負面的事件中汲取意義，同時實現正向的自我價值感。

資料來源：Townsend, M.C.: *Psychiatric Mental Health Nursing: Concepts of Care*, ed. 9. FA Davis, Philadelphia, 2018, p. 946，經許可轉載

信任 vs. 不信任（出生至 18 個月）

　　嬰兒出生時是無自理能力的，完全依賴他人來滿足自己的需求。當這些需求能得到及時滿足時，嬰兒就會對人和環境產生信任。信任建立在照顧者的一致性和穩定性基礎上，如此才有助於嬰兒因應自己的需求和衝動，並發展自我信任。信任是健全人格的基礎。

自主決定 vs. 羞愧懷疑（18個月至3歲）

幼兒開始學習控制自己的身體，並形成獨立或自主的意識（圖 5.8）。**自主決定（autonomy）**的特徵是習得進食、活動、穿衣和控制排泄的技能。培養獨立性可以增強幼兒的自我概念。如果環境中沒有人給予愛的支持，幼兒就會產生羞愧感和懷疑感。

積極主動 vs. 退縮內疚（3至6歲）

這個階段的兒童主動探索環境並嘗試不同的角色。想像力和好奇心讓兒童進一步拓展和發展自己的潛能。父母和照顧者需要允許孩子在安全範圍內探索。如果缺乏探索的自由，兒童可能會產生罪惡感和無能感。

勤奮進取 vs. 自貶自卑（6至11歲）

這個階段的兒童獲得許多新的社交和身體活動技能。學齡兒童已經成熟到能夠專注於學習並與他人合作，努力爭取讚賞和認可。家庭和學校都應支持並鼓勵兒童為學校表現努力做好準備。如果沒有獲得正面的回饋，兒童會產生自卑感。

圖 5.8 ｜ 嬰兒在爬行之前，就已經掌握了良好的上半身控制能力

自我認同 vs. 角色混淆（12 至 20 歲）

這是兒童期到成年期的過渡階段，特徵是生理和情緒的變化，使得兒童和家庭一度陷入混亂。這個階段的關注重點之一是個體正在萌芽的性興趣，以及在社會中找到自己的定位。職涯、教育和同儕關係，給青少年帶來許多要求。如果沒有得到愛與支持，就會導致角色混淆。

親密 vs. 孤獨（20 至 30 歲）

這個階段的目標是與另一個人建立親密而有意義的關係，奉獻自我並關心他人的福祉，這是在成長過程中從原生家庭裡學到的。與家庭成員的連結與親密關係，對年輕成人的福祉至關重要。未能建立有意義的親密關係，會導致孤獨和孤立。有些人只有膚淺表面的關係，因而處在空虛疏離的狀態。職涯選擇和成功也需要承諾和動力。

創生育成 vs. 停滯不前（30 至 65 歲）

Erikson 將**創生育成**（**generativity**）定義為中年人專注於領導力、生產力與關心子孫後代的過程。個體反思自己的成就並投入於新的家庭角色。創生育成的形式因人而異，有些人致力於撫養孩子或孫子，有些人則參與社區服務，還有些人展開新的職業生涯。無法開展創生育成能力的中年人會**停滯不前**（**stagnation**）。當個體只關心自己，不關心他人的福祉時，就會停滯不前。

自我統整 vs. 悲觀絕望（65 歲之後）

這是回顧人生經歷的階段。當個體能夠接受過往所做的選擇都是當時最好的選擇時，也就臻於**自我統整**（**ego integrity**）的境界了。個體從自己的人生成就中獲得尊嚴感。自我統整意指個體已經解決了早期階段的任務，對過往人生幾乎沒有遺憾。對人生回顧不滿會導致絕望、無價值感，使得個體希望人生重新來過一遍。

認知發展論

　　Jean Piaget（皮亞傑）（1896-1980）對心理學領域的貢獻是提出認知發展論。他關心個體的智力和思考發展的過程。Piaget 認為，智力是一種與生俱來的能力，隨著兒童對環境的適應而逐步發展。Piaget 理論的三個重要概念分別為：基模、同化和調適。

　　基模（schema）係指由許多有組織的概念組成的模式，這些概念隨著嬰兒的經驗而擴展。起初，嬰兒只有吸吮和抓握等幾種基模，這些基模是他們與環境互動的指引。最終，隨著嬰兒經驗的擴展，新的基模慢慢出現。

　　Piaget 理論的第二個重要概念是**同化（assimilation）**，也就是將新資訊納進現有基模的能力。嬰兒擴展了吸吮奶水以獲取營養的基模，包括吸吮他們能觸及的任何東西，如毯子、奶嘴、玩具或手指。

　　Piaget 理論的第三個重要概念是**調適（accommodation）**，當新的經驗與現有的基模無法相容時，就得修改基模以與新的資訊融合。例如，嬰兒不再只用嘴巴吸吮食物，而是在湯匙靠近時張嘴吃東西。Piaget 認為，兒童的認知能力發展經歷了四個階段：感覺動作期（sensorimotor stage）、前運思期（preoperational stage）、具體運思期（concrete operational stage）、形式運思期（formal operational stage）（表 5.3）。

感覺動作期（出生至 2 歲）

　　出生時，嬰兒主要是以反射動作對外在環境做出反應。此階段的基模是物體恆存性，意指物體僅限於嬰幼兒能看到、聽到或觸摸到的東西——沒看到的物體就像不存在似的（圖 5.9）。漸漸地，嬰兒透過探索環境獲得知識，並賦予事物意義和發展出辨識能力。透過嘗試錯誤的行動摸索，嬰兒的感覺和動作反射能力益臻完善。這個階段結束時，嬰兒已懂得自己與環境中的其他物體是分別獨立的個體。

表 5.3　Piaget 的認知發展階段

年齡	階段	主要發展任務
出生至 2 歲	感覺動作期	隨著活動性以及區分外在環境與自我的覺察能力發展，物體恆存性概念逐漸成形。
2 至 6 歲	前運思期	學習用語言表達自我；理解象徵性的手部示意動作意義；物體恆存性概念發展成熟。
6 至 12 歲	具體運思期	學習運用邏輯思考；理解可逆性和空間性概念；學習區別和分類物體；學習社會化和遵從規則。
12 至 15 歲以上	形式運思期	學習用抽象詞彙思考和推理；提出並檢驗假設；擴展和精熟邏輯思考和推理；認知趨於成熟。

資料來源：Townsend, M.C.: *Psychiatric Mental Health Nursing: Concepts of Care,* ed. 9. FA Davis, Philadelphia, 2018, p. 950，經許可轉載

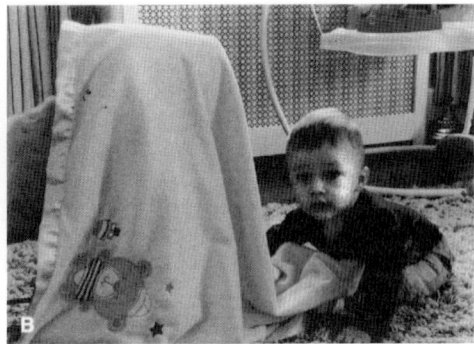

圖 5.9｜圖 A 中的嬰兒正在玩絨毛玩具。圖 B 中的嬰兒認為物體不再存在。根據 Piaget 的說法，這是為什麼呢？

前運思期（2 至 6 歲）

在這個階段，幼兒的關注重點是語言的發展與掌握，特徵是自我中心現象（egocentrism）。幼兒將自己視為宇宙的中心，難以接受有其他觀點存在。他們用語言和手部示意動作來滿足自己的需要。在這個階段，對幼兒來說物體是單面且一維空間的，這意味著幼兒可以在腦海中想像出物體或人的圖像。此階段的幼兒缺乏處理可逆性的能力，例如，問小女孩：「你有妹妹嗎？」女孩回答：「有。」再問她：「你的妹妹有姊姊嗎？」她會回答：「不，她沒有。」**萬物有靈**

（animistic）的思維方式，使幼兒相信物體、桌子、太陽和樹木都有情感和動機。例如，當 3 歲幼兒的膝蓋撞到椅子時，她會大喊：「壞椅子！」

具體運思期（6 至 12 歲）

認知能力的提升讓兒童更能思考和談論許多議題。兒童稍微能進行邏輯思考並解決問題，但無法處理假設性或複雜的抽象情境。具體運思期的兒童不再那麼自我中心，更懂得如何社交。可逆性和空間性概念的發展，讓他們能夠理解水可以是液體或固體形態，更可以循環反覆變化。此階段的兒童會用不同的特徵來分類物體，例如，他們不只會將汽車說成汽車，還知道那是 2022 年款的越野車。

形式運思期（12 至 15 歲以上）

形式運思期的個體有能力以假設和抽象的方式進行邏輯思考。他們的思考有組織和結構，並具有科學推理和解決問題的能力。

人類需求論

Abraham Maslow（馬斯洛）（1908-1970）認為人類的行為是受到有層次排序的需求所驅動（圖 5.10）。底層是基本的生存需求（生理需求、安全需求、歸屬需求），往上的層次是更複雜的需求（自尊需求、自我實現需求）。Maslow 認為，最基本的需求必須先得到滿足，才能繼續往高層次的需求前進。

生理需求

生理需求是最基本的需求，包括對氧氣、食物、水、休息和排泄的需求，另外還包括對物種生存很重要的性需求。當這些基本需求得到滿足時，個體就會自然地想滿足下一個需求。然而，如果生理需求得不到滿足，個體就會繼續執著於這些需求。例如，飢腸轆轆的孩子無法對學校（或食物以外的任何事情）感興趣，除非他不再受飢餓所苦。

```
        自我實現
        需求：
     充分發揮個人潛能
      自尊需求：
   自認有能力、有價值
     歸屬需求：
  感受到被愛和得到社會支持
  安全需求：不受危險的威脅、
    個人所處的環境是安全的
      生理需求：
     氧氣、食物、水
```

Maslow 的需求層次

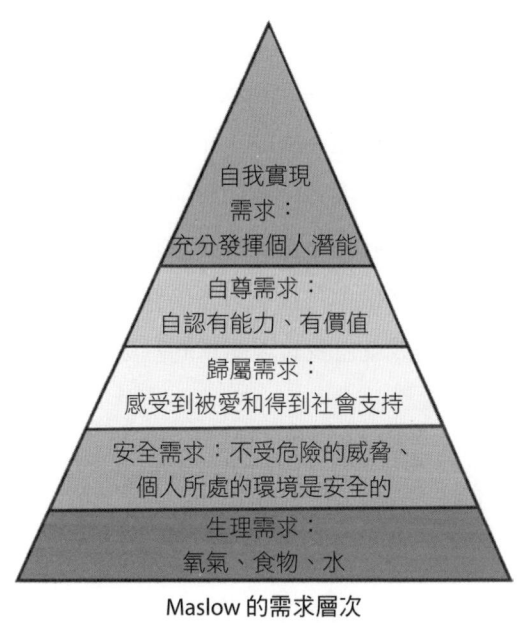

圖 5.10｜Maslow 的需求層次

安全需求

在生理需求得到滿足的前提下，接著就是安全、安心和免受危險傷害的需求。幼兒在自己的家和與家人共處中感受到安全後，才會願意冒險進入外界較大的社區和學校環境。

歸屬需求

歸屬感係指感受到他人的喜愛和接納。在建立任何關係之前，個體首先必須感到安全。愛與情感從我們出生開始即已形成紐帶，並且在個人一生的發展過程中持續存在。每個人都需要情感支持和有意義的關係。

自尊需求

每個人都要看重自己，欣賞自己的成就。為了達到這個境界，個體必須接收到他人對其價值的認可與贊同。自尊的建立首先來自父母的認可和接納。在就學期間，師長與其他社交互動亦可深化個體的自尊。

自我實現需求

自我實現意味著達成自身的願望，充分發揮潛能。Maslow 認為，不是每個人都能完全自我實現，但只要個體不斷建立和發展健康的關係，他們就能朝著這個目標前進。當個體朝向自我實現時，他們便能更自在地做自己。自我實現者的思考和行動都是自主、自我導向的，他們既實事求是，又能靈活變通，能根據需求調整改變。儘管身處群體之中，自我實現者仍保有自己的個性。創造力、幽默感和對他人福祉的尊重，是成就自我實現需求的基礎。

道德發展論

Lawrence Kohlberg

Lawrence Kohlberg（柯伯格）（1927-1987）的道德發展論擴展了 Piaget 的認知發展階段。Kohlberg 認為，當兒童具備邏輯思考的能力時，就會逐漸發展出道德推理。Kohlberg 界定出道德發展的三個層次，並進一步將道德推理細分為六個階段，從 4 歲開始一直延伸到成年期（表 5.4）。

- **第一層次：道德循規前期（preconventional thinking）（4 至 10 歲）**。兒童服從父母的要求是為了避免受到懲罰，藉此學習辨別是非對錯。一個 4 歲的孩子可能會想：「如果我對弟弟不好，我會受到懲罰。」
- **第二層次：道德循規期（conventional thinking）（10 至 13 歲）**。學齡兒童開始尋求社會的認可。Kohlberg 認為，處於這個層次的兒童，在與同儕、環境的互動中受到外在力量的影響。一個 12 歲的兒童知道在學校作弊是不對的，也會希望能贏得家人和老師的認可。
- **第三層次：道德循規後期（postconventional thinking）（青春期後）**。青少年發展出自己的道德準則。道德推理是基於個人自身的原則，而非迫於外界的壓力。Kohlberg 進一步認為，有些人永遠無法達到這種更高層次的道德推理。那些達到道德循規後期層次的人會按照自我的內在信仰準則行事，例

如，即使路口暢通且無人監看，多數人還是會在交通號誌前停下來。

表 5.4　**Kohlberg 的道德發展階段**

層次/年齡*	階段	重要發展任務
道德循規前期 （常見於 4 至 10 歲）	1. 懲罰與服從導向 2. 工具性相對主義導向	因害怕懲罰而表現服從規範的行為。 出於利己主義而表現出有利於自己的行為。
道德循規期 （10 至 13 歲～成年）	3. 人際一致導向 4. 法律與秩序導向	受他人期望影響，強烈渴望被認可和接納。 出於尊重權威而遵守法律。
道德循規後期 （青春期後）	5. 社會契約法制導向 6. 普遍倫理原則導向	尊重普世法則和道德原則，以內在價值為指引。 受良知、榮譽、正義和尊重他人尊嚴等內在原則引導。

*Kohlberg 的理論中，對年齡沒有明確的定義。發展階段由個人行為背後的動機所決定。
資料來源：Townsend, M.C.: *Psychiatric Mental Health Nursing: Concepts of Care*, ed. 9. FA Davis, Philadelphia, 2018, p. 951，經許可轉載

Carol Gilligan

　　Carol Gilligan（吉利根）（1936- ），是 Kohlberg 的學生之一，也是 Kohlberg 道德發展論最直言不諱的批評者之一。Gilligan 擔心，Kohlberg 的道德發展論並沒有探索到女性獨特的道德相關經驗。她更指出，Kohlberg 的研究對女性有偏見，因為他的研究受試者全是男性。

　　Kohlberg 認為男性的道德推理程度高於女性，但 Gilligan 不以為然，她認為女性的道德發展與男性不同，且不遜於男性，因為女性更看重道德的關懷和責任面向。她之所以這麼認為，是因為女性通常比男性更重視人際互動過程中的關懷和親密；相較於女性，男性的道德發展則較重視正義。此外，Gilligan 表示，男性更常根據抽象推理和原理原則做出決定，而女性更關心自己的決定如何影響他人。

Gilligan 沿用 Kohlberg 的三個階段，也提出了她自己的道德發展論：道德循規前期、道德循規期和道德循規後期。

- 在道德循規前期，大部分兒童是利己主義者，以生存為導向。隨著兒童的成長，他們會從利己主義轉向越來越有責任感。
- 在道德循規期，兒童將犧牲視為美德，對人際關係更感興趣，因此，他們開始把別人放在優先順位。
- 在道德循規後期，除了想到自己之外，個體也會考慮到別人。

　　Gilligan 的理論也遭受其他學者的批評，認為 Gilligan 的研究也有限制，因為無法複製和驗證。近期的理論家相信，男性和女性的道德推理都會衡量正義和關懷。請參考表 5.5，認識 Gilligan 的理論。

表 5.5　Gilligan 的道德發展論

階段	特徵
道德循規前期	利己主義者
道德循規期	對他人有興趣，也會關心他人
道德循規後期	對自己和他人負起社會責任

　　瞭解道德發展有助於健康照護人員理解影響不同發展階段服務對象的道德問題，對道德推理的理解也有助於健康照護人員在臨床實務中做出合適的道德決策。請參考專欄 5.2 的道德決策指南。

專欄 5.2

道德決策指南

以下問題有助於做出道德決策：
1. 哪些特徵決定某種行為是正確的還是錯誤的？
2. 規則如何影響道德行為？
3. 針對這一特殊情況，應採取什麼行動？

思辨練習

練習一：

　　麥迪和威爾帶著 4 個月大的女嬰泰娜就醫。她因嘔吐和脫水而住院，而且不能吃任何東西。夫妻兩人都有工作，白天必須將嬰兒交給醫院照顧。請使用本章提供的資訊，回答以下問題：
1. 請根據 Freud 的理論，判定泰娜的性心理發展階段。
2. 根據 Erikson 的理論，泰娜在這個發展階段，要面臨什麼心理社會任務？
3. 根據 Maslow 的人類需求論，泰娜此時最關心的需求是什麼？
4. 列出一項你在問題 3 的答案中，能滿足泰娜需求的行動。

練習二：

　　2 歲的傑瑞正和媽媽一起在公園玩。當媽媽告訴他該回家時，傑瑞大哭著說：「不要！」並且拒絕離開公園。
1. 傑瑞處於 Erikson 心理社會論的哪個發展階段？
2. 傑瑞的媽媽該怎麼做，才是處理這個狀況的最佳做法？

本章重點回顧

- **成長**和**發展**這兩個名詞經常交互使用，但其實具有不同的含義。**成長**是指體型大小的增長，**發展**是指逐步獲得技能和發揮功能。
- 成長與發展同時發生且相互依存。
- **成熟**是無須經由練習或訓練，即可使能力和潛力發生的過程。
- 影響成長和發展的兩個主要因素是遺傳和環境。遺傳是指所有由基因傳遞的特徵，其他影響出生前後的所有因素都是環境因素。
- 關於成長與發展的五個普遍公認的基本假設是：
  1. 依照從簡單到複雜的順序發生。
  2. 是連續的過程。
  3. 以相當個別化的速度發展。
  4. 影響所有的身體系統和階段。
  5. 共同形成一個整體的歷程。
- 每個人都有獨特的行為模式，稱為人格。深入瞭解人格發展，有助於健康照護人員提供促進健康和照護的服務。
- 人格理論描述了發展的階段，這些階段通常是循序漸進的，亦即，必須完成較早的階段，才能進入到下一個階段。但有時候，個體也可能會暫時退化到早期階段。
- 防衛機制是個體在生命週期各個階段用來因應焦慮威脅的手段。
- Freud 提出性心理發展的五個階段：口腔期、肛門期、性器期、潛伏期和生殖期。
- Erikson 提出涵蓋整個生命週期的心理社會論。在這八個發展階段中，每個階段都有需要完成的任務：信任與不信任、自主決定與羞愧懷疑、積極主動與退縮內疚、勤奮進取與自貶自卑、自我認同與角色混淆、親密與孤獨、創生育成與停滯不前、自我統整與悲觀絕望。

- Piaget 的理論著重於認知發展，包含三大概念（基模、同化與調適），並經歷四個階段（感覺動作期、前運思期、具體運思期和形式運思期）。
- Maslow 認為，人類的行為是由需求所驅動的。這些需求從最基本的到最複雜的層次排列，從生理需求開始，逐漸發展到安全需求、歸屬需求、自尊需求和自我實現需求。
- Kohlberg 的道德推理論確立了道德發展的三個層次：道德循規前期、道德循規期和道德循規後期。道德發展在這些階段中依序進步，然而，並非每個人都能達到道德推理的最高層次。
- Gilligan 從女性主義的角度提出她的道德發展論。

課後評量

1. 成長的定義是：
   A. 逐步獲得技能。
   B. 認知能力提升。
   C. 體型增長。
   D. 語言快速發展。

2. 根據 Freud 的觀點，心靈的哪一部分擔任良知的角色？
   A. 本我。
   B. 自我。
   C. 超我。
   D. 性能量。

3. 根據 Erikson 的發展階段，9 歲的萊德將完成下列哪些任務？
   A. 信任。
   B. 勤奮進取。
   C. 積極主動。
   D. 自主決定。

4. Piaget 認知發展的感覺動作階段完成時，幼兒應該可以：
   A. 解決問題。
   B. 進行假設推理。
   C. 具有抽象思考的能力。
   D. 知道自己是獨立的個體。

5. 人格理論有助於健康照護人員：
   A. 評價服務對象。
   B. 直接幫服務對象設定目標。
   C. 提供個人健康照護。
   D. 限制自我發展。

6. Maslow 的人類需求論強調：
   A. 基本需求的層次結構。
   B. 快樂原則。
   C. 發展任務。
   D. 制約。
7. 哪個名詞與 Maslow 最有關？
   A. 快樂原則。
   B. 心理社會任務。
   C. 自我實現需求。
   D. 具體運思期。
8. 根據 Freud 的理論，心靈中試圖平衡本我衝動與超我理性要求的是哪一個部分？
   A. 良知。
   B. 自我。
   C. 性能量。
   D. 伊底帕斯情結。
9. 防衛機制的目的是：
   A. 感知自我與他人之間的界線。
   B. 解釋生活情況。
   C. 減少焦慮。
   D. 提供快樂和滿足。
10. 下列哪一種防衛機制是正向的因應方式？
    A. 投射
    B. 替代
    C. 反向作用
    D. 昇華

11. 道德發展是：
    A. 人格發展的第一階段。
    B. 按順序進行。
    C. 是一個雜亂無章的過程。
    D. 人人皆同。

12. 哪些任務可說明 Erikson 的自我統整概念？（複選題）
    A. 解決早期的衝突。
    B. 接受過去的選擇。
    C. 建立親密關係。
    D. 培養邏輯思維。
    E. 信任外在環境。

13. Freud 用哪個名詞來指稱基本生物需求和欲望的根源？
    A. 基本信任。
    B. 自主決定。
    C. 本我。
    D. 自我。

14. 8 歲的詹姆斯優先考慮朋友的需求。他處於 Kohlberg 的哪個道德發展期？
    A. 道德循規期。
    B. 道德循規前期。
    C. 道德循規後期。
    D. 形式運思期。

答案：1. (C)；2. (C)；3. (B)；4. (D)；5. (C)；6. (A)；7. (C)；8. (B)；9. (C)；10. (D)；11. (B)；12. (A)、(B)；13. (C)；14. (A)。

Chapter 6
產前期到 1 歲

學習目標

1. 列出三個促進健康懷孕的因素。
2. 列出四個可能對懷孕產生不利影響的因素。
3. 說明從受精到著床的產前發育過程。
4. 說明 1 至 2 個月嬰兒的生理發展特徵。
5. 說明新生兒的皮膚外觀,如胎脂、胎毛、板岩灰痣、粟粒疹和手足發紺等現象。
6. 列出新生兒的五種反射。
7. 說明新生兒生命徵象的正常範圍。
8. 比較精細動作技巧和粗大動作技巧的習得模式。
9. 舉例說明這個階段的認知發展。
10. 說明嬰兒期語言習得的過程。
11. 說明發育中嬰兒的營養需求。
12. 說明母乳哺育和奶瓶哺餵的優缺點。
13. 說明以母乳哺育和配方奶餵養的嬰兒糞便有何差別。
14. 說明新生兒的正常睡眠模式。
15. 列出三種促進嬰兒安全的介入措施。
16. 列出新生兒的疫苗接種計畫。
17. 列出嬰兒期健康促進的兩個關注面向。

遺傳

對發育中嬰兒的健康具有重大影響的兩個因素分別是：遺傳和環境。遺傳（heredity）和遺傳學（genetics）是兩個可以互換的術語。世界衛生組織（WHO）將遺傳學定義為生物學的分支之一，研究遺傳及遺傳特徵如何從上一代傳遞到下一代。我們對遺傳學和基因組學（geonomics）的理解和認識，對於促進人類健康、預防疾病，及推動整個生命週期中疾病的診斷與治療方面，有著至關重要的作用。基因組學是研究生物體整個基因或基因組的作用，就人類而言，係指每個細胞內攜帶遺傳指令的 23 對染色體。這些資訊都是為了提高所有人類的健康品質。

每個精子和卵子都為新的生命體——即單細胞**受精卵（zygote）**——貢獻 23 條**染色體（chromosomes）**。受精卵的性別由 X 和 Y 染色體的組合決定，卵子只有 X 染色體，而精子可能帶有 X 或 Y 染色體。如果卵子由 X 染色體精子受精，則受精卵將是女胎；如果 Y 染色體精子與卵子受精，該受精卵即為男胎（圖 6.1）。

染色體攜帶**基因（genes）**，將父母的遺傳訊息或遺傳特徵傳遞給孩子（圖 6.2）。這些基因存在於細胞核內的去氧核糖核酸（deoxyribonucleic acid, DNA）鏈上。有些基因是顯性的，**顯性基因（dominant genes）**的遺傳特徵表現蓋過其他基因，**隱性基因（recessive genes）**則需成對存在才能傳遞遺傳特徵。如果一對基因中，其中一個是顯性基因，一個是隱性基因，則顯性基因的影響將大過隱性基因。例如，要生出紅頭髮的孩子，父母雙方都必須帶有紅頭髮的隱性基因。超過 700 種不同的疾病是由於隱性基因缺陷所造成的，鐮狀細胞貧血症（Sickle cell disease）、泰薩二氏症（Tay-Sachs disease）和血友病（hemophilia）皆為隱性遺傳疾病之例。罹患隱性特徵或疾病的孩子，是因為從父母雙方那裡都遺傳到隱性基因。生物體的染色體結構稱為**核型（karyotype）**，核型分析（karyotyping）——繪製染色體結構圖——可用來預測某些遺傳性疾病的傳遞，並有助於為計畫懷孕者提供諮詢。

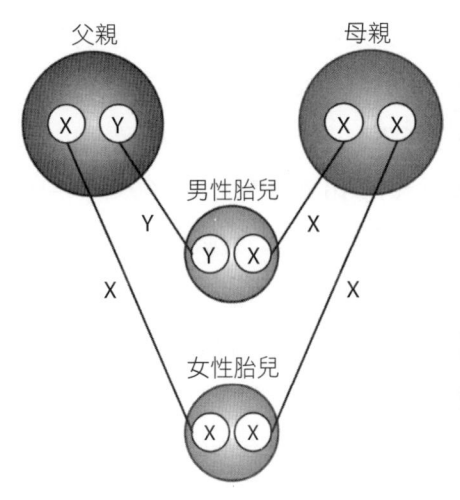

圖 6.1 ｜胎兒性別示意圖。胎兒的性別在受孕時即已確定

圖 6.2 ｜從全家福照片中可以明顯看到遺傳特徵

遺傳諮詢

　　無論是個人或夫妻，都可以尋求遺傳諮詢（genetic counseling），以便瞭解遺傳性疾病、風險及預防和治療這些疾病的措施，並就特定文化血統的個體進行某些疾病的基因篩檢，例如非裔的鐮狀細胞貧血症和歐裔猶太血統的泰薩二氏症。遺傳諮詢涉及雙方家族，是個漫長的過程，可能需費時數週才能得到結果。常見的基因檢測為採集血液樣本。染色體異常的產前檢測包括絨毛取樣、臍帶取樣、羊膜穿刺術、帶因篩檢和超音波檢查，羊膜穿刺術最好待其他檢測結果不確定時才進行。產後診斷可以透過新生兒身體檢查、染色體和 DNA 分析以及其他檢測來確定結果。健康照護人員可以指導計畫懷孕的伴侶選擇健康的生活方式，為他們提供最有助益的支持。必要時須建議服務對象遵循適當的飲食，避免抽菸、飲酒或使用藥毒品，以免損害可以改善健康的機會。

環境

　　從生命開始的那一刻起，環境就對新形成的生命體產生影響。《2030 健康國

Chapter 6 ｜產前期到 1 歲　　141

民》的目標是減少因族裔等不平等造成的懷孕女性死亡，並呼籲改善懷孕前、懷孕期間和懷孕後的健康照護。妊娠高血壓是全世界懷孕女性產期前後死亡的主要原因。美國的懷孕女性死亡率高於許多較不發達國家，其中非裔懷孕女性死亡率（每 10 萬人死亡 37.1 人）遠高於白人懷孕女性（每 10 萬人死亡 14.7 人）。美國疾病管制與預防中心（CDC）報告稱，美國懷孕女性死亡人數增加；相較於 2018 年有 658 名懷孕女性死亡，2019 年有 754 名懷孕女性死亡。

良好的孕期保健習慣有助於胎兒的健康發育。母親的飲食品質影響自身和胎兒的健康，休息和運動均衡對於健康懷孕至關重要。一般來說，女性可以維持懷孕前經常從事的運動。步行是懷孕期間最好的運動，應鼓勵女性每天步行。但在開始任何新形式的運動之前，最好能先諮詢醫生。

有害物質和維持生命的物質，都會透過胎盤從母親傳遞給發育中的胎兒。對胎兒產生不利影響的化學或物理物質稱為**致畸胎物（teratogens）**，菸草製品、酒精和許多藥物（處方藥、非處方藥、草藥或街頭藥毒品）都是致畸胎物。一旦女性開始嘗試懷孕，就應該排除所有已知的致畸胎物，以降低接觸這些相關物質的風險。細菌、原生動物（原蟲）和病毒感染也會傷及胎兒，如果女性在懷孕期間感染德國麻疹病毒，會導致嚴重的胎兒畸形，對胎兒造成危害。人類免疫缺乏病毒也會傳遞給尚未出生的胎兒。弓蟲病（toxoplasmosis）是由許多動物常見的寄生蟲引發的，如果懷孕女性受到感染，極有可能對發育中的胎兒帶來傷害。懷孕女性應吃煮熟的肉，並避免接觸貓砂以防範弓蟲病。

女性在懷孕期間應避免攝取任何酒精，酒精衍生的副作用會穿過胎盤膜和胎兒血腦屏障（blood-brain barrier, BBB），妊娠早期攝取酒精可說是胎兒酒精譜系障礙（fetal alcohol spectrum disorder, FASD）發病的最大風險。流產、死產、產前和產後生長受限，以及中樞神經系統異常，是與胎兒酒精譜系障礙相關的一些問題，預防和教育是消除這類異常的關鍵。早期發現胎兒酒精譜系障礙並適當的介入治療，方有助於兒童充分發揮潛力。

吸菸經證實會對胎兒造成致畸效應。新生兒低出生體重和生長受限都與懷孕期間吸菸有關。

懷孕女性應避免接觸農藥、化學物質、輻射和其他環境危害等致畸胎物，遵

循良好的健康習慣並接受密切的醫療照顧，以確保自己和胎兒的健康與福祉。

女性的分娩經驗各不相同，這取決於她們為角色轉變所做的準備、體內的生理和荷爾蒙變化，以及分娩的難易程度而異。有些女性在懷孕期間和嬰兒出生後會興高采烈，有些則感到孤獨、悲傷和不知所措，這些症狀稱為產後憂鬱症（postpartum depression）（症狀可能發生在懷孕期間和懷孕後）。產後憂鬱症的嚴重程度個別差異極大，有些女性會有一段時間莫名的悲傷和哭泣，另外有些女性可能因極度悲傷而對育兒照顧不感興趣。有的產後憂鬱症能在未接受治療的情況下自行痊癒，有的則須接受藥物治療，否則症狀可能會持續數年。所有懷孕或產後的女性都應該接受產後憂鬱症篩檢。

根據美國疾病管制與預防中心（CDC）的數據，32.4% 的女性在懷孕期間曾遭受親密伴侶暴力（intimate partner violence, IPV），包括配偶、現任或前任伴侶的言語、身體、性、情緒或心理上的威脅。許多威脅並未被通報，因為受害者將這種行為歸咎於自己，或因為害怕被報復而保持沉默。所有懷孕女性在產前和產後檢查時，都會評估其是否有遭受親密伴侶暴力的跡象。最常見的跡象是腹部或背部出現不明原因的瘀傷。我們必須提供具有文化敏感度且不帶偏見的支持，才能贏得服務對象的信任。服務對象的安全是決策的首要考量因素。

產前期

從受精到出生的這段期間稱為**產前期**（prenatal period）。從青春期初潮到中年更年期，大約每 28 天，卵子就會成熟並在**排卵**（ovulation）過程中，由卵巢釋放**卵子**（ova）或女性性細胞。一樣從青春期開始，睪丸產生**精子**（sperm）或男性性細胞，在射精時釋放。懷孕從卵子和精子細胞的結合開始，稱為**受孕**（conception）或**受精**（fertilization）；所有的遺傳特徵都在這一刻決定。

受精通常發生在女性的輸卵管（uterine tube 或 fallopian tube）中，受精後，受精卵經歷一系列的細胞分裂，形成名為**桑葚胚**（morula）的細胞團。當桑葚胚沿著輸卵管到達子宮時，仍會繼續分裂和變化，並在子宮壁著床。著床後的有機

體稱為**囊胚（blastocyst）**。從受精到著床大約需要 7 天（圖 6.3），著床後，多細胞有機體（現稱為**胚胎 [embryo]**）繼續發育。到孕期第 8 週結束時，所有的基本結構皆已形成，胚胎現被稱為**胎兒（fetus）**。孕期時間約 40 週（約九個陽曆月或十個陰曆月）。產前發育可略分為三個時期：胚胎前期（preembryonic）、胚胎期（embryonic）和胎兒期（fetal）。胚胎前期從受精開始，持續約 2 週；胚胎期從受精後 2 週開始，到第 8 週後結束；胎兒期從第 9 週開始，到嬰兒出生時結束。胎兒發育過程簡述如圖 6.4 所示。

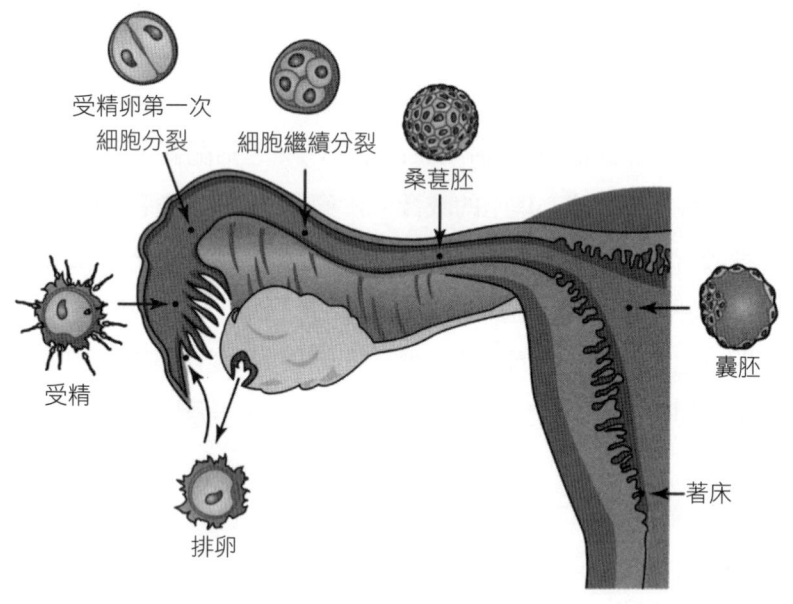

圖 6.3｜排卵、受精、著床

4 週 第一個陰曆月月底	身長：0.6 公分。 體重：不明。 外觀：身體蜷曲，頭尾相觸。 開始長出手臂和腿芽。 肝臟形成。 心臟大約在第 14 到 24 天開始跳動。 原始血細胞形成。 大腦開始發育。
6 到 8 週 第二個陰曆月	身長：2.5 公分。 體重：1 公克。 心室發育。 大腦快速發育。 四肢出現，手指和腳趾開始成形。 臉部發育，眼睛、耳朵、鼻子出現，上顎和上唇形成。 胃腸道發育，但部分腸道仍在臍帶內。 泌尿生殖系統形成。 由於大腦快速發育，頭部顯得過大。 器官形成。
9 到 12 週 第三個陰曆月	身長：7.5 公分。 體重：28 公克。 身體結構的成長與成熟持續進行中。 頭部不成比例的大。 大腦結構特徵顯著。 眼瞼閉合。 手指和腳趾上形成甲床。 腸道開始分泌膽汁。 自發性運動開始。 骨骼中的骨化中心開始出現。 開始製造琺瑯質生成細胞和象牙質。 腎臟在第 10 週開始分泌尿液。 骨髓開始製造血球。 性特徵區別明顯。 出現類似呼吸的運動（反射活動）。 腸子從臍帶縮回到腹部。 上顎完全閉合。 頸部輪廓分明。

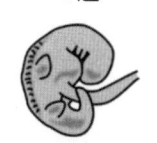

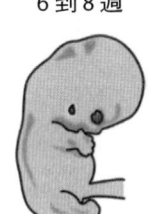

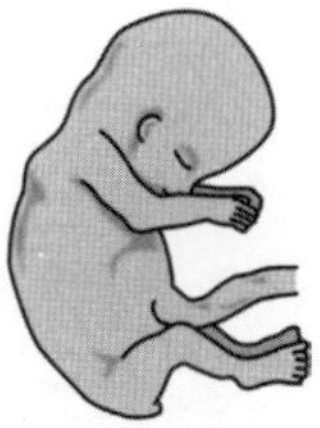

圖 6.4｜胎兒發育過程

13 到 16 週 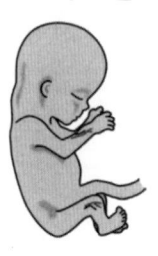 第四個陰曆月	身長：15.2 至 17.7 公分。 體重：112 公克。 胎兒活動力明顯，母親可感受到胎動。 骨骼鈣化，從 X 光片上可以清楚看見。 頭上長出絨毛。 胎盤明顯。 透明皮膚下的血管清晰可見。 心臟開始在胎兒體內循環血液。 超音波檢查可以檢測到循環運動量增加。 唾液澱粉酶和胃蛋白酶開始分泌。 胎兒甲狀腺在第 14 週開始發揮作用。 全身血容量：小於 100 毫升。 羊水量：150 至 280 毫升。
17 到 20 週 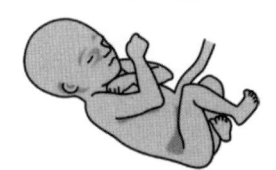 第五個陰曆月	身長：25.4 公分。 體重：224 至 280 公克。 可用聽診器聽到明顯的胎心音。 頭皮毛髮明顯可見。 胎毛出現，尤其是在肩膀上。 皮膚變得不那麼透明。 眉毛出現。 胎脂出現。 手指甲和腳趾甲逐漸明顯。 皮下脂肪開始堆積。
21 到 24 週 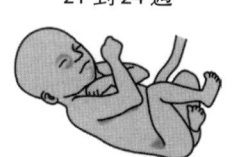 第六個陰曆月	身長：30.5 公分。 體重：672 公克。 皮膚有皺紋，呈粉紅色、半透明。 胎脂不斷增厚。 眉毛和睫毛清晰可見。 外耳柔軟、扁平、不成形。 胎毛覆蓋全身。 不時出現呼吸活動。

圖 6.4（續）

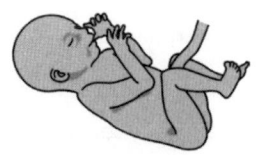

25 到 28 週 第七個陰曆月	身長：37.5 公分。 體重：1120 公克。 皮膚呈紅潤色，有皺紋，被胎脂覆蓋。 看起來像「小老頭」。 眼膜消失，可以睜開眼睛。 頭皮毛髮發育完成。 手指甲和腳趾甲出現。 皮下脂肪出現。 睪丸位於腹股溝內環或下面。
29 到 32 週 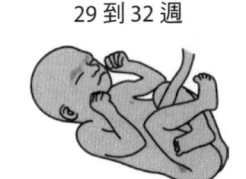 第八個陰曆月	身長：37.5 至 42.5 公分 體重：1568 至 1792 公克。 皮膚呈粉紅色且光滑。 乳房的乳暈可見但平坦。 男胎的睪丸開始沿著腹股溝管下降（之後再落於陰囊），女胎的大陰唇細小且分瓣，陰蒂突出。 頭髮纖細且毛茸茸的。 腳底前部有一或兩條明顯的褶痕。 皮下脂肪積厚。 可被制約去對母親體外的聲音做出反應。
33 到 36 週  第九個陰曆月	身長：47.5 公分。 體重：2240 至 2688 公克。 皮下脂肪增厚，使身體和四肢看起來更圓潤。 皮膚變厚變白。 胎毛消失。 腳底褶痕遍及足部前三分之二。 乳房組織在乳頭下方發育。
37 到 40 週 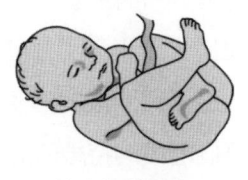 第十個陰曆月	身長：50 公分。 體重：3136 至 3360 公克。 38 週後即為足月。 身體圓潤。 臉上胎毛消失。 胎脂消退，分布範圍不均。 男胎的睪丸下降至陰囊，女胎的大陰唇覆蓋小陰唇和陰蒂。 耳朵輪廓分明，從頭側邊豎直出來。 眼睛顏色均勻（板岩色調）。 從母親那裡獲得抗體。

🌸 分娩與生產

受孕後約 280 天,分娩開始(圖 6.5)。數種不同的荷爾蒙在分娩過程中發揮作用,包括:黃體素、催產素和前列腺素。**黃體素**(progesterone,**又名孕酮**)由卵巢(女性性腺)分泌,是維持妊娠並有助於在妊娠末期刺激子宮收縮的荷爾蒙。**催產素**(oxytocin)由腦下垂體(腦下垂體後葉 [posterior lobe])分泌,催產素有兩個重要功能:刺激子宮收縮並為母乳哺育做好準備。**前列腺素**(prostaglandins)是全身各種組織都會分泌的荷爾蒙,與催產素一樣,子宮分泌的前列腺素有助於刺激子宮收縮。

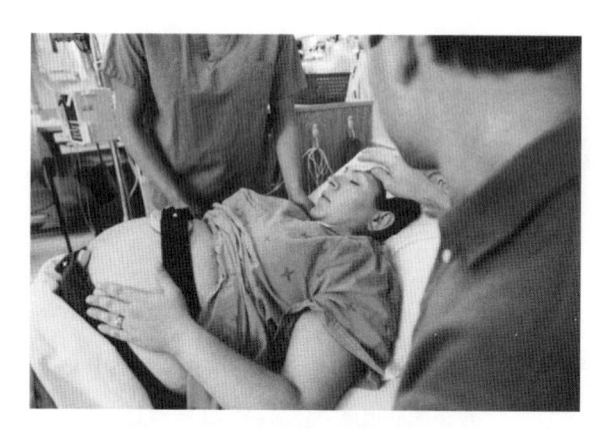

圖 6.5 ｜產程和分娩時長因人而異

生產和分娩期分為三個不同階段。第一階段為**擴張(dilation)**階段,通常是最久的,平均約持續 12 至 24 小時。這個階段始於規律、有節奏的子宮收縮,直到**子宮頸(cervix)**(子宮下部)完全擴張(變寬),此階段會出現**子宮頸薄化(effacement)**(縮短和變薄)。第二階段為娩出(expulsion)階段,持續約 1 到 1.5 小時,卻是最困難的階段,從子宮頸完全擴張開始,到嬰兒出生結束。第三階段最短,持續 5 至 30 分鐘,始於嬰兒出生,終於胎盤娩出。這三個階段的具體時間長短因人而異,先前懷孕和分娩的次數等因素也會影響每個階段的持續時間。

個體所屬的文化和社會會影響分娩的做法和觀念。西方文明的分娩習俗隨著時代變遷發生變化,在 19 世紀中葉之前,分娩是在家中進行的。工業革命後,分娩從家庭轉移到以醫院為中心的照護,醫生成為主要的醫療者。漸漸地,自然

分娩運動蔚為風潮，導致藥物和儀器的使用減少，並轉向以家庭為中心的照護。時至今日，許多醫院都設有分娩中心，試圖以「居家」氛圍提供舒適感。此外，有些女性選擇在家分娩，通常由助產士照顧，家人則在分娩過程中積極參與。有時，導樂（doula，又稱陪產員）會在臨盆、分娩和產後在場，在這段時間為產婦及其伴侶提供支持。教育、準備和支持是讓所有參與者都能體驗到分娩是安全且正向經驗的必要條件。

在懷孕期間，胎膜保護囊包覆著正在發育的胎兒。羊水充滿羊囊，發揮保護墊的作用，能夠維持胎兒體溫一致、讓胎兒可以活動，並提供胎兒液體來源。母親和胎兒透過**胎盤（placenta）**連結在一起。在懷孕期間，胎盤的功能很多，包括：分泌荷爾蒙、運輸營養物質和廢棄物，以及保護嬰兒免受有害物質的侵害。**臍帶（umbilical cord）**是胎兒和胎盤之間的連結紐帶。出生時，臍帶呈現藍白色，並被一層閃亮的膜包住。在產房中，必須評估臍帶是否有三條血管——兩根動脈和一條靜脈。缺少任何一條，通常表示可能有某些嚴重的心臟異常。在胎兒血液循環中，氧氣和營養物質會經由臍靜脈傳送給胎兒，廢棄物和脫氧血液則經由臍動脈回流到胎盤進行氧合。

當臍帶被剪斷且**新生兒（neonate）**第一次自行呼吸時，胎兒血液循環（fetal circulation）即在出生時宣告結束。在出生後的 1 分鐘和 5 分鐘，會對新生兒進行評估，計算**亞培格量表分數（Apgar score）**（表 6.1），評估五個基本功能：膚色、反射敏感度、心率、呼吸頻率和肌肉張力。亞培格量表分數可以立即反映新生兒的整體一般狀況。

表 6.1　亞培格量表分數

徵象	0	1	2	1 分鐘	5 分鐘
心率 （每分鐘心跳次數）	無	<100	>100	—	—
呼吸頻率 （每分鐘呼吸次數）	無	緩慢、不規則	良好、發出哭聲	—	—
肌肉張力	無力	四肢有一定程度的彎曲	自主動作	—	—
反射敏感度 （插入鼻管）	沒有反應	皺臉	咳嗽或打噴嚏	—	—
膚色	藍色、蒼白	身體呈粉紅色，四肢呈藍色	全身粉紅色	—	—

新生兒的生理特徵

頭和顱骨

　　出生時，新生兒的頭部相較於身體其他部位的比例大，約占身體總長度的四分之一。新生兒平均頭圍約為 33 至 35.5 公分，比胸圍約大 2.5 公分。在出生後 8 個月內，頭圍增加約 7.6 公分。顱骨由六塊軟骨組成：一塊枕骨、一塊額骨、兩塊頂骨和兩塊顳骨。顱骨由帶狀軟骨（稱為**縫接處 [sutures]**）分隔開來，位於嬰兒顱骨前部和後部的兩個空間或軟點，稱為**囟門（fontanels）**（圖 6.6）。這些囟門明顯可見，甚至在嬰兒哭泣時可目視其搏動，醫師應觸診顱骨是否有縫接處及囟門。小三角形的後囟門在嬰兒出生 4 個月大時閉合，嬰兒 12 至 18 個月大時，較大的菱形前囟門就會閉合。這些空間使顱骨能容納這段時期大腦的快速生長。新生兒的顱骨可能因**胎頭變形（molding）**而顯得畸形或拉長，這是因為新生兒頭部通過狹窄的產道時而形成，只是一種暫時性狀況，幾天後就會自然消失。

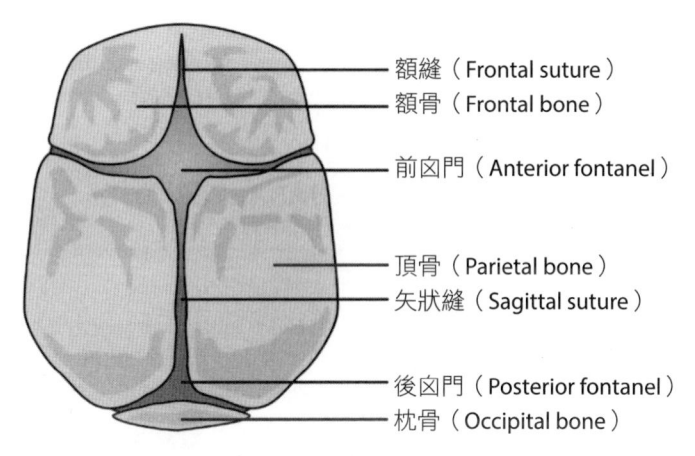

圖 6.6｜新生兒顱骨的縫接處與囟門

身長與體重

新生兒從頭到腳跟的平均身長為 50 公分，正常身長範圍約為 48 至 53 公分。通常，新生兒在出生的第一年，每個月會長高 2.5 公分。12 個月大時，嬰兒的身長已是出生時的 1.5 倍，腦容量約為出生時的 2.5 倍。

新生兒的頭看起來好像靠在胸部，是因為脖子很短，且有深深的皺褶（圖 6.7）。新生兒的手臂和腿比例較短，並維持緊緊彎曲的姿勢。出生時，新生兒的平均體重約為 3,400 公克，正常範圍約為 2,500 至 4,500 公克。男嬰出生時一般比女嬰稍大。新生兒在出生後最初幾天，體重會減輕 5% 至 10%，這是因為新生兒在最初幾個小時內未能進食，因此排出量超過了攝取量，這是**正常的生理性體重減輕（normal physiological weight loss）**。當母親開始以母乳哺育或以奶瓶哺餵時，新生兒會在大約十天後恢復減輕之前的體重。此後，新生兒在出生第一個月，每週體重將增加 140 至 170 公克；在 5 至 6 個月大時，體重將較出生體重增加一倍；1 歲時，體重將較出生體重增加三倍。嬰兒的體重大約有 75% 是由水組成，因此，嘔吐和腹瀉可能會造成嬰兒體液迅速流失，出現脫水症狀。

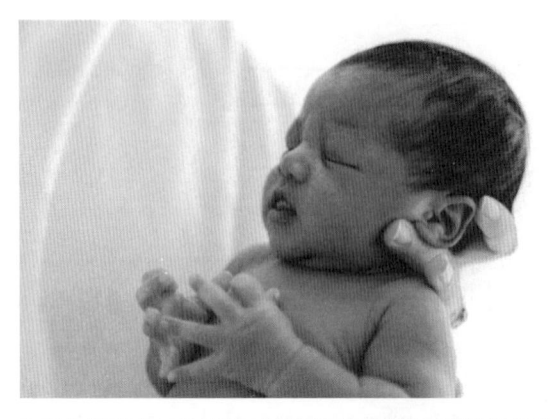

圖 6.7｜新生兒的生理特徵包括較短的頸部和緊緊彎曲的四肢

🌸 皮膚

　　新生兒剛出生時的皮膚很薄，顯得有些蒼白。由於末梢循環不良，可能會出現一些暫時性的**手足發紺（acrocyanosis）**（手腳發青）現象，在出生後幾個小時就會消失。身體某些部位的色素沉著可能更為明顯，例如耳垂、陰囊和頸部後方，幾天後出現全身性色素沉著。新生兒的膚色依皮膚內黑色素的含量而變化，一般而言，北歐血統的嬰兒膚色變化從粉紅色到紅色、非裔嬰兒的膚色變化從粉紅色到深紅色、亞裔血統的嬰兒膚色從玫瑰紅色到暖米色、拉美裔和地中海血統呈淺棕色、美洲原住民嬰兒的膚色變化從淺粉紅色到紅棕色不等。皮膚內黑色素相對較多的嬰兒，出生時可能會有**板岩灰痣（slate gray nevus）**（舊稱**蒙古斑**[mongolian spot]），這是腰骶部附近平坦、不規則的色素沉著區域。板岩灰痣通常在4歲左右褪色，變得不那麼明顯。

　　許多新生兒的身上覆蓋著一層細毛，此稱為**胎毛（lanugo）**，在出生後最初幾天就會消失。新生兒的皮膚皺褶上有一層白色、起司狀的油性覆蓋物，稱為**胎脂（vernix caseosa）**，功用為在母親懷孕期間保護胎兒的皮膚。

　　粟粒疹（milia，或稱粟丘疹、粟粒腫）是小簇珍珠狀白色斑點，主要出現在嬰兒的鼻子、下巴和前額上，可能在一出生時就會有。這些斑點是皮脂腺內的皮脂物質阻塞所引起，無需治療即會自行消失。

　　有些嬰兒的皮膚呈現黃色，稱為新生兒黃疸（icterus neonatorum）或**生理性**

黃疸（physiological jaundice），生理性黃疸多發生於出生後 48 至 72 小時內。新生兒出生時的紅血球數高於正常成人，通常為每立方毫米血液 600 萬個。出生後幾天，隨著身體破壞這些不必要的多餘細胞，紅血球數開始減少，釋放大量膽紅素（bilirubin）（紅血球的組成部分），導致嬰兒出現黃疸。生理性黃疸與血液不相容性相關的黃疸是完全不同的狀況，後者通常在出生時立即出現，必須採取及時的治療措施。黃疸過高的嬰兒須接受照光治療。

生殖器

懷孕期間留存在胎兒血液中的母體荷爾蒙，可能會導致新生兒出現某些生理異常現象。男女新生兒的乳房都可能腫脹，這種情況無需治療即會自行消失。

男嬰新生兒的陰囊顯得較為腫大，應觸診陰囊內是否有睪丸，睪丸通常在胎兒期第 7 個月時從腹腔下降到陰囊。如果睪丸未下降，須觀察在接下來的幾個月內是否會下降。若為隱睪症，則須施予短期藥物治療或手術治療。醫生也會檢查新生兒陰莖的尿道口位置，正常的開口位於包皮下方的陰莖頭尖端。如有偏差應加以註記，報告給醫生進行後續治療。出於衛生或宗教原因，可以在出生後進行**包皮環切術**（circumcision）──即切除包皮的手術。

女嬰新生兒的陰唇也有可能出現腫脹、甚至帶血的黏液性陰道分泌物，稱為**假性月經**（pseudomenstruation）。這些情況與母體荷爾蒙有關，無需治療即會自行消失。

出生時的尿液通常貯存於膀胱中。新生兒應在出生後 24 小時內排尿，之後每天排尿八至十次。由於尿酸結晶的緣故，剛開始幾次的排尿可能呈現鐵鏽色，這種情況無需治療即會自行消失。

臉部特徵

新生兒的臉很小，眼睛顯得腫脹。根據傳統，美國的醫院會在嬰兒出生後使用紅黴素等抗生素，以預防淋病或披衣菌引起的眼部感染。眼睛顏色從板岩灰色到深藍色不等，永久性眼睛顏色直到 3 至 6 個月大時才確定。直到 4 週大淚管發育時，才會分泌眼淚。

新生兒通常鼻梁扁平，下巴後縮。醫生會仔細檢查新生兒的口腔是否有任何缺陷或異常，特別是**顎裂（cleft palate）**，即硬顎先天形成不完整和未閉合，這種情況可以透過手術來修復。牙齦應呈粉紅色且濕潤。第一次長牙，稱為**乳牙或乳齒（deciduous teeth）**，在嬰兒大約 6 或 7 個月大時開始長出來（圖 6.8）。最先出現的乳牙通常是兩顆下中門牙，接下來是兩顆上中門牙。到 12 個月大時，嬰兒將長出大約六到八顆乳牙。

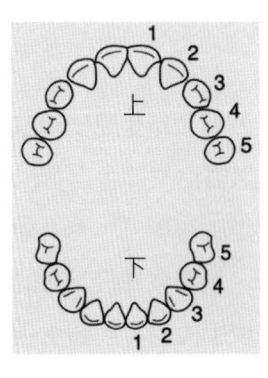

1. 乳中門牙	（上）8 到 12 個月
	（下）5 到 9 個月
2. 乳側門牙	（上）8 到 12 個月
	（下）12 到 18 個月
3. 乳犬齒	18 到 24 個月
4. 第一乳臼齒	12 到 18 個月
5. 第二乳臼齒	24 到 30 個月

圖 6.8｜乳牙萌發的大致年齡

實用小提示：嬰兒長乳牙時

可以做的事：
- 給嬰兒涼的物品，例如：奶嘴、湯匙、濕毛巾或冷藏過的固齒器。
- 給嬰兒硬的、不加糖的磨牙餅乾。
- 用乾淨的手指輕輕按摩嬰兒的牙齦。

不要做的事：
- 在嬰兒疼痛和腫脹的牙齦處塗抹酒精或阿斯匹靈。

腹部

新生兒的腹部看起來又大又鬆垮。首先醫生會鉗住並剪斷臍帶，幾天後，臍帶血管變得乾燥或血栓凝固，顏色逐漸從暗黃棕色變成黑色。到了第十天，乾燥的臍帶脫落，肚臍完全癒合。請參閱「實用小提示：臍帶護理」。

實用小提示：臍帶護理

- 將尿布往下摺，避免接觸到臍帶殘留端。
- 勿在臍帶殘留端上塗抹任何藥膏或化學物質。
- 在肚臍完全癒合前避免盆浴。
- 如有任何發紅或流膿的跡象，要就醫檢查。

新生兒出生時就可以吞嚥、消化、代謝和吸收營養，但他們只能代謝簡單的碳水化合物，因此，不建議餵食含有複合糖的全脂牛奶。新生兒的胃可容納 28 至 85 公克的液體；10 個月後，可以容納約 290 公克的液體。新生兒的心臟括約肌發育不全，因此，最好是採行少量多餐式的短暫餵奶，然後以「溢奶」或打嗝方式釋放吞下的空氣。

健康嬰兒的排便次數、顏色、濃稠度和整體外觀各不相同。母親的飲食或配方奶的種類，也會影響嬰兒的大便型態（表 6.2）。出生後 10 小時內，新生兒應排出第一次糞便，稱為**胎便（meconium）**。胎便黏稠、呈綠黑色、柏油狀、無味。母乳哺育的嬰兒糞便類似於淡色芥末醬狀，配方奶餵養的嬰兒糞便通常呈半固體狀，呈棕褐色或淡黃色。有些嬰兒每天排便四到六次。當嬰兒開始吃固體食物（通常在 6 個月大）時，可能會出現便秘、大便乾硬、需要費力才能排便的情形。兒科醫生會建議在飲食中添加一些額外的水分或搗爛的水果，以防止便秘。

表 6.2　新生兒的大便型態

大便型態	年齡	說明
胎便	出生頭兩天	綠黑色、柏油狀、無味
過渡期的大便	出生 2 至 3 天	棕色、黃色或綠色
配方奶餵養的大便	從出生第 2 或 3 天起	膏狀黃色或棕褐色，有明顯氣味
母乳哺育的大便	從出生第 2 或 3 天起	淡色芥末醬狀，甜甜的氣味

🌸 四肢

新生兒的四肢相對於身體其他部位來說較短，且顯得緊繃彎曲。醫生會檢查他們的活動範圍、對稱性和反射能力，以及下肢是否有額外的臀褶，判斷是否為先天性髖關節發育不良（congenital hip dysplasia）（圖 6.9）。任何異常情況皆應立即報告醫生，以進行進一步的評估。另外還要計算腳趾和手指的數目，並檢查是否有異常。足月嬰兒的腳底和手掌有很深的紋路，但早產兒的手掌和腳掌上只有非常細的紋路。

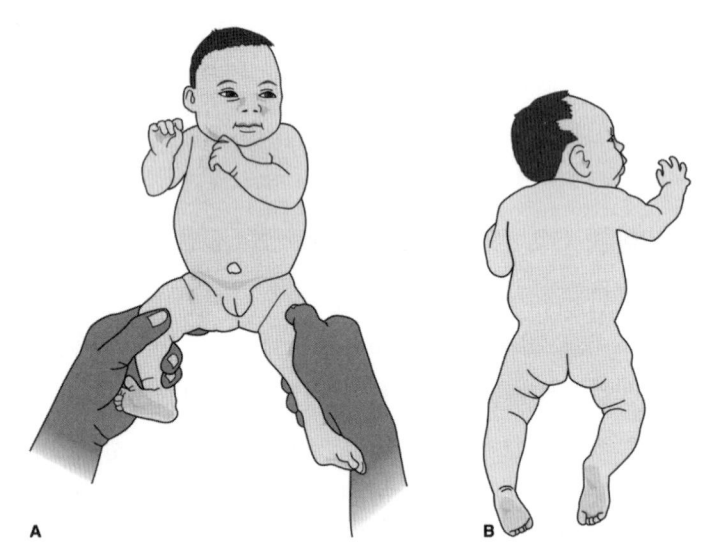

圖 6.9 ｜臀肌和膕肌（腿彎部）皺褶的評估。皺褶應該是對稱的。
圖 A：外展受限；圖 B：皮膚皺褶不對稱

🌿 新生兒的神經系統特徵

新生兒的神經系統評估重點為反射、姿勢、身體活動和肌肉張力。剛出生時，神經系統尚未成熟，新生兒以一系列的反射對周遭環境做出反應。某些反射的存在表示神經系統正常，也有助於估計懷孕週數（胎齡）。有幾種反射具有保護作用，包括眨眼、打噴嚏、吞嚥和嘔吐反射，其他反射包括莫洛反射（驚嚇反

射)、尋乳反射、抓握反射、巴賓斯基反射和頸部張力反射。尋乳反射和吸吮反射可協助嬰兒攝取食物，觸摸嬰兒的上顎會誘發嬰兒吸吮，輕輕撫摸新生兒的臉頰會使嬰兒轉向那一側尋找奶水。表 6.3 詳細說明這些反射。

檢查新生兒的脊椎以確保沒有腫塊、囊腫或裂口，任何脊椎缺陷都必須立即進行醫療處遇。

表 6.3　正常新生兒的反射

反射	說明	消失時間
莫洛反射（Moro）	突如其來的移動或震動，會導致新生兒的四肢向外伸展，然後內縮。	約 3 至 4 個月大時
頸部張力反射（Tonic neck）	將仰臥的新生兒頭部轉向一側時，他會向該側伸展手臂和腿。	約 5 個月大時
尋乳反射（Rooting）	輕輕撫摸新生兒的臉頰時，他會轉向那一側並張開嘴（準備吸吮）。	約 4 至 6 個月大時
吸吮反射（Sucking）	當任何東西接觸到嘴唇或舌頭時，新生兒會做出吸吮動作。	6 個月大時減少
巴賓斯基反射（Babinski）	輕撫新生兒的腳底時，他的大拇趾會向上翹，其他腳趾則向外呈扇形伸展。	約 3 個月大時
抓握反射（Palmar grasp）	短暫地緊握手中的任何物體。	約 3 個月大時（在出生後第 6 週時出現）

視覺、聽覺、味覺、觸覺和嗅覺等五種感官功能在出生時雖已具備，但仍相當原始。新生兒在出生時就能用眼睛追蹤物體，似乎更喜歡明亮的燈光。新生兒的瞳孔透過擴張和收縮來回應光線。新生兒的視力比正常成人視力（20/20）低 10 至 30 倍，但到嬰兒 6 個月大時，視力應可達到 20/100，甚至更好。由於睫狀肌尚未成熟，雙眼的眼球運動難以同步。新生兒在注視某個物體時，雙眼向內或一隻眼睛看向別處的情形並不罕見，這些偏差是暫時性的，無需治療就會消失。斜視（strabismus）是指雙眼無法正確聚焦於同一方向的一種眼科疾病。3 至 4 個月時，嬰兒的眼睛應該能夠良好地聚焦於物體上。到 4 個月大時，嬰兒已具備雙眼視覺：他們可以自動將雙眼對焦在外物上，並在腦內形成一個影像。深度知覺

最初僅限於抓取搆不著的物體，大約在 7 至 9 個月大時變得更加精確。此時，嬰兒能夠更準確、更有目的地拿取物體。

耳朵位於頭部兩側，耳朵頂部與眼睛齊平。出生時，新生兒的耳朵通常會充滿胎脂或胎液，這些會在幾天內溶解。嬰兒能聽到響亮的低頻聲音並做出反應，突然的巨響會引起驚嚇反應。到 6 至 8 週大時，嬰兒就能辨識母親的聲音，並轉動頭部予以回應。1 歲的嬰兒就能辨識不同的聲音，且通常能辨別聲音的來源。

新生兒能辨別不同的味道。如果給他們甜味的汁液，他們會開始做出吸吮的動作；給他們吃酸的東西時，他們會皺臉或噘嘴。1 歲的嬰兒已經具備品辨味道的能力，並偏好某些味道。似乎所有的嬰兒都喜歡甜味，但應該讓嬰兒嘗試接觸各種各樣的口味和質地，這種接觸有助於孩子的味覺成熟。

觸覺在出生時就十分敏銳，其中以臉部最為敏感，尤其是嘴巴周圍；手和腳底也很敏感。嬰兒喜歡被撫觸和搖晃，因為這樣能發揮鎮靜的作用。新生兒具有痛覺，注射時會感受到刺痛。對疼痛的典型反應是大哭，猛力揮動全身和四肢。1 歲大的嬰兒疼痛時會收縮身體，但可能無法辨識疼痛的來源。例如，碰到熱鍋燙手，接著迅速縮回手並放聲大哭。但是，由於不理解其中的因果關係，他們可能還會再次伸手觸碰熱鍋。

研究顯示，新生兒具有嗅覺。經檢測發現，新生兒對強烈氣味的反應是轉身迴避。也有文獻記載新生兒能夠識別母乳的氣味，一項研究表明，嬰兒甚至可以區分母親的母乳和非母親的母乳。

新生兒篩檢包括聽力測試，以檢測任何可能的先天性聽力損失。透過血液檢測篩檢代謝和遺傳疾病，以及血氧監測確定是否患有先天性心臟病。早期發現可以及時治療和介入。

新生兒的生命徵象

新生兒出生後的體溫略低於正常體溫，這是由於他們的體溫調節機制尚未成熟，以及產房環境較冷造成體溫流失的結果。為了保暖，應將新生兒擦乾並與母

親進行肌膚接觸。**肌膚接觸**係指將已擦乾、脫掉衣物的新生兒放在母親裸露的胸前，並用溫暖的薄毯或毛巾覆蓋新生兒的背部。所有的常規程序（例如產婦和新生兒評估），都可以在肌膚接觸期間進行，或延到出生第一個小時之後再評估（亞培格量表評估除外）。

此外，應覆蓋新生兒的頭部，防止因體液蒸發造成體溫進一步流失。穩定下來之後，新生兒的正常腋溫範圍為 36.5°C 至 37.5°C。新生兒的體溫量測應採腋溫方式，避免肛溫量測，才不會造成直腸穿孔。

醫生會仔細聆聽胸部心尖搏動（apical pulse）整整 1 分鐘來量測脈搏。心尖心率範圍為每分鐘 120 至 140 次，心率的輕微變動是常見現象。嬰兒安靜休息狀態下的心率可能會減慢至每分鐘 100 次，哭泣期間的心率可能會增加到每分鐘 180 次。

血壓讀數提供基準線，用於評估嬰兒的心臟異常。使用振量法（Dinamap，血壓量測技術）的平均血壓為 65/40 毫米汞柱（mm Hg）。隨著嬰幼兒年齡增長，血壓會升高，但心率和呼吸頻率會降低。

呼吸應計算整整 1 分鐘。新生兒的呼吸通常是不規則、淺慢的、用腹部呼吸，以及時而短暫的**呼吸中止（apnea）**（沒有呼吸）。可透過觀察腹部的起伏來計算嬰兒的呼吸，正常的呼吸頻率為每分鐘 30 到 60 次。明顯偏離正常範圍可能潛藏先天性異常，需要進一步檢查。

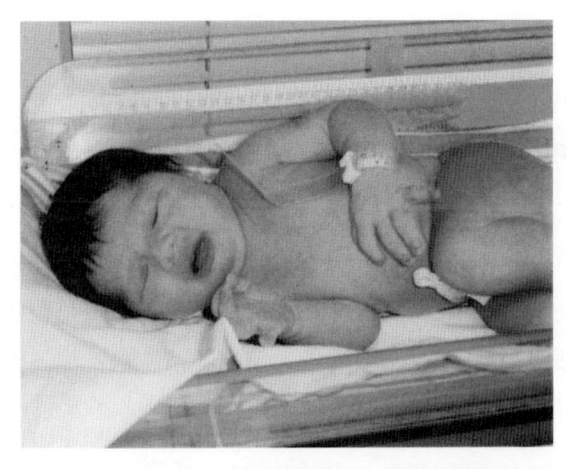

圖 6.10｜離開產房之前，應仔細對新生兒進行量測並標識身分

發展的里程碑

動作發展

新生兒的動作和行為看似無目的且不協調,但每個新生兒都有其獨特的行為特徵和身體特徵,不能一以概之。每個嬰兒都有自己的成長時間表,所以我們應該根據嬰兒自身的進度來評估其成長和發育。

粗大動作技巧

粗大動作技巧(gross motor skills)是指手臂和腿部大肌肉的動作。依照從頭到尾的發展(從頭部到腳部)模式,頭部控制能力在 2 個月大之內達成。3 個月大時,嬰兒可以短暫地抬起頭。4 個月大時,嬰兒可以在俯臥姿勢下,將頭部抬到 90 度,並能從仰臥翻身到俯臥。6 個月大時,嬰兒可以翻身滾動、在有支撐物的情況下坐著並保持頭部直立。7 個月大時,無須支撐物即可獨立坐著不會倒下。10 個月大的嬰兒可以從俯臥(面朝下)改為坐姿。蠕動爬(匍匐爬)(crawling)是指嬰兒用腹部貼著地板移動,通常在嬰兒 9 個月大時可以做到。爬行(creeping)是更為高階的移動方式,嬰兒要四肢併用爬行,有些嬰兒在 10 到 11 個月大時就會緩慢行走。大約 8 個月大時,嬰兒可以自己站起來;站立之後是扶住某些物體或平面為支撐物的攙扶行走(cruising)。12 至 15 個月大時即可自行走路(圖 6.11)。

精細動作技巧

精細動作技巧(fine motor skills)包括手和手指的動作。一開始,抓握其實是一種反射動作,是整個手臂的揮舞動作。新生兒以抓握反射,抓住放在手中的任何物體。手指和手的控制能力發展,是在肩部和手臂控制能力發展之後,也就是從軀幹到四肢的發展原則。5 個月大左右,嬰兒才會用整隻手有目的地伸手和抓握物體。嬰兒抓住物體並立即將其放入嘴裡的情況很常見,因此,採取安全措施防止嬰兒誤吞小物體非常重要。

2 個月大：控制頭部

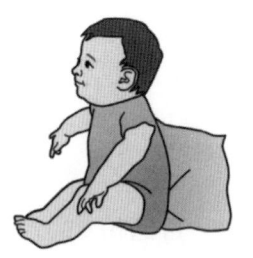

6 個月大：在有支撐物的情況下坐著

7 個月大：無須支撐物可獨坐

10 個月大：爬行

9 至 11 個月大：攙扶行走

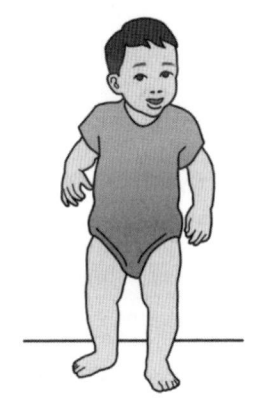

12 至 15 個月大：自行走路

圖 6.11 ｜粗大動作技巧發展的里程碑

　　6 個月大的嬰兒能夠握住瓶子、餅乾或烤吐司，並將其放入口中。這個發展階段的嬰兒喜歡咬硬的食物，舒緩因長牙而腫脹的牙齦。慣用手通常要到第 7 或第 8 個月時才會初步顯現，此時嬰兒可以將物體從一隻手換到另一隻手。7 個月大時，嬰兒在自主進食方面持續進步。他們可以握住瓶子並使用鉗式抓握法，也就是用拇指和食指捏夾物體。此階段的嬰兒通常可以用手抓住小物體然後放開，這個動作會讓嬰兒覺得很好玩，因為這樣可以讓照顧者取回物體，所以他會一直重複這個動作。9 個月大時，嬰兒能夠用杯子喝水並嘗試使用湯匙，剛開始還不熟練，常導致湯匙歪向一邊，灑出食物。1 歲的孩子可以拿著筆在紙或其他表面上塗鴉，並把兩塊積木堆疊起來。

心理社會發展

Erik Erikson（艾瑞克森）認為，在每個發展階段，個體都需要完成特定的任務。每項任務解決之後，才有可能進入到下一個新的階段。有關 Erikson 成長和發展階段的說明，請參閱第 5 章。Erikson 認為，嬰兒正設法完成信任的任務。當嬰兒所處的環境能持續滿足他對食物、舒適和愛的基本需求時，嬰兒就會發展出安全感和信任感。第一階段為往後的階段奠定了基礎。剝奪嬰兒的基本需求可能會導致其對外界不信任，阻礙嬰兒充分發揮潛力。

依戀

親子關係始於胎兒發育並持續到出生後。母親和孩子之間的情感連結稱為**依戀（attachment）**（圖 6.12），可以從母親擁抱嬰兒、對嬰兒說話和看著嬰兒的行為得到證明。依戀或連結的過程有助於增強嬰兒的安全感和自我感，這是嬰兒和父母之間雙向奔赴的過程。在第一次撫觸和凝視嬰兒時，父母會對嬰兒油然生起一股連結感。撫觸、肌膚接觸以及看到嬰兒的特徵與其他家庭成員相似，都有助於鞏固依戀情感。

圖 6.12｜親子之間的情感連結

心理學家 John Bowlby（鮑比）研究人類從出生到成年期間與母親或照顧者的關係。出生時母親和孩子之間的依戀關係，會影響終其一生的社會和心理發展。Bowlby 認為嬰兒會本能地與母親形成最初的依戀。Bowlby 沒有研究父子依戀關係，他主張母親是孩子生命中最重要的照顧者，但同時也指出，兒童有能力與父親、兄弟姊妹和朋友形成依戀。其他理論家擴展了 Bowlby 的理論，並指出兒童可從多種依戀關係中受益，包括父親和其他關愛孩子的成人。

Bowlby 提到，孩子必須與母親形成依戀才能生存，但早期依戀的目的不僅是為了獲取營養，這個安全堡壘（secure base）讓孩子得以安心地探索周遭世界，

且能預測孩子未來形成依戀的能力。無法與母親形成依戀，可能會導致長期的情感困難。缺乏依戀被稱為**母愛剝奪**（maternal deprivation），若發生在生命早期，可能會導致智力下降，攻擊性、憂鬱和犯罪行為增加，以及無法表達情感。相反地，穩固的正向依戀會讓孩子感到安全、安心和受到保護，穩固正向的母子依戀能促進心理健康、心情平靜、與他人愉悅的互動、發揮最大潛能。請參閱表 6.4「嬰兒的依戀」。

情感紐帶（bonding）形成的過程稱為**全心關注（engrossment）**。情感紐帶對所有父母同樣重要。我們鼓勵父親參與懷孕、分娩和育兒過程，為全心關注奠定基礎。

表 6.4　嬰兒的依戀

依戀構成	支持證據	實用對策
安全避風港（safe haven）	照顧者滿足嬰兒的基本需求，在他遇到困難時予以回應與安撫。	擁抱、撫拍、輕摟及回應嬰兒發出的不安的聲音。
安全堡壘（secure base）	嬰兒須緊跟著照顧者才能感到安全。照顧者允許嬰兒探索，讓他知道隨時可以依賴照顧者。	讓嬰兒自由探索，同時監督和維護他的安全。
維持一定程度的接近性（proximity maintenance）	嬰兒可以在照顧者視線之外的另一個房間玩耍，並在來回查看照顧者時感到安心。	提供嬰兒成長及練習獨立的機會。
分離焦慮（separation distress）	與照顧者分開時，嬰兒變得焦慮不安。	提供短暫的分離機會，以建立信任感。

氣質

嬰兒天生就有一種由生物學決定的氣質（temperament），影響他們的情緒和對刺激的反應。與他人互動的意願是氣質的內涵之一，有些嬰兒喜歡親近人，有些則很害羞；有些容易煩躁、愛哭、不易安撫；有些性情比較溫和，能夠輕鬆

適應周遭環境。學者將氣質分為三種基本類型：易養型（easy temperament）、難養型（difficult temperament）和慢熱型（slow to warm up temperament）。易養型孩子容易適應日常生活或環境的變化，難養型孩子對日常生活或環境的變化適應較慢且負面消極，慢熱型孩子對日常生活或環境的變化反應和適應都很慢。

隨著時間過去，在氣質和環境的交互作用下，兒童的性格逐漸定型。性格受到經驗、社會化和教育的影響。

父母的引導與規範

隨著嬰兒開始發展自己的移動方式，對紀律（訓練）的需求也隨之增加。6個月大嬰兒的父母可以使用分散注意力的技巧。如果寶寶一直盯著瓦斯爐的旋鈕並想伸手去碰時，父母可以用適齡玩具來轉移他的注意力。6個月大之後，隨著嬰兒記憶力和認知能力增長，紀律訓練必須更具指導性。10個月大的嬰兒要伸手去拿不安全的東西時，可以堅定地告訴他：「不可以。」然後將他帶離現場。這個階段的孩子能夠聽懂反覆勸告的語氣，然而，僅依靠口語提示而沒有適當的監督，並不足以防止事故發生。管教不應嚴厲，建議父母和照顧者應將重點放在讚賞孩子正向、理想的行為，同時削弱負面和不當的行為。管教的重要目標之一是教導孩子控制衝動並設定限制，紀律訓練應持續到整個兒童期和青春期。

🌸 認知發展

Piaget（皮亞傑）主張，嬰兒最初對世界一無所知，他們必須透過觀察和感官知覺來認識環境，例如，透過觸、嚐、看、聽和嗅來理解物體（圖 6.13）。Piaget 將嬰兒期命名為感覺動作期。最初，嬰兒透過反射動作對環境中的刺激做出反應。大約 8

圖 6.13｜嬰兒透過觀察來認識環境

個月大時,嬰兒開始計畫和協調自己的動作。例如,嬰兒知道如果搖晃玩具,玩具就會發出聲音。到了出生第一年結束時,嬰兒已能與某些人建立連結,辨識物體並賦予其意義。他們漸漸能理解一些重複的動作,例如,10 個月大的嬰兒已經知道,當媽媽起身走向櫥櫃或冰箱時,她可能是要拿東西來吃。這種學習會被大腦儲存鞏固。一再地重複學習,有助於培養嬰幼兒的思考能力。

道德發展

道德發展並非與生俱來;嬰兒還未具備**良知**(conscience)或價值觀,行為的動機是基於需求的滿足而非道德信念。嬰兒全憑個人喜好做事,不會管自己的行為是否影響到他人。他們對痛苦和愛做出反應,並根據行為對他們的影響來評價行為的好壞。

溝通交流

剛出生的嬰兒主要以哭泣來表達需求。研究顯示,哭泣具有不同的聲音和意義。新生兒哭泣的類型和次數因人而異,照顧者的反應可能減少或增加嬰兒的哭泣。抱起嬰兒並輕輕搖晃,或使用能舒緩情緒的聲音,可減少嬰兒哭泣的次數。有些哭泣是嬰兒發出不適或疼痛的信號,判定並消除不適的根源即可緩和哭泣。

在學會說話之前,嬰兒會以其他方式溝通。2 個月大時,嬰兒對熟悉的聲音會感到開心和微笑(圖 6.14)。2 個月大時會發出咕咕聲(cooing)或輕柔的喉音,後來,特定重複的聲音與物體或人物聯結,即所謂的牙牙學語(babbling),意指使用鬆散連接的子音和母音。牙牙學語發生在 3 到 6 個月之間,牙牙學語期的發音順序普世皆然。

圖 6.14|嬰兒可能會以微笑和大笑來回應他人

實用小提示：哭泣

嬰兒透過哭泣溝通：
- 將手指含在嘴裡煩躁地哭泣，表示飢餓。
- 煩躁地哭鬧、雙腿緊繃彎曲及放屁，通常是因為腹絞痛。
- 發出高亢、尖銳哭聲的嬰兒，通常有中樞神經系統損傷。

影響嬰兒口腔、舌頭和喉嚨的疾病，會延遲牙牙學語和語言發展。8個月大的孩子能夠模仿「達達」（dada）等簡單的聲音，讓父母高興不已。其他子音的發音比較困難，因此，像「媽媽」（mama）這樣的字詞要大一點才能學會。1歲大的孩子大約已懂得用四到六個單詞來表達意思。他們透過與物體的關聯或語氣，來理解更多單字的含義。對嬰兒說話和朗讀，有助於提高他們的語言理解和口說能力。

所有嬰兒都有專屬的生長時間表，我們僅能為生命第一年的每項發展技巧提供一個粗略的時程。如果發現這些技巧發展的時間明顯延遲，家長應諮詢醫師做進一步的評估。請參閱專欄6.1，瞭解應與醫師討論的徵兆。

專欄 6.1

嬰兒發展遲緩的徵兆

請與醫師討論以下內容：
- 莫洛反射在4個月後仍未消失。
- 3個月大後，仍不會因為母親的聲音而微笑。
- 對響亮的聲音沒有反應。
- 4個月大時還無法伸出手臂（去拿或觸摸）或抓握物體。
- 5個月大後仍有頸部張力反射。
- 5個月大時還不會朝任一方向翻身。
- 6個月大後在有支撐物的情況下仍無法自行坐著。
- 11個月大時還不會站立。
- 1歲大時還無法學習簡單的示意動作，例如揮手再見或點頭表示「是」、搖頭表示「不要」。
- 1歲時仍無法指向物體或圖片。

營養

嬰兒的吸吮、吞嚥和尋乳反射，使他們能夠尋找和攝取食物。出生第一年的營養需求，可以透過哺餵母乳或富含鐵質的配方奶來滿足。許多因素會影響以母乳哺育或奶瓶哺餵的決定，其中一些因素包括：知識、支持、財務考慮、文化信念和就業。在某些文化中，有些母親出於羞怯或不瞭解初乳的價值，而選擇不哺乳。因此，向父母傳授母乳哺育的好處，有助於他們做出明智的選擇。但衛教最終仍應支持父母餵養嬰兒的決定，儘管母乳對嬰兒來說是最具營養價值的推薦食物，但母乳哺育和奶瓶哺餵的嬰兒同樣都成長得很好。表 6.5 列出兩種哺餵方式的優缺點。

表 6.5　母乳哺育與奶瓶哺餵

母乳哺育	奶瓶哺餵
無需準備	需準備
便宜或免費	成本較高
母親必須現場哺乳，否則必須提前擠乳	節省母親的時間
容易消化；減少胃腸道不適；過敏反應的可能性較小	配方奶不像母乳那麼容易消化
飽和脂肪含量低	飽和脂肪含量高
促進與母親的情感連結，但其他人卻無法哺餵嬰兒（擠入奶瓶或添加配方奶的情況除外）	父親也能哺餵嬰兒，並與嬰兒建立情感連結
嬰兒可從母親那裡獲得免疫因子	母親的飲食習慣不影響嬰兒
促進子宮收縮、加速**子宮復舊（involution）**、延後月經復潮	
不易確知嬰兒攝取的乳量	易於確知嬰兒攝取的乳量

母乳哺育

美國兒科學會（American Academy of Pediatrics, AAP）和美國醫務總監（U.S. Surgeon General）建議，嬰兒出生後，至少以母乳哺育 6 個月；如果父母雙方都同意，建議最好母乳哺育 12 個月以上。

母乳哺育最直接的營養好處是攝取初乳。**初乳（colostrum）**是母乳的前身，早在胎兒第 7 個月時就儲存在母親的乳房中。與一般母乳相比，初乳含有更多蛋白質、鹽分和碳水化合物，但脂肪含量較少。除了這些營養素之外，初乳還含有免疫球蛋白，保護新生兒直到他們自己的免疫系統更為發達。

欲以母乳哺育的嬰兒，可以在出生後立即讓嬰兒接觸母親的乳房（圖 6.15）。這種做法對母親和嬰兒都有許多正面影響：

1. 促進母親與孩子之間的連結或依戀。嬰兒和照顧者之間面對面的互動，為情感連結奠定基礎。其他建立情感連結的方式包括：對嬰兒說話、微笑、陪他們玩。
2. 刺激子宮收縮，加速胎盤分娩並控制出血。
3. 促進初乳分泌。

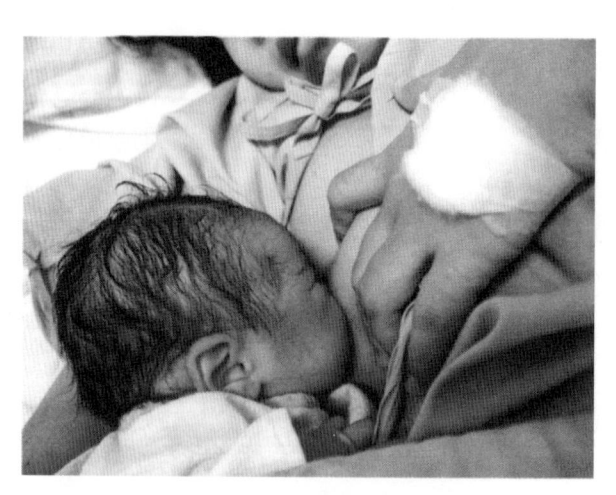

圖 6.15 ｜ 分娩後可立即哺育嬰兒

實際上，母乳在產後第三天左右才分泌，這時新手媽媽會發現自己的乳房非常堅挺或腫脹。建議新手媽媽諮詢哺乳顧問，瞭解如何成功哺乳。許多醫院在母親出院前都會提供諮詢。

最初，新生兒每天需要哺乳 8 到 12 次，含住每個乳房約 10 分鐘，並視需要拍嗝。頻繁的哺乳能刺激母親的母乳量。嬰兒 2 個月大時，可視需要在白天和晚上每 2 至 3 小時哺乳一次，每次吮吸乳房約 20 分鐘。

美國兒科學會（AAP）進一步建議純母乳哺育的嬰兒應額外補充鐵質，直到大約 4 至 6 個月大時能吃適齡的含鐵食物。為了保持骨骼完整並防止維生素 D 缺乏（維生素 D 缺乏會導致佝僂病），純母乳哺育的嬰兒也應該補充維生素 D。純母乳哺育的母親，最好透過增加飲食中綠葉蔬菜的攝取量或使用含碘食鹽，來增加碘的攝取。

奶瓶哺餵

不能或不願母乳哺育的母親，可以用奶瓶哺餵配方奶。奶瓶哺餵的嬰兒通常在出生後的最初幾個小時內不經口餵食任何東西，第一次餵食從葡萄糖和水開始，如果身體耐受得住，再漸次加入選好的配方奶粉。奶瓶哺餵的新生兒首先需要每 3 至 4 小時餵一次，然後再依個人的飢餓模式餵食。照顧者切勿讓嬰兒在無人看管的情況下以他物撐住奶瓶餵食，也不可讓嬰兒口含裝著水以外的奶瓶睡覺。夜間將果汁或牛奶放入奶瓶中餵食嬰兒，可能會導致**瓶口症候群（奶瓶性齲齒）（bottle-mouth syndrome）**，這是牛奶或果汁中的糖分蛀蝕牙齒表面而引起的**齲齒（dental caries）**。到了 8 或 9 個月大時，嬰兒就可以準備斷奶了，也就是循序漸進地不再以喝母乳或配方奶為主食。

斷奶並添加固體食物

斷奶（weaning）應循序漸進，一次餵一種食物。中午餵奶的那一餐通常是斷奶的優先考量時機，那時嬰兒比較不會因太累或太餓而抗拒嘗試學習使用杯子。

除了母乳或配方奶外，建議在嬰兒 5 個月大後添加固體食物。過早在嬰兒的飲食中添加食物，恐會引發消化問題和食物耐受不良（food intolerances）。5 個月大後的飲食問題之一是嬰兒體內的鐵質含量減少，因此，飲食中應添加富含鐵質的食物，如穀物、蔬菜和肉類。每天補充維生素 C，有助於增強身體對鐵質的吸收。嬰兒的第一種固體食物通常是在配方奶中添加米糊。建議一開始只使用單一穀物，且第一年不要食用蛋白、小麥和柑橘類水果，這些食物常引起許多嬰兒的過敏反應。最好一次只添加一種新食物，持續幾天，觀察是否有任何不良反應。

　　一般原則是每種新食物添加一到二茶匙，逐漸增加到每增長一個月，每種食物添加一湯匙。1 歲的寶寶每天吃三餐正餐和兩餐點心。表 6.6 列出生命第一年的各階段食物規劃表，專欄 6.2 顯示 10 至 12 個月大嬰兒的菜單範例。

實用小提示：食物不良反應

處理食物不良反應的方法，包括以下步驟：

1. 在不影響營養的情況下改變飲食，以消除症狀。
2. 漸次重新引入某種食物，看看症狀是否再次出現；如果還有症狀，須移除該食物 1 至 3 個月。
3. 如果症狀持續，請與醫師討論。
4. 提醒家庭成員和其他可能的照顧者。

表 6.6　嬰兒各階段食物規劃表（出生至 12 個月）

年齡	食物選擇	基本原則
出生至 6 個月	・僅給予母乳或鐵質強化配方奶。 ・補充水分。	・吸吮和尋乳反射使嬰兒能夠攝取母乳和配方奶；嬰兒還不能吃半固體食物，因為當湯匙放入口中時，他們的舌頭會伸出。 ・在炎熱的天氣或嬰兒腹瀉時，可以少量餵食。
5 至 6 個月	添加鐵質強化的嬰兒穀片；可開始吃米糊；第一年避免食用小麥穀物。	嬰兒現在能夠吞嚥半固體食物；可選擇添加鐵和維生素 A、B 和 E 的穀片。
7 至 8 個月	・加入原味、磨碎的蔬果泥；原味優格；磨碎的肉泥；避免混食。 ・添加烤麵包片、吐司、餅乾。 ・繼續食用鐵質強化配方奶和嬰兒穀片。	・水果和蔬菜提供新的口味和質地；肉類含有鐵、蛋白質和維生素 B 群。 ・烤麵包片、吐司、餅乾提供鐵、蛋白質和維生素 B 群。 ・嬰兒仍需要鐵，因為他們還沒有辦法食用大量肉類；為嬰兒斷奶預做準備。
9 至 10 個月	添加手指食物（finger foods），即煮熟的、一口大小的肉塊；新鮮的軟蔬菜或罐裝蔬菜；低糖水果；優格；鄉村起司（cottage cheese）；繼續食用鐵質強化配方奶和嬰兒穀片。	這些食物有助於嬰兒學習自主進食以發展動作技巧，並引入新的質地和口味；隨著配方奶或母乳消耗量的減少，嬰兒需要鈣、核黃素（又稱維他命 B_2）和蛋白質來源。
11 至 12 個月	加入鬆軟的飯桌食物：乾的、不加糖的穀物；起司片；麵條。	動作技巧持續提升；嬰兒現在能夠接受更需要咀嚼的天然食物。嬰兒現在亦可食用原型食物（whole foods）（譯注：指天然完整、未經加工精製的食物），而非僅從母乳或配方奶來獲取營養。

> **專欄 6.2**
>
> ### 10 至 12 個月嬰兒菜單範例
>
> **早餐**
> 炒蛋黃或 1/2 杯穀片
> 1/4 杯切碎的水果
> 120-180cc 的配方奶
>
> **點心**
> 1/2 杯新鮮水果
>
> **午餐**
> 1/4 杯煮熟、切丁的家禽肉
> 1/4 杯優格
> 1/4 杯煮熟、切丁的蔬菜或新鮮蔬菜
> 120-180cc 的配方奶
>
> **點心**
> 1/2 杯新鮮水果
> 1 塊磨牙餅乾或薄脆餅乾
>
> **晚餐**
> 1/4 杯麵條、義大利麵、米飯或馬鈴薯
> 1/4 杯綠色或黃色蔬菜
> 1/4 杯家禽肉或其他肉類、豆腐或起司
> 120-180cc 的配方奶
>
> **點心**
> 120-180cc 的配方奶
> （睡前喝水或刷牙）

睡眠與休息

新生兒的睡眠時間很長，24 小時中就睡了 20 小時之多。生長速度越快，需要的睡眠就越多。到 1 歲時，嬰兒每天只需要大約 12 個小時的睡眠。新生兒的睡眠模式不是連續的，特徵是一段時間的淺眠，伴隨著四肢揮舞和發出聲響（圖 6.16）。睡眠模式可能會因不舒

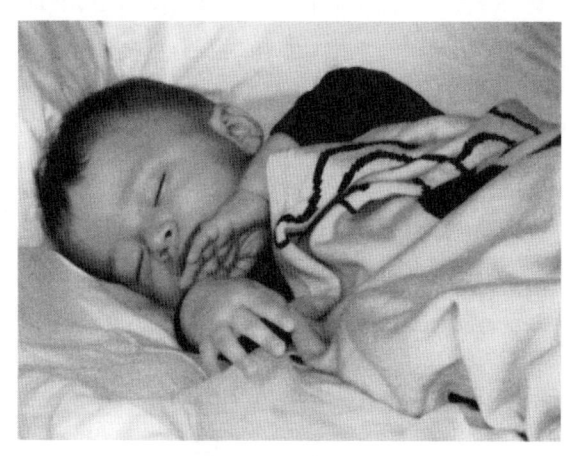

圖 6.16｜嬰兒的睡眠模式各不相同

172　發展心理學：健康促進的觀點

服和飢餓而中斷。理想的情況下，較安全的睡眠地點為父母房間的嬰兒床，或睡在父母的房間隔壁。嬰兒床的床墊應有足夠硬度，且嬰兒床上不應置放毯子、枕頭、緩衝墊（嬰兒床圍）或玩具。嬰兒應該穿著暖和，不須加蓋被子。盡量讓嬰兒仰睡而非俯睡。

睡覺時間安排有助於建立夜間睡眠模式。睡覺時間一致有助於減少焦慮，讓嬰兒更有安全感。最好能盡早透過日間的互動，幫助嬰兒學會區分白天和黑夜，並在晚上盡量減少說話、摟抱和互動。應在嬰兒清醒時將其平放在嬰兒床上，讓他們學會自我安撫並自行入睡。出生第一年，多數嬰兒都需要在早上和下午小睡來恢復活力。表 6.7 摘述新生兒的睡眠模式。

表 6.7　新生兒的清醒—睡眠模式

睡眠型態	活動情形	持續時間	處理方式
正常睡眠	眼睛閉著；呼吸正常；身體偶爾一陣陣地抽動。	每天 4 至 5 小時，每 20 分鐘為一個週期。	讓嬰兒安靜休息；如果突然出現很大的聲響，嬰兒就會醒來。
不規則睡眠	眼睛閉著；呼吸不規則；身體忽然抽動；偶爾呻吟。	每天 12 至 15 小時，每 45 分鐘為一個週期。	正常音量即可能會吵醒嬰兒；控制音量可避免嬰兒被吵醒。
昏昏欲睡	眼睛睜開或半睜半閉；呼吸不規則；四肢動來動去。	不固定。	容易被喚醒；可將嬰兒從床上抱起來。
清醒	身體和四肢動來動去；用眼睛跟隨物體。	每天 2 至 3 小時。	讓嬰兒持續地與家庭成員互動；給嬰兒一些玩具；滿足基本需求。
清醒並哭泣	起初發出輕微的嗚咽聲，接著四肢劇烈扭動並大聲哭泣。	每天 1 至 4 小時。	透過摟抱和輕輕搖晃安撫嬰兒；移除多餘的刺激。

大約每 500 名嬰兒中就有 1 名死於**嬰兒猝死症候群（Sudden infant death syndrome, SIDS）**，最常見於 1 至 4 個月大的嬰兒。儘管嬰兒猝死症候群（又稱「搖籃死亡」[crib death]）的確切原因不明，但近期研究顯示，嬰兒猝死症候群

與睡眠模式存在關聯，死亡通常發生在午夜到早上 6 點之間。作為預防措施，美國兒科學會（AAP）建議讓健康的嬰兒仰臥和側臥，避免俯臥。也有人建議父母應該為嬰兒提供奶嘴，以降低嬰兒猝死症候群的風險。研究表明，睡覺時吸吮奶嘴的嬰兒，嬰兒猝死症候群的風險較低。此外，嬰兒應該睡在符合現行安全標準的嬰兒床上。不應在嬰兒睡覺周遭區域放置柔軟材料，例如：蓬鬆的棉被、羽絨被或枕頭。也不建議嬰兒與父母同床共眠，恐怕會造成嬰兒窒息或被棉被、枕頭等物品困住的危險。

遊戲

遊戲對於兒童的成長、發展和社會化至關重要。出生第一年的遊戲目標是非象徵性的（亦即具體的），因為這類遊戲是要幫助嬰兒獲取關於物體的訊息，包括物體的質地和功能，以及物體造成的直接影響。不同的遊戲活動可以幫助嬰兒探索周遭環境，這個時期選擇刺激嬰兒感官的玩具是很重要的。此外，選擇具有挑戰性和增強肌肉骨骼發育的遊戲活動也很重要。新生兒先用眼睛跟隨明亮的燈光和物體，由此開始與環境互動。

嬰兒期的遊戲是獨自遊戲——也就是說，嬰兒不需要另一個人和他們一起玩（圖 6.17）。嬰兒喜歡與父母進行遊戲互動，因為父母會提供關注和刺激。顏色鮮豔的物體、發出聲響的物體以及具有不同質地的物體較能吸引嬰兒。為嬰兒選擇玩具時必須考慮安全問題，所有玩具都必須仔細檢查是否有鋒利的邊緣、可能被吞入或吸入的可拆卸小零件及鉛含量。表 6.8 列出適合不同發展階段的遊戲和玩具。

圖 6.17 ｜ 嬰兒期的遊戲通常是獨自遊戲

表 6.8　嬰兒期的遊戲與玩具

年齡範圍	遊戲活動
新生兒至 1 個月	・嬰兒凝視會發出聲響的物體。 ・將鈴鐺懸掛在嬰兒床上方 20 至 25 公分的位置。 ・給嬰兒試玩波浪鼓。 ・用喇叭或音樂盒播放音樂。
2 至 3 個月	・嬰兒將手放入口中探索。 ・將嬰兒放在能直立觀察環境的位置。 ・提供伸手可及的物體和耐摔抗破損的手握小物。
4 至 5 個月	・嬰兒抓住物體並將其放進口中。 ・提供柔軟的玩具或可緊抱的毯子。 ・對嬰兒說話並模仿各種聲音。 ・提供顏色鮮豔的玩具。 ・讓嬰兒坐在腿上，輕輕彈跳。
6 至 9 個月	・嬰兒故意將食物或物體掉落，並等待照顧者將其取回。 ・提供會發出聲響的玩具、絨毛玩具或可轉動某些部位的玩具。 ・玩做蛋糕（pat-a-cake；譯注：一首童謠）和躲貓貓遊戲。 ・說出身體各部位的名稱。 ・坐在嬰兒車內出門走走。
10 至 12 個月	・能將一塊積木疊在另一塊上面。 ・能用蠟筆在紙上亂寫亂畫。 ・喜歡拉動玩具。 ・看有動物圖片的書；一起讀／唱童謠。 ・用大球玩簡單的遊戲。 ・在杯子裡吹泡泡。

安全措施

由於新生兒是如此的脆弱無助，因此我們必須時刻留意安全和保護措施。在這個階段，多數的傷害和死亡事件都是可預防的。可採行的安全措施包括使用合格的嬰兒床、汽車安全座椅和車用床墊，以及防止嬰兒溺水、窒息和誤嚥。不該獨留嬰兒無人監看。隨著嬰兒的成長發展並開始具備移動能力，他們面臨著發生不同類型事故的風險，必須隨時監看以防止跌倒。當他們大到可以翻身滾動，以及之後坐在嬰兒高腳椅上時，嚴加防範意外更是重要。建議父母如果必須轉過身去，哪怕是片刻，也都應該穩住嬰兒，或至少先將他們放在地板上。若發生跌倒受傷，導致噁心、嘔吐或嗜睡，應盡快就醫。嬰兒透過將所有東西放入口中來學習和探索，因此，為了降低誤嚥的風險，須檢查所有的玩具和小物品，並將有害物品放在嬰兒接觸不到的地方。限制嬰兒的行動並監督所有的活動、確保家庭內外的安全是照顧者的首要之務。

健康照護人員應指導父母，在抱嬰兒時須支撐其頭部和頸部，切勿搖晃或拋接新生兒。搖晃會導致嬰兒的大腦在顱骨內來回碰撞，嬰兒的大腦很脆弱，脆弱的血管可能會破裂，造成大腦腫脹，顱內壓升高，導致嬰兒搖晃症候群（shaken baby syndrome），引發癲癇、腦性麻痺、癱瘓或死亡。嬰兒搖晃症候群最常發生在照顧者心情沮喪和無法安撫哭泣的嬰兒時，預防及為照顧者提供支持，是消除嬰兒搖晃症候群的關鍵。嬰兒期安全措施的相關訊息，請參閱表 6.9。

鉛中毒對嬰幼兒來說是一種環境危害。會接觸到鉛，通常是因為住在有鉛管或油漆的老舊房子裡。如果油漆碎裂和剝落，正在長牙的嬰兒可能會撿起油漆碎片並咀嚼來吃，因為鉛的味道嘗起來很甜。血液中高濃度的鉛與過動、易怒、攻擊性和注意力障礙有關。長時間下來，最終導致大腦中毒。

表 6.9　嬰兒期的安全措施

事故類型	預防措施
窒息	・使用沒有塑膠套的堅固床墊。 ・讓嬰兒仰臥；勿使用枕頭或床罩。 ・關好烤箱和冷凍櫃的拉門。
摔落	・片刻不離地監看，除非是暫時將嬰兒放在護欄升起的嬰兒床上。
噎到	・將尖銳的小物體放在嬰兒接觸不到的地方。 ・避免給嬰兒吃堅果、硬糖或籽實類等食物。
中毒	・將藥品和家用清潔產品放在嬰兒接觸不到的地方。
溺水	・勿將嬰兒留在無人監看的浴缸或浴盆內。
燒燙傷	・對爐器、火源或水龍頭周遭全面且持續的監看。 ・使用耐火布料和寢具。 ・在電源插座和熱源周圍放置防護裝置。 ・將火柴和打火機放在嬰兒搆不到的地方。 ・抱著嬰兒或有嬰兒在旁時，勿攜帶燙熱液體。
車禍	・使用政府認證合格、適合嬰兒或幼童年齡的汽車安全座椅及安全帶裝置；車輛行駛時勿將嬰兒抱在腿上。 ・使用嬰兒車時，勿走到停放的汽車後方；小心穿越路口。
動物咬傷	・勿讓嬰兒在無人監看的情況下與動物獨處。
腦傷	・切勿搖晃嬰兒，以免導致腦部損傷。

健康促進

　　健康促進旨在協助嬰兒達到最佳生長和最佳發育的目標。在產前發育期間和嬰兒出生後，健康照護人員透過鼓勵學習、建立良好的健康習慣、教育照顧者正確使用健康照護服務等來最大化實現這些目標。

　　《2030 健康國民》的目標之一是提高育齡期和懷孕期女性的戒酒率，及早發現胎兒酒精症候群（fetal alcohol syndrome, FAS）並進行適當的治療措施，協助兒

童充分發揮潛力。研究表明，在懷孕期間進行酒精檢測並結合短期諮商時，成效斐然，這些孕婦的戒酒率顯著提升。

對新生兒的早期評估，有助於針對任何異常進行早期診斷和治療。建議在嬰兒出生後第一年，每個月去看一次醫生（圖 6.18）。以下是須留意的就醫徵兆：

- 發燒超過 38°C
- 呼吸困難、吃力
- 不明原因的紅疹
- 沒有排便或排尿
- 持續嘔吐、腹瀉或兩者兼有
- 極度嗜睡或極度煩躁

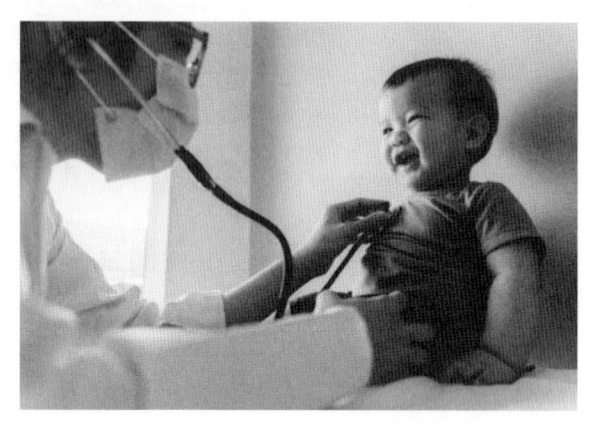

圖 6.18｜嬰兒應定期進行身體檢查

定期回診追蹤可促進良好的健康習慣、進行健康檢查，並接種必要的疫苗。免疫力是指身體抵禦外部入侵的細菌和病毒的能力，出生後 6 個月，多數嬰兒對麻疹（德國麻疹）、腮腺炎、小兒麻痺、白喉和猩紅熱已具備短暫的天然免疫力。目前，6 個月以下的嬰兒不適合接種某些疫苗，例如百日咳疫苗和流感疫苗。因此，應盡量讓嬰兒遠離生病或未接種疫苗的人，並瞭解建議各年齡層的完整疫苗接種計畫。嬰兒除有發燒、免疫抑制史、曾對疫苗或其成分有過敏史外，應依規定時間接種疫苗。

健康促進的另一個面向和家庭及其支持系統有關。嬰兒的出生增加了其他家庭成員的壓力，改變了個人擔任的角色和家庭動力。第 4 章對生育階段的家庭做了完整的說明。健康照護人員應對家庭壓力或可能忽視或虐待兒童的跡象保持警覺。兒童虐待——無論是身體虐待、情緒虐待和性虐待——外顯跡象不一，也並非任何一種家庭型態或社會階層特有的現象。所有的疑似虐待跡象，皆應立即通報給相關責任單位。關於虐待的跡象，請參閱第 7 章的表 7.2。

實用小提示：阿斯匹靈

警告：
應使用乙醯氨酚代替阿斯匹靈來治療發燒或不適。使用阿斯匹靈治療病毒感染引起的發燒，可能會導致雷氏症候群（Reye's syndrome）（譯注：一種急性腦部病變，罕見但死亡率很高，好發於孩童）。

實用小提示：疫苗接種的副作用

提醒家長定期接種疫苗可能產生的副作用：

輕微徵兆	重大徵兆
・局部觸痛	・高燒（高於 39°C）
・煩躁	・昏迷
・紅斑（發紅）	・全身癱軟無力
・接種部位腫脹	・持續、無法安撫的哭泣

思辨練習

練習一：

安娜，25 歲，結婚兩年，考慮生養子女。安娜正在當地的社區醫院參加育兒課程。

1. 列出你需要和安娜分享的兩個重要訊息，以幫助她在懷孕前為健康的胎兒做好準備。
2. 一旦安娜懷孕，有哪些措施有助於她生出健康的嬰兒？

練習二：

莎拉，28 歲，已結婚八年。兩個月前，她生下了一個女嬰，名為塔拉。塔拉出生後，莎拉和丈夫擔心他們是否能當個稱職的父母。兒科醫師將這對夫婦轉介到健康照護機構。

1. 此時應該蒐集哪些資料？
2. 列出建議 2 個月大嬰兒可進行的疫苗接種。
3. 莎拉告訴健康照護人員，鄰居的嬰兒在沒有任何明顯警訊的情況下，竟在睡夢中死亡。她擔心同樣的事也會發生在塔拉身上。說明健康照護人員此時可以跟莎拉分享哪些資訊，協助她緩解焦慮。

練習三：

一名孕婦產下一個足月男嬰，重 3,290 公克。出院兩天後，這位母乳哺育的媽媽非常擔心，因為嬰兒現在的體重只有 3,005 公克。你要如何向這位母親好好解釋並提供建議？

本章重點回顧

- 每個精子和卵子都為新的生命體貢獻 23 條染色體。
- 遺傳特徵在受孕時就已確定。
- 顯性基因的遺傳特徵表現蓋過其他基因。
- 任何可能對發育中的胎兒產生不利影響的物質,稱為致畸胎物。
- 懷孕期間的酒精會穿過胎盤膜到達胎兒血腦屏障,導致胎兒酒精症候群(FAS)。
- 從受精到出生的這段期間,稱為產前期。
- 受精後的生命體稱為受精卵,著床後稱為囊胚。
- 發育中的生命體在前幾週稱為胚胎,此後稱為胎兒。
- 分娩約在受孕後的 280 天。
- 分娩分為三個不同的階段:擴張階段、胎兒娩出或出生、胎盤娩出。每個階段的時長因人而異。
- 嬰兒出生後不久,醫生就會鉗住並剪斷臍帶。這個動作結束了胎兒血液循環,展開嬰兒的第一次呼吸。
- 臍帶有三根血管:兩條動脈和一條靜脈。
- 亞培格量表分數是在出生後的 1 分鐘和 5 分鐘,對新生兒做的基本評估。亞培格量表分數評估嬰兒的膚色、反射敏感度、心率、呼吸頻率和肌肉張力,反映新生兒的整體一般狀況。
- 嬰兒的頭部較身體其他部位的比例大。顱骨很軟,可以通過產道。
- 嬰兒的前囟門應在 12 至 18 個月大時閉合,後囟門在 4 個月大時閉合。
- 新生兒的平均出生體重為 3,400 公克,平均身長為 50 公分。男嬰通常比女嬰稍大。
- 新生兒在出生後的最初幾天,體重會減輕 5% 到 10%,為正常的生理性體重減輕。

- 新生兒的皮膚薄而嬌嫩，色素沉著情況因人而異。常見特徵和皮膚狀況包括：胎脂、粟粒疹、胎毛、板岩灰痣和生理性黃疸。
- 新生兒具有吞嚥、消化、代謝及吸收營養的能力。出生後 10 小時內的第一次排便，稱為胎便。
- 正常新生兒明顯的原始反射包括保護性反射，例如：吞嚥、嘔吐、打噴嚏、眨眼、尋乳、莫洛、抓握、巴賓斯基和頸部張力反射。
- 新生兒生命徵象的正常範圍如下：腋窩體溫 36.5°C 至 37.5°C；脈搏每分鐘 120 至 140 次；血壓 65/40 毫米汞柱；呼吸每分鐘 30 到 60 次。
- 嬰兒天生就有一種由生物學決定的氣質，影響了他們的情緒和對異常刺激的反應。受到氣質影響，性格逐漸形塑穩定。
- 粗大動作技巧涉及四肢的大塊肌肉。生長和發育遵循一定順序的從頭到尾（cephalocaudal pattern，從頭到末端）的上到下發展模式。
- 12 至 15 個月大時可自行走路。
- 手和手指的精細動作控制，遵循從軀幹到四肢的發展模式（proximodistal directional pattern）；先掌握肩膀的動作，然後再掌握手和手指的動作。
- 1 歲的幼兒可以握住筆類物品、塗鴉，並把兩塊積木堆疊起來。
- 根據 Erikson 的理論，嬰兒必須掌握信任的關鍵任務，才能達到健康的心理社會發展。
- Bowlby 說明了嬰兒的依戀階段。
- 從嬰兒對新環境做出因果關係的反應方式，可看出其認知發展。
- 嬰兒在出生後不久就開始透過微笑和牙牙學語與照顧者溝通。透過模仿，嬰兒開始累積詞彙量。當嬰兒 12 個月大時，詞彙量大約是四到六個單詞。
- 新生兒的營養需求可以透過攝取母乳或配方奶來滿足。一般說來，5 個月大之前不要提供固體食物，以防止食物過敏或耐受不良。在嬰兒的飲食中添加新食物時，最好是一次只添加一種新食物，持續觀察幾天。

- 典型的新生兒睡眠模式，包括以四肢揮舞和發出聲響為標誌的淺睡期。新生兒通常 24 小時中有 20 小時在睡覺。
- 近期研究顯示，嬰兒猝死症候群與嬰兒的睡眠模式異常有關。這種情況最常發生在出生後的頭 4 個月。為降低嬰兒猝死症候群的風險，建議健康的嬰兒以仰臥和側臥的姿勢睡覺，避免俯臥。
- 遊戲幫助嬰兒探索和認識環境。嬰兒期的遊戲通常是獨自遊戲。顏色鮮豔的玩具較能吸引嬰兒；要避免可能被意外吞入或吸入的小物品。
- 現階段的多數傷害和死亡都是由可預防的事故造成的，照顧者的監看有助於減少事故並確保安全。健康促進旨在幫助嬰兒實現最佳生長和發育，包括培養良好的健康習慣、定期體檢和疫苗接種。

課後評量

1. 歐裔猶太血統的人最容易罹患哪種疾病？
    A. 唐氏症。
    B. 糖尿病。
    C. 泰薩二氏症。
    D. 鐮狀細胞貧血症。

2. 哪個發育時期從受精後 2 週開始，並持續到第 8 週？
    A. 胚胎期。
    B. 胎兒期。
    C. 胚胎前期。
    D. 囊胚期。

3. 亞培格量表分數在評估什麼？
    A. 胎兒的發育。
    B. 新生兒的整體一般狀況。
    C. 新生兒的因應能力。
    D. 新生兒的胎齡。

4. 足月新生兒的平均身長是多少？
    A. 30 公分。
    B. 40 公分。
    C. 50 公分。
    D. 60 公分。

5. 下列哪種大便型態是母乳哺育嬰兒的正常大便型態？
    A. 固體、棕褐色大便。
    B. 淡芥末醬色大便。
    C. 紅黑色大便。
    D. 乳白色大便。

6. 大多數的嬰兒出生時就具備哪種能力？
    A. 能夠聽到聲音。
    B. 能夠辨識面孔。
    C. 對撫觸沒有反應。
    D. 無法表現味覺偏好。

7. 一名 26 歲的女性在 36 小時前經由陰道分娩產下一個 3,600 公克重的男嬰。健康照護人員說，依戀是正常的，因為從母親身上觀察到下列哪種反應？
    A. 拒絕照顧她的孩子。
    B. 經常哭泣和退縮。
    C. 說寶寶長得像她姊姊。
    D. 清醒後背對著嬰兒。

8. 如何協助決定以母乳哺育新生嬰兒的母親？（複選題）
    A. 告訴她所有母親都應該以母乳哺育。
    B. 支持她的行動。
    C. 提供母乳哺育衛教。
    D. 提醒她不要在公共場所哺乳。
    E. 告訴她母乳哺育可以預防產後憂鬱症。

9. 下列哪項活動顯示 6 個月大的嬰兒已經會鉗式抓握？
    A. 能拿起一小塊食物。
    B. 能伸出手抓住顏色鮮豔的物體。
    C. 會將手指放到嘴邊。
    D. 會從俯臥翻身成仰臥。

10. 大多數動作發育正常的嬰兒，在多大時可以獨坐？
    A. 4 個月。
    B. 5 個月。
    C. 6 個月。
    D. 7 個月。

11. 12 個月大的嬰兒具備哪些典型的語言能力？

    A. 發出咕咕聲。

    B. 牙牙學語。

    C. 能說出幾個字。

    D. 流暢的口語。

12. 嬰兒期遊戲的目的是什麼？

    A. 加強如廁訓練。

    B. 減少過動症。

    C. 產生自衛能力。

    D. 協助探索環境。

13. 健康照護人員應指導新生兒的父母，在抱嬰兒時須支撐嬰兒的頭部和頸部，避免晃動。這可以防止哪個問題？

    A. 癲癇發作和死亡。

    B. 餵食困難。

    C. 腸道出血。

    D. 血液惡病質（blood dyscrasia）。

14. 下列何者為只有成對存在才能傳遞遺傳特徵的基因？

    A. 顯性基因。

    B. 隱性基因。

    C. 核型。

    D. 雜合子（異型合子）。

15. 純母乳哺育的嬰兒應該接受以下哪兩種口服補充劑？

    A. 鈣和碘。

    B. 維生素 C 和鐵。

    C. 鐵和維生素 D。

    D. 維生素 K 和維生素 D。

答案：1. (C)；2. (A)；3. (B)；4. (C)；5. (B)；6. (A)；7. (C)；8. (B)；9. (A)；10. (D)；11. (C)；12. (D)；13. (A)；14. (B)；15. (C)。

Chapter 7
幼兒期

學習目標

1. 描述幼兒常見的主要生理特徵。
2. 列出幼兒可以獨立掌握的三種發展能力例子。
3. 描述 Erikson 提出的幼兒期心理社會任務。
4. 列出有助於化解幼兒期衝突的管教方法。
5. 說明 Piaget 提出的幼兒認知發展階段。
6. 列出兩種有助於幼兒發展語言能力的要素。
7. 列出三項提供給幼兒父母的餵食建議。
8. 描述幼兒典型的遊戲類型。
9. 列出五種幼兒期常見的安全隱憂。

幼兒期（toddlerhood，又稱學步期）通常是指 1 至 3 歲的時期。經過嬰兒期的快速生長陡增後，幼兒期的生長速度相對趨緩且穩定。許多新的能力正在發展，包括與穿衣、進食、如廁和行走等相關的精細和粗大動作技巧。幼兒期的另一項成就與語言發展有關。這些新習得的能力有助於強化幼兒開展自主性。

生理特徵

身高和體重

　　幼兒通常每年平均生長 7.5 公分。2 歲時的平均身高為 86.6 公分，3 歲時的平均身高為 95 公分。在此期間，幼兒的體重平均每年增加 1.8 至 2.7 公斤。2 歲時的平均體重為 12 公斤，3 歲時的體重通常為 14.6 公斤。

身體比例

　　幼兒的四肢生長比軀幹生長快得多，整個身體外觀看來更加勻稱。典型的 2 歲幼兒有一個大腹便便的外觀──大大的肚子和誇張的腰椎彎曲，稱為**脊柱前凸**（lordosis）（圖 7.1）。到了 3 歲接近 4 歲時，幼兒的身形更加修長，腹肌更強健，體態也更加直立。與身體和四肢生長的速度相比，頭部的生長速度減慢許多。

臉部和乳牙

　　臉部和下巴變大，以便容納更多的乳牙。乳牙通常在 6 或 7 個月大時冒出，家長應在孩子長出第一顆乳牙後及 1 歲前，帶孩

圖 7.1 ｜ 典型的幼兒有明顯的肚子和稍微彎曲的背部

子去看牙醫，進行一次簡單的檢查。2 歲半時，預計會長出 20 顆乳牙，也就是完整的乳齒。在這個年齡階段，家長應帶幼兒進行全面的牙科檢查（圖 7.2），並依當地的水質情況，與牙醫討論孩子是否需要氟化物治療。也應該教導孩子學習正確的口腔衛生習慣，在家長的監督下每天至少刷牙兩次。有些幼兒依然保持嬰兒期以來吸吮拇指的習慣，這種習慣的有害影響，專家各有不同的看法。吸吮拇指可能會導致牙齒錯位，這通常是自限性習慣（不需要治療就能緩解），沒有簡單、可靠的方法可改掉。如果這種情況持續到學齡前，家長應該尋求專家的建議。

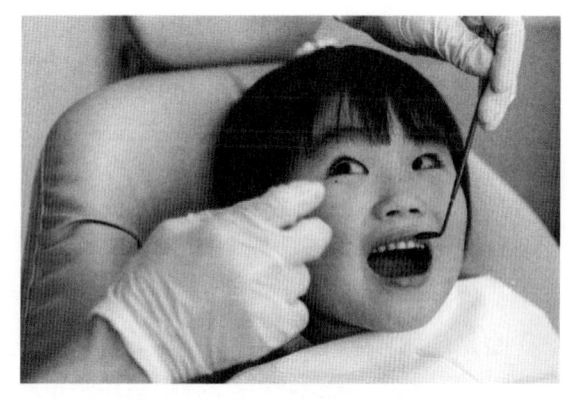

圖 7.2｜幼兒應定期去看牙醫

骨骼發展

與整體成長一樣，骨骼的生長和發育在出生的第一年最快，然後逐漸減慢。隨著幼兒成長，骨骼的密度和硬度也會增加。骨組織逐漸取代軟骨，這個過程稱為**骨化（ossification）**，直到青春期才會完成。軟骨組織的硬化是漸進的，身體不同部位的硬化速度不同。例如，到 18 個月大時，幼兒的前囟門已閉合，但其他骨骼仍然柔韌有彈性，這就是為什麼嬰幼兒的柔軟度很好，躺著時還可以把腳趾放入嘴裡。事實上，這也解釋了為什麼有些幼兒會出現「不完全骨折」（greenstick fracture）的情況。這種骨折的骨頭彎曲超出正常限度，猶如柔軟嫩枝彎折。

感覺發展

幼兒的**視力（visual acuity）**逐漸敏銳和清晰，眼部肌肉增強，進一步發展成雙眼視覺。當大型物體放置在 2 公尺遠的地方時，幼兒的視力可達到 20/40，甚至更好。到幼兒期快結束時，視力將提高至 20/20。幼兒期的深度知覺也變得更

好,但直到學齡前後期才會完全發展。

有些孩子患有**弱視（amblyopia）**,又名「懶惰眼」(lazy eye)。弱視兒童通常合併複視,但他們自己不知道,因為他們無從比較參照。幼兒必須接受視力檢查才能發現這種情況（圖7.3）。目前弱視的治療方法是遮住視力較好的眼睛,迫使孩子使用視力較弱的眼睛,配戴矯正鏡片和練習也有助於改善弱視。如果不加以治療,會導致有弱視的那隻眼睛失明。**斜視（strabismus）**（眼位不正,俗稱鬥雞眼）也是幼兒常見的視力疾病,如果斜視情況持續存在,必須諮詢專業人士。

幼兒的聽力已完全發育。常規體檢應包括定期聽力測試,及早發現與正常值相異的任何變化。對於語言發展遲緩或耳、鼻、喉反覆感染的兒童,應進行密集的監測檢查。耳朵裡有種結構稱為**耳咽管（eustachian tube）**或聽管,是中耳與口腔咽喉連接的管道。幼兒的耳咽管結構比年齡較大的兒童更短、更寬,使得微生物可以輕易地從上呼吸道到達中耳。這就是與年齡較大的孩子相比,幼兒的耳部感染發生率較高的原因。有耳部感染史的幼兒可能面臨聽力損失的風險。幼兒耳部感染的常見症狀是哭個不停,以及摩擦或拉扯被感染的耳朵。

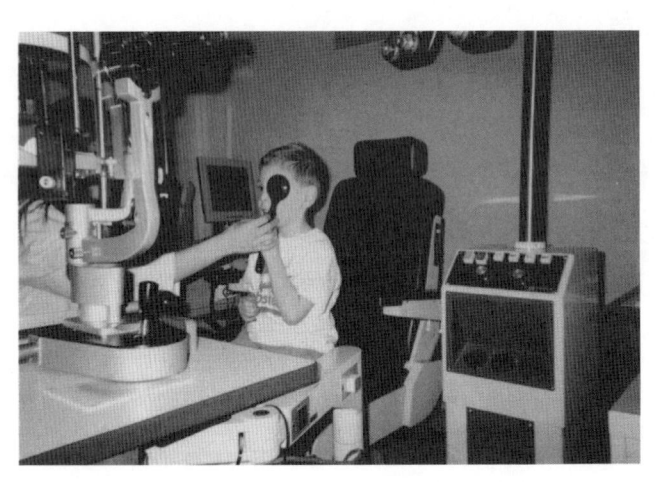

圖 7.3 ｜ 眼科檢查有助於及早發現幼兒的視力問題

🌸 生命徵象

幼兒的體溫調節機制比嬰兒更加穩定,因此對環境的變化不似嬰兒敏感。幼兒的體溫保持在 36.6°C 至 37.2°C 的正常範圍內。幼兒的心率減慢是因為心臟變

大、效率更高，平均脈搏在每分鐘 90 至 120 次之間。由於肺的活動效率和容量增加，呼吸減慢至每分鐘 20 至 30 次。幼兒期的平均血壓測量值為 99/64 毫米汞柱。

發展的里程碑

動作發展

幼兒期能力的獲得，有賴於先前嬰兒期粗大動作與精細動作技巧的進一步發展和完善。發展這些能力背後的動力，源於幼兒對獨立性的追求。到幼兒期結束時，幼兒已發展出與獨立相關的技能，包括行走、吃飯、如廁、穿衣和使用語言。

粗大動作發展

粗大動作技巧的發展，取決於肌肉、骨骼和神經的生長和成熟。在達到準備狀態之前，教孩子行走、跳繩或跳躍等發展能力沒什麼效果價值。一旦準備就緒，孩子仍需足夠的時間來練習和掌握每項新能力。

有些孩子在 1 歲過後不久就開始搖搖晃晃地走路，有些孩子要再等幾個月後才會。一般 15 個月大的幼兒能在沒有協助的情況下獨立行走、具備有限的平衡能力以及爬著上樓梯。18 個月大的孩子通常可以用雙腳走上樓梯，並爬上椅子坐好；在奔跑時狀似笨拙，經常跌倒。2 歲的孩子可以獨立爬樓梯，每階用兩隻腳踩；邁大步跑、踢大球時不會失去平衡而摔倒。在這個年齡階段，一般孩子皆能在牽扶下走下樓梯、用雙腳跳躍立定，以及自己在椅子上坐好。3 歲的孩子可以跳躍、單腳站立、踮起腳尖走幾步路。

精細動作發展

精細動作技巧包括自主進食、穿衣和遊戲。到 15 個月大時，幼兒可以更熟練地抓住湯匙並將其插入碗中，但直到接近 3 歲時，他們還是會不小心翻轉湯匙，把食物灑出來。多數幼兒都不排斥使用餐具，但常用手指攪弄食物，甚至更喜歡用手抓食物。

1歲的孩子通常能學會脫掉襪子、鞋子、帽子和手套（圖7.4）。到接近3歲時，一般幼兒可學會脫掉身上所有衣物，並嘗試穿上一些衣服，前提是他們願意做。幼兒通常具備足夠的精細動作靈敏度，所以可以讓他們自己洗澡了。洗澡通常是幼兒喜歡的活動，但他們經常只洗臉和腹部，而忽略了身體的其他部位。

　　3歲孩子的精細動作協調能力更好，他們現在可以用手指而不是拳頭握住蠟筆。3歲幼兒可以拿筆畫畫，能夠畫出垂直和圓形的線條。在出生第一年，即可些微看出慣用手偏好。通常嬰兒會用雙手或最靠近物體的手去拿物體，15個月大時，慣用手（右手或左手優勢）越發明顯。表7.1列出一般3歲幼兒的發展里程碑。

表7.1　3歲幼兒的發展里程碑

粗大動作技巧	單腳站立保持平衡 雙腳跳躍 用雙腳走上台階 跑步 騎乘三輪車
精細動作技巧	成功完成簡單的拼圖 用積木建造一座塔 模仿畫圓或垂直線 轉動旋鈕並打開蓋子
心理社會發展	能夠容忍與主要照顧者的短暫分離 自己穿脫衣服 擁有自己的物品 如廁訓練幾乎完成
認知發展	搜尋並找到玩具 指出身體部位 知道事物和人物之間的關係 記住自己的全名
語言發展	使用口語和示意動作來表達需求 使用兩個單詞以上的句子 模仿聲音和字詞 會唱簡單的歌曲 詞彙量增加

圖 7.4｜幼兒會想自己嘗試穿脫衣服

如廁訓練

根據 Freud 的**性心理發展理論**，幼兒處於肛門期，引發愉悅感的區域位於肛門。如廁訓練對父母來說通常比對幼兒來說更重要。成功的如廁訓練取決於幼兒肌肉的成熟程度，包括括約肌的控制和大腦感覺中樞的成熟（圖 7.5）。此外，幼兒必須建立一套溝通系統，讓他們能夠用手部動作或語言來提醒父母他們想上廁所了。多數幼兒先學會腸道控制，接著才學習掌握膀胱控制，通常要到 2 歲時（能夠自行走路幾個月後）才能擁有這種控制能力。多數幼兒在夜間不會尿床之前，白天早早就戒尿布了。這個年紀的幼兒在脫衣服和上廁所的過程中都需要協助。到了 3 歲半時，通常要接受膀胱訓練，日程安排的變化、情緒壓力、疲勞或生病常導致如廁訓練出現挫折。當孩子玩得太入迷或錯過尿意訊號時，會不小心失控排尿。這些失誤應該就事論事處理而非懲罰威嚇，以幫助孩子建立自尊。

圖 7.5｜如廁訓練應該是正面的經驗

Chapter 7｜幼兒期　193

> **安全有效的健康照護**
>
> 　　小鈞剛滿 2 歲，他是家裡的第一個孩子。媽媽說該是讓他接受如廁訓練的時候了，這樣他就可以去上學前班了。
> - 你可以問什麼問題，來確認小鈞已經可以接受如廁訓練了？

心理社會發展

自主決定

　　根據 Erikson 的理論，**自主決定**或積極主動是幼兒的主要心理社會任務（見第 5 章）。幼兒正試圖在日常活動中掌握獨立性，例如：如廁、穿衣、進食和擁有自己的物品（圖 7.6）。鼓勵孩子做簡單的決定可以培養獨立感，然而，選擇的自由往往會引發父母與孩子之間的衝突。父母必須在提供監督和指導的同時，培養幼兒的自主性。

圖 7.6 ｜ 自主進食是一項需要掌握的早期技能

　　許多活動，尤其是涉及兒童安全的活動，例如在馬路上玩耍，是沒有商量餘地的禁止事項之一。如何處理衝突、失誤和成功，對幼兒的自尊發展至關重要。如果幼兒因失誤而受到懲罰，他們會感覺自己毫無價值，因而產生羞愧感和懷疑感。例如，如果幼兒不小心弄髒了衣服，父母不需大動肝火、生氣責罵他們，反

而應盡量準備好替換衣物，並將這次失誤視為小事，安慰孩子說：「下次你會做得更好。」即使聽從父母的管教指導，幼兒在學習自主行為時，也常常產生**矛盾心理（ambivalence）**的情緒。例如，幼兒接受訓斥或管教時，可能會對照顧者又愛又恨，生氣地對父母脫口而出「我討厭你」，但仍想要被擁抱和安慰。

父母應該謹記，不要迫不及待地接手幫孩子穿好衣服。雖然幫幼兒穿衣服比較快，但最好還是讓孩子自己練習這些技能，來支持孩子自主性的發展。專欄7.1 列出理解幼兒行為的原則。

專欄 7.1　理解行為的原則

- 仔細審視所有相關因素，來理解行為發生的脈絡。
- 所有行為都有目標和目的性。
- 幼兒的自我概念會影響他們的行為。
- 消極行為是幼兒因需求未能及時滿足而感到沮喪的結果。
- 幼兒對行為的覺知與解釋會影響他們的行為。

管教

幼兒需要管教，因為他們沒有足夠的資訊來理解什麼是可接受或不可接受的行為。一個簡單又直接的「不」，接著轉移他的注意力，有助於為學習衝動控制奠定基礎。更重要的是，照顧者必須保持態度前後一致並反覆強調限制。管教不是要剝奪幼兒的自由，而是在安全範圍內賦予孩子更多探索和學習的機會。管教時應引導、糾正、加強和改善幼兒的選擇，沒有商量餘地的禁止情況包括：不可以傷害自己或他人、不能破壞財物、不可以獨自前往不安全的地方（如跑到馬路上）。對這些沒有商量餘地的情況，父母應該就期望的行為給出清晰、簡單的指示，例如：「記住，手是用來玩的，不是用來打人的。」

有時，管教會引發幼兒亂發脾氣或反抗行為。這種**消極行為（negativistic behavior）**的發生，是因為幼兒的需求或願望沒有得到立即滿足而感到沮喪，幼兒渴望控制和獨立，但能力或判斷力卻跟不上。幼兒的詞彙量有限，這使得他們

很難表達自己的感受，當他們無法隨心所欲時，可能會亂踢、尖叫和哭到屏息（幼兒屏息症 [breath holding]）。亂發脾氣常見於 2 至 3 歲之間，到了 4 至 5 歲時，強度和頻率逐漸減弱。為了避免衝突，父母可以少在意一些小問題，讓孩子有自己的選擇，例如，盡量不要再三催促磨磨蹭蹭的孩子，或允許孩子吃完早餐後再穿衣服。盡可能給予幼兒選擇，有助於減少衝突和亂發脾氣的次數。如果孩子不時亂發脾氣，在確保安全的情況下，父母可讓孩子留在自己的房間冷靜片刻或限制圍觀的人數。

另一種可用於解決意願衝突的介入措施是「暫停法」（time-out），例如將孩子帶離現場，移動到一個安靜的地方，重新掌握主導權。暫停法應立即進行，且每次的暫停時間限制為 1 分鐘。暫停結束後，父母須和孩子討論衝突的起因及可能的解決方案。教導孩子談論感受，並幫助他們學習設想問題的替代方案。

某些技巧有助於預防或緩和亂發脾氣。幼兒天生的好奇心使得父母有必要辨識並消除誘惑刺激，例如，不讓幼兒有機會觸碰刀具和其他鋒利物品。對 2 歲的孩子來說，要求事情按照自己的意願發展是很常見的，因此，最好不要在預期事件發生之前就透露計畫。如果父母或照顧者承諾隔天帶孩子去公園，孩子可能會要求履行計畫，無論天氣惡劣或發生其他情況與否。孩子若非處於險境，父母對於他們尋求關注的行為，偶爾忽略無妨。孩子若表現出期望的行為，照顧者應給予讚美和正增強，例如，當孩子上完廁所後記得沖水時，應該稱讚孩子。其他相關的管教小撇步，請參閱專欄 7.2。

專欄 7.2

管教小撇步

- 嘗試瞭解不當行為的原因
- 尊重孩子的個性
- 要堅定但溫和
- 要有耐心
- 經常獎勵和讚美
- 鼓勵孩子坦然表達感受
- 在安全允許的情況下忽略消極行為
- 提供健康的環境
- 認真傾聽
- 鼓勵自主
- 避免一時心軟
- 控制情緒
- 允許孩子嘗試錯誤
- 增強良好的行為
- 盡可能規律作息
- 塑造期望的行為
- 提供選擇

實用小提示：正向的管教技巧

不要說的話	正向管教技巧	基本原理
別再像個小孩子了。	你哭是因為你感到生氣，因為我們要離開遊戲場了。	使用負面標籤會否定孩子的感受。較好的做法是為他們描述事實，解釋他們的行為。
沒什麼好怕的。	你聽到的聲音並不是怪物，是風吹在窗戶上發出的聲音。	淡化恐懼只會讓孩子覺得他們的害怕並不重要。最好是認可他們的恐懼並用簡單的解釋加以安撫。
你為什麼這樣做？	・你搶了別的孩子的玩具，因為你生他的氣。 ・你能告訴我更好的做法嗎？	很多時候，幼兒並不明白為什麼他們會這麼做。問他們「為什麼」，他們也不知道怎麼說清楚。最好為他們的行為提供解釋。

Chapter 7 | 幼兒期

實用小提示：管教幼兒

管教幼兒時：
- 為孩子建立一個安全的空間。
- 不要大吼大叫；說話語氣堅定且明確。
- 不要威脅孩子。
- 瞭解是什麼原因讓孩子亂發脾氣，並避免引發這些問題。
- 提供安全的選擇。
- 冷靜、清楚地陳述可接受的行為。
- 必要時使用暫停法。

特殊的心理社會問題

幼兒受到**分離焦慮**（separation anxiety）的影響。儘管他們變得更加獨立，但也只能忍受與父母短暫的分離。這個年紀的孩子天生愛親近人，但除非有家人在旁，否則他們還是有些害怕陌生人。父母若要離開或外出，應該誠實地告訴孩子，並告知他們什麼時候回來，如此才能讓幼兒相信父母會像他們所說的那樣如期現身。幼兒沒有清晰的時間概念；相反地，他們認為時間與特定事件有關，例如，幼兒不知道中午是什麼意思，但他們可以聯想到午餐時間。因此，當父母必須離開時，為讓孩子安心，應該告訴孩子自己會在午餐後或午睡後回來。

幼兒有時會使用「安心物品」（comfort items）來減少焦慮，這些物品通常是毯子、絨毛玩偶或其他常見的家居用品（圖 7.7）。這些過渡性物品（transitional objects）對孩子來說很重要，但通常也是父母擔心的問題。照顧者不

圖 7.7｜許多幼兒都有一個過渡性物品，例如絨毛玩偶或毯子，這可以帶給他們舒適和安全感

該錯誤期待孩子一下子就願意放棄他們的過渡性物品。孩子生活中的重大變化，例如新弟妹的到來、搬家、開始去上學前班等，可能會帶給他們壓力，所以才需要安心物品。

弟弟妹妹的出生常引起**手足競爭**（sibling rivalry），或是讓幼兒產生嫉妒和不安全感。對於 2、3 歲的孩子來說，要跟兄弟姊妹分享時間、注意力和父母的感情是很困難的。面對新生兒出生帶來的家庭變化時，幼兒可能會出現暴怒或退化行為。

退化，即退回到幼兒感到舒適和安全的早期行為模式，可能在任何有壓力的時候發生。受過如廁訓練的孩子退化，再度尿床或失禁意外的情況並不少見，特別是在生病或與父母分離後。當這種退化情形發生時，父母不應大驚小怪，只要壓力期結束，孩子就會恢復到正常的行為模式。弟妹出生後，有的幼兒會退化，想要像新生兒一樣使用奶瓶或被隨身抱著。父母應該預想孩子會出現一些退化行為，並留給和幼兒單獨相處的特殊時光，讓他感覺自己和新生兒一樣重要。

實用小提示：安心物品

幫助孩子放下安心物品：
- 將過渡性物品視為孩子走向獨立的一步。
- 提供替代性的物品，而不是堅持捨棄該物品。
- 預留足夠的時間讓孩子有心理準備。

認知發展

認知是透過反覆地嘗試錯誤來發展。2 歲的幼兒開始進入 Piaget 所說的前運思期（見第 5 章）。幼兒解決問題的能力有限，例如，他們知道什麼是垃圾桶，但卻將玩具和垃圾不加區別地扔進垃圾桶。隨著記憶開始發展，幼兒喜歡模仿成人的行為。此外，幼兒對新經驗的解釋，奠基在對以前發生的事情的記憶。例如，幼兒認出熟悉的物體和人物，並做出親近的反應，但對不熟悉的事物和陌生人，則表現出害怕的情緒。

幼兒開始嘗試新的想法或行動。**物體恆存性**（object permanence）是指幼兒明白即使眼前未見物體，該物體也不會憑空消失。幼兒對物體恆存性的理解，遵循一個簡單而直接的模式。幼兒憑著記憶的進步發展，來創造心理圖像（腦海中的形象），這些心理圖像具有神奇魔力般的特質，被融入在幼兒的遊戲中。事件具有簡單的因果關係，例如，幼兒認為自己的感受可以直接影響事件；有些孩子擔心他們的憤怒想法可能會導致不好的事情發生。幼兒對世界有一種**自我中心**（egocentric）的看法，也就是說，他們無法從自己以外的角度來感知世界。例如，某位幼兒從另一個幼兒手中搶了一個玩具，但不明白這可能會傷害另一個小朋友的感情。照顧者應簡單地向幼兒解釋這種行為是不恰當的。

幼兒仍無法完全理解時間概念，或僅以自身參考架構內的事件來解釋。最好避免使用**明天**、**昨天**或**下週**等字眼，如果使用熟悉的事件來連結特定的事件，孩子會更容易明白。例如，說「吃完午餐後我們會去公園」會比「我們下午去公園」更容易讓他們理解。

🌸 道德發展

在成長過程中，幼兒會根據父母的道德準則，模仿父母的行為和接受教導，以建立自己的道德觀。父母開始教育幼兒什麼是對的、什麼是錯的。例如，在車內不可以站起來，必須繫好安全帶並坐在安全座椅上；當父母在開車或乘車時也繫上安全帶，就能給孩子樹立一個好榜樣，幫助他們明辨是非。不厭其煩反覆地教導和一致性，才能強化道德決定。所有的照顧者應站在同一陣線，灌輸相同的原則。父母和孩子應該互相尊重，換句話說，幼兒透過受到尊重，學到尊重他人。以尊重他人為前提的理性管教，是幼兒發展出自身道德觀的起點。學習表現社會可接受的行為是一個漫長而緩慢的過程——從這個階段開始，一直延續到青春期。關於如何提高幼兒的自尊和樂觀進取精神，請參閱專欄 7.3。

專欄 7.3

提高幼兒的自尊

- 盡快關注孩子的需求。
- 與孩子共度特別的時光。
- 忽略小錯誤。
- 專心聆聽。
- 表達正向的尊重。
- 對事不對人。
- 提供正向的回饋。
- 保持一致性的溝通。
- 若是大人做錯事，應該放下身段道歉。

溝通

語言習得是自動自發的。在幼兒能夠將自己的想法用語言表達之前，早已能理解別人對他們說的話。語言技巧透過練習得到增強，鼓勵幼兒說話和閱讀，有助於培養語言能力。幼兒的語言建立在象徵意義和記憶能力上，顯示他們的口語表達不僅道出事物的名稱，而且還表現出他們對事物意義的理解。例如，當幼兒說「盆盆」這個詞時，指的就是上廁所一事。認知發展和模仿在早期語言習得中扮演重要角色。

早期的句子結構可能不正確，發音又不清楚，但幼兒仍能表達他們想說的訊息；有時只有主要照顧者才能理解孩子的語言。第一個句子由名詞或動詞組成，很快地，幼兒就能說出用兩個名詞或動詞組成的句子。「Me go」（我走了）是早期句子的一個例子。為了使兩個單字的句子更清楚，多數幼兒會使用示意動作來加強單字的意思。

多數 2 歲幼兒會用語言來代表他們的行動，並表達他們的需求。例如，如果幼兒口渴，可能會反覆說「果汁」，直到需求滿足為止。當幼兒學會使用「為什麼」這個詞時，他們經常用它來挑戰成人，藉此爭取發言權。這類對話可幫助孩

子學到更多知識。當 2 歲半到 3 歲時，幼兒開始使用由三個單字組成的短句。幼兒常混淆代名詞 I（我）和 me（我）。此後，「我的」（mine）很快就成為幼兒詞彙的重要單詞，此時孩子開始表現出所有權意識，一切都變成「我的」。2 歲時的 50 個詞彙量，到 3 歲時迅速提高到 1,000 個詞彙量。3 歲孩子可以將名詞和動詞放在一起組成一個短句，例如「我要去」（I go）或「給我」（Give it to me）。

生活在雙語家庭的幼兒可以同時學到不只一種語言。如果家中使用兩種語言，幼兒即可同時學習雙語。倘若家中使用一種語言，而共玩班（playgroup）或學前班使用另一種語言時，儘管幼兒學習第二語言時會遇到困難，但仍有可能學會第二語言。

下面的實用小提示說明兒童的語言里程碑。如果父母擔心孩子的語言問題，應聯繫兒科醫師。到 2 歲時，父母應該能夠理解孩子大約 50% 的語言；到 3 歲時，約可理解 75%；到 4 歲時，所有的人應該都能聽懂孩子所說的話。

實用小提示：口語或語言發展遲緩的跡象

若孩子有以下情況，家長應聯繫兒科醫師：
- 12 個月大時，仍不會揮手和指向等手部示意動作。
- 18 個月大時，仍使用手部示意動作而非聲音溝通；不會模仿發出聲音；難以遵從簡單的要求。
- 2 歲時，仍不會自發性地說出單字或無法遵守簡單的指示。

營養

幼兒需要建立良好的飲食習慣，因為這個階段建立的飲食習慣將伴隨終生。由於幼兒的飲食習慣很容易受到兄姊和父母的飲食偏好影響，其他家庭成員也需要以身作則，以建立良好的飲食習慣。父母的責任是為幼兒提供健康的食物選擇，並讓孩子決定想吃什麼。尤其重要的是，照顧者應為幼兒提供食物金字塔（food pyramid）或「我的餐盤」（MyPlate）中各個類別的適量食物（圖 7.8）。有關「我的餐盤」圖示和更多的討論，請參閱第 1 章。

圖 7.8 ｜為幼兒提供健康的食物選擇，並讓他們決定想吃什麼

　　幼兒特別需要能夠促進肌肉發育和骨骼礦化的食物，即富含蛋白質、鈣、鐵、磷和維生素的食物。每天三份蔬菜和三到四份的水果，即可提供所需的維生素 C。另外，應提供富含纖維質、鐵質的食物，如穀物、肉類和水果。由於多數兒童仍喜歡喝牛奶，因此必須對牛奶攝取量進行監控，將其限制在每日兩份 170 公克的低脂牛奶。隨著固體食物攝取量增加，對牛奶的需求將會減少。喝水有助於幼兒保持水分，並減少對甜味果汁和其他飲料的渴望。到了 2 至 3 歲時，幼兒就可以和家人吃一樣的食物了。

　　3 歲幼兒平均每天需要 1,000 至 1,400 卡路里的熱量，每個孩子所需的食物量，依個人活動量的不同而有很大差異。活動量大的孩子比久坐的孩子需要更多熱量，每日體力活動超過 60 分鐘的男童，上限為 1,400 卡路里。

　　允許幼兒吃垃圾食物，例如高糖食物，不利於孩子的營養狀況。零食和正餐一樣，都應該要有營養，要避免或僅少量食用糖果和其他含糖食物。點心中的熱量、蛋白質和其他重要營養素，應計入幼兒每日營養攝取的來源之一。

　　照顧者可滿足幼兒的許多食物偏好，同時提供營養食物。多數幼兒喜歡簡單的食物，而不是混雜在一起的不明食材，並從進食中認識各種食物的質地和口感。容易拿取和咀嚼的食物是幼兒的最愛。例如，手拿式三明治、小塊的肉塊、披薩、義大利麵和水果。剛開始，他們用門牙撕咬和咀嚼。當臼齒長出時，就可用口腔後部咀嚼。幼兒在 2 歲半時已長出全部的乳牙，因此他們可以咀嚼和吞嚥餐桌上的各種食物。

幼兒常對進食發展出自己的一套**儀式行為**（ritualistic behavior），例如，有些幼兒喜歡每餐使用相同的盤子或杯子。他們的儀式偏好有時可能會讓某些照顧者感到不安，但這種行為其實是許多幼兒的典型行為。此外，幼兒可能會突然熱愛某食物，或只願在某時段吃東西，或每天只吃少量食物。幼兒不吃飯的常見原因包括：過於興奮或分心、疲倦、生病、不餓和尋求關注。有些幼兒在某段期間日復一日只想吃花生醬三明治；如果含有適當的營養成分，同樣的食物（儘管從成人的角度來看似乎很單調）並不會損害孩子的健康。更何況，對某種食物的熱愛可能來得快去得也快。

幼兒也喜歡用餐時間的一致性和熟悉的慣例，這有助於培養良好的飲食習慣。因此，每天應在同一時間進餐。由於幼兒的胃容量較小，照顧者應規劃三頓輕食和三份營養點心。有關營養點心的選擇建議，請參閱專欄 7.4。

用餐時間應用來促進家庭相處的時光和幼兒的**社會化**（socialization），包括促進孩子進食的自主性。最好能提供簡單的選擇，例如：「你早餐想吃麥片還是烤吐司？」而不是問：「你早餐想吃什麼？」孩子有時會以拒絕進食來展現他們的自主性，有時也會因食慾不佳、不餓而拒絕進食。照顧者應注意不要在接近用餐時間前提供點心，最好的做法是忽略他們的拒絕進食行為，因為這通常只是短暫的現象；他們餓了自然就會吃。幼兒常會玩弄食物或拖拖拉拉，需要給他們足夠的時間來吃完飯，但也不要毫無限制，以免一頓飯拖到下一頓。照顧者應盡可能對幼兒在進餐時的消極行為睜隻眼閉隻眼。

專欄 7.4

營養點心的選擇建議

- 點心是提供額外熱量、蛋白質和其他重要營養素的絕佳方式。
- 避免在正餐前提供點心。
- 避免食用高糖及營養價值較低的食物（如糖果或加工烘焙食品）。
- 選擇健康的點心，如起司塊、新鮮水果、生菜、低脂牛奶、餅乾、即食麥片、果乾、塗花生醬的麵包或餅乾或原味低脂優格。

為促進幼兒良好的飲食習慣和社會化能力，用餐時間不應有壓力。家長應該預期可能會發生的意外狀況和灑出食物，並做出就事論事的反應。可以教導幼兒簡單的餐桌禮儀，例如如何使用正確的餐具。使用正確的餐具還可以增強精細動作協調性，一般尺寸或適合兒童尺寸的餐具皆可。照顧者應對幼兒表現出期望的用餐行為提供正增強。另外，鋪上特別的餐布或用「精美」的餐具布置桌子，有助於讓幼兒知道他們正在長大，擁有使用「成人的東西」的資格。有關培養良好飲食習慣的實用建議，請參考專欄 7.5。

專欄 7.5

培養良好的飲食習慣

- 鼓勵幼兒嘗試新的食物。
- 在一般吃慣的食物內，加入少量新的食物。
- 給予兒童餐的分量。
- 呈現不同口感、色彩多樣的食物。
- 和孩子一起吃飯。
- 切勿強迫孩子進食。
- 提供舒適的氛圍。
- 盡量減少用餐時的干擾（例如，關掉電視）。
- 留意可能的意外狀況或食物濺出。

睡眠與休息

幼兒的睡眠時間比嬰兒少，而且不喜歡睡覺，因為他們想多玩一會兒或多些時間跟大人一起活動。白天小睡片刻可防止幼兒過度疲勞。就寢時間可加入一些儀式，例如為孩子講睡前故事，或讓他們抱一個安心物品，例如泰迪熊或毯子（圖 7.9）。和就寢時間有關的儀式行為或習慣，可以為孩子建立一個熟悉的慣例，有助於減少焦慮並帶給孩子安全感。

圖 7.9｜建立就寢儀式可以幫助幼兒安定下來入眠

因做惡夢驚醒、受到驚嚇而引起的睡眠障礙並不罕見。孩子做了惡夢後，常因害怕而拒絕睡覺。與惡夢有關的事件真實且栩栩如生，稚子何辜，當然要安撫一番。安撫的時間不必太長，建議父母到孩子的房間安慰他，而不是把孩子帶到父母的床上一起睡。父母應該讓幼兒明白，家中每個人都有自己的睡眠空間。把蹣跚學步的孩子抱到父母的床上，日後養成的習慣會很難改掉。其他可能導致幼兒睡眠障礙的因素包括：害怕與父母分離、生病和身體疲憊。幼兒經常進入深度睡眠狀態，覺察不到尿意的信號，導致尿床。不過，直到如廁訓練確立之後，尿床才被認為是個問題。

實用小提示：解決睡眠問題

幫助幼兒入睡：
- 制定一致的作息規律，但不能強迫孩子睡覺。
- 在睡前進行安靜的儀式。
- 如果黑暗的房間讓孩子感到害怕，可使用小夜燈。
- 請記住，並非所有的幼兒都需要相同的睡眠時間。

遊戲

遊戲是幼兒期的重要活動，也是他們繼續探索和認識周遭世界的主要方式。一開始，遊戲是模仿幼兒周遭他人進行的活動，例如講電話。這種模仿不僅是有趣，也有助於幼兒嘗試成人角色（圖 7.10）。到 2 歲左右，遊戲開始從非象徵性遊戲轉為象徵性遊戲，非象徵性遊戲的一個例子是嬰兒擠壓軟球。Piaget 將象徵性遊戲（symbolic play）視為虛構和假想能力的表現，物體成為符號象徵或代表其他稍微相似的東西。2 至 4 歲的兒童最常參與象徵性遊戲，有學者認為，象徵性遊戲可以幫助孩子探索不同的可能性，透過幻想和假想來控制攻擊性。象徵性遊戲的例子之一是用積木建造城堡或城市；其他例子如幼兒假裝用杯子喝水、假裝餵洋娃娃吃東西。父母可透過示範，引導孩子從遊戲中學到期望行為。

圖 7.10｜幼兒透過遊戲來嘗試新角色

遊戲有助於自我、認知和社交發展。許多家長幫 2 歲和 3 歲的幼兒報讀結構化遊戲共玩班或學前班，儘管他們在玩耍時並非時時與其他孩子互動，但與正在學習社交技巧的同齡孩子在一起，對他們的發展不無助益。讓孩子參加共玩班和學前班，也讓照顧者有時間外出工作，或與家中其他孩子互動相處。儘管鼓勵幼兒與其他孩子一起玩耍，但許多衝突還是因玩具而起。幼兒通常更喜歡**平行遊戲**（**parallel play**），即看似與其他孩子一起玩，但彼此並無互動。

隨著幼兒語言能力和思考能力的發展，他們可以將豐富的想像融入遊戲活動中。例如，許多 3 歲幼兒（尤其是女童）會憑空想像出虛構的玩伴，當生活中發生一些不如意的情況或犯錯時，這些想像中的玩伴常成為幼兒的遷怒對象。這種類型的遊戲是發展過程中相當正常的現象，照顧者毋須過度反應。

玩具的選擇是父母必須做出的眾多關鍵決定之一（專欄 7.6）。玩具能促進精細和粗大動作技巧的發展，為幼兒帶來樂趣。推拉、騎乘玩具、鞦韆和鍋碗瓢

盆，都有助於粗大動作發展；手指畫、繪圖、拼圖和積木則可增強精細動作的發展。有些 2 歲孩子喜歡擰開瓶蓋、打開盒子和容器、翻書頁及用剪刀剪東西，幼兒應在成人的監督下使用安全剪刀。樂器有助於培養節奏感和好奇心。這些幼

圖 7.11｜幼兒喜歡玩家裡的各種物品

兒喜愛的活動中所使用的許多物品，一般家庭中大概都有（圖 7.11）。

專欄 7.6　幼兒的遊戲和玩具

平行遊戲：與其他孩子一起玩，但不互動或分享。
玩具：三輪車、鞦韆、攀爬架、積木、拼圖、油漆和刷子、服裝道具、玩具食物、絨毛玩偶、玩具火車和卡車、簡單的樂器（例如鼓或搖鈴）、空盒子。

電子設備與電視

許多父母允許嬰幼兒使用平板電腦和智慧型手機，想藉此讓孩子有事做，不吵不鬧就好。使用這些電子設備恐減少嬰幼兒的感官刺激，它們沒什麼觸感、氣味或味道，也不會刺激精細動作技巧發展。

幼兒的模仿能力很強，希望像大人一樣使用這些設備。父母應限制孩子使用平板電腦或智慧型手機的時間，如果允許幼兒玩這些設備，家長也應該選擇能讓孩子繪畫、著色或拼圖的應用程式。父母應該和孩子一起遊戲，教導他們顏色和詞彙。父母與幼兒交談得越多，幼兒學到的東西就越多。

大約 90% 的家長表示，2 歲以下的孩子會觀看某種形式的電子媒體或電視。有些節目對 2 歲以下的幼兒有益，但沒有科學證據支持。研究顯示，過度使用媒體會導致語言發展遲緩。根據這些發現，美國兒科學會（AAP）建議每天使

用媒體的時間限制在 1 小時以內，並希望家長能事先瞭解節目內容，且不要在孩子的臥室裡放置電視。

安全措施

　　由於幼兒天生的好奇心和喜歡探索，他們很容易發生意外。事故是幼兒死亡的主要原因，也是最常見的就醫原因。大多數事故是可以預防的，而預防則需要家長的教育。幼兒需要持續的監督，因為家庭內外都暗藏許多危險。幼兒不懂得辨識危險或威脅，加上他們好奇心旺盛，使他們面臨極大的受傷風險。

　　近期統計數據顯示，在幼兒階段導致死亡或重傷的事故中，一半以上是車輛碰撞事故。美國各州法律均嚴格規範和強制執行汽車安全座椅和約束裝置，以減少傷亡人數。成人必須教導幼兒，乘坐任何車輛時，他們都應該坐在背對前方的汽車安全座椅上（譯注：後向式汽車安全座椅），並繫好安全座椅束帶（圖 7.12）。

圖 7.12 ｜乘坐汽車時，應讓幼兒坐在安全座椅上

　　車窗和車門把手應全面禁止幼兒擅自碰觸。但是，許多汽車安全座椅安裝在後座窗戶旁邊，因而讓車門把手和窗戶開關控制置於孩子伸手可及的範圍內。汽車門窗兒童安全鎖是美國多數汽車的銷售標準配備，正確使用時，窗戶按鈕和車門把手會被鎖定，防止幼兒好奇誤觸打開，這些鎖必須只能由駕駛者啟動。一致地遵守一切有關汽車安全或一般安全的規則，才能讓孩子也跟著好好遵守規則。

　　燒傷對幼兒所造成的傷害，僅次於車輛碰撞事故。廚房裡的安全措施包括：取下爐灶旋鈕，並將鍋柄轉向爐灶內側，以及防止鍋內食物溢出。不使用電源插座時，須使用插座安全保護蓋以防止觸電。因溢出的燙熱液體或玩火而被燒傷也是風險之一。

為確保兒童安全，照顧者應審慎選擇遊戲區域，不應放任兒童在車輛行經的道路附近或私人車道上玩耍。為了防止事故發生，必須持續不斷地監督兒童的行動，也不能輕易認為幼兒能夠記住所有的安全規則或能夠識別潛在的危險。

　　當幼兒學會攀爬並懂得打開抽屜和壁櫥時，攝入毒物成為另一項安全隱憂。存放家用清潔劑、園藝產品、汽車產品以及處方藥和非處方藥時必須特別小心。這些物品應存放在兒童接觸不到的高架櫥櫃內，並安全鎖好。家長千萬不要把藥物比喻成糖果或說它味道好吃，否則孩子可能會受到誘惑。父母應特別注意，不要在孩子面前服藥，以免孩子模仿。所有照顧者都應記住美國毒藥物防治諮詢專線號碼（800-222-1222）（譯注：台灣為 02-2871-7121 或 02-2875-7525#85500），以便在發生中毒意外時隨時撥打求助。

　　和嬰兒一樣，窒息或吸入小物體也是令人擔憂的幼兒安全問題，尤其幼兒又常一邊奔跑一邊吃東西。某些食品為常見的禍首，包括：硬糖、爆米花、果核或籽實類食物、整顆葡萄和大塊肉品。其他潛在的安全隱患是有可拆卸小零件的玩具，幼兒可能會將其放入嘴裡吞嚥或塞進鼻孔吸入，故最好不要給幼兒這類玩具。也建議父母不要在床上或家具上使用塑膠覆蓋物，以避免窒息。許多幼兒的死亡與氣球有關，當他們嘗試吹氣球時，可能會不小心將洩了氣的氣球吸入，使得氣管阻塞造成窒息。

　　溺水是意外死亡的原因之一。溺水可能發生在浴缸、游泳池或其他水域──即使是只有幾公分深的水也很危險，因此連洗澡時也務必時刻監看。成人的看管和教導幼兒游泳，才能讓戲水成為一項安全、有趣的活動（圖 7.13）。

圖 7.13 │ 確保幼兒在水域周邊的安全性非常重要

健康促進

應定期帶幼兒進行身體檢查。這些檢查包括監測幼兒的成長模式、健康篩檢、辨識和治療任何異常情況、對父母和孩子進行衛教,以及預防疾病。在幼兒 18、24 和 36 個月大時各安排一次就診。每次就診時,醫生應詢問病史及身體檢查,包括對兒童成長和發展的評估。為了加強育兒技巧,可多開設親子教養課程。幼兒應在 12 至 15 個月大時接種麻疹、腮腺炎和德國麻疹疫苗(MMR),目前也建議 12 至 15 個月大的幼兒接種水痘疫苗(VAR)。(譯註:在台灣,出生滿 1 年的幼兒,可公費接種第 1 劑水痘疫苗,並於 4 至 6 歲依醫囑自費接種第 2 劑。)

健康促進還包括預防、診斷和盡量減少遺傳性疾病的影響。美國兒科學會(AAP)建議從 3 歲開始,每年對兒童進行血壓篩檢,這是因為兒童和青少年高血壓的發生率為 3.5%,如果不加以治療,可能會惡化為成年期高血壓和心血管疾病。對於已知有危險因子的兒童,例如父母有吸菸史、糖尿病、高膽固醇或心血管疾病史,應在 2 歲時對其進行首次血脂篩檢測試。

美國兒科學會、疾病管制與預防中心(CDC)和《2030 健康國民》建議,出生至 5 歲的兒童每次就診時,應對其進行發展障礙篩檢。重點是早期診斷、早期治療。美國兒科學會要求健康照護人員在幼兒 18 個月和 24 個月大時進行標準化測驗,以辨識可能患有自閉症譜系障礙(autism spectrum disorder, ASD)的兒童。自閉症譜系障礙是一組行為、社交和溝通領域出現異常的發展狀況,某些患有自閉症譜系障礙的兒童可能無法達到微笑、牙牙學語、使用示意動作和/或使用語言等發展里程碑。若懷疑兒童患有自閉症譜系障礙,應將兒童及家人轉介至早期介入和早期療育機構。

兒童虐待

所有健康照護人員皆應警覺虐待的徵兆。任何家庭型態和社經地位，都可能發生虐待情事。兒童虐待包括身體虐待、情緒虐待和性虐待，請參閱表 7.2 以瞭解兒童虐待的常見跡象。

表 7.2　兒童虐待的常見跡象

虐待的形式	受虐的徵兆
身體虐待	瘀傷、疤痕（可能處於不同的癒合階段） 多處骨折，並有不同癒合階段的跡象 割傷或撕裂傷 四肢或臀部被香菸或熱水燙傷 頭部受傷 眼睛腫脹、發黑
性虐待	行走或坐臥困難 生殖器或肛門瘀傷或出血 復發性泌尿道感染 性傳染病的症狀 青春期早期的不當性行為
心理／情緒虐待	容易暴怒、攻擊性強 同儕關係不佳 心態消極、喪失快樂情緒 自尊心低、缺乏信任 發展遲緩 行為退縮、孤僻

美國聯邦政府將**兒童虐待（child abuse）**定義為：「父母或照顧者近期的任何行為或不作為，導致兒童死亡、嚴重的身體或情緒傷害、性虐待或剝削」或「造成嚴重傷害、急迫風險的作為或不作為」。該法針對的是 18 歲以下，在父母或照顧者的看顧下，持續遭受傷害的兒童。然而，法律也規定所有與兒童互動接觸的健康照護人員，有責任評估和通報可疑的虐待行為。基礎醫療人員是在兒童

保健和就醫期間，辨識他們是否遭受虐待或忽視的關鍵人物。法律並未要求健康照護人員確定虐待行為是否發生，要向兒童服務機構通報虐待行為並啟動調查，「只要疑似就足夠了」（suspicion is all that is necessary）。四種常見的虐待形式分別為：身體虐待、疏忽、心理虐待和性虐待。

身體虐待

身體虐待是指兒童遭受父母或照顧者的任何非意外的身體傷害，包括：瘀傷（用任何物體擊打，例如皮帶或手）；劇烈搖晃（常見於嬰兒期和幼兒期）；用香菸、火焰或熱液體灼燙傷；踢踹；勒住脖子；咬傷或刺傷以及任何口頭傷害威脅。

疏忽

疏忽是指父母或照顧者未能滿足兒童的基本生理需求，例如食物、衣物、住所、醫療照護，致使父母或照顧者對孩子的健康、安全和福祉造成傷害。

教育疏忽是指父母或照顧者未能遵守學校當局的勸告，讓兒童長期缺課、未能註冊入學，或未能為被診斷患有學習障礙的孩子提供特殊教育需求服務。

另一種疏忽的形式是，父母或照顧者將孩子置於長期遭受家庭暴力或配偶虐待的環境中，或允許孩子吸毒或酗酒。

遺棄是虐待或疏忽的一種形式，特別是當父母或照顧者離開孩子且沒有告知會去何處、如何聯繫父母或父母何時（或是否）返回時。兒童被留在沒有合理支持的環境中，可能會遭受嚴重的身體、性或情緒傷害。

美國許多州都頒布了安全港法（Safe Haven Law），提供一個特定的安全場所，讓父母可以在不受懲罰的情況下棄養新生嬰兒。

心理虐待

心理虐待是指父母或照顧者干擾兒童心理與社會健康的態度和行為，包括貶低、羞辱、咆哮，以及未能提供促進成長與發展所需的愛和親情。

性虐待

美國所有的州都將性虐待納入兒童虐待的定義範圍之中，性剝削（sexual exploitation）也被視為兒童虐待。性剝削是指父母或照顧者允許兒童從事賣淫，

或製作兒童色情產品。性虐待是指除提供必要照顧外，觸摸或將任何物體插入陰道或肛門的行為，包括肛交或陰道性交、口交、言語挑逗和威脅。父母和照顧者必須注意，兒童性虐待的加害者可能是家人、朋友、鄰居、保母和宗教人員。性虐待的徵兆包括：性傳染病症狀、生殖器或肛門區域受傷、坐臥或行走困難和疼痛、青少年的性暗示、不當性行為或性濫交行為等。

思辨練習

練習一：

　　史女士將 2 歲 4 個月大的艾克帶到診所，因為她認為他的發展狀況不佳。她解釋道，他能在沒有外力協助的情況下自行走路，但只能說出四個簡單的詞彙。除了直系親屬以外，任何人都聽不懂他的發音。她說她還沒辦法成功訓練艾克如廁，又說她的大兒子在這個年齡，早就學會了這些技能。

1. 能讓史女士放心艾克的發展正常的最佳說法為何？
2. 根據預期的發展時間表，該如何解釋艾克的表現？
3. 列出三種教導史女士協助艾克完成如廁訓練的方法。

練習二：

　　一名 2 歲半幼兒的父母擔心他們沒辦法讓孩子乖乖聽話。他們說孩子只是不斷地說「不」。你能給父母什麼建議？

本章重點回顧

- 幼兒期係指 1 至 3 歲的發展階段。
- 幼兒的生長速度比嬰兒慢,整個身體外觀看來更加勻稱,身形更加修長。
- 骨骼持續發育,並逐漸硬化或骨化。
- 到 2 歲半時,幼兒通常會長出完整的乳牙。照顧者須帶幼兒去看牙醫,進行全面的牙科檢查或治療,以確保日後的牙齒健康。
- 幼兒的視力逐漸敏銳和清晰,可以透過讓幼兒近距離觀察大型物體來增強視力。聽力已完全發育,應定期進行檢查。
- 幼兒期的心跳、呼吸頻率和血壓讀數會下降。
- 粗大和精細動作技巧進一步發展。
- 到幼兒期結束時,他們已發展出與獨立相關的技能,包括行走、進食、如廁、穿衣和使用語言。
- 粗大動作技巧的發展,取決於肌肉、骨骼和神經的生長和成熟。在達到準備狀態之前,教孩子行走、跳繩或跳躍等發展能力沒什麼效果價值。
- 幼兒期的精細動作能力與自主進食、穿衣和遊戲有關。到幼兒期結束時,他們應能主動穿脫衣物、洗澡和刷牙了。
- 根據 Freud 的性心理發展論,幼兒處於肛門期,引發愉悅感的區域位於肛門。當幼兒的括約肌、神經和語言達到一定程度的成熟,成功的如廁訓練指日可待。
- 自主決定(獨立)是幼兒的主要心理社會任務,它鼓勵幼兒在日常生活活動中自己做決定。
- 2 歲的孩子需要指導和管教,照顧者必須保持態度前後一致並反覆強調限制。設限不是要剝奪兒童的自由,而是要賦予他們更多探索的機會。
- Piaget 認為幼兒對新經驗的解釋,奠基在對以前發生的事情的記憶。這個認知發展階段稱為**前運思期**。

- 道德發展取決於幼兒模仿父母的道德行為和教導。
- 語言的習得隨著記憶和認知能力而發展。一開始幼兒僅能使用單詞，3歲幼兒具備大約1,000個詞彙量，並能說出使用多個單詞的句子。
- 幼兒需要均衡的飲食和良好的飲食習慣，來支持肌肉和骨骼的生長。每個孩子所需的食物量，依個人活動量的不同而有很大差異。飲食偏好受家庭成員飲食習慣的影響。幼兒最喜歡的食物，是可以一邊活動一邊吃的食物。
- 幼兒期的睡眠需求減少，但白天仍需小睡片刻。睡前儀式有助於減少焦慮並帶來安全感。對於孩子做惡夢，應以一貫平穩、安撫的方式處理。
- 遊戲是幼兒探索和認識世界的主要方式。幼兒通常更喜歡平行遊戲。在這個階段，假想遊戲和假想玩伴是常見且正常的現象。
- 許多照顧者允許幼兒使用電子媒體或平板電腦等產品，但這些裝置僅能提供幼兒少量的感官刺激。美國兒科學會建議每天使用媒體的時間限制在1小時以內，並希望家長能事先瞭解節目內容，且不要在孩子的臥室裡放置電視。
- 幼兒生性好奇但又沒有辨識危險的能力，使得事故預防在幼兒期變得極為重要。幼兒的所有活動都需要持續的監督。
- 應定期帶幼兒進行身體檢查。這些檢查應在18、24和36個月大時各進行一次。當幼兒長出完整的乳牙時，就須安排牙科檢查。
- 健康照護人員應警覺兒童受到虐待的跡象。兒童虐待包括兒童疏忽，以及身體、心理和性方面的虐待。根據法律，健康照護人員有責任評估服務對象是否受到虐待，並向當局通報可疑的虐待行為。

課後評量

1. 哪種需求會促使幼兒獲得並掌握大多數的心理動作能力？
    A. 平衡。
    B. 獨立。
    C. 相同。
    D. 支配。

2. 孩子一般到了幾歲會長出完整的乳牙？
    A. 12 個月。
    B. 18 個月。
    C. 24 個月。
    D. 30 個月。

3. 3 歲前該掌握哪些精細動作技巧？
    A. 用拳頭握住湯匙。
    B. 使用蠟筆畫出一個圓。
    C. 畫出完整的臉部。
    D. 辨識危險情況。

4. 幼兒的如廁訓練需要具備哪些能力？
    A. 自行坐在馬桶上。
    B. 能夠控制括約肌。
    C. 想要取悅父母。
    D. 正確消化正常飲食。

5. 根據 Erikson 的理論，幼兒的心理社會任務是什麼？
    A. 信任。
    B. 積極主動。
    C. 自主決定。
    D. 勤奮進取。

6. 幼兒道德發展的基礎是什麼？

    A. 與生俱來的本能。

    B. 成就。

    C. 及時滿足需求。

    D. 模仿父母的價值觀。

7. 2 歲的孩子會玩什麼類型的遊戲？

    A. 獨自遊戲。

    B. 平行遊戲。

    C. 合作遊戲。

    D. 競爭或團隊遊戲。

8. 幼兒過度使用電子媒體可能會導致哪種情況？

    A. 體重減輕。

    B. 語言發展遲緩。

    C. 精細動作技巧發展減緩。

    D. 個性好鬥。

9. 幼兒抗拒入睡的原因有哪些？（複選題）

    A. 吃得太飽。

    B. 害怕。

    C. 手足競爭。

    D. 好奇心。

    E. 妒忌心。

10. 2 歲孩子的父母應該檢查居家環境是否有潛在的安全隱患。通常一個 2 歲幼兒應具備哪些能力？

    A. 一個人洗澡。

    B. 使用刀具安全無虞。

    C. 獨立服藥。

    D. 上下樓梯。

11. 希德 2 歲半，當他的母親不得不將他交給保母時，他哇哇大哭了。保母最好以哪種方式告訴希德母親何時回來？

    A. 「她會在 12 點半回來。」

    B. 「她待會就回來。」

    C. 不要告訴他時間——分散他的注意力就好。

    D. 「午睡後她就會回來。」

12. 哪種思考方式與幼兒有關？

    A. 富有想像力。

    B. 競爭意識。

    C. 勤奮進取。

    D. 自大自負。

13. 幼兒使用哪一種因應機制來處理壓力？

    A. 否認。

    B. 壓抑。

    C. 退化。

    D. 昇華。

14. 下列哪一項有關兒童虐待的敘述是正確的？

    A. 健康照護人員在通報兒童虐待事件前必須進行調查並證明。

    B. 只有陌生人才會虐待孩子。

    C. 健康照護人員需通報可疑的兒童虐待案件。

    D. 兒童虐待法的保護對象為 2 至 21 歲的兒童。

15. 14 個月大的幼兒達到哪個發展里程碑？

    A. 視力為 20/20。

    B. 會脫掉自己的襪子和鞋子。

    C. 不必扶著欄杆就能上樓。

    D. 在一個句子中使用三個以上的單字。

答案：1. (B)；2. (D)；3. (B)；4. (B)；5. (C)；6. (D)；7. (B)；8. (C)；9. (D)、10. (B)；11. (D)；12. (A)；13. (C)；14. (C)；15. (B)。

Chapter 8
學齡前期

學習目標

1. 說明學齡前期常見的生理變化。
2. 列出學齡前兒童的兩項粗大動作技巧特徵。
3. 說明 Erikson 的學齡前兒童心理社會任務。
4. 列出有助於評估學前教育計畫的重要指引。
5. 說明 Piaget 提出的學齡前兒童認知發展階段。
6. 列出三種適合學齡前兒童的點心。
7. 描述學齡前兒童的遊戲特徵。
8. 列出學齡前期的主要安全問題。
9. 列舉兩個影響學齡前兒童的常見行為問題。

學齡前期（preschool period）一般是指 3 至 6 歲。學齡前期的生長速度緩慢而穩定。學齡前兒童專注於熟練粗大和精細動作技巧、提高詞彙量、更加瞭解外在環境。一般說來，這個階段的兒童已經掌握了一定的自主權，並開始創造性地探索自身的潛能。學齡前兒童已經準備好可以花更多時間離開家和照顧者，去上學前班。

健康的社會決定因素（SDOH）對幼兒有著深遠的影響。影響幼兒健康的因素很多，例如遺傳、環境、體質、獲得醫療照顧的機會、居住的社區以及是否有優質的托兒服務等。《2030 健康國民》指出，幼兒獲得的機會和資源，對他們成年後的健康和福祉造成深遠的影響。

生理特徵

身高和體重

軀幹和身體變長，使兒童看起來更高。學齡前兒童平均每年增加 2.3 至 3.2 公斤，每年長高 6.75 至 7.5 公分。

身體比例

學齡前期的兒童會流失一些皮下脂肪組織，使得他們看起來更加修長（圖 8.1）。每位兒童的成長模式各異，四肢的生長速度比軀幹快，身體比例更接近成人。幼兒期突出的腹部和誇張的腰椎彎曲（脊柱前凸）消失了，相較於身體其他部位，頭部和頸部的占比逐漸減少。

圖 8.1 ｜學齡前兒童的身體比例更接近成人

🌸 肌肉與骨骼發展

在學齡期間，肌肉的快速增長約占體重增加的 75%。遺傳、營養和實際肌肉使用量，在刺激肌肉生長和增加肌肉力量方面發揮重要作用。

臀部逐漸向內移轉，導致足部更為**內收（adducted）**。內收使雙腳向身體中心靠近，從而形成更直立的姿勢和穩定的步態，讓兒童看起來不再那麼笨手笨腳了。

在這個發展階段，脂肪取代了長骨中的紅骨髓。從這個時期起，骨髓開始存在於身體的扁平骨中，如顱骨、胸骨、脊椎骨和骨盆骨。紅骨髓有助於身體製造血球。

🌸 牙齒

乳牙對於營養攝取很重要，為兒童未來長出恆齒做好準備。在學齡前期，許多兒童會出現蛀牙和牙菌斑堆積。牙齒護理應包括每天刷牙、使用牙線及至少每半年看一次牙醫。適當的牙齒護理和飲食習慣可避免牙齒過度受到損壞，專欄 8.1 列出促進牙齒健康的建議。成人應鼓勵學齡前兒童吃碳水化合物含量低的點心，如蘋果、芹菜、胡蘿蔔和起司，這類點心營養豐富，還有助於預防蛀牙。

安全有效的健康照護

　　一位 3 歲兒童的母親很關心孩子的牙齒保健。健康照護人員告訴她，可以每天幫孩子清潔牙齒兩次（早上和睡前）。使用軟毛的牙刷，剛開始可由成人協助孩子握住牙刷。牙刷應與牙齦呈 45 度角，並來回刷牙。當孩子明白不可吞嚥牙膏時，就可以加上牙膏了。避免甜食和含糖飲料，有助於維持良好的牙齒健康。

• 還可建議母親為孩子提供哪些類型的飲料？

> **專欄 8.1**
>
> ## 促進牙齒健康
>
> **日常牙齒衛生：**
> - 提供小而軟的牙刷。
> - 提供含氟化物的牙膏。教導孩子不要吞嚥含氟牙膏。
> - 確保孩子每天早上和睡前有刷牙。
> - 示範如何使用牙刷和牙線。
>
> **食物：**
> - 限制孩子攝取高糖食物。
> - 每天提供新鮮水果和蔬菜。
>
> **健康維護：**
> - 每半年為學齡前兒童安排一次牙科檢查。

感覺發展

大約 3 歲時，視力提升到 20/20。學齡前早期的深度知覺（depth perception）不足，導致兒童的行動還是有些笨拙。深度知覺和顏色辨識在 5 歲時完全發展，學齡前階段結束時即可達到最佳視力。一旦懷疑兒童的視力或聽力有任何障礙，應立即檢查，早期矯正才能使孩子發揮潛力。

聽力成熟的年齡較視力來得早，學齡前期兒童已較能聽出、理解和區辨不同的聲音。學齡前兒童和幼兒一樣，常出現耳部感染，幸好他們已經能夠用語言表達並指出耳朵的不適。透過簡單的耳部檢查，遵從醫囑的抗生素療程，即可治療耳部感染並預防永久性聽力損失。

生命徵象

學齡前兒童的心血管系統會不斷擴大，以滿足身體的一般需求。學齡前兒童的平均脈搏頻率為每分鐘 90 至 100 次，平均血壓為 100/60 毫米汞柱。學齡前期間可能會出現高血壓，因此，在年度健康檢查時應監測血壓。休息時呼吸頻率的

正常範圍是每分鐘 22 至 25 次呼吸。與幼兒期相比，呼吸速率的降低與肺部的生長有關，效率變得更好了。

發展的里程碑

動作發展

粗大動作發展

　　4 歲兒童已經能夠踮起腳尖走路和跑步了。他們可以用單腳跳躍，保持平衡 3 到 5 秒，並用雙腳交替上下樓梯。他們的發育進步到可以騎三輪車並快速通過轉角和彎道。4 歲兒童喜歡攀爬和從高處一躍而下，但因為初生之犢不畏虎，因此需要持續的監督（圖 8.2）。這個年紀的孩子可以用伸出的雙臂和雙手接住球。

　　到了 5 歲，肌肉協調性和力量進一步強化，兒童可以跳繩、雙腳交替跳躍、在平衡木上行走以及用雙手接球。學齡前兒童的動作更加順暢、有效率，他們可以參與某些運動，包括足球、溜冰和棒球。5 歲兒童也能模仿和學習簡單的舞步或其他類似的動作。

圖 8.2 ｜粗大動作技巧在學齡前期大幅提升

精細動作發展

4 歲兒童能夠處理許多生活自理活動,包括洗澡、穿衣、吃飯和上廁所。這些從幼兒期就開始學習的能力,現在可以更不費力、熟練地執行。儘管學齡前兒童可以在沒有監督的情況下洗手和擦乾雙手,但他們仍需要在成人的監督和協助下洗澡。

這個年齡的孩子可以自己穿脫衣服,包括鈕扣、拉鍊和按扣。4 歲和 5 歲的兒童可以輕鬆識別衣服的正面和背面,以及在他人的協助下繫好鞋帶。

學齡前兒童可以在不翻轉的情況下使用湯匙和叉子,許多兒童會自己塗抹奶油或果醬、在協助下切食物、喜歡自己做三明治或倒飲料。學齡前兒童可以學習餐桌禮儀,他們能坐著好好吃飯的時間通常比幼兒更長。可以的話,家人們應該一起吃飯,用餐時間是家庭互動、溝通和分享日常成就的時光。

4 歲兒童能夠意識到自己需要上廁所,但在整理服儀和採取必要的衛生措施方面,可能需要一些協助。到了 5 歲時,如廁已成為更獨立的行為,但父母最好能監督孩子如廁,確保孩子正確地洗手、擦手並記得沖水。

4 歲時的精細動作發展更為完善,兒童可以畫出簡單的人臉,並用剪刀沿著線剪開。5 歲的兒童更能控制繪畫線條,摹寫符號和名字(圖 8.3),他們的畫作更加細緻,不僅包括臉部,還包括其他身體部位,控制剪刀的能力也比以前更好了。

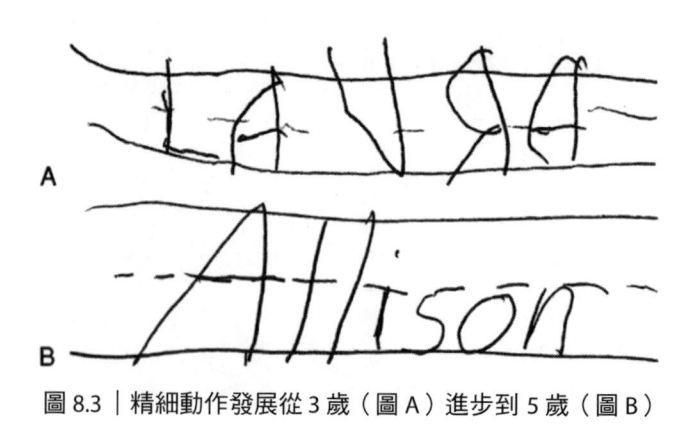

圖 8.3 | 精細動作發展從 3 歲(圖 A)進步到 5 歲(圖 B)

性發展

學齡前期的兒童開始意識到自己的生殖器官和性別認同。正如第 5 章所述，孩子會先對異性父母產生強烈的依戀，並在之後認同同性的父母。單親家庭應該盡量規劃讓孩子在學前階段與阿姨、叔叔、其他親戚或成年異性友人共度時光。這個階段的孩子也對男性和女性身體的差異感到好奇，父母應該以孩子能夠理解的程度簡單地回應。例如，學齡前女童可能會問為什麼她的弟弟看起來和她不一樣，通常這個年齡層的兒童不需要詳細的解釋，因此父母應簡單地解釋女孩和男孩的不同，告訴孩子只有男性才有陰莖。使用正確的用詞和鼓勵孩子發問，方有助於保持父母和孩子之間暢通的溝通管道。

自慰是兩種性別都會進行的活動。雖然這是父母常擔心的問題，但自慰是正常行為，照顧者必須以就事論事的方式回應，以免孩子為此產生內疚感。隨著孩子日漸成長，他們自會發展出疏導性感覺的機制，減少自慰行為。

心理社會發展

積極主動

根據 Erikson 的理論，到了學齡前期，兒童已學會信任環境，建立了獨立感。學齡前兒童扮演、探索並嘗試新的角色。Erikson 將探索稱為**積極主動**（initiative）的任務，兒童喜歡玩耍，並假裝成許多不同的人物，故擁有可以模仿並向其學習的良好榜樣，對學齡前兒童來說非常重要。雖然父母是主要的榜樣，但社區中的其他成人，如教師、健康照護人員和宗教人員，也可以充當榜樣。照顧者必須讓孩子自由探索和嘗試角色，否則，孩子可能會產生羞愧感，從而阻礙他們的成長和發展。

管教

父母需要繼續設定限制以保護兒童和財物安全，教導他們不可亂跑到馬路上或毆打他人。當學齡前兒童培養出積極主動和羞愧感時，他們會努力遵守規則並取悅父母。父母要教導孩子控制衝動，如果孩子動手打人，應幫助孩子學習將情

緒轉化為語言。例如，父母可以說：「停下來。我知道你很生氣，告訴我發生了什麼事。」藉此鼓勵孩子談論他們的感受。

父母亦可透過正增強來抑制不當行為。換句話說，父母須依行為的理由給予或取消某種特權。管教的時間不宜過長，因為兒童的時間觀念有限。如第 7 章所述，暫停法對於管教學齡前兒童仍然管用。

特殊的心理社會問題

嫉妒。如第 7 章所述，手足競爭是正常且不可避免的行為模式，在不同發展階段都會出現。學齡前期的兒童想要得到關愛、關注和認可，與幼兒不同，這個年齡的孩子更願意分享，也明白他們不是唯一需要父母關注的人。有參與家庭以外其他活動的學齡前兒童，似乎較少受到家中新生兒或年幼弟妹的威脅。為減少手足之間的競爭，父母應該試著理解學齡前兒童的感受，為孩子保留特殊的時光，並為其玩具和其他有意義的物品騰出指定的空間。即使再忙，也必須盡力滿足學齡前兒童的需求。花時間為孩子講故事或一個特別的擁抱，足以幫助學齡前兒童適應新生兒的到來。另外，可交給學齡前兒童一些小任務來幫忙照顧弟妹，例如，請他們幫忙拿尿布或其他東西，如此有助於提升他們的自信心。

對父母離婚的反應。離婚是影響學齡前兒童的常見壓力之一。這個年紀的孩子可能會將父母失敗的婚姻視為自己的錯，強烈希望父母可以復合，常常幻想這種情節最終可以實現。父母應私下解決婚姻衝突，避免加諸孩子不必要的情緒痛苦。重要的是要讓孩子感受到雙方的愛和保護，例如讓非監護權一方以一致且有序的方式探視孩子，盡量減少離婚造成的情緒衝擊。即使離婚分居，也應該讓孩子覺得在雙方家裡都有自己的空間。允許孩子把玩具和衣服留在「另一個家」，有助於強化歸屬感。關於給離婚父母的叮嚀，請參閱專欄 8.2。

實用小提示：手足競爭

協助手足和睦相處：
- 不必對所有手足爭吵做出反應，除非有直接傷害的威脅。
- 讓孩子自己解決衝突。
- 避免指責或偏袒任何一方。
- 將孩子們分開，直到他們平靜下來。
- 讓孩子提出解決衝突的方案。
- 利用家庭會議解決重大衝突。
- 當行為持續沒有改善時，尋求專業的協助。

專欄 8.2　給離婚父母的叮嚀

- 告訴孩子確定且最終的決定。
- 避免責備或批評任何一方。
- 避免讓孩子參與任何與離婚相關的事務（財務、法律等）。
- 盡可能繼續日常活動。
- 讓孩子放心，他們毋須為離婚負責。
- 提供孩子愛與支持。
- 鼓勵坦誠地表達感受。
- 在無監護權的另一位家長家中，為孩子的物品保留一個空間。
- 避免在孩子與另一位家長會面後審問孩子。
- 視需要為父母和孩子尋求支持服務。

學前教育

　　學前教育正迅速成為今日美國社會的常態，其目的是促進兒童認知、動作和社會能力發展。學前班為孩子提供一個可以建立友誼並開始學習與友伴相處的場所。開始上學對兒童來說是個全新的經驗（圖 8.4）。第一天的上學時間要短一點，照顧者應陪同留在學前班，直到孩子逐漸適應周遭環境。對某些孩子來說，適應環境尤其困難，需要父母和幼兒教育人員的特別理解和耐心，不應強迫兒童

進行任何活動，如果孩子還沒有做好上學的準備，遑論建立友誼與發展和友伴相處的社交技巧。家長和幼兒教育人員可以共同評估孩子的上學準備。學前準備的好兆頭包括掌握如廁技能、能夠忍受與父母短暫分離，以及溝通能力提升。孩子最終會對自己產生信心，並和合得來的友伴一起參與學校

圖 8.4 ｜學齡前兒童喜歡和同齡友伴在一起

活動。為了讓孩子做好上學準備，家長可以先讓孩子熟悉校園和老師，在開學前參觀學校，並給予孩子充分的機會討論感受。

家長在選擇學前班時應考慮幾個因素。首先是地點、費用和作息時間表，以確保學前班能滿足家庭的需求。接下來，家長應瞭解學前班的教育宗旨。

學前教育的課程，應根據兒童的需求、興趣和學習方式來制定，而不是由教師自行設計。每個孩子都是獨一無二的個體，課程計畫應以兒童為中心，提供他們不同的遊戲體驗。學前教育理念必須顧及每位兒童的生理、文化、認知和情緒能力差異，為了彰顯對這些差異的欣賞，學前班應教導兒童認識和討論來自不同文化的節慶、食物，並重視和慶祝多樣性。美國幼兒教育協會（National Association for the Education of Young Children, NAEYC）建議學前教育應聘用具有教育知識和專業承諾的教育人員，以促進兒童的學習和成長發展，並支持他們的家庭。

學前班應允許家長隨時探視，家長應至少進行一次暗中察訪。某些學前班有裝設攝影機，讓家長可從直播觀看兒童的就學情況。遊戲對於學齡前兒童的發展非常重要，學前班應有足夠的遊戲空間，並允許兒童自由活動。學前班的用品應包括各種尺寸與形狀的積木和實作材料，例如黏土、沙子、木材、水和拼圖。整個園區固然應維持清潔乾淨，但不該是禁止探索和玩耍的環境。衛浴設施必須位於學齡前兒童附近且易於使用的地方。專欄 8.3 列出學前班安全檢核清單。

在家自學（homeschooling）是另一種學前教育選擇，通常由家長或聘請家教

老師來執行和管理。選擇這種教育形式的考量不一，包括宗教或品德教育因素。在家自學通常是家長對公私立學前教育和校園環境不放心所致。

> **專欄 8.3**
>
> ### 學前班安全檢核清單
>
> - 遊戲場須用圍欄限制活動範圍。
> - 遊戲場設備沒有鋒利的邊緣，處於良好的維護狀態，並定期檢查。
> - 設置火災警報器和滅火器並正常運作。
> - 清楚張貼緊急出口位置和疏散計畫。
> - 玩具必須適合兒童的年齡且狀況良好。
> - 全體教職員應接受急救和心肺復甦術的訓練。
> - 浴室必須保持清潔，並方便幼兒使用。
> - 水龍頭的水溫不得高於 43°C，以防止意外燙傷。
> - 在安全的地點接送兒童。
> - 兒童只能在經過授權的照顧者陪同下離開。

認知發展

根據 Piaget 的理論，前運思期發展從幼兒期開始，一直延伸到學齡期。例如，學齡前兒童無法注意到刺激的多個面向，如果有人戴著萬聖節面具，學齡前兒童就認不出這個人，而且會感到害怕。Piaget 稱這種現象為**中心性**（centration，又稱「片見性」），意指兒童僅將注意力集中在某個線索上。Piaget 進一步認為，學齡前兒童缺乏**可逆性**（reversibility），也就是不理解兩種行動如何產生關聯。例如，學齡前兒童可能會因為沙灘球消氣而哭泣，他們不明白球還可以重新充氣，又可以再拿來玩。

學齡前兒童的語言能力和記憶力繼續發展，雖仍有點自我中心，但現在能夠分享、輪流和遵守規則。

學齡前兒童可形成一般性概念，但還無法進行形式推理。他們的推理似乎和早期經驗有關，例如，學齡前兒童和幼兒一樣，當他們看到母親穿著「外出」服

裝時會感到不安，因為他們知道那表示媽媽要出門離開了，然而，信任和自主性得到充分發展的學齡前兒童，能忍受分離並明白媽媽會回來。學齡前兒童有限的推理能力，也局限了他們對時間的概念和理解。

學齡前兒童喜歡假想遊戲，而且非常有創意。當 4 歲或 5 歲的兒童講故事時，他們可能會利用非常活潑的想像力來修飾或誇大故事的某些情節。他們的思考方式仍然是自我中心的，也是魔法思維（magic thinking）的，相信自己是全世界的中心、無所不能。有時，他們會對自己的「壞」想法產生內疚感，認為是這些想法導致了事故或其他壞事發生。學齡前兒童也普遍相信，如果他們生病或受傷，就是因為自己不乖而招致懲罰的結果。父母和健康照護人員須探索學齡前兒童的感受，盡量減少他們的內疚和誤解。

學齡前兒童的注意力持續時間比幼兒更長，使得他們能從事較長時間的活動。幼兒可能很難安靜地坐著聽完整個故事，但學齡前兒童可以專心聆聽。他們不但記得住故事，還不讓說故事的人跳過任何一個單字（圖 8.5）。

圖 8.5 ｜學齡前兒童有足夠的注意力來聽故事

🌸 道德發展

根據 Kohlberg 的理論，道德循規前期從 4 歲左右開始，一直持續到 10 歲左右（見第 5 章）。道德發展是兒童模仿成人行為的學習過程，因此，父母必須樹立良好的榜樣，並保持一致的互動模式。

Freud 認為學齡前期的兒童開始發展超我或**良知（conscience）**。良知賦予他們自我評價和批判的能力，超我成為兒童人格發展的道德向度。正是在這個階段，兒童開始模仿在家裡和周遭環境中學到的信念、價值觀和理想。照顧者必須協助兒童瞭解他們的行為會對他人產生何種影響，提醒學齡前兒童，如果他們從玩伴那裡拿走玩具，該行為會引起對方的不快。

學齡前兒童生動的想像力，可能使他們難以區分幻想與現實，經常講述一些事實與謊言交織在一起的故事。不過，學齡前兒童也才剛開始意識到故意說謊是件壞事。

溝通

兒童的語言和口說能力在學齡前期變得更加精熟。幼兒僅能用數個單詞搭配手勢來表達他們的需求，但學齡前兒童已經會使用名詞、動詞和形容詞組成一個句子。4 歲兒童可以用三到四個單詞造句，並理解「誰」、「什麼」和「哪裡」的問題。多數 5 歲兒童可以造出包含五個以上單詞的句子，詞彙量在 2,000 到 2,400 個之間。

學齡前兒童可能會在某些單字的發音上出現困難。這是可以預料到的，成人毋須反應過度，應該溫和地糾正孩子的發音錯誤，而非嚴厲批評。對兒童清楚說話的能力施加過度壓力，會讓他們對口說感到尷尬和猶豫。稍微有些口吃或結巴是語言發展的正常現象。

3 到 5 歲的兒童很健談，他們喜歡主導對話，即使沒有人在聽或回答，他們也照說不誤，並且即使知道答案也喜歡發問。對時間的理解，讓他們更懂得如何表達過去、現在與未來。例如，如果一名正在坐車的學齡前兒童說他想喝水，你可以告訴他幾分鐘後就能喝到水。與幼兒不同，學齡前兒童可以理解基本的時間概念，並在一定程度上學習延遲滿足。這個年紀的孩子也喜歡打電話，3 歲兒童的講電話能力僅限於說話，還沒辦法互動對話；換句話說，3 歲兒童可以講述發生的事情，但無法回答電話那方提出的問題。到了 5 歲時，兒童可以透過電話或視訊與對方交談。

學齡前兒童可以學習記住自己的全名、家中地址和電話號碼，這是家長和教師指導孩子如何應對緊急情況的好時機。必要時，可以教導學齡前兒童如何撥打 119 等緊急電話。

學齡前兒童透過模仿周遭環境中的他人來學習，他們的詞彙量經過重複練習而增加。重要的是，成人應以身作則，使用適當的言詞向成長中的孩子傳達正面的影響。當學齡前兒童思考要用什麼字詞說話才對時，他們可能會猶豫或結巴，

這種習慣通常會在幾個月內消失。家長要耐心傾聽，不要催促孩子。

當孩子一直重複不好或難聽的字詞時，需簡單地糾正他，但不要大驚小怪。一直糾正孩子的「不雅字詞」只會強化他的負面行為。

實用小提示：語言發展

刺激語言發展的策略包括：
- 念書給孩子聽。
- 鼓勵孩子說故事。
- 玩命名遊戲。
- 溫和地糾正發音錯誤。

實用小提示：口說和語言問題的警訊

如果兒童沒有達到以下里程碑，請聯繫兒科醫師：
- 0 至 3 個月：對聲音不敏感、不會發出咕咕聲或從喉嚨發出聲音。
- 4 至 6 個月：不會注意到吸塵器等發出噪音的物品。
- 7 至 12 個月：不會牙牙學語或對叫名產生反應。
- 1 至 2 歲：不會使用一到兩個單詞的句子。
- 2 至 3 歲：不會使用兩到三個單詞的句子。
- 4 歲：不懂或無法回答「誰」、「什麼」及「哪裡」的問題。

營養

學齡前兒童的營養需求與幼兒期相似，他們需要食物金字塔和「我的餐盤」中列出的所有基本營養素（有關「我的餐盤」圖表，請參閱第 1 章）。學齡前兒童的每日平均熱量需求為 1,000 至 1,400 卡路里，4 至 5 歲兒童每天應攝取 1,200 至 1,600 卡路里。熱量攝取上限是針對每日從事體力活動超過 60 分鐘的兒童，每天吃三餐和三次點心為宜。

學齡前期兒童的某些問題需要多加留意，包括從幼兒期就養成的食物偏好、反抗行為和食慾減退問題。許多照顧者擔心孩子消耗的食物量，但不應期望學齡前兒童吃的食物分量和成人相同。有的兒童對某些食物強烈偏好，這可能會限縮他們吃的食物類型。到 5 歲時，許多孩子開始養成與同齡玩伴相似的飲食習慣。眾所周知，速食和大量曝光的廣告食品是學齡前期兒童的最愛，照顧者不要常帶兒童去速食店用餐，因為這些速食的熱量和脂肪含量都非常高。

幼兒的最佳飲食包括含有蛋白質、碳水化合物、維生素和礦物質以及有限脂肪的食物。由於牛奶中含有豐富的鈣質，因此牛奶仍為兒童的重要食物。學齡前兒童每日至少需要 500 毫升的牛奶，才能滿足每日的鈣需求。另外再依營養價值和吸引力來選擇點心，好的點心選擇包括新鮮的水果或果乾、小分量的蔬菜、起司或優格，最好不要提供糖果或其他過甜的食物作為零食。這種零食不但不利於牙齒健康，還會破壞兒童正常用餐的胃口。典型的學齡前兒童飲食範例，請見表 8.1。

美國兒科學會（AAP）建議父母應該為學齡前兒童提供健康的生活方式，例如規律的飲食計畫。照顧者應提供適當的分量，並讓兒童學習控制攝取量。可以提供一至兩份健康小零食，但避免整天都吃零食。研究顯示，學齡前兒童更喜歡甜的飲料、甜點或零食，而不是健康的水果或蔬菜，但應讓孩子和其他家庭成員一樣吃健康的餐點。

用餐時間應該保持愉快的氣氛，家人之間彼此交談互動。然而，如果用餐時間過長，學齡前兒童可能因煩躁不安而坐不住。

肥胖

使用身高體重表可以準確測量嬰幼兒和學齡前兒童的肥胖情況。BMI 值 ≥27 為肥胖。肥胖兒童面臨心血管疾病、高血壓、第二型糖尿病、肝膽疾病和氣喘的風險。肥胖可能有遺傳傾向，其他可能導致肥胖的因素包括：藥物、常吃速食和久坐的生活方式（例如每天坐在螢幕前超過 2 小時）。為了對抗兒童肥胖，整個家庭都必須主動參與，做出更好的食物選擇。成人必須以身作則健康飲食，並讓兒童參與飲食計畫和準備。

表 8.1　學齡前兒童每日飲食範例

食物種類	每日建議量
乳製品	
牛奶（低脂或脫脂）	120 毫升
起司	15-22 公克
優格	½ 杯
蛋白質食物	
肉、魚或家禽	兩份，30-60 公克
蛋	每星期 3 顆蛋
花生醬	1-2 大匙
煮熟的豆類	¼–½ 杯
蔬菜和水果	
煮熟的蔬菜	四份，2-4 大匙
生菜	包括 1 種綠色或黃色蔬菜
水果	數片
罐裝水果	4-8 大匙
穀物	
全穀物麵包或全麥麵包	1-2 片
多穀餅乾	3-4 塊
麥片	¼–½ 杯
麵食、米飯	½ 碗
脂肪	
培根	一片
奶油	一小匙

實用小提示：良好的飲食習慣

　　培養良好飲食習慣的策略：
- 樹立好榜樣。
- 切勿強迫進食。
- 勿用食物作為賄賂或獎勵。
- 和孩子一起吃飯。
- 營造輕鬆的氣氛。
- 鼓勵孩子幫忙準備餐點和飯後收拾。
- 提供正增強。
- 允許孩子以任意順序進食。

睡眠與休息

　　學齡前兒童平均每晚需要約 10 至 12 小時的睡眠。這個年齡層的孩子通常非常活潑，忙於某些活動或遊戲。許多兒童過於活潑好動，沒有時間小睡，但他們仍然需要休息和補充能量。多數學齡前兒童每日僅小睡一次，甚至不睡，小睡時間平均為 30 至 60 分鐘。到了傍晚，兒童常會過度疲勞，需早早上床就寢。許多學齡前兒童難以入睡，一致的就寢時間有助於減少幾點上床睡覺的衝突或爭執。每個孩子都應該遵循一定的就寢時間，無論今天星期幾或發生什麼干擾因素，若孩子試圖推遲就寢時間，想要繼續活動，則有必要重新調整和限制該活動時間。

　　學齡前兒童常在夜間因惡夢驚醒，父母應該溫和地安撫孩子，讓他們感到安全。父母可以陪伴孩子直到他們放鬆，繼續進行睡前儀式，並鼓勵孩子重新入睡。有些孩子會經歷一種更極端的惡夢，稱為**夜驚（night terrors）**。夜驚發生時，孩子會突然坐起來放聲尖叫，伴隨呼吸急促、心率加快和大量出汗，但並沒有完全清醒。孩子的模樣可能會嚇到父母，短時間內無法安撫平靜。夜驚發作之後，孩子通常會再度放鬆並重新進入安靜的睡眠狀態，翌日早晨完全不記得昨晚的夜驚情況。夜驚不代表有任何情緒壓力，毋需治療就會消失。

遊戲

學齡前兒童喜歡玩**合作遊戲（cooperative play）**，也稱聯合遊戲（associative play）。此類遊戲要求兒童能夠理解簡單的規則，學齡前兒童通常已經發展出一些社交技巧，使他們開始能夠分享和輪流。他們掌握基本的溝通技巧，能夠表達自己的需求，也喜歡和友伴一起玩耍互動。

觀察學齡前兒童玩耍時，可以清楚看出不同的性格特徵。例如，有些兒童很強勢主導，有些則是被動跟從。有些兒童謹慎和膽怯地嘗試新活動，有些兒童則不顧危險地積極參與任何新活動，還有一些兒童無法與同儕良好互動，甚至被排除在同儕活動之外。除非兒童被霸凌或鬱鬱寡歡，否則應該允許他們以自己的步調進行社交活動。每個兒童各有不同的個性和社交需求，例如，有些兒童喜歡成為活動的主角，有些兒童則喜歡當觀察者或獨自遊戲。

學齡前兒童會使用攀爬設施、滑梯和三輪車等遊具，這些活動有助於粗大動作技巧進一步發展，例如跳躍、跑步、攀爬和踩踏（圖 8.6）。可以教導學齡前兒童游泳、溜冰、踢足球和其他體能活動，重要的是，父母不要將自己的競爭需求強加在孩子身上。正如每位兒童的成長模式不同，粗大動作技巧和先天潛力發展也各異，有些兒童的協調性比其他兒童更佳、更熟練。

拼圖、建造積木和螢幕遊戲等，可以增強精細動作技巧（圖 8.7），這些活動有助於學齡前兒童學習操縱和協調小肌肉動作。螢幕遊戲和其他互動遊戲也有助於激發學齡前兒童的思考、推理能力和記憶力。學齡前階段是建立自信的時期，學齡前兒童常說，「看我蓋的高塔」或「聽我唱 ABC」。「看我」是一個常見的需求，學齡前兒童迫切尋求成人的稱讚和認可。

兒童尺寸的廚房組和工作台玩具亦有助於學齡前兒童發揮想像力、嘗試角色，並假裝自己是大人。無論使用哪種類型的玩具，重要的是教導兒童整理遊戲區並愛惜玩具，培養責任感和主動性，日後再將這些能力轉移到其他情境。

如第 7 章所述，學齡前兒童仍會進行象徵性遊戲，大量遊戲時間花在發揮想像力的活動。戲劇性遊戲包括穿著不同的服裝、探索角色和模仿成人（圖 8.8），玩娃娃或使用工具也是常見的活動。

電視有時被用來打發時間和娛樂，家長應篩選孩子觀看的節目類型。許多節目具有教育價值，但有些則否。教育性節目可培養良好的社會關係並增強孩子的想像力，有些用玩偶製作的電視節目，已被證明有助於激發學齡前兒童的想像力和創造力。音樂和樂器也可增強學齡前兒童的節奏感和注意力（圖 8.9）。

圖 8.6 ｜ 戶外遊戲有助於提升粗大動作技巧

圖 8.7 ｜ 玩積木有助於提高精細動作技巧

圖 8.8 ｜ 學齡前兒童喜歡嘗試不同的角色

圖 8.9 ｜ 學齡前兒童透過音樂來互動

安全措施

　　協調性變得更好的學齡前兒童，比笨拙的幼兒更不容易跌倒。學齡前兒童也更清楚某些危險和限制，大都能背誦一長串的「不可以」或他們不能碰或做的事。即便如此，他們仍然需要成人的監督，並不斷提醒他們潛在的環境危害。第 7 章中提到的幼兒安全措施也適用於學齡前兒童。關於學齡前兒童的安全措施說

明,請參閱專欄 8.4。

照顧者也要仔細檢查衣物,以確保對活潑好動的孩子是安全的。衣服必須讓兒童的行動自由且不受限制,因衣服繫繩、皮帶或圍巾勾住遊戲場物品,而導致勒斃的事故時有所聞。服裝製造商和兒童教育人員都有責任找出這些潛在危險,預防事故發生。聯邦法規現在已要求兒童睡衣必須採用阻燃材質,作為確保兒童家中安全的額外措施。

與幼兒一樣,車輛碰撞事故是學齡前兒童意外死亡的主要原因。乘車時,學齡前兒童必須隨時坐在適當的汽車安全座椅或增高座椅上。有的學齡前兒童因為體型夠大,可以使用成人安全帶裝置,相關法規須依汽車類型和居住州別而定,最好向汽車製造商諮詢使用指南。由於學齡前兒童喜歡模仿成人的行為,因此成人在駕駛和乘坐車輛時,應隨時繫好自己的汽車安全帶。

隨著兒童能動性增加並參與各種遊戲和活動,遭受傷害的可能性也大幅增加。學齡前兒童在浴缸溺水的事故雖然變少,但在戶外游泳池或其他水域附近陷入危險的可能性更大。成人應為學齡前兒童提供游泳課程和教導相關的水域安全規定。

父母必須開始教育孩子,不要接受陌生人的糖果、金錢或邀請上車,也要教導他們身體隱私部位的知識,任何人未經許可不得碰觸。家中氛圍必須讓兒童可以自由地討論內心的擔憂,而不會感到羞恥或受到嘲笑。許多社區已著手制定守望相助計畫,對兒童進行指紋和照片辨識,作為發生綁架或尋找失蹤人口的預防措施。照顧者可以聯繫當地警察局,以獲取相關安全計畫的資訊或協助。

專欄 8.4

學齡前兒童的安全措施

車輛：
- 乘車時必須使用汽車安全座椅和繫好安全帶。
- 車窗和車門把手應鎖好，或禁止兒童擅自開啟。
- 切勿將兒童單獨留在無人看管的車內。
- 兒童不應在馬路附近或私人車道上玩耍。
- 隨時看緊在馬路或行駛車輛附近的兒童。

中毒：
- 將家用清潔劑、園藝產品、汽車產品、處方藥和非處方藥物安全存放在兒童接觸不到的地方（例如，高架上或上鎖的櫃子裡）。
- 切勿將藥物稱為糖果，並避免在兒童面前服藥，以免他們模仿服藥行為。
- 應記住美國毒藥物防治諮詢專線號碼（800-222-1222），並在需要時立即撥打，防止中毒意外。

燒傷：
- 取下爐灶旋鈕，並將鍋柄轉向爐灶內側，防止鍋內食物溢出，以確保爐灶安全。
- 遮蔽電源插座。
- 避免兒童被熱燙液體（包括洗澡水）燙傷。
- 將火柴和打火機放在遠離兒童的地方。

窒息或誤吸：
- 避免接觸有窒息危險的食物，如：硬糖、爆米花、果核或籽實類食物及大塊肉品。
- 避免使用有可拆卸小零件的玩具。兒童可能會將其放入嘴裡或鼻孔，並被吞嚥或吸入。
- 將所有塑膠覆蓋物和袋子放在兒童接觸不到的地方，避免窒息。
- 勿讓兒童吹氣球，以免造成誤嚥風險。

溺水：
- 幾公分的水深就足以溺水。接近浴缸、游泳池或其他水域時，請務必監督兒童。

安全衣物：
- 避免穿著有繫繩或帶子的衣服，以免造成勒斃風險。
- 購買阻燃材質的睡衣。

綁架或虐待：
- 教育兒童不要接受陌生人的糖果、金錢或邀請上車。
- 教導兒童身體隱私部位的知識，未經許可任何人不得碰觸。

健康促進

學齡前兒童需接受白喉、百日咳和破傷風（DTaP）混合疫苗和小兒麻痺（IPV）疫苗加強注射；麻疹、腮腺炎和德國麻疹疫苗；水痘疫苗，加上每年注射一次流感疫苗，以確保免疫力和預防這些疾病。學齡前兒童另需每年進行預防性健康檢查，監督他們的生理、情緒和社會發展。學齡前兒童年度健康檢查項目範例，請參考專欄 8.5。由於學齡前兒童與外界環境的接觸機會增加，更有可能傳播和感染一般感冒等，故應教導他們個人衛生的重要性，例如洗手、使用衛生紙等。若手邊無衛生紙，打噴嚏或咳嗽時須用肘部遮擋。

專欄 8.5　學齡前兒童年度健康檢查項目

- 身體檢查
- 健康史
- 身體、營養與心理社會評估
- 視力與聽力檢查
- 心臟篩檢
- 血液篩檢
- 尿液篩檢
- 疫苗接種
- 結核病篩檢
- 牙齒檢查

常見的學前問題

吸手指

　　吸手指是一種原始的本能行為，可以滿足孩子的吸吮和安心需求。但長時間吸手指恐導致齒列不整。基於此，許多父母試圖阻止孩子吸手指，但往往效果不彰。有時，其他安心物品（例如泰迪熊、絨毛玩偶或毯子）可取代吸手指，也帶給孩子安全感。通常到了學齡期，這種行為就會慢慢減少，最終消失。

尿床

　　尿床也稱為**遺尿症（enuresis）**，男童的發生率比女童更常見。在如廁訓練充分完成之前，遺尿症不會被認為是個問題。尿床的原因尚待釐清，壓力和生病似乎會使情況變得更糟。如果尿床持續發生，重要的是先對孩子進行完整的身體檢查，排除任何潛在的病理可能性。處理尿床問題的最佳方法是盡量減少尿床次數發生，並避免讓孩子感到內疚或羞愧。照顧者可在晚上多叮嚀孩子去上廁所，或在下午 5 點後限制孩子的液體攝取量，以減少意外尿床。懲罰或嘲笑會降低孩子的自尊心和信心，必須避免。

恐懼

　　學齡前兒童害怕黑暗、身體傷害和被遺棄。所有的童年恐懼應該以一致的方式處理，照顧者須先認可孩子的恐懼，安撫和強化現實。有些學齡前兒童因為怕黑，就寢前容易吵鬧不休或夜間睡眠中斷。在孩子的房間或走廊上放盞小夜燈，即可減輕恐懼。

　　對身體傷害的恐懼常在受傷或住院期間越發明顯。對這個年紀的孩子來說，小擦傷或小出血就很可怕。用繃帶蓋住受傷部位，可讓孩子安心一點。

　　學齡前兒童不乏出現對被遺棄的恐懼。如果家長遲到幾分鐘去學校接他們，他們可能會變得歇斯底里、情緒激動，好像父母永遠不會來一樣。儘管他們看似越來越獨立，在商店或遊戲場上毫不猶豫地離開父母，不過，他們的心裡其實認為，如果是自己走出爸媽視線範圍就沒關係，但若是父母走開，他們的反應就會不同。父母應以誠實的態度和作為來幫助孩子減輕被遺棄的恐懼，例如，如果父

母或照顧者晚上出門，應先告訴孩子一聲，並清楚表明何時回來，千萬不可偷偷溜走或對孩子說謊。

自閉症譜系障礙

自閉症譜系障礙（ASD）是一種發展障礙，嚴重程度不一，包括溝通困難、重複行為，在學校或其他活動的社交場合中感到不自在或無法發揮功能等特徵。自閉症譜系障礙通常在出生後幾年即可發現。美國疾病管制與預防中心（CDC）估計，大約每 68 名美國兒童中，就有 1 名自閉症。早期辨識和支持，可協助兒童發揮最大的個人能力。

注意力不足過動症

注意力不足過動症（attention deficit-hyperactivity disorder, ADHD）是一種腦部疾病，特徵是注意力不集中和／或過動，導致功能和行為受損。常見的附加症狀是衝動，衝動引發兒童的莽撞行為，造成混亂和破壞，對自己和他人帶來傷害。早期辨識方能為個人和家庭提供適當的介入和支持，特殊的學習安排和協助，可進一步提高兒童的學習潛力。

思辨練習

練習一：

　　小凱媽媽參加一個由健康照護人員帶領、當地新手媽媽和職場媽媽組成的社區支持小團體。小凱媽媽表示她很擔心 4 歲半的兒子，他的語言發展似乎很慢。小凱目前正在學前班就讀，儘管上學以來他的口說能力改善不少，但仍有明顯的口吃。小凱媽媽還說兒子常說髒話，她很洩氣，不知道該如何處理。小凱媽媽向健康照護人員保證，她和先生在家裡都不會說髒話。

1. 你認為小凱為什麼會說髒話和口吃？
2. 當小凱說髒話和口吃時，小凱媽媽應該怎麼回應？

練習二：

　　請說明有哪些遊戲活動適合 4 至 5 歲兒童的成長和發展。

本章重點回顧

- 學齡前期的生長速度緩慢而穩定。
- 兒童每年長高 6.75 至 7.5 公分,平均體重每年增加 2.3 至 3.2 公斤。軀幹和身體變長,使孩子看起來更高,姿勢更直立。
- 學齡前期的牙齒保健,對未來的牙齒健康非常重要。
- 學齡前期的視力提升,聽力愈加成熟。
- 學齡前兒童的耳部結構,仍是該年齡層中耳感染率高的主因。
- 學齡前兒童正常脈搏頻率為每分鐘 90 至 100 次,血壓約 100/60 毫米汞柱。休息時,正常呼吸頻率為每分鐘 22 至 25 次。
- 學齡前期的重點在於提升動作能力、提高詞彙量和更加瞭解外在環境。
- 4 歲兒童能夠踮起腳尖走路、跑步、跳躍和單腳保持平衡。學齡前兒童會踩三輪車,喜歡攀爬、從高處一躍而下。到 5 歲時,他們會跳繩、在平衡木上行走和接球。
- 精細動作技巧提升,使 4 歲兒童更能生活自理。
- 學齡前兒童很有興趣檢視和探索自己的身體,對男性和女性的身體差異感到非常好奇。
- 學齡前期兒童的自慰,是兩種性別都會進行的活動。父母應以就事論事的方式回應,以免孩子為此產生內疚感。
- 學齡前的心理社會任務是培養積極主動。
- 學齡前兒童需要管教來學習控制衝動。
- 家長應根據理念、地點、作息時間表和費用來選擇學前班。
- 嫉妒是不同發展階段都會出現的正常行為模式。
- 離婚是影響兒童的常見壓力之一。學齡前兒童常常自責,強烈希望父母能夠復合。
- 學齡前兒童的認知發展處於前運思期,兒童繼續發展語言能力和記憶力。學齡前期的思考方式常被形容為魔法思考,孩子誤以為自己無所不能。

- 學齡前兒童的良知正在發展，具有初階的道德推理能力。道德推理主要是透過模仿父母和其他成人學習而來。因此，成人應該以身作則，使用適當的言辭並為孩子樹立良好的榜樣。
- 學齡前兒童的溝通更加熟練，他們非常健談，可以教導他們記住自己的全名和家裡的地址，以及如何應對緊急情況。
- 學齡前兒童的平均每日熱量需求為 1,000 至 1,400 卡路里，而 4 至 5 歲的兒童每日應攝取 1,200 至 1,600 卡路里。到 5 歲時，許多兒童開始養成與同齡友伴相似的飲食習慣。學齡前期的飲食應包括含有蛋白質、碳水化合物、維生素、礦物質和有限脂肪的食物。
- 學齡前兒童非常活潑好動，平均每晚需要 10 至 12 小時的睡眠。學齡前兒童有一套自己的就寢儀式。在學齡前期，做惡夢和夜驚時有所聞。
- 學齡前兒童的遊戲型態為合作遊戲或聯合遊戲，兒童能夠分享、輪流並遵循簡單的規則。
- 學前班的玩具應有助於刺激精細動作和粗大動作技巧發展。正如同每位兒童的成長模式不一樣，動作能力和先天能力的差異，使得某些兒童的協調性比其他兒童更佳。
- 安全仍是學齡前兒童議題的關注重點，他們仍需要成人的監督，並不斷提醒他們潛在的環境危害。
- 學齡前兒童需要接受白喉、百日咳和破傷風（DTaP）混合疫苗和小兒麻痺（IPV）疫苗加強注射，以確保免疫力並預防這些疾病。學齡前兒童另需每年進行預防性健康檢查，監督他們的生理、情緒和社會發展。
- 吸手指是一種原始的本能行為，但如果長期養成這種習慣，可能會導致兒童的齒列不整。
- 尿床，又稱遺尿症，是男童比女童更常見的問題。兒童的壓力和生病，似乎會讓情況變得更糟。
- 自閉症譜系障礙和注意力不足過動症可以在學齡前期及早發現。

課後評量

1. 學前教育的目標是培養哪些領域的發展？（複選題）
   A. 認知發展。
   B. 生理發展。
   C. 社會發展。
   D. 心理發展。
   E. 宗教發展。

2. 學前教育的重點在於下列哪一項？（複選題）
   A. 醫療保健。
   B. 個人興趣。
   C. 學習方式。
   D. 休息。
   E. 社交互動。

3. 學齡前兒童的直立姿勢和穩定步態可能是由於：
   A. 足部離開身體中心。
   B. 腰椎彎曲擴大。
   C. 足部靠向身體中心。
   D. 脊椎骨合併。

4. 兒童常罹患耳部感染，原因是：
   A. 接觸感染的機會增加。
   B. 他們的耳垂比成人的耳垂小。
   C. 他們的耳咽管或聽覺管很短。
   D. 白血球數量減少。

5. 學齡前兒童的遊戲類型是：
   A. 平行遊戲。
   B. 聯合遊戲。
   C. 獨自遊戲。
   D. 孤立遊戲。

6. 4 歲兒童偶爾自慰是：
    A. 孩子的性格病態。
    B. 正常的發展模式。
    C. 有性虐待史。
    D. 認知發展受損。

7. Erikson 認為,「積極主動」最好的解釋是：
    A. 完成任務。
    B. 建立信任感。
    C. 表達個人需求的能力。
    D. 主動嘗試新事物,不會有羞愧感。

8. 學齡前兒童學習透過以下何種方式正面處理挫折？
    A. 變得猶豫不決。
    B. 學習自我控制。
    C. 變得冷漠。
    D. 變得有控制欲。

9. 學齡前期的平均每日熱量攝取量為：
    A. 900 卡路里。
    B. 2,500 卡路里。
    C. 1,400 卡路里。
    D. 500 卡路里。

10. 惡夢和夜驚有何不同？
    A. 要花很長的時間安撫做惡夢的孩子。
    B. 夜驚的孩子清楚記得事件的細節。
    C. 惡夢通常伴隨著呼吸急促和心率加快。
    D. 夜驚的孩子不記得發生了什麼事。

11. 解決手足競爭的最佳方法是：

    A. 指責雙方。

    B. 立即讓兩個孩子分開。

    C. 立即查明是誰先起頭的。

    D. 支持弱勢的那一方。

12. Piaget 認為，學齡前兒童缺乏可逆性的概念。如何證明他的論點？

    A. 如果物體從眼前消失，它就是不存在了。

    B. 具有解決抽象問題的能力。

    C. 不知道融化的冰塊可以重新冷凍。

    D. 有能力透過感官學習。

13. 4 歲兒童的父母詢問該如何解決孩子挑食的問題。最好的回答是：

    A. 別擔心，他會長大的。

    B. 讓他選擇他最喜歡的零食。

    C. 讓他自己吃飯，這樣他才不會分心。

    D. 給他能吃完的小分量食物。

答案：1. (A)、(C)、(D)、(C)、(E)；2. (B)；3. (C)；4. (C)；5. (B)；6. (B)；7. (D)；8. (B)；9. (C)；10. (D)；11. (B)；12. (C)；13. (D)。

Chapter 9
學齡期

學習目標

1. 列出學齡兒童常見的生理特徵。
2. 說明學齡兒童常見的三個發展里程碑。
3. 說明 Erikson 的學齡期心理社會發展任務。
4. 說明學齡期的認知功能水準。
5. 說明學齡兒童的道德發展。
6. 列出三個促進學齡兒童健康的方式。

學齡期（school age），又稱兒童中期（middle years）或童年晚期（late childhood），約始於兒童進入正規學校接受教育，終於青春期開始發育時，大致從 6 到 11 歲。學齡期的五項重要成長如下：

1. 成長仍然緩慢而穩定。
2. 兒童從家庭轉向同儕關係。
3. 兒童不再那麼以自我為中心，更加以目標為導向。
4. 乳牙脫落，長出恆齒。
5. 性的平靜取代對性的好奇和專注。

生理特徵

身高和體重

學齡期以緩慢、持續的生長開始，到青春期的生長陡增結束。在這段發育時期，兒童的平均預期生長速度為每年 5 至 7 公分，體重每年平均增加 2 至 3 公斤。6 歲女孩的平均身高為 116 公分，體重為 21 公斤；10 歲女孩的平均身高為 150 公分，體重為 40 公斤。學齡早期的男童看起來更高、更重，但接近學齡期尾聲的那段時間，女童會比男童更高、更重。

骨骼和肌肉發展

骨骼的生長和成熟受到多重因素影響，包括性別、族裔、營養和一般健康狀況。女孩的骨骼成熟比男孩早兩年。一般來說，非裔兒童的骨骼發育比歐裔兒童早。長骨的生長會拉伸韌帶和肌肉，導致大多數兒童在夜間經歷「生長痛」（growing pains）。兒童的手臂和腿變長，看起來又瘦又細。

學齡兒童的肌肉力量增加，重心下移，體態出現變化。腹部肌肉也變得更強，促使骨盆向後傾斜。胸部變寬變平，但肩膀仍顯得圓潤。運動可以促進肌肉

發育並提升力量和靈敏度。姿勢不良會導致疲勞，也可能暗藏輕微的骨骼病變。有關骨骼系統缺陷的健康檢查，詳見「健康促進」一節。

儘管肌肉量和肌力增加，但學齡兒童的肌肉遠稱不上成熟，容易受傷。精細和粗大動作技巧顯著提升，使兒童在家裡與學校都更加獨立和自理（圖 9.1）。

感覺發展

學齡兒童通常在 6 至 7 歲時達到視覺成熟。周邊視力和深度知覺提高，使得手眼協調能力更好，不再需要大字體的課本和作業。

牙齒

學齡期的重要標誌是乳牙脫落和長出恆齒（圖 9.2）。家長應提前告知兒童他們會掉牙齒，等到真的掉牙時才不會害怕。家長可以在兒童第一顆牙齒開始鬆動時（通常是在 6 至 7 歲）教育他們，並強調這是長大的信號。有些家長會跟孩子玩「牙仙子」遊戲，每掉一顆牙就給予孩子獎勵。第一顆脫落的乳牙通常是下中門牙。勿以外力強行拔牙，應讓乳牙自然脫落。

圖 9.1 ｜運動有助於提升力量和身體的靈敏度

圖 9.2 ｜乳牙通常在學齡期脫落

恆齒的生長順序與乳牙相同。相較於臉部其他結構，恆齒看起來比較大，這也就是為什麼會有人戲稱學齡期為「醜小鴨」期。高達 75% 的兒童有某種程度的牙齒**咬合不正（malocclusion）**或錯位，影響他們的咀嚼、臉部鬆弛和外觀。父母應定期（至少每 6 個月）帶兒童去看牙醫，檢查和清潔牙齒，並治療任何牙齒疾病。日常牙齒保健包括每日飯後和睡前刷牙、使用含氟牙膏，以減少齲齒或蛀牙的發生率。齲齒通常起因於牙齒表面和牙齒周圍的牙菌斑堆積，定期刷牙和限制兒童攝取濃縮糖（高糖）食物，可防止牙菌斑形成。某些零食，如蘋果、生胡蘿蔔和無糖口香糖也有助於減少牙菌斑形成。

胃腸道和神經系統的發展

由於胃腸系統在學齡期臻於成熟，學齡兒童比幼兒更少出現消化不良和失調問題。隨著胃容量增加，進食的次數可以減少，一日三餐就夠了。

神經系統不斷成熟，從學齡兒童的動作能力提升和認知處理過程擴展即可證明。隨著味覺、嗅覺和觸覺完全成熟，學齡兒童的辨別力也變得更好了。這個階段的兒童會根據個人口味和同儕影響，形成不同的食物偏好。

免疫系統的發展

學齡期的標竿是免疫系統成熟，抗體濃度達到高峰。位於鼻咽部的淋巴組織，也就是扁桃體和腺樣體雖顯略大，但除非它們引起感染或阻塞，否則不建議手術切除。當兒童開始上學，他們會接觸到更多的微生物，因此上呼吸道感染的發生率往往也跟著增加。但只要他們的免疫系統適應這些暴露接觸，抵抗力就會提高。學齡期通常是發展中相對健康的時期。

生命徵象

由於學齡兒童的心臟相對於身體質量而言較小，因此劇烈運動後會感到疲倦。在學齡階段，心率降至平均每分鐘 90 次。50% 的學齡兒童可能有功能性（良性）心雜音，這些心雜音通常不需要治療。由於左心室發育，血壓讀數（100/60 毫米汞柱）通常高於幼年階段。在此發育期間，血紅素和血球容積比濃

度也略微增加，但紅血球和白血球數量略微下降。

學齡兒童的呼吸系統持續發育。到了 8 歲時，肺泡（氣囊）已完全成熟。正常的呼吸頻率減慢，平均靜止呼吸頻率為每分鐘 20 次。

發展的里程碑

動作發展

學齡期的肌肉質量和肌肉力量顯著增加，粗大動作和精細動作技巧顯著提升。學齡兒童可以跑得更快、更遠、更久，比幼兒跳得更高、投擲得更遠、更精準。多數兒童在這個階段變得更強壯、協調性更好。動作能力存在性別差異，平均而言，男童顯得更強壯，更擅長跑、跳、投擲，而且比女童更有耐力；女童則是在平衡感和協調性方面比男童更好。女童的精細動作技巧比男童先一步完善，在學齡期，運動表現對女童和男童來說都十分重要。

學齡兒童的粗大動作和精細動作技巧已經足夠熟練，可以在學校和家庭的許多領域中展現獨立性，包括遊戲和生活自理。6 歲兒童雖然看似長大獨立了，但也很容易洩氣和疲倦、愛哭和煩躁。有些學齡兒童喜歡自己一個人玩，選擇自己覺得有趣的活動。許多新學到的技巧讓他們可以在沒有父母幫助的情況下完成任務，游泳、滑冰、騎自行車等某些證明他們擁有獨立進行活動的能力更是不在話下。學齡兒童的生活自理能力已經完備，如洗澡、穿衣和吃飯，他們也可以學習寫作、繪畫、舞蹈並培養其他許多創意才能。

大多數 6 至 7 歲的兒童會書寫文字和自己的名字，並能更好地控制投擲、接球、游泳和跑步。6 或 7 歲的兒童開始學習繫鞋帶。

7 歲和 8 歲兒童的粗大動作技巧持續提升，跑步、跳躍和跳繩的動作更加流暢，大部分兒童的控球和揮棒能力更是令人刮目相看。

精細動作技巧日益進步，到 8 歲時，精細動作變得更加穩定和可控。此時的兒童更喜歡用鉛筆寫字而不是蠟筆，並且字體可以寫得更小、更整齊，他們現在

可以學習打字、編碼、演奏許多樂器。

　　8至9歲的兒童通常外向、健談、熱情，無論能力如何，他們都樂意參加任何活動項目，這種勇往直前的態勢難免使他們面臨更多的受傷風險。到了這個階段，他們的動作看起來更加優雅，協調性也更加流暢。肌力和耐力增加，從而提高他們的運動表現。8歲的兒童練習一項技能的時間更長，也更投入，一旦掌握某項技能，他們也迫不及待想展現自己的練習成果和才華，如體操、空手道、芭蕾舞和其他舞蹈等。因為精細動作技巧不斷進步，現在的他們今非昔比，熟能生巧。兒童不再隨機選擇遊戲和活動，而是根據自己的特定興趣和喜好來投入參與。到了學齡期快結束時，他們的體力就已經跟成人差不多了，耐力和技能也在勤於練習下更加精進。

　　9歲和10歲的兒童，動作發展更上一層樓。隨著肌力和耐力增加，他們對運動和其他活動的興趣也越發熱切。此時的他們更是積極參與團隊運動（圖9.3）。學齡兒童能夠理解複雜的規則和玩法，書寫端正工整的字體。

圖9.3｜技能進步和練習培養了學齡兒童的紀律和信心

性發展

性好奇在此階段持續存在，學齡兒童喜歡提出很多問題，父母須以孩子能夠理解的程度誠實地回答，不要提供超出孩子能夠消化或理解的資訊。孩子從父母的言行中學習有關自己和他人在性方面的觀念和態度。兒童要理解的內容不僅是性行為，還包括他人的感受、如何以禮相待，以及如何處理責任問題。學齡兒童要學習尊重他人的感受和價值觀，即使他人的價值觀與自己相異。永遠不要因為個人欲望驅使，就強迫他人服從就範，這樣的價值觀放諸四海皆準，不僅限於性行為。

父母可以善用電視節目中的議題或歌詞，藉機作為開啟性相關對話的基礎。父母可以問孩子：「這樣合理嗎？」或「如果發生那種情況，你的感覺如何？」父母應提供孩子必要的資訊，並保持溝通管道暢通，方有利於孩子將來做出有關性的正確決定。

Freud 將這段時期稱為**潛伏期（latency）**，即性能量相對休眠的時期。在這個階段，兒童參與更多認知技能與學習，鮮少在意性問題，同儕關係主要是與同性友伴一起度過。在學齡階段建立有意義的關係、關懷他人的能力，有助於為成年後的親密關係做好準備。

心理社會發展

勤奮進取

Erikson 認為學齡兒童將自己視為開發者。因此，他認為這個發展階段的首要任務是**勤奮進取（industry）**。此時期的兒童將心力專注於外在現實世界，視自己為群體的一分子，目標是取得更多成就，並與他人好好相處。若能從成就中獲得滿足感，將能進一步增強他們的動機。學業對學齡兒童來說非常重要，他們常設定非常高的成就標準，若沒有達到目標，就會顯得非常失望並產生失敗感。有些兒童如果沒有獲得滿分的成績，或努力卻沒有受到老師的表揚，就會十分沮喪。因此，重要的是先認可孩子的毅力，而非一味追求完美。

6 至 7 歲的孩子精力充沛，渴望嘗試新技能。許多兒童對新的活動躍躍欲

試，但常常三分鐘熱度，缺乏耐心或足夠的注意力來完成。例如，母親和孩子一起烘烤餅乾，但進行到一半，孩子沒了興致，只留下母親獨自完成。在學齡階段初期，兒童希望看到他們的努力立即得到令人滿意的成果。他們急於完成任務，並自豪地向別人炫耀。他們需要別人的讚美和獎勵，來強化個人的自尊心，激勵他們前進。

9歲的兒童可以發起一項任務，也有動力去完成任務。他們知道別人對他們的期望是什麼，願意遵守規則以贏得成人的尊重。到了11歲，多數兒童都有能力完成更複雜的任務，並且可以接受延遲獎勵；讚美仍有助於增強他們的自尊。如果沒有得到增強和讚美，兒童可能會產生自卑感。

同儕關係

學齡期的兒童首度開始從以家庭為中心，轉向同儕關係（圖 9.4）。他們認識的朋友雖然很多，但交情通常不持久。多數兒童喜歡和同性朋友賦在一起，並公開表達對異性的厭惡。在7至8歲的兒童中，友誼變得更加緊密和認真，但友誼的對象主要是同性友伴，是由幾個有共同需求和興趣的友伴組成的小圈圈。學齡兒童經常形成堅固的友誼，或擁有一位最好的朋友。男童和女童同樣崇拜和幻想成為英雄或偶像。他們的思考和行為愈加複雜，活動量差異很大，有時候喜歡安安靜靜地坐著，有時候則是精力旺盛、活動力十足。

學齡兒童經常與手足競爭，眼眶含淚心有不甘，希望事情能如自己所願。他們會記得誰的餅乾較多，或者誰在上次外出時可以選擇車裡的廣播頻道來聽。他們的言辭、憤怒和競爭程度似乎與問題不成比例，例如，他們可能會對坐在他們最喜歡的椅子上的兄弟姊妹說：「我真希望你永遠消失。」嫉妒是一種常見的情緒，當兒童進入學校，只有弟弟妹妹留在家中

圖 9.4 ｜ 學齡兒童逐漸靠向同儕友伴

受到父母無微不至的照顧時，嫉妒可能會加劇。此外，當兒童認為他們的同儕更有成就時，另一種嫉妒情緒油然而生。儘管任何年齡的孩子都需要愛和情感，但學齡期男童往往覺得自己長大了，不想被親吻或擁抱，還會拒絕父母叫他們小可愛或公然表現親暱的感情。

對學齡兒童來說，家庭關係似乎不如新的同儕關係重要。在家裡，孩子經常表達負面情緒，公開敵視家庭成員，但到了外面，他們卻又堅定地維護、支持，甚至炫耀家人的成就。友誼非常重要，是學齡兒童社交世界的基石，學齡期學到的人際關係模式會持續到成年。學齡兒童能夠與同儕建立互惠關係，這些關係奠基在真實的感受和欣賞對方的特質上。兒童與友伴成為彼此的親密夥伴，分享心事和所有物，學齡期接近結束時，友誼變得更加穩固和認真，但對象仍以同性為主。

其他發展問題

隱私。隱私是學齡兒童很看重的面向，他們不希望他人隨意使用自己的財物和珍視物品，也希望在一些自理活動中保有隱私，顯得有些害羞和彆扭。例如，與父母一起外出購買新衣服時，兒童會堅持獨自進入更衣室。這些感受應該受到尊重，而非譏諷嘲笑。

恐懼。學齡兒童經常過度擔心自己和家人受到身體傷害，觀看螢幕上的暴力行為也會加劇恐懼心理。為減少這類恐懼，應該給予孩子可靠的保證，並限制他們接觸暴力節目。學齡兒童也常擔心父母離婚、疾病和死亡等問題。當孩子進入青春期時，他們往往變得更不喜歡用言語表達自己的擔憂，將感受隱藏在心底。

金錢觀。學齡前兒童知道可以用錢買東西，但他們對錢的概念還不清楚。例如，他們可能誤認為硬幣比紙幣更值錢，5角比1元更值錢，因為5比1更大。學齡兒童開始重視金錢和所有物。父母應該與孩子議定零用錢金額，並教導孩子如何管理金錢。學齡兒童現在有能力從事簡單的家務；事實上，在做家事之前，他們可能會問：「你願意付給我多少錢？」報酬和家務應該一碼歸一碼；父母應該教導孩子，他們本就應該幫忙家務，因為他們是家裡的一分子。如此一來，不但可以教導他們負起家庭責任，還能將這些原則應用到外在社會情境。

個人衛生。學齡階段，親子常因孩子的個人衛生和其他家務整理事項而發生衝突。父母經常要提醒孩子去洗澡和換衣服，但他們可能會在浴室裡待很長時間，出來後卻沒有比較乾淨。學齡期後期的孩子經常把房間弄得亂七八糟，顯示青春期即將到來。專欄 9.1 提供一些進入青春期的準備建議。

情緒。情緒的表達範圍很廣，視兒童的實際年齡和心理成熟度而定。學齡早期的兒童會使用簡單的情緒詞彙來表達他們的感受，例如，哭泣仍是表達情緒最常用的方式，但很快就被認為是一種幼稚的表現。有些兒童比其他兒童更害羞，有些兒童對於是否被社會接納或學校表現是否良好有很多的擔憂，表 9.1 列出學齡期常見的恐懼。憤怒是一種強烈的情緒，兒童表達憤怒的方式各不相同，有些兒童生悶氣、消極以對，有些兒童愈加退縮或拒絕說話，有些兒童公然表達不滿和敵意。憤怒可能代表了兒童的挫折感和獨立的需要。

專欄 9.1

進入青春期的準備

- 提供有關青春期的資訊並回答兒童的問題。
- 先預期青少年可能擁有成人的外表，但不一定有成人的行為。
- 促進正向的自尊。
- 將青春期視為一個正面的經驗。

表 9.1　學齡期常見的恐懼

年齡	恐懼的事物
6 至 7 歲	奇怪的巨響、鬼魂和巫婆、深夜獨處、身體傷害、上學
7 至 8 歲	黑暗的地方、災難、不受歡迎、身體傷害
8 至 9 歲	學業失敗、謊言被拆穿、父母離婚或分居、成為犯罪受害者
9 至 11 歲	生病、高處、疼痛、壞人

管教

　　管教仍是學齡兒童的重要需求，成人須教導他們建立界線並抑制自己的消極行為。孩子需要一定程度的自由去探索，但適當的管教有其必要性。管教過當反易讓孩子行為失控，以此證明和捍衛自己；然而，過於寬鬆的管教可能會導致孩子缺乏安全感和自我懷疑。兒童需要足夠的讚美和獎勵來強化良好的行為。

　　體罰（physical discipline）係指使用肢體暴力，例如重毆或打屁股，這種管教方式會導致孩子的自尊心受損，較佳的管教方式為暫停法和明確解釋何謂適當行為。多項研究探討父母體罰與不同族裔群體的關聯，這些研究發現，無論族裔為何，實施體罰的家庭，兒童行為問題的發生率都偏高。許多學者認為，這些研究結果支持，父母的撫育和溫和的管教方式，是促進兒童正向發展的良好策略。

　　學齡兒童通常能對自己的房間和所有物負責。作為家庭的一分子，他們可負責一些簡單的家務。這些家務能讓孩子感受到家庭結構的重要性，並幫助他們學習責任感。

特殊的心理社會問題

　　螢幕暴力。研究顯示，螢幕暴力會對年幼觀眾產生不良影響。即使是沒什麼攻擊問題的兒童，在觀看暴力節目後也會變得更具攻擊性。兒童相信媒體節目描繪的是現實事件，加劇學齡兒童的扭曲觀念。學齡兒童喜歡模仿和崇拜卡通或節目中的角色，家長應協助孩子選擇觀看的節目，並限制他們觀看過度暴力的節目。此外，父母須跟孩子討論節目傳達的價值觀，實踐非暴力行為。

　　電玩／網路使用。玩電子遊戲可能有助於培養手眼協調，有些遊戲也可增強解決問題的能力。家長應協助孩子選擇適合年齡的遊戲，須格外小心檢視，不要只依賴包裝上的說明和評論，在讓孩子使用產品之前先仔細查看內容。電腦應放置在家人共處且看得到螢幕的開放區域，監督並限制兒童玩遊戲或使用電腦的時間。家長必須監控孩子造訪的網站，告誡兒童不要在聊天室透露任何個人資訊。成人應該教育兒童，有些人會在網路上隱匿偽造自己的身分（專欄9.2），無論如何，兒童都不應與在網路上認識的人見面。

> **專欄 9.2**
>
> ## 網路風險
>
> - 避免接觸不當、露骨的內容。
> - 避免分享個人資訊。
> - 限制使用網路的時間。
> - 檢舉網路霸凌行為。
> - 切勿分享密碼。
> - 在網絡上與陌生人聊天時要小心。

霸凌。學齡兒童喜歡嘲弄別人，同時不忘吹噓自己。在談論他人時，經常會有意無意地說出嘲笑、欺凌或侮辱性的言論。**霸凌（bullying）**係指一或多個人針對特定受害者，反覆採取負面行動。霸凌是影響數百萬人的嚴重問題，不分文化和社會環境，包括校園、家庭、職場和休閒娛樂場所。霸凌者通常也曾是遭受霸凌的受害者，他們會利用霸凌來讓自己獲得權力、受歡迎或掌控感，有些兒童甚至以犧牲別人為樂。霸凌事件通常由三方組成：霸凌者、受害者和旁觀者。霸凌者會針對那些受害反應能為他帶來立即滿足的對象；受害者常是個性孤僻、害羞、敏感、愛哭的人。族裔、社經地位、性取向和肥胖也常是兒童遭受霸凌的因素。除非接受諮商或阻止霸凌行為，否則霸凌者將面臨長期不良後果的風險，屢次遭受霸凌的受害者會開始覺得自己活該被捉弄嘲笑。旁觀者係指袖手旁觀霸凌事件發生卻沒有出手介入的人，旁觀者沒有挺身幫助受害者，可能會讓他們感到內疚和無力。

霸凌行為遠比我們想像的更為普遍。根據美國國家教育統計中心（National Center for Educational Statistics）的數據，2016 年，美國每 5 名學生中，就有 1 人自述曾遭受霸凌。如果兒童是霸凌者，請務必強調絕對不允許這種行為發生。那些淪為受害者、成為霸凌者欺負對象的孩子，師長應傾聽他們的心聲並伸出援手，減少被霸凌的恐懼與不安。除了撞傷和瘀傷之外，兒童受到霸凌的跡象還包括睡眠問題、煩躁、注意力不集中、學業問題、物品或金錢流向不明，以及經常出現無法解釋的身心不適。有些不堪霸凌而陷入困境的兒童可能會離家出走，甚

至企圖自殺。霸凌隨時隨地都可能發生——在校期間、放學後、遊戲場、校車，以及孩子居住的社區。專欄 9.3 提供家長如何處理霸凌事件三方角色的指南。

網路霸凌（cyberbullying） 是指故意利用網路、手機或其他科技（如電腦、電子郵件或即時訊息）反覆騷擾或嘲諷他人。這些設備可以即時向廣大受眾傳播訊息和圖像，但霸凌者仍可躲在幕後匿名作惡。美國政府發起了一項運動，制止包括網路霸凌在內的所有霸凌行為。政府制定為數眾多的計畫，為教職員提供教育、訓練和支持，為學生提供安全的校園環境。

大多數的州都制定了法規，要求學校創造令師生安心、友善的環境。這些法規包括通報霸凌行為和介入霸凌調查。

專欄 9.3

家長如何處理霸凌事件三方角色的指南

對霸凌者：
- 教導孩子尊重他人的權利。
- 針對社交行為制定明確、嚴謹的規則。
- 教導並運用協商技巧。
- 樹立正面榜樣。
- 讚揚好的行為。

對受害者：
- 提供因應策略。
- 鼓勵說出事件經過。
- 鼓勵參與建立自尊的活動。
- 稱讚孩子所取得的成就。
- 避免過度干預。

對旁觀者：
- 教導孩子認識這是一個嚴重的問題。
- 鼓勵孩子大聲呼喊尋求成人協助。
- 如果呼喊失敗，盡快離開現場並尋求成人協助。
- 討論缺乏行動可能會助紂為虐。

鑰匙兒。大約四分之一的小學生在放學後無人看管。在某些地區，可能會有課外活動，但在更多的農村地區，孩子簡直就像放牛吃草。很難一概而論或預測這些「鑰匙兒」（"latchkey" children）的表現，有些兒童會直接回家、向父母報平安，或有一些家務待完成。與那些無人看顧、在外「閒晃」的孩子相比，直接回家的孩子遇到麻煩的可能性較小。

實用小提示：鑰匙兒童

給鑰匙兒家庭的建議：
- 安排孩子到特定地點報到。
- 要求孩子在特定時間與成人聯繫。
- 教導孩子如何應付緊急狀況。
- 委託鄰居或附近的成年人，如果孩子遇到麻煩，可以打電話向他們求助。
- 和孩子一起預演如何接電話和開門。
- 安排孩子可遵守的活動時間表。

認知發展

Piaget 認為，多數 5 至 7 歲的兒童已從前運思期過渡到具體運思期；也就是說，學齡兒童已經擺脫以自我為中心的思考，更具有邏輯思維。例如，他們已經掌握**保留**（conservation）的概念，能夠理解相同分量的物質即使以不同方式排列或看似不同，它們的質量、體積和重量也不會改變（圖 9.5）。

Piaget 也認為學齡兒童懂得**因果關係**（causation），也就是說，他們明白自己的行為會導致事情發生或改變。**因果**（cause and effect），簡單地說，係指行動與結果之間的關係。例如，按下玩具上的某個按鈕，就會聽到「叮」的聲音；或將球從高處丟下去，它可能會彈起來。Piaget 的理論是，兒童從遊戲中學到，他們有能力讓事情發生或改變。

Piaget 的保留任務

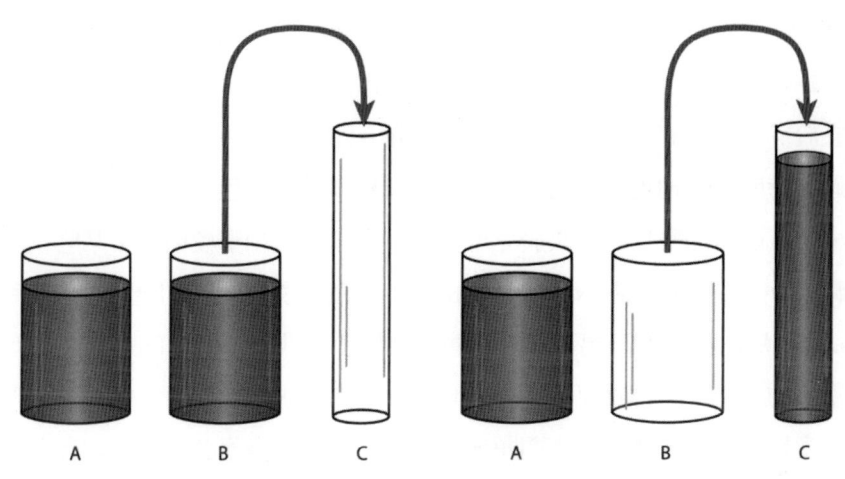

圖 9.5 │ 學齡兒童能夠理解，相同的分量可以不同的形狀呈現

根據 Piaget 的說法，學齡兒童表現出**系列化**（seriation）能力，即根據大小、顏色、形狀或類型等特徵，對物體或情況進行分類的能力。例如，7 至 8 歲的兒童經常蒐集貼紙、棒球卡、書籍、玩具等，這些物品可以根據不同特徵加以排序和分類。8 至 9 歲的兒童可以輕鬆識別不同廠牌和型號的汽車；他們不僅知道那台皮卡車是福特汽車，還知道它是福特 F-250。兒童可以將物體分解成更小的部件，然後重新組裝。學齡兒童享受著解決複雜拼圖、組裝模型汽車等活動的樂趣。

學齡兒童可以考慮其他人的觀點，從而拓寬自己的視野。他們的注意力持續時間更長，不再那麼容易焦躁不安，較能夠長時間專注於活動上。7 歲的兒童比年紀較小的兒童更認真學習。學齡兒童活力充沛、富有冒險精神，他們的能力提高，形成更有條理的思考方式，包括問題解決能力、理解和遵守規則。

比起早期階段，學齡兒童更理解時間、空間和維度等概念，認知能力的提升使他們更能掌握閱讀、數學和科學知識。小學階段的兒童開始學習如何處理和解決問題。學齡兒童的記憶力提高，從而提升他們的學習能力。

正規教育

開始接受正規教育是學齡期的重大成就，學校成為兒童的生活重心。學前教育的重點是保護、玩耍和照顧，小學教育的重點則是教育和學習。學校為兒童提供獨立於父母和家庭的機會，使兒童成為獨立的個體。除了家庭之外，兒童在學校度過的時間比其他場所還要多，這是他們嘗試不同角色、與他人協調及學習的團體場域。能否適應學校取決於兒童個人、家庭環境和學校環境。某些兒童過於害怕離家，導致**懼學症**（school phobia），也就是強烈恐懼上學。各種**身體的**（somatic）症狀接二連三出現——胃痛、頭痛或其他無法解釋的疼痛——有可能是懼學症的表現，若懷疑兒童懼學，應先徹底調查排除任何潛在的醫學病理，或瞭解兒童是否在學校遭遇師生問題或校園霸凌。完成醫學評估後，如有必要，應妥善治療、給予支持，並溫和地鼓勵他們回到學校。學校給兒童帶來很多壓力，他們必須自己找到教室、在全班面前發言，或者可能被老師斥責。然而，學校也是獲得獎勵、認可和成功的地方。

低中年級（一到四年級）的兒童學習遵守常規並專注於特定任務。8 歲和 9 歲的兒童非常重視自己的學業成績，更願意為自己的學習和行為負責。他們擔心犯錯，害怕在同儕面前出糗，無條件地尊重和接受老師的指示。

到了高年級（五到六年級），學習更像是一項獨立的任務。高年級兒童更具判斷力和思辨能力，對教師和權威也不像以前那麼唯命是從，教師對課堂的控制力減弱。兒童需要明確的規則，重視公平公正。專欄 9.4 列出理想的課堂氛圍給教師參考。

專欄 9.4

理想的課堂氛圍

- 給予充分的讚美。
- 建構舒適的學習環境。
- 鼓勵分擔責任。
- 強調學業成就。
- 使用正增強。
- 成為正面的榜樣。
- 促進開放式溝通。

幼兒期的家庭作業是有趣的，但進入低年級後，兒童可能會開始把家庭作業視為能免則免、將就應付、忘記或推託的苦差事，家庭作業和學習成了親子爭執的導火線。低年級兒童的父母通常較願意和孩子一起學習，協助孩子完成作業和檢查作業。比起不做家庭作業的兒童，養成做家庭作業習慣的兒童在學校更容易成功。

多數 9 至 11 歲的兒童寧願待在家裡或跟朋友一起找樂子，也不想上學。在學校茁壯成長並取得成功的兒童通常更有動力，得到父母和老師的正增強（圖 9.6）。家長或老師不應輕忽兒童此時在學校的不良表現。

圖 9.6｜教育增強閱讀能力

實用小提示：家庭作業

有助於家長支持孩子完成家庭作業的建議：
- 盡量讓家庭作業成為一種愉快的經驗。
- 留出特定時間做家庭作業。
- 把做家庭作業視為優先完成事項。
- 不吝於給予孩子肯定。
- 在陪伴孩子做家庭作業期間，可以透過提供點心、擁抱或安撫等來關注孩子。

共同核心標準

教育領域的共同核心標準（Common Core Standards）由全美州長協會（National Governors Center）制定並於 2009 年頒布。各州的州長加上教師、教育專家、企業家、家長和公眾的意見，他們利用現有的最佳州教育標準來制定共同核心標準。共同核心標準的目標是為所有學生提供平等且優質的教育機會，無論他們居住在何處。共同核心標準確立了所有學生在每個年級應學習的內容，以及

高中畢業時應掌握的知識。

在家自學

在家自學是指有些家長為孩子選擇正規學校以外的替代方案。在家自學的優點是父母可以掌控學習環境和孩子的學習進度，根據孩子的學習風格和需求調整教學。缺點包括孩子的社交經驗減少，以及父母得負擔太多時間和責任，導致壓力劇增。

遠距學習

COVID-19 大流行已造成嚴重的全球、社會和經濟混亂，許多學習機構部分或完全關閉，只能採用遠距學習或混合學習（部分實體，部分遠距）。遠距學習並不是什麼新鮮事，至少可遠溯到 1700 年代，當時的函授課程透過郵件寄送和接收全球各地的教學作業。

隨著科技日新月異，遠距學習也在不斷發展，現在已經可以進行即時視訊教學和回饋。遠距學習原本被認為只對成人教育有益，教育工作者傳統上將遠距學習定義為教師和學生因距離、時間或空間而分開的學習，許多學院和大學為學生提供遠距學習，因為它具有不錯的成本效益。根據美國教育部（United States Department of Education）的數據，2017 至 2018 學年度，21% 的公立學校提供至少一門完全線上數位課程。

美國幼兒教育協會（NAEYC）設計遠距或虛擬課程，指導教育工作者使用科技和媒體來滿足兒童和家庭的社交與情感需求。幸運的是，學齡兒童對這些科技大都已熟門熟路，且在疫情期間也大多能輕鬆適應線上學習。

線上學習突顯某些社區的差異，有些社區的家庭無法連上網路服務，也沒有支援孩子學習所需的電腦或平板電腦。無論在家工作還是去辦公室工作，父母和照顧者都面臨兼顧育兒與線上學習，或在學校課表與自己的工作時間表之間取得平衡的多重挑戰。教育應該秉持文化敏感度和包容性，如果有必要的設備和適當的監督，線上教育可以支持孩子的學習、遊戲和整體成長。

道德發展

正如學齡兒童的認知能力正在轉變一樣，他們的道德發展也在邁入下一個階段。Kohlberg 認為，大多數 6 歲兒童的道德思考仍處於**道德循規前期**，也就是仍然以自我為中心，主要是為了獲得獎勵或避免懲罰或譴責，而非關心其他道德意涵。之後，兒童轉向道德循規期，他們開始根據家人或社會對他們的期望來做出道德決定，遵循會讓他們成為「好」孩子的規範。到了兒童中期，他們已經可以按照成人的期待表現「正確」的言行舉止。

與幼兒相比，學齡兒童更懂得說不同類型的謊言。他們說謊是為了提高自尊和地位，贏得認可。這種謊言是一種吹噓，幫助他們因應新的社會壓力。這些謊言並不常見，父母也不必過度擔心。

學齡期接近尾聲時（即 11 歲左右），兒童開始在自己的利益和需求，與他們認為正確的事情之間取得平衡，他們也開始思考何謂公平對待。Kohlberg 將關懷他人視為**互惠**（reciprocity）的起點。

11 歲的兒童想要被信任，信任強化兒童的自我價值感。學齡兒童要求朋友忠誠，期望他們知恩圖報。學齡兒童也學習自我調節和控制自己的行為。

一些研究支持了 Kohlberg 關於道德發展的觀點，並證明當兒童參與道德討論或決策時，能刺激他們的道德思考。其他研究表明，女孩的道德發展或許有別於男孩的道德發展：女孩的道德推理會考量到維護人際關係，而男孩的道德決策較看重保護和捍衛他人的權益。無論採用何種理論，重要的是謹記，道德推理就像認知一樣，是逐漸發展的，每個階段都有一些重疊。兒童的道德準則奠基在父母的教導和行為，一旦兒童將道德準則內化，他們就會用它來評斷他人的行為。專欄 9.5 舉例說明如何進行道德練習。

實用小提示：說謊

以下建議有助於父母處理孩子的說謊問題：

- 父母應做好表率，不要叫孩子為你撒謊，例如，當你在家但不想講電話時，叫孩子謊稱你不在家。
- 傾聽，而非以過度懲罰來要求孩子說實話。
- 承認自己的錯誤。

專欄 9.5

道德練習

向兒童朗讀以下內容。詢問兒童若遭遇類似情況，他們會如何反應。與他們一起討論答案。

兩兄弟正從學校步行回家，一位同學走向他們，遞給哥哥一根大麻菸。弟弟看著哥哥收下大麻菸並開始抽。儘管弟弟抗議，哥哥還是跟他說不要告訴任何人他抽大麻菸的事。他提醒弟弟必須保密，否則以後他就不會理弟弟了。
- 弟弟應該怎麼做？保守秘密還是冒著哥哥發怒的危險告訴爸媽？

溝通

學齡兒童的語言能力提升，更能有效地與他人溝通，善用語言能力可以增強社會化和群體歸屬感。幼年時期的溝通可能僅限於手部示意動作和哭泣，但現在那已是不太能被社會接受的行為。在這種情況下，兒童不得不加強語言學習。

學校教育重視培養累積詞彙量、文法、發音和句子結構的正確性。學齡兒童可以在句子中使用名詞、動詞和形容詞，多數情況下，他們會用正確的動詞時態，用句子描述他們的感受、想法和觀點。由於同儕的影響，髒話或俚語的使用頻率增加，這些詞語有助於表達情緒並自覺備受重視。學齡兒童有時會用他們自創的秘密語言來傳遞訊息，這不僅給了他們一定程度的隱私，也增強群體歸屬感。表 9.2 說明語言發展的時間表。

表 9.2　語言發展時間表

年齡	發展
6 歲	擁有 3,000 個詞彙量，能理解複雜句子的意思，具備基本的閱讀能力。
7 歲	能夠正確發音、說出時間、寫正楷字，但寫出完整筆畫仍有一些困難。
8 歲	口說能力發展良好；口說比書面表達能力更好；字寫得更端正。
9 歲	經常閱讀，能描述物體的細節；文筆流暢，說話方式與成人相似。
10 至 11 歲	喜歡閱讀，能寫出較長的作文；開始研究寫作技巧和使用正確的文法。

營養

　　為了支持肌肉骨骼系統的持續生長，學齡期的營養需求包括從蛋白質、碳水化合物、脂肪、維生素和礦物質中攝取足夠的熱量，鈣對學齡期兒童形成緻密的骨骼尤其重要。根據體型、活動和新陳代謝的不同，每位兒童的熱量需求也有個別差異。「我的餐盤」中建議學齡期應攝入 1,800 卡路里，兒童每天需要 142 公克的蛋白質、3 杯低脂或脫脂乳製品、2.5 匙蔬菜、1.5 杯水果和 170 公克的穀物。專欄 9.6 列出良好營養的指標。孩子的食物偏好受文化、家庭和同儕影響，等到兒童入學，他們的飲食習慣早已養成了。這些習慣可能會因接觸不同文化而轉變。

　　《2030 健康國民》的目標是減少兒童糧食安全問題，因為研究顯示許多兒童沒有足夠的食物可吃。糧食不安全是健康的社會決定因素（SDOH）之一。糧食不安全與負面健康結果有關，導致兒童學習困難。《2030 健康國民》建議學校可販售健康食品和飲料，並制定更好的營養標準，協助家長申請營養援助計畫和相關福利。另一個重要因素是獲得優質食品，例如新鮮蔬菜和水果。一些生活水準較差的社區往往很難買到新鮮農產品、肉類和健康食品，只能將就於缺乏新鮮、健康食品的小商店。

　　為學齡兒童計畫膳食的重要考量因素包括：將體重維持在正常範圍內、避免高膽固醇飲食，每日攝取的膽固醇量為 300 毫克以下。3% 至 25% 的學齡兒童血液膽固醇升高，增加了心血管疾病的風險。為降低膽固醇攝取量，學校應提供低飽和脂肪的食物（即肉類和乳製品等動物性來源的脂肪）。在兒童的例行健康檢查期間，應監測血液膽固醇濃度和體重。

　　早餐是孩子一天中最重要的一餐，應該滿足兒童每日營養需求的 1/4 到 1/3，兒童應該在上學之前在家吃完早餐或參加學校的營養早餐計畫。營養午餐計畫會供應兒童午餐，家長應監督學校午餐計畫，以確保其符合成長中兒童的標準和營養需求。

　　學齡期開始出現熱愛或跟風吃某些食物的風潮。勿讓兒童攝取過多的甜食和咖啡因，以免干擾注意力並誘發過動症。父母可鼓勵孩子參與購買食材、準備餐

點和端菜上桌,以及飯後的收拾工作。

專欄 9.6

良好營養的指標

- 精神飽滿、活力充沛。
- 身高和體重在正常範圍內。
- 皮膚光滑潤澤,膚色紅潤健康。
- 頭髮強韌、不易受損斷裂。
- 眼睛清澈,沒有黑眼圈。
- 牙齒潔白、整齊且無變色。
- 胃腸道健康,包括食慾良好及排泄正常。
- 肌肉發達、結實,姿勢良好。
- 注意力持續時間夠長。

肥胖

　　肥胖是從幼兒期開始日益嚴重的問題,造成問題的原因包括:營養不良、不健康的飲食模式、社會壓力和遺傳。體重過度增加會導致身體功能下降,使兒童更難以參與運動和體能活動。預防和治療必須盡早開始,才能事半功倍。

　　其他導致肥胖的因素包括:家庭生活方式、家庭動力、同儕壓力和社經水準;忙碌的家庭會以熱量高的速食或預製菜來節省烹調時間,以及無孔不入的商業廣告引誘兒童吃不健康的食物。

　　肥胖對成長中兒童的心理影響值得關注,因為肥胖常會導致個人自尊降低。兒童害怕被同儕嘲笑自己的體重,被取笑會加劇兒童的羞恥感和絕望感。西方文明社會普遍對肥胖者抱持相當負面的態度。超重的兒童更有可能成為超重的成年人,罹患糖尿病、心血管疾病或兩者的風險增加。

　　控制肥胖的策略應包括選擇健康的食物和有活力的生活方式,當整個家庭都投入時,生活方式的改變效果最好。三餐需定時定量並事先規劃、飲食中包含營養食品,且將運動納入每日時程。家長應鼓勵學校推廣健康餐食和點心供學生享

用。許多學校削減或取消課間休息時間和體育課，如果兒童在學校缺乏體能活動，家長應鼓勵孩子進行其他形式的日常運動。

飲食失調

學齡期兒童可能會表現出一種稱為迴避／限制性攝食障礙（avoidant/restrictive food intake disorder, ARFID）的飲食失調症。這些孩子因不喜歡食物的質地、味道、氣味或外觀，而不肯食用。這類飲食失調的發作情況各不相同，可能與早期攝取某種特定食物後出現胃部不適或嘔吐等不愉快經驗有關，也有可能是因厭惡嘗試新食物或質地之故，此與第 10 章提到的飲食障礙不同，也與努力減肥和不切實際的身體形象無關。照顧者應嘗試提供新食物及各種不同質地和口味的食物，擴展孩子的體驗。

睡眠與休息

學齡階段應該要好好建立睡眠習慣。6 歲兒童平均每晚需要大約 12 小時的睡眠，11 歲兒童則需要大約 10 小時的睡眠。6 歲兒童很容易感到疲倦和煩躁，因此，父母需監督他們的活動量並加上靜心、放鬆的活動，以防止過度疲勞。短暫的午睡有助於補充睡眠。如果在上學期間長期感到疲倦，他們的學業成績和社交關係都會受到影響。

幼兒的睡眠常被惡夢干擾和打斷，隨著兒童年齡漸長，惡夢通常會減少。當兒童開始能夠區分幻想和現實時，惡夢也變得不那麼可怕和真實了。睡前應減少使用螢幕，以確保充分休息、不被打擾的睡眠。

遊戲

學齡兒童的遊戲重心轉變，反映出從假想和幻想思考模式，走向現實和具體思考模式的過程。學齡兒童精力充沛，樂意學習新技能。學齡期的遊戲風格強調

合作和妥協。許多年齡較小的學齡兒童尚未準備好參加競爭性活動，一輸就大吵大鬧，父母必須留意，在孩子準備好接受遊戲有輸有贏之前，不要強迫他們參與競爭性遊戲。

多數 9 至 11 歲的兒童會參與許多遊戲活動，他們熱愛競爭、積極投入。兒童現在能夠學習並遵守遊戲規則，這個時期的遊戲風格稱為團隊遊戲（圖 9.7）。**團隊遊戲（team play）**通常是與同性別的團體進行競爭性的活動。男童在跑、跳和投擲方面的能力比女童好，這項差異可能是由於女童參與這些活動的機會較少，也鮮少得到鼓勵；目前正大力推廣並重視和資助女童的體育活動，提高女童的運動表現和競爭力。

同儕會根據是否具備競賽所需能力來決定兒童能否加入團隊，先被選中有助於兒童的自尊和價值得到同儕認可。學齡階段的兒童已經明白練習有助於提升他們的技能，技能和運動協調性決定了兒童的整體表現和他人的接受度。有組織的團隊運動，如少年棒球聯盟或游泳隊，是學齡兒童相當喜愛的活動項目。競爭已然成為練習和提升成果的動力。

雖然學齡期的大部分遊戲和運動及體育活動有關，但有些兒童更喜歡靜態活動，例如手作、下棋和桌遊。學齡兒童喜歡蒐集各種收藏品（卡片、汽車、貼紙、玩偶和其他價值很低或沒有價值的物品），所有權似乎比實際貨幣價值更重要。

圖 9.7｜許多學齡兒童喜歡參加團隊運動

安全措施

學齡期的主要意外死亡原因仍是車輛碰撞事故，故應認真遵守政府有關汽車安全的規定。依兒童需要繼續使用增高座椅，13 歲之前最好都坐在後座，並教導他們乘車時繫好安全帶。

學齡兒童動作技巧的提升，導致他們發生意外和受傷的情況增加。另一個因素是，無論是否經過練習或訓練，學齡兒童多半對任何新技能躍躍欲試，在多數情況下，比起幼兒，他們更是無所畏懼。為減少騎自行車、溜冰或滑板運動的危險，應鼓勵兒童在參加這些熱門活動時佩戴頭盔和防護裝備。

成人應教導學齡兒童常見的水上安全常識，例如切勿單獨游泳，或僅能在准許潛水的區域潛水。告誡兒童不要在河渠、下水道或水流不明的水域游泳。

由於兒童的生理發展和參與的運動增加，許多骨骼和肌肉損傷都發生在這個階段。學齡期間的**骨骺軟骨**（**epiphyseal cartilage**）或骨端是未來骨骼生長的部位，這些部位十分脆弱，容易骨折。要等到青春期骨骼才會骨化或硬化。

實用小提示：學齡兒童的安全預防措施

教導學齡兒童：
- 運動時穿戴防護裝備。
- 遵守交通號誌。
- 學習水上安全常識、游泳，但千萬不可獨自下水。
- 步行上下學時使用「夥伴系統」（buddy system）。
- 切勿接受陌生人的搭便車邀約。
- 聽從自己的直覺，勿盲從同儕壓力。

慎防性剝削兒童者

成人必須教導學齡兒童不要隨便接受陌生人或不熟悉的人的引誘，避免單獨行走或在黑暗或偏遠地區行走。

我們必須告誡兒童，在網路上找他們聊天的人，可能根本不是其他年齡相仿

的孩子。性剝削兒童者（child predators）會造訪兒童經常登錄的熱門聊天室和網站，因此，兒童千萬不能向在網路上「遇到」的人洩露任何個人資訊。家長需確實監督孩子的電腦使用，安裝可監控兒童電腦使用情況的軟體。

校園暴力

近年來，校園暴力事件頻傳。校園暴力的定義是：對學童及其所有物造成的任何傷害，無論是身體還是心理傷害。校園暴力不僅發生在學校內，也發生在學校周圍區域或遊戲場上。校園暴力事件增加，引發家長對孩子安全的疑慮，要求加強學校的安全。美國各地學校對校園暴力採取零容忍政策，為了實現此一目標，當局必須先瞭解暴力的原因和暴力即將發生的徵兆。

導致校園暴力最常見的兩個因素是：家庭和學校的溝通不良，以及容易取得武器。試想，每天約有 120 萬小學兒童回到家，發現家裡的槍枝無人監管。其他導致校園暴力的因素為家庭與學校的霸凌行為和壓力，處於高壓下的兒童沒有能力有效因應，因而採取訴諸暴力的方式。當他們受傷或生氣時，有些兒童會利用報復來重新取得掌控感，感覺自己很強大。男孩尤其容易過度受到同儕壓力影響，他們常常被鼓勵要表現得強硬和冷酷，以暴力表達權力。良好的教養方式可以減少暴力行為，家長和老師應該努力找出可能即將導致暴力的行為，及時開導。這些徵兆包括：與同儕相處困難、脾氣暴躁、虐待動物、家庭或學校的表現變差、睡眠和飲食問題、社交孤立及沉迷於暴力電玩和電影。專欄 9.7 列出針對減少校園暴力的建議。

專欄 9.7

減少校園暴力

給家長的建議：
- 花更多的家庭時間與孩子相處。
- 在學校和家中保持暢通的溝通管道。
- 限制觀看暴力節目。
- 將所有武器妥善安全地存放於屋內。

給學校的建議：
- 隨機檢查置物櫃和書包。
- 監看學校的出入口。
- 學校只設置一個出入口。
- 在學校入口處使用金屬探測器。
- 推動同儕輔導。
- 在家庭和學校教導如何解決衝突。

健康促進

　　一般而言，學齡期比嬰幼兒期更加健康。入學之初，上呼吸道感染的發生率略微上升，這或許是因為接觸到許多其他兒童的緣故。等到免疫系統順利適應，兒童就能抵抗許多感染。隨著他們的生理器官不斷成熟，耳部感染、熱性痙攣和脫水的風險也會降低。

　　學齡兒童仍需成人監督他們的衛生和日常保健習慣。女孩泌尿道感染的發生率較高，這與她們的身體結構和日常如廁習慣有關。

　　每年的健康檢查應包括泌尿道感染、糖尿病、缺鐵性貧血、膽固醇濃度及血壓監測，其他例行檢查包括體重、身高和生長速度，另納入營養指導。到學齡階段時，所有初級疫苗接種均已完成，須接種加強疫苗以繼續維持免疫力。每 10 至 14 年接受一次破傷風／白喉加強疫苗、人類乳突病毒（HPV）疫苗和流行性

腦脊髓膜炎疫苗接種。

在開始上學之前以及此後每年，兒童都應該接受眼科檢查。多數視力問題可以透過配戴眼鏡和強化訓練來矯正，充足的照明對維持良好視力非常重要。應安排定期聽力檢查以測定聽力基準線，並教導兒童避免接觸過量的噪音，以免損傷聽覺器官，導致聽力損失。

學齡兒童需要足夠的運動來發展肌力和耐力。姿勢不良的肇因可能是疲勞或輕微的骨骼缺陷，故在學期間會對兒童進行**脊椎側彎（scoliosis）**（脊椎異常側面彎曲）檢查，觀察兒童彎腰姿勢並檢查腰胸區域的曲率是否不均。女童的脊椎側彎發生率比男童更常見，早期發現可以透過運動或支架進行矯正治療。

特殊健康問題

焦慮

有些學齡兒童會經歷輕度至重度的焦慮。焦慮是對真實或想像的壓力的反應，會影響社交互動、學業成績和情緒穩定性。如果焦慮沒有得到及時或充分的治療，可能會惡化成憂鬱症或物質濫用，並持續到成年。未經治療的焦慮會導致更嚴重的焦慮疾病，例如恐慌發作和強迫症。焦慮可能源自於對學校、家庭或健康的擔憂，轉學、離婚或搬家等因素也可能導致焦慮；有些則是遺傳傾向，例如有家族焦慮病史。

學齡期兒童可能無法好好表達焦慮感受，因此，家長和教師應留心觀察兒童是否顯現焦慮的徵兆和症狀。輕度焦慮的表現包括極度不安、恐懼和擔憂，頭痛、胃痛、疲倦等身體症狀，以及逃課或缺課、迴避與同儕互動。

恐慌發作是一種突然發作的焦慮。在發作期間，兒童會顫抖、出汗、心跳加速和呼吸困難，這種發作可能會反覆出現數次。焦慮也可能併發成強迫症，伴隨著揮之不去的侵入性想法和緩解焦慮衝動的重複行為，例如在一小時內多次過度洗手。

憂鬱

憂鬱症在學齡期並不常見，大約影響 1% 至 2% 的學齡兒童，其中許多兒童

可能無法清楚表達自己的感受。有些兒童僅經歷短暫的憂鬱期，但當憂鬱的情緒影響他們的生活功能超過兩週時，就需要介入。遺傳可能是觸發憂鬱症的因素，如果不加以治療，可能會延續到青春期和成年期。美國兒科學會（AAP）建議對 12 歲兒童進行憂鬱症篩檢。

家長和老師應該警覺的徵兆和症狀包括：學校表現下降、悲傷或冷漠的情緒、疲倦、注意力不集中、經常哭泣、負面想法、退縮、易怒、情緒波動、飲食和睡眠模式變化，以及飲酒或使用藥物。如果出現的症狀在 1 到 2 週內沒有消失，就需要專業的介入處遇。未經治療的憂鬱症可能導致自殺。

學齡兒童的焦慮和憂鬱治療，需要家長和專業人士攜手合作。父母需建立開放的溝通管道與孩子交流、提供健康的飲食、確保充足的睡眠、鼓勵孩子多與友伴互動、經常讚美孩子，並仔細觀察他們是否有自殺意念的跡象。父母也應該鎖好槍枝、鋒利的刀子、繩索、處方藥和酒類等危險物品，以確保孩子的安全。

罹患憂鬱症的兒童需接受心理諮商或藥物治療。若有任何疑慮，請與兒童心理學家討論，他們可以提供專業的心理衛生諮詢。

氣喘

氣喘是一種慢性氣管疾病，由過敏原引起，導致支氣管和細支氣管的平滑肌發炎。氣管因受到刺激而腫脹，黏液分泌過多，導致氣管狹窄和支氣管痙攣。氣喘是一種常見的兒科疾病，影響學齡期 16% 的非裔兒童和 7% 的白人兒童，並具有家族遺傳傾向。環境中的污染物也很容易引發氣喘，如：塵蟎、花粉、黴菌、二手菸、貓或狗的皮屑、蟑螂、空氣中的化學物質及氣溫或溼度變化等。

氣喘的症狀包括吸氣或呼氣時發出喘鳴聲、乾咳、咳出濃稠黏液和呼吸困難，白天和晚上發作數次。

治療取決於氣喘發作的嚴重程度和頻率。過敏檢測是為了辨識引起氣喘的過敏原，從環境中消除這些過敏原。其他的治療建議包括：增加液體攝入量以液化分泌物、遵從醫囑使用霧化器和吸入器，以及使用尖峰呼氣流量計來偵測呼吸道阻力，並在氣喘即將急性發作時，趕緊提醒患者和照顧者，聯絡醫護人員。處方藥物可擴張支氣管，恢復正常呼吸，減少分泌物積聚和氣管腫脹。治療的目的是

降低氣喘發作的次數和頻率，改善生活品質。

食物過敏

根據疾病管制與預防中心（CDC）的數據，大約 8% 的兒童對某種類型的食物過敏。最常見的過敏原包括：牛奶、雞蛋、魚、貝類、小麥、大豆、花生和堅果，這些過敏反應通常是輕度至中度，危及生命的反應相當罕見。每個學校都必須遵守學區裡關於排除常見過敏食物和嚴重過敏反應現場應對的規定，並需訓練學校人員辨識和處理過敏事件。

物質濫用／誤用

學齡兒童容易因同儕壓力而濫用物質，有些兒童則因在家中接觸到酒精、菸草製品或毒品，有樣學樣成為早期使用者。父母需以身作則，並提供資訊和指導，防止孩子濫用物質。有關物質濫用的詳細內容，請參閱第 10 章。

實證實務

臨床實務問題

近期被診斷出患有注意力不足過動症（ADHD）的學齡兒童，家長可以使用哪些策略來制定生活管理計畫？

實證實務

ADHD 兒童常表現出一些令人頭疼的行為，需善加指導以學習更適當的行為。良好的生活管理計畫須充分考量兒童和家庭的因素，涵蓋家庭、學校、社交環境和活動量等生活各個層面。生活管理計畫必須與專家團隊中各個人員（如教師、治療師和助理）共享和討論，內容包括：

1. 行為策略協助兒童學習更多合作行為、減少挑戰行為。這些策略包括：改變環境、明確的口頭指示、讚美正向行為，以及安排可預測的日常生活。
2. 協助兒童培養與其他同學相處的社交技巧，包括：獎勵兒童的正向行為、教導兒童與其他同學發生問題時如何應對、如何規範自己的行為，以及規劃時間練習社交技巧。
3. 讓兒童在活動之間稍事休息，避免過度消耗精力和疲勞，例如在學習新任務和做作業時，中間稍微休息一下。每日維持相同的睡眠和起床作息、攝取健康食物、調整使用螢幕的時間和其他活動，並在睡前一小時關閉所有電子設備。
4. 課堂作業可拆解成小單元任務、提供一對一的協助，以及讓兒童坐在教室前面的座位，較不易受其他同學干擾。將較困難的學習任務安排在早晨或課間休息後，並給予額外的時間來完成任務。

將不利於健康的社會決定因素（SDOH）降至最低，對兒童的社會功能和學習的正面影響效果可期。

學生活動

你正與一名剛診斷出注意力不足過動症（ADHD）的 10 歲兒童家長通話，她說她的孩子在學校遇到困難。當老師對兒童提出下列幾項要求時，家長要如何跟老師商談出有用的教育策略：
1. 要兒童獨立完成任務。
2. 讓兒童坐在教室前面的座位。
3. 堅持他應立即完成任務或作業。
4. 不許他下課。

思辨練習

練習一：

小恩，7 歲。她的媽媽表示小恩似乎有兩顆乳牙正在鬆動，她很擔心接下來該怎麼處理。
1. 健康照護人員要和小恩媽媽分享哪些有關乳牙脫落的資訊？
2. 健康照護人員要如何指導小恩媽媽照護孩子的乳牙？
3. 恆齒萌牙時應注意哪些常見併發症？

練習二：

如果一位 6 歲兒童的母親告訴你，她的孩子在和另一個孩子玩假扮醫生遊戲，你會給她什麼建議？

本章重點回顧

- 學齡期，又稱兒童中期或童年晚期，此時期的發育特徵是緩慢、持續的生長。
- 學齡期始於兒童進入正規學校接受教育，終於青春期開始發育時。
- 學齡期的五項重要成長為：(1) 成長仍然緩慢而穩定；(2) 兒童從家庭轉向同儕關係；(3) 兒童不再那麼以自我為中心，更加以目標為導向；(4) 乳牙脫落，長出恆齒；(5) 性的平靜取代對性的好奇和專注。
- 恆齒的生長順序與乳牙相同。
- 剛開始上學之初，學齡兒童因與其他兒童接觸的機會增多，因此呼吸道感染的發生率略微上升。一旦免疫系統成熟，此階段就會成為一個相對健康的發育時期。
- 心率和呼吸頻率減慢，血壓讀數增加。神經系統的變化擴展認知處理過程。
- 已有的粗大動作和精細動作技巧顯著提升，使兒童更加獨立。
- Freud 將學齡期稱為潛伏期，是性能量休眠的時期。這個階段的同儕關係主要是同性玩伴。
- 根據 Erikson 的理論，學齡期的發展任務是勤奮進取。此時期的兒童將心力專注於外在現實世界，並從自己的成就中獲得滿足感。
- 友誼非常重要，是學齡兒童社交關係的基石。學齡兒童能與同儕建立互惠關係，彼此互為親密的夥伴，分享心事及所有物。
- 管教可以教導孩子建立界線並抑制自己的消極行為。管教過當可能會導致孩子行為失控，管教不足則會導致缺乏安全感和自我懷疑。
- 螢幕暴力對許多學齡兒童產生不利影響。因此，家長應該監督並嚴選孩子觀看的節目。
- 大約四分之一的小學生在父母上班時獨自在家。這些「鑰匙兒」獨守家中時，需教導他們留意和應對特殊狀況。

- 根據 Piaget 的理論，學齡期兒童的認知發展從前運思期過渡到具體運思期，這使得他們具有組織、理解和遵守規則的能力。
- 學校成為兒童的生活重心。學前教育的重點是保護、玩耍和照顧，小學教育的重點則是教育和學習。
- 根據 Kohlberg 的理論，學齡兒童處於道德循規前期。對他人的關懷是基於互惠原則，對朋友的要求是信任和忠誠。兒童的道德準則奠基在父母的教導和行為上。
- 語言能力提升，使兒童能更有效地與他人溝通。
- 學校教育重視培養累積詞彙量、文法、發音和句子結構的正確性。
- 學齡期的營養需求包括攝取充足的肌肉骨骼系統生長所需的營養素。食物偏好受到文化、家庭和同儕的影響。早餐是一天中最重要的一餐，不可略過不吃，且須占每日營養需求的 ¼ 到 ⅓。
- 6 歲兒童平均每晚需要約 12 小時的睡眠，11 歲兒童則需 10 小時的睡眠。睡眠不足會導致兒童煩躁不安，影響學業和社交關係。
- 學齡兒童可獨立玩耍及進行大部分的生活自理活動。他們學習寫作、繪畫、舞蹈，並培養許多其他富有創意的興趣。在家裡，孩子學習對自己的所有物負責，且喜歡藉由做家務來賺點零用錢。
- 學齡階段的遊戲型態稱為團隊遊戲。學齡兒童能遵守遊戲規則，多數遊戲是以同性群體為主的競爭性遊戲。
- 學齡期意外死亡的主要原因仍為車輛碰撞事故。家長應指導兒童坐在後座並使用增高座椅和繫好安全帶。其他傷害增加的原因與學齡兒童天性喜歡嘗試新技能，卻無人指導、監督或訓練而發生意外有關。
- 學齡兒童需要充分的運動來發展肌力和耐力。
- 學齡兒童應接受脊椎異常側面彎曲（脊椎側彎）的檢查，也需要接種加強疫苗以維持免疫力。
- 隨著學齡兒童的身體器官不斷成熟，他們抵抗感染的免疫力變得更好，能更快地恢復健康。

課後評量

1. 學齡兒童典型的體態變化是由於：
   A. 支撐長骨的韌帶變緊。
   B. 肌肉骨骼纖維拉長。
   C. 重心轉移。
   D. 胸腔變平和變寬。
2. 學齡兒童血壓升高的原因是：
   A. 心肌力量下降。
   B. 心房容量減少。
   C. 血紅素濃度略微升高。
   D. 心室發育。
3. 學齡兒童經歷到壓力後可能會有：
   A. 儀式化行為。
   B. 魔法思維。
   C. 懼學症。
   D. 自我中心思考。
4. 根據 Erikson 的說法，學齡兒童的心理社會任務為：
   A. 信任。
   B. 勤奮進取。
   C. 自貶自卑。
   D. 積極主動。
5. 學齡期間對性活動的興趣：
   A. 處於顛峰狀態。
   B. 處於休眠狀態。
   C. 指導兒童的行動。
   D. 嘗試性探索性實驗。

6. 6歲兒童平均需要的睡眠時數為：

    A. 10小時。

    B. 12小時。

    C. 8小時。

    D. 15小時。

7. 導致校園暴力增加的因素有：

    A. 對運動和捕獵的興趣增加。

    B. 缺乏教育和低收入。

    C. 溝通不良和容易取得武器。

    D. 嚴格紀律和監督。

8. 體重增加過多會導致：

    A. 提高靈活性。

    B. 增加注意力持續時間。

    C. 體能下降。

    D. 降低感染的可能性。

9. 下列哪些行為可能會導致體重增加？

    A. 睡眠模式改變。

    B. 素食。

    C. 遵循「我的餐盤」的建議。

    D. 正餐之間吃零食。

10. 學齡期的定期身體檢查之所以重要，是因為可以檢測：

    A. 弱視。

    B. 脊椎側彎。

    C. 粉刺。

    D. 性虐待。

答案：1. (C)；2. (D)；3. (C)；4. (B)；5. (B)；6. (B)；7. (C)；8. (C)；9. (D)；10. (B)。

Chapter 10
青春期

學習目標

1. 列出青春期發育的四種生理變化。
2. 列出青春期的生理特徵。
3. 說明青春期的發展里程碑。
4. 說明 Erikson 提出的青春期心理社會任務。
5. 描述青春期的認知發展層次。
6. 說明青少年如何發展道德推理。
7. 列出三個有助於促進青少年健康的因素。
8. 說明可能對青少年健康產生不利影響的三個特殊面向。

青春期發育（puberty），或稱**前青春期（preadolescence）**是生長快速的時期，通常於 11 至 14 歲之間開始，平均需時兩年才能完成。它的標誌是**第二性徵（secondary sex characteristics）**的發育。青春期發育始於女孩出現月經或初潮，男孩製造精子。啟動青春期發育的生長模式，受到遺傳、氣候、營養、性別和社經地位等因素的影響（圖 10.1）。

圖 10.1 ｜ 青春期發育開始的年齡因人而異

　　與青春期發育相關的四個主要生理變化是：
1. 身體快速成長。
2. 身體比例的變化。
3. 第一性徵（性器官）的發育。
4. 第二性徵的發育。

　　這個人生階段出現重大的生理變化，也帶來在學業、人際關係和生活中取得成功的機會。父母須瞭解青春期子女的感受和成長過程中所遇到的困難，瞭解這段時期有些現象是正常的情況，方可帶給青少年安心並賦予他們力量。青春期常見的挫折包括：
- 渴望獨立，同時又需要家庭和學校的監督。
- 經歷重大身體變化，同時又非常關心外表。
- 尋求同儕的接納，同時對同儕關係感到焦慮或沮喪。

- 努力在學校取得成就，同時又承受不斷增加的工作量和更多的責任。
- 在成人般的行為與兒童般的衝動之間波動。
- 維持繁重的作息和社交活動，同時需要更多的休息和睡眠。

青春期（adolescence）一詞源於拉丁語，意思是「成長與成熟」。這是一段始於性成熟，到生長趨緩和走向情緒成熟的過渡時期。這段發展時期彌合了依賴與獨立、童年與成年之間的差距，青少年必須完成為邁向成年做好準備的任務。青春期的主要特徵包括：
- 激烈起伏的情緒。
- 不安全感。
- 反思自省。
- 嘗試與學習。
- 重新評估價值觀與信仰。

如第 1 章所述，健康的社會決定因素（SDOH）可能裨益或阻礙個人的發展。如果不注意這些基本因素，可能會對個體的成長與發展帶來壓力，從而影響個體生理及心理的穩定性。

美國兒科學會（AAP）建議對所有青少年進行評估和篩檢，以辨識和解決因 SDOH 引起的問題。接著，健康照護人員須教導可用的策略或轉介其他服務，以協助這些家庭做出更好的決定，為他們提供支持。前青春期至青春期是人生發展的重要時期，這個階段要能身心發展順利，有賴於兒童期的健康，如此才有可能發展為最佳健康狀態的青少年及成年人。SDOH 有的來自於家庭，有的來自於學校中的老師和同儕，有的來自兒童曾經住過或現正居住的鄰里和社區，甚至是父母工作的職場。請參閱表 10.1 以瞭解青春期可能出現的正向或負面 SDOH。

表 10.1　青春期的正向與負面 SDOH

健康的社會決定因素（SDOH）	正向	負面
家庭	・支持性且情緒穩定的父母 ・有效能的親職技巧 ・鼓勵社會情緒成長 ・悉心照顧 ・充分的兒童保護與照顧 ・可以溝通需求與疑慮 ・能抵禦生理和心理壓力	・無法提供穩定的居家環境 ・缺乏親職技巧 ・因分居、離婚或遺棄而導致家庭功能失調 ・疏忽照顧 ・肢體或精神虐待 ・無法表達需求或疑慮 ・吸菸、飲酒或吸毒等不健康習慣
鄰里社區	・安全的社區 ・安全的住屋 ・醫療資源充足 ・交通便利 ・足夠的社會支持 ・工作機會多 ・食物不虞匱乏 ・乾淨的水和空氣	・不安全的社區 ・住屋條件惡劣且擁擠 ・醫療資源不足 ・交通不便 ・缺乏社會支持 ・高薪工作機會少 ・糧食不安全 ・缺乏乾淨的空氣和水
學校	・優質安全的學校 ・良師益友	・不安全、校風不佳的學校 ・帶來負面影響的同儕

生理特徵

前青春期

身高和體重

　　前青春期是僅次於產前期的快速生長階段。女孩的生長陡增發生得比男孩早。腳通常是身體第一個顯示出生長陡增效應的部位，其次是腿和軀幹。這段期

間的身高增加 20% 至 25%，男孩長高 10 至 30 公分，女孩長高 5 至 20 公分。體重隨著身高的增加而上升，體重變化與脂肪、骨骼和肌肉組織增多有關，男孩體重通常增加 7 至 30 公斤，女孩體重增加 7 至 25 公斤。身體不同部位以不同的速度生長，使得整個身體暫時看起來不成比例。骨頭會變長並改變形狀，軀幹在臀部和肩膀處開始變寬。

性徵發展

第一性徵。第一性徵（**primary sex characteristics**）指的是**性腺**（**gonads** 或 sex glands）成熟。性腺在出生時即已存在，但在青春期發育開始前一直處於功能不活躍的狀態。性腺的成熟受到**腦下垂體**（**adenohypophysis**）的影響，腦下垂體分泌能刺激性腺的荷爾蒙。男性的性腺或**睪丸**（**testes**）位於體外的**陰囊**（**scrotum**）中，睪丸製造男性性細胞或精子，以及分泌男性性荷爾蒙**睪固酮**（**testosterone**）。**射精**（**ejaculation**），即釋放精子，表示睪丸功能已經成熟。此外，**陰莖**（**penis**）或男性性器官的長度和周長也會增加。

女性的性腺是**卵巢**（**ovaries**），位於骨盆腔內。卵巢的主要功能是製造生殖所需的女性性細胞（卵子）以及分泌女性性荷爾蒙**雌激素**（**estrogen**）和**黃體素**（**progesterone**）。第一次的月經，稱為**初潮**（**menarche**），顯示女性具備生育能力。月經是每月從子宮排出的血液、黏液和組織，通常從青春期持續到更年期，懷孕期間除外。

過去三十年來，女性的初潮年齡幾乎沒有變化，大多數國家的初潮年齡中位數為 12 至 13 歲，社會經濟因素、營養和醫療資源多寡會影響青春期發育和初潮的時間與進程。月經週期的長度定義為：月經開始的第一天到下次月經來的第一天。90% 的青少女正常週期是 21 到 45 天，到初潮後的第三年，60% 到 90% 青少女的週期範圍可為 21 到 34 天。每次經期的平均失血量為 30 至 60 毫升，有些女性在經期前和經期開始時會出現頭痛、痙攣、水腫和煩躁的症狀。

健康照護人員和父母必須教導青少女明白，月經是發展的正常過程，也是一個重要的里程碑，應教育青少女接下來可能會發生什麼事，以及如何使用女性生理用品。月經史是身體評估的重要項目，月經週期不規則的女孩，尤應詳實記錄

月經週期和月經量。使用智慧型手機可使紀錄保存更為便利。

月經來潮是個情緒滿載的事件。對月經的態度取決於文化和個人經驗，關於初潮的教育應在學齡期由家庭帶頭做起，充分的準備才會帶來更正向的初次體驗。青少女最關心的問題，與衛生、防止衣物弄髒和尷尬有關。如果有任何關於月經的問題或誤解，需要和青少年開放心胸討論。

第二性徵。第二性徵（secondary sex characteristics）雖然對生殖沒有直接作用，但在此時期逐漸顯現。起初，陰毛稀疏且顏色淺，接著變得更黑、粗厚、鬈曲。男孩的腋窩和臉部也開始長出毛髮；皮膚變厚，手臂、腿、肩膀和胸部長出毛髮；**喉頭**（larynx）或聲帶尺寸增大，導致聲音變得低沉。

女孩的第二性徵顯現在脂肪分布的變化，以及臀部與骨盆的寬度擴增。接著是乳房的發育，乳房的脂肪組織增加和乳腺成熟；陰部和腋窩處也長出毛髮。

男孩和女孩的皮脂腺（sebaceous）開始分泌油脂，皮脂腺變得更大、更活躍，導致青春痘（粉刺）紛紛冒出。腋窩和鼠蹊部的**頂漿汗腺**（apocrine glands）變大，產生特有的氣味分泌物。

表 10.2 概述有關青春期發育的生理和性發展。

表 10.2　正常的青春期發育

男孩	女孩
11 至 12 歲：睪丸、陰囊和陰莖生長；長出陰毛	10 至 11 歲：生長陡增、乳房發育、長出陰毛
12 至 13 歲：生長陡增	11 至 14 歲：第一次月經（初潮）
13 至 15 歲：腋下、身體和臉部毛髮生長	12 至 13 歲：長出腋毛
13 至 14 歲：射精	
14 至 15 歲：聲音變粗	

青春期

身高與體重

青春期發育之後的身體生長速度趨緩。女孩的身高在 16 至 17 歲之間停止增長，男孩的身高在 18 至 20 歲時持續增長。到了青春期時，身體比例與成人相似。

肌肉與骨骼發展

肌肉力量和耐力增加，肌肉體積也增加，有些青少年會抱怨活動量增加導致肌肉痠痛和疲勞。由於肌肉生長模式的變化，青少年一開始可能會顯得有些笨拙，但到這個階段結束時，他們已具備良好的肌肉發展和協調性。運動能力隨著練習和訓練而提升不少，但由於姿勢不良，看起來有點駝背，造成脊椎側彎等複雜疾病。如第 9 章所述，這種情形在女孩身上比男孩更為常見。

其他身體系統的發展

肺部的重量和體積增加，導致呼吸頻率減慢與肺功能提升。運動有助於改善心臟和呼吸功能。

胃腸的體積和容量增加，使得青少年的食慾旺盛，因此需要增加每日的食物攝取量。攝取足夠的食物有助於滿足身體的需求。青少年常嚷嚷肚子餓，可以一次吃掉大量食物。常見青少年迫不及待地打開購物袋，狼吞虎嚥地把食物吃掉。

青少年大約 13 歲時長出第二顆臼齒，第三顆臼齒或智齒則在 14 至 25 歲之間長出。到了青春期尾聲，下巴達到成人大小。

生命徵象

此發育階段的正常脈搏範圍為每分鐘 60 至 90 次，青少年的呼吸頻率與成人大致相同，正常呼吸頻率為每分鐘 16 至 24 次。運動可以改善生理機能。循環系統（心血管系統）的變化包括心臟變大和血管壁厚度增加，這些變化可提高心臟的泵血能力，血容量也隨之增加。以男孩而言，為了將血液輸送到長得更大的身體，心臟必須更為用力，進而導致血壓升高。

發展的里程碑

🌸 動作發展

青春期初期,青少年由於身體快速生長,動作顯得有些笨拙。青少年的運動能力與成人相當,手眼協調能力顯著改善,具有良好的手部靈活度。

🌸 性發展

起初,許多青少年只跟同性在一起,嘲笑異性。那是因為他們的身體經歷青春期的生理變化,情緒高漲、憂慮增加、缺乏自信(表 10.3)。他們對身體部位的大小很敏感,很容易拿自己與同儕比較;許多女孩關心乳房的大小,許多男孩關心陰莖的尺寸,這些擔憂一直持續到青春期。從性成熟那刻起,青少年就可以透過自我刺激來喚起性高潮。自慰(masturbation)是正常的性表達,沒有不良影響,但如果青少年認為自慰是可恥或不健康的,就可能會導致焦慮和羞愧。父母應尊重青少年的隱私需求,進入他們的房間之前要先敲門。

性活動的程度和開始年齡因人而異。約會早期典型的性行為包括接吻、頸吻和愛撫,許多青少年已經有性行為。研究顯示,女孩有時會因為壓力或脅迫而發生性行為,第一次的性接觸可能會令人非常失望;男孩也可能受他人期望影響而發生性行為。

從 1990 年開始,青少年的性活動連續三十年呈現下降趨勢。在一項針對 15 至 24 歲女性和男性的研究中,20% 的人表示他們在 15 歲時發生過性行為。大多數人會戴保險套或採取避孕措施,使得青少女懷孕率下降許多。但這些統計數據並未考慮到青少年與同儕進行哪些其他形式的性活動。

大約 8% 至 16% 的美國高中生認為自己是女同志、男同志、雙性戀、跨性別或酷兒(LGBTQ+)。這些青少年和其他人一樣,有各種各樣的抱負和能力,也面臨很多壓力和不安全感。然而,LGBTQ+ 青少年比同齡人更有可能遭受排擠、偏見和霸凌。

表 10.3　青少年對身體變化的擔憂

青少男	青少女
陰莖尺寸：多數男孩會和同儕比較陰莖大小。勃起時的平均長度為 12 至 17 公分。	**乳房**不完全對稱，大小不一。選擇合身的胸罩。
令人尷尬的勃起可能隨時發生。試著想點別的事情來緩解。	**月經**通常在 11 至 14 歲之間開始，持續約 5 天，平均每 28 天出現一次。
晨間勃起（譯注：現正名為「夜間陰莖勃起」）通常發生於睡眠時。	**經期不適**通常可以透過熱敷、服用布洛芬（安疼諾 [Advil]，非類固醇消炎藥）或乙醯胺酚（泰諾 [Tylenol]，鎮痛藥）和調節活動量來緩解，或可服用避孕藥來減少月經量並緩解不適。
做夢時可能會發生**夢遺**或睡眠時射精。	隨著月經來潮，**懷孕**成為可能發生的事。
隨著聲帶擴大，導致**聲音逐漸低沉**。	**衛生**很重要，尤其是在月經期間，須定期洗澡或淋浴。
由於頂漿汗腺高度活躍，**排汗量**增加。應每天洗澡並使用止汗除味劑。	同左。
粉刺和皮膚痘疤更為常見，應每天清潔。可使用遮瑕產品遮蓋小瑕疵。	同左。

社會大眾對性取向和性認同的態度正在改變。LGBTQ+ 學生可以從自己的生活圈和媒體中找到正面的榜樣，學校也必須提供一個安全的環境來促進學習，並減少 LGBTQ+ 青少年遭受同儕偏見和霸凌的恐懼。

LGBTQ+ 青少年也面臨何時出櫃，或何時告知家人和朋友其性別認同等諸多挑戰。出櫃是個艱難的選擇，因為他們無法確定家人和朋友會如何反應。當 LGBTQ+ 青少年得到家人和朋友的愛與支持，並且能夠公開分享他們的感受和擔憂時，他們的焦慮程度就會降低。另一方面，壓抑情緒可能會導致更嚴重的物質濫用、憂鬱和自殺風險。

此時，性活動在青少年的生活中被放大到優先位置。傳統觀念對青少女的性行為設下諸多限制，迫使她們必須承受遵守團體行為標準的巨大壓力。青少年對

性深感迷惘和困惑，許多青少年屈從於同儕壓力，或向朋友謊稱自己的性經驗。透過從眾，個人可以得到群體的接納。在青少年時期，成功地解決身分認同任務，讓青少年找到情感分享的管道和親密關係是重要的課題。

研究表明，青少年的大部分性資訊都是從同儕那裡得知的，而非來自專家意見，這樣可能會導致錯誤訊息傳播。在進入青春期發育之前，應該教導青少年性教育，讓他們充分瞭解生殖、身體和性行為的責任。良好的性教育應包括有關預防性傳播感染和意外懷孕的明確訊息，讓青少年能夠對個人的性行為做出負責任的選擇。

性傳播感染

青少年的**性傳播感染**（sexually transmitted infections, STI）發生率正在上升，最好的預防措施是提供正確資訊，教導青少年更安全的性行為方式。性傳播感染包括披衣菌、滴蟲炎、生殖器疱疹、淋病、梅毒、人類免疫缺乏病毒（human immunodeficiency virus, HIV）和人類乳突病毒（human papillomavirus, HPV），儘管已經研發有效的疫苗，HPV 仍然是美國最常見的性傳播感染之一。我們建議 11 至 12 歲的男孩和女孩在性行為開始之前接種疫苗。可惜的是，預防 HPV 的疫苗接種率仍然很低。

每種性傳播感染疾病都有其病因、徵兆、症狀和治療計畫，但共同點都是透過陰道、口交和肛交傳播。表 10.4 摘述相關的資訊。

青春期懷孕

青春期懷孕既是個人問題，也是社會問題。青少女懷孕的胎兒死亡率是成年懷孕女性的兩倍。死亡率的增加與青少女仍在生長，並與發育中的胎兒競爭所需營養有關。預計增加的體重和額外的營養需求，應根據個人狀況計算。青少女懷孕會增加母親和嬰兒併發症的風險，早期發現和適當的醫療監督，有助於提高良好的結果。儘管青少年的身體已經成熟，但他們在情感上還不夠成熟，無法承擔為人父母的責任，青春期懷孕和為人父母會打亂人生規劃、教育和日常活動。懷孕的青少女需要更多的諮詢和時間來瞭解墮胎、出養或育兒的各種選擇，她們的決定可能會對往後的人生造成深遠的影響。

表 10.4　性傳播感染

疾病名稱	症狀
披衣菌	可能無症狀或出現黃色陰道分泌物、排尿疼痛或困難、月經期間或性交後滴血；可能會擴散到其他骨盆腔器官。
滴蟲炎	通常會有稀薄、泡沫、黃綠色的陰道分泌物；陰道搔癢，壓痛；紅腫；排尿和性交疼痛。
生殖器疱疹	通常會引起生殖器水泡、疼痛、腺體腫脹、陰道分泌物和搔癢。
淋病	可能無症狀或有黃綠色化膿性陰道分泌物；可能導致排尿和性交疼痛。
梅毒	初期症狀為生殖器、口腔或肛門處無痛性潰瘍（下疳）。
HIV	嗜睡、類流感症狀、體重減輕、皮膚病變和真菌感染。
HPV	可能引起尖銳濕疣（菜花），但通常沒有症狀；某些類型的HPV會導致陰莖癌、子宮頸癌、肛門癌或咽喉癌。

性暴力

　　無論性別或性取向為何，青少年都可能成為性暴力的受害者。強暴案件正在增加，而且許多加害者就是青少年。強暴案件的確切數目尚不清楚，因為年輕女性報案的可能性極低。青少年不僅面臨被陌生人強暴的風險，還有約會強暴的風險。強暴通常起因於濫用權力和想控制他人，毒品和酒精可能助長此類暴力。今日，網路的普及與便利讓個體更容易遭受數位／網路性暴力。教育所有青少年提高警覺，有助於消除有關性暴力的誤解並提供預防策略。

實用小提示：促進青少年的安全

以下建議是為了確保青少年的安全：
- 務必讓父母、朋友或其他成人知道你的去向。
- 對友誼設定限制。
- 知道你有權隨時改變主意。
- 你說「不」就是「不」。
- 避免飲酒過量。
- 避免使用可能改變意識的藥物。
- 自己倒飲料。
- 將飲料放在自己的視線範圍內。
- 避免前往偏僻地區。
- 始終相信自己的直覺；如果感到不安，請盡早離開不要停留。

心理社會發展

青春期的心理社會發展變化快速。表 10.5 整理出青少年常見的行為問題，並提供父母如何處理這些問題的建議。

前青春期

前青春期有某些常見的一般行為特徵。青少年雖然滿懷期待地進入這個階段，但他們的態度和互動慢慢變得消極，這種消極情緒源於自我意識提高。自我懷疑和擔憂與青少年的身體變化有關，許多行為受到整體負面看法的影響。與兒童期相比，青少年花更多時間獨處和待在自己的房間。許多人離開了以前的朋友，必須在新的團體中找到自己的定位，在此之前，他們可能覺得受到孤立和深感落寞。

表 10.5　青少年的行為問題

行為問題	給父母的建議
叛逆、爭辯、無禮	・睜隻眼閉隻眼。 ・避免對抗。 ・盡可能寬容。 ・避免將子女的行為放大為他們在拒絕父母的愛。
隱私	・確保青少年有自己的空間。 ・理解青少年侷促不安的行為舉止。 ・接受青少年對某些隱私權的要求。 ・提供協助，但如果遭到拒絕，請退一步。 ・保持溝通管道暢通。
說謊	・避免過度反應。 ・提出證據。 ・原則前後一致。
責任	・專心聆聽。 ・依子女的成熟度分派其所應擔負的責任。 ・鼓勵青少年自己做決定和承擔責任。 ・制定合理的規則。
門禁時間	・容許有些意外的延誤時間。 ・鼓勵他們與父母保持聯繫。 ・為青少年樹立良好榜樣。 ・社交生活以家庭為中心開展出去。
交友	・接納他們的朋友而非恣意批評。 ・嘗試認識他們的朋友。 ・避免貶低他們的朋友。

　　青少年與家人、同儕和外界的互動，最能體現他們的社會對抗性。在家裡，前青春期的孩子本來就會與父母爭論並嫉妒兄弟姊妹，他們對獨立的渴望成為與權威人物衝突的起因。他們討厭監控和命令，認為這是軟弱和無助的表現。家庭關係在這個發展階段發生巨大變化，產生混亂和衝突。在爭取獨立的抗爭中，青少年希望擺脫限制和父母的控制，家務、門禁、約會、手機使用、金錢、駕駛、功課和交友，都是親子之間意見分歧的導火線。父母希望青少年乖乖聽話並遵守

他們定下的規矩，但青少年總覺得不被信任，最常聽到的咆哮抗議是：「為什麼我不能像其他人一樣去（想去的地方）或做（想做的活動）？」青少年常常爭論和批評父母的做法。有些青少年內向退縮，很少向父母傾訴心事，讓父母覺得被青少年子女迴避和疏遠。被別人看到和父母在一起時，青少年常常表現得好像很尷尬困窘。

實用小提示：前青春期的關注事項

如果青少年子女有以下徵兆，請及早求助：
- 看起來過瘦。
- 突然暴怒。
- 因為家庭問題而心事重重。
- 沒有達到預期的學校表現水準。
- 迴避與同儕互動。

青春期

Erikson 將青少年的主要心理社會任務命名為尋找自我認同，個體必須回答「我是誰？」這個問題。自我認同始於個體脫離家庭、邁向獨立。當青少年開始分離/個體化時，他們會探索並融入自我理想和價值觀，成為自我概念的內涵之一。在完全實現此一目標之前，他們會試探並質疑這些價值觀和信念，並與外界的信念交互比較。這段時間常伴隨著困惑、沮喪和灰心，青少年的情緒起伏不定，在妄自菲薄與妄自尊大之間擺盪。

對青少年及其家庭來說，這都是一個困難時期，因為青少年傾向於將大部分問題歸咎於父母。遠離家庭的舉動，展現了青少年對自由和獨立的需求；而讓這種需求變得更加複雜的，是他們依然渴望父母的愛、支持和指導。獨立和依賴的需求相互衝突，產生了所謂的矛盾情緒。**矛盾心理（ambivalence）**是指對同一個人或同一物體有著相互對立的情感。青少年在許多問題上確實是矛盾的：對家人又愛又恨；既想要自由，又需要監督；希望成為同儕團體的一分子，又想要獨處。除了矛盾心理之外，青少年還會經歷許多不同的、有時是相互衝突的情緒，情緒會影響個體的行為表現。青春期的強烈情緒是由身體和荷爾蒙變化引起的，

這個年齡階段的社會壓力越來越大，進一步加劇了青少年的情緒反應。在這個發育時期，感覺無聊是很常見的情緒。青少年摒棄早期的遊戲形式，擔心這些遊戲暗示著長不大的小孩行為。獨處的時間裡，他們多半在做白日夢和天馬行空的幻想。他們雖有幽默感，但常以犧牲他人為代價，謾罵和戲弄同儕似乎帶給青少年一種滿足感。儘管常取笑他人，但他們卻不知如何因應別人對他們的取笑。在這個年齡階段，霸凌行為仍未銷聲匿跡，包括網路霸凌和面對面的直接霸凌。更多有關霸凌的內容，請參閱第 9 章。

情緒涵蓋廣泛的情感表達，常見的情緒包括：生氣、恐懼、擔憂、嫉妒、羨慕和幸福感。

- **生氣**會對人際關係造成極大的破壞與傷害。當青少年的權利被剝奪時，他們當然會生氣，會憤怒地抱怨「自己被當作小孩對待」。當他們受到嘲笑、批評或訓斥時，也會鬧脾氣。青少年表達怒氣的方式因人而異，例如：生悶氣、退縮或暴怒。
- **恐懼**可能是想像的，也可能是真實的，通常與社交場合或信心不足有關。
- **擔憂**源自於與學校表現、職涯選擇、人際關係、外表和團體接受度等相關問題。
- 在關係中可能會心生**嫉妒**。**嫉妒**主要與社會地位和物質財富有關。
- 當個人取得成功並放鬆時，就會感到**幸福**。

許多青少年開始打工，打工對青少年的好處不勝枚舉，例如將打工所學應用於成年生活的知識和技能、對成人世界懷抱歸屬感。此外，打工能讓青少年學會自我負責，也提供收入來源，由此可進一步教導他們金錢管理和儲蓄原則。

13 至 14 歲。青少年會對別人隱藏自己的情緒，自己一個人生悶氣，而不是敞開心扉討論困擾他們的事情。他們公然地挑釁與敵對，但從自己的角度來看待問題，這種狹隘的視角造成對他人不寬容的態度，讓步對 14 歲青少年來說比登天還難。朋友的重要性不言自明，青少年對朋友的認同比對家人的認同更多。男孩往往有一小群朋友，而女孩通常只有一兩個最好的朋友。友誼帶給他們迫切需要的歸屬感，服裝和髮型的實驗從此時開始。用力甩門和粗暴的言語是 14 歲青

實用小提示：與青少年相處

提供給家有青少年子女的父母以下建議：
- 允許青少年保有隱私，盡可能讓他們擁有自己的房間。
- 體認到青少年對自己的身體變化會在意和敏感。
- 不要指望他們會告訴你所有的想法和感受。
- 保持溝通管道暢通，給他們獨處不受打擾的空間。
- 不要太過挑剔，細心聆聽。
- 認可並讚揚他們的成就。
- 對他們參與的活動表現出感興趣的態度。
- 鼓勵他們帶朋友回家。
- 設定合理的限制。
- 避免爭論，適度妥協。

少年因應壓力的典型方式。許多青少年的幽默感是基於他們看很多事情不順眼，以至於喜歡冒犯或取笑父母和兄弟姊妹，更別提尊師重道了。

15 至 16 歲。到了這個年齡階段，青少年不再那麼自我中心，更願意讓步。他們現在更能容忍他人的觀點，可以更獨立地思考並做出決定。他們的好奇心和興趣滋長，能夠進一步發展與數學、科學、音樂或體育相關的特定技能。抽象思考能力提升，使他們越來越擅長探討和辯論問題。他們繼續嘗試各種服裝、髮型和態度，這類實驗幫助他們形塑自我形象。

這個年齡階段的青少年喜歡挑戰自己的極限，不斷地推進超越。他們之所以敢於冒險，是因為他們認為自己不會受到危險的影響。事實上，有些青少年還自以為是不死之身。在社交方面，青少年顯得不再那麼害羞，而是變得更為大膽冒進，喜歡和社團朋友一起出遊旅行。

約會大約從 15 至 16 歲開始，「迷戀」是約會初期的典型現象，強烈地愛戀對方。迷戀通常持續 1 到 6 個月，外表魅力是吸引青少年注意的直接因素。約會是青少年的主要樂趣與消遣，有助於在同儕群體中建立社會地位和認可，同時也為個人帶來成長。比其他人晚開始約會或不太受歡迎的青少年，得承受巨大的壓力，導致信心不足、被拒絕感，甚至抑鬱或深刻的無價值感，必須多加留意。初

期的約會可能僅為短暫的性關係。有些青少年對約會守口如瓶，有些青少年會與親密朋友分享他們內心的想法。

17 至 19 歲。在這段期間，青少年的生活態度變得益發認真，非常熱衷於學校、工作或與同儕交流的活動。無論他們選擇哪種活動，共同點是活動都是在家庭以外的地方進行的，這使得他們與家人相處的時間更少。17 至 19 歲的青少年是理想主義者，他們喜歡為達到目標而努力，並追隨他們所懷抱的重要且正確的理想。

這個年齡階段的壓力增加，與未來的許多不確定性有關。隨著壓力累積，發脾氣的次數也隨之增多，青少年和父母之間的摩擦仍持續不斷。青少年常認為他們懂得比父母還多、更瞭解現實世界，導致親子之間的爭執與不和。此時，許多青少年已經建立較為穩定的性關係，可能有一個認真交往的男朋友或女朋友，並相處了很長時間。通常在這個年齡階段，青少年會將人際關係的重點放在更深層的特質上，例如誠實、可靠和幽默感。根據早期接受的教育和同儕壓力，性行為因人而異。

同儕關係在這個階段非常重要。青少年與同儕有著相似的年齡、感受、經驗、目標和疑慮，這些都是父母難以提供的。相似的社經地位和興趣比較容易發展出友誼。同儕提供社交和情感上的滿足，青少年也希望自己的同儕得到父母的認可和接納。青少年常將自己的外表與同儕比較，進而影響到他們的自我概念發展。真實或想像的差異會威脅到自尊，輕微的瑕疵或缺陷會被放大嚴重性，削弱他們的信心。專欄 10.1 提供父母一些如何提升青春期子女自尊的建議。

專欄 10.1

提高青少年的自尊

- 樂觀面對
- 認可成就
- 真心關懷
- 體諒包容
- 鼓勵自我表達
- 重視意見
- 避免貶低輕視
- 展現尊重
- 鼓勵自主決定

社會化透過同儕關係進一步發展,青少年的社會行為從早期的模仿,轉變為認同他們歸屬的**社交團體**。群體對個體的影響,取決於人我之間的親密程度和接觸程度。青少年可能會組成朋黨、群夥甚至幫派,這些群體的重要特徵之一是個體必須遵守群體認定的樣態或規則,才能得到群體的接納。青少年最強烈的需求之一就是得到群體成員的接納,受到接納或缺乏接納都會影響青少年的行為和態度,形成不同的性格特質。受歡迎的青少年感到安全、快樂和自信,不受歡迎的則感到疏離、忿恨和敵意。領導者的角色通常由最受同儕尊敬的人擔當。

這個年齡階段的青少年得承受許多要求,社會期望他們選擇未來的職業並認真思考自己的未來。即將高中畢業的青少年想知道他們是否應該繼續升學或選擇就業(圖 10.2),這個問題對青少年來說意義重大。有些青少年甚至連服裝、約會或和朋友出去等簡單的決定都無法自主,無法自主選擇職涯方向的青少年,可能會憂懼不安和自我懷疑。

對這個年齡階段的其他要求包括發展價值體系和表現出對社會負責的行為,在這個階段即將結束時,個人在經濟上變得更加獨立。許多青少年也能夠與祖輩建立密切的關係來彌合代溝(圖 10.3)。

圖 10.2 ｜ 高中畢業是一件大事　　圖 10.3 ｜ 青少年和祖輩相處彌合了代溝

紀律

青春期的紀律很重要。父母和青少年之間的許多衝突,大多與交友選擇及約會問題有關。不同的家庭模式和教養方式,對青少年的成長有不同的影響(參見第 4 章)。

- **民主型（democratic style）**：民主型的教養方式鼓勵青少年做決定，但父母依然有權同意或反對子女表達的意見。這種教養方式最能支持子女培養自主性。
- **專制型（autocratic style）**：專制型的教養方式不允許青少年自由表達情緒或觀點，全憑父母的感受和判斷來決定。青少年只能遵循父母為他做的決定，幾乎沒有發言權。這種管教方式會阻礙青少年的成長和道德發展。
- **放任型（laissez-faire style）**：在放任型的教養方式中，青少年可以隨心所欲地決定想要什麼或自行判定是非。儘管多數青少年表示他們希望能夠自由決定，但在這種教養方式之下，他們內心其實覺得被父母忽視、晾在一旁無人關愛。父母的傾聽、解釋並明確表達對青少年子女的期望，才是青少年獲得獨立和力量的最佳途徑。

「禁足」很適合用在青少年違反嚴重的行為規範時，做法包括除了上學等必要活動之外，不准青少年出門，甚至不准使用網路，目的是要教導青少年瞭解行為的後果。當兒童或青少年被禁足時，父母應安排特定的工作或家務，要求他們在一定的時間內完成。家長必須對任務完成程度予以評價和讚美，當青少年懂得遵守規則並瞭解違反規範的後果時，禁足才能發揮效果。

認知發展

青春期的中樞神經系統更加成熟，訓練和學習有助於青少年的認知發展從具體運思期進展到形式運思期。然而，若缺乏適當的訓練或鼓勵，青少年可能無法超越具體運思的層次。

形式運思期比具體運思期更符合邏輯。此時的青少年可以掌握某些科學推理和解決問題的能力，有能力審視並比較所有的可能性。他們可以不被眼前所見囿限，能夠進行抽象思考，並想像未來可能發生的一系列事件以及這些事件（或行為）的後果。然而，形式運思能力並不保證青少年會做出正確的選擇。同儕壓力、被團體接納的需要，或想要看起來很酷等其他因素，往往比理性和判斷產生更大的影響力。青少年能夠分析問題、提出假設、蒐集證據並提出可能的解決方案，此外，他們熟稔許多議題，感興趣的話題包括：政治、宗教、正義和其他社

會議題。

學校是青少年發展的重心,他們絕大部分的時間都花在學校或與學校教育相關的活動上,社交技巧、友誼和同儕互動,對青少年來說至關重要。近來,多數州的法律皆要求青少年在 16 歲之前必須接受教育。國中到高中這段過渡期間,對青少年來說既令人興奮又充滿壓力。讓高中生活壓力變得更加複雜的因素不一,青少年必須接受自己不斷變化的外表和不斷發展的自我形象,自我懷疑或許會使他們建立新關係的能力變得窒礙難行。他們會想結交新朋友,加入許多新的團體和社團。升上高中後,青少年被期望要更加獨立並對學習過程負責,這會帶給他們諸多挑戰與要求。不像之前所有科目都是同一名老師上課,現在每個科目是由不同的老師授課。

今日青少年的表現和學業成績存在許多個別差異。某些因素可能決定一個青少年是否能順利完成高中學業,包括社會經濟背景、家庭關係、同儕影響和社會壓力。高中畢業後的生活選擇包括:在自家附近就學或到外地求學、工作、結婚生子等。

道德發展

認知發展是道德推理的先決條件。道德判斷奠基於早期學到的是非原則,父母直接或間接影響孩子的道德判斷,積極傾聽和同理心有助於家庭提升青少年的道德發展。青少年必須學會自己做決定,並根據學到的標準來指導自己的行為。社會已然認定,青少年不能再指望成年人來指導他們的所有決定。

青春期早期的道德發展通常處於道德循規期,這個時期的青少年能夠遵守規則並關心他人,他們渴望得到父母的信任。接著,他們來到道德發展的過渡階段——開始質疑所有事情、所有人。這些質疑造成他們與權威人士的直接衝突,但也幫助他們從成年人那裡爭取自主權,嘗試找到自己的道德準則。青少年仔細檢視規則,看到許多不公不義現象,並認為他們有權改變這些規則。他們相信自己可以有所作為,希望參與社會事務,勇於對自己的信念表明立場,一步一步地承擔起責任,展現出他們對責任和義務的認識與理解。

青少年正在進一步拓展他們的靈性意識。他們開始質疑和比較各個宗教信

仰，對宗教教義進行哲學思考和邏輯思考，推論、搜尋和思索相互衝突對立的意識形態。在這個覺醒時期，他們可能會揚棄正規或傳統的宗教做法，轉而擁護契合自身理念的宗教活動。有些人完全背離家庭價值，靠向其他不那麼傳統的意識形態，少數青少年甚至被某些團體或邪教拉攏。

溝通交流

語言能力和詞彙量在青春期時進步神速。語言溝通是青少年表達個人想法和信念的方式，他們大膽地爭論或捍衛自己的想法。成人應鼓勵青少年自由表達，傾聽他們的意見並與他們交換想法，這樣的交流有助於青少年成長和發展出自我意識。

青少年經常在同儕中發展出一種代表其群體、時代和文化的共同語言，擁有屬於自己的語言可以為青少年帶來歸屬感，並藉此區分我群和他群。

當今青少年的生活圍繞著媒體和科技，手機、平板、電腦和網路已融入青少年的各個生活層面，過去十年來青少年使用科技的時間增加不少（圖 10.4）。科技已然成為強大的教育工具，不但擴展了知識，也讓教育唾手可得。此外，科技也成為青少年強大的社交工具。青少年現在可以同時處理多項任務：在吃飯、開車或做其他任務的同時看電視、傳簡訊或使用手機，但開車時使用手機也增加了車禍和死亡人數。電視對個人具有很強的影響力，至於是帶來教育意義，還是有潛在的危害性，取決於節目內容和觀看時間。

圖 10.4 ｜ 科技拓展了青少年的活動

另有 Instagram、Snapchat、TikTok、Discord、Twitter（現已更名為「X」）、簡訊、聊天室和照片串流等社交媒體，這些不過是當今青少年流行的科技媒體中的一小部分。父母必須瞭解孩子對所有科技和社群媒體的使用情況，仔細監控這些網站的適切性，並密切監督孩子使用該科技所花費的時間。

營養

　　由於青春期生長快速，青少年需要增加熱量、蛋白質、礦物質和維生素。青少女每日的平均熱量需求是 2,600 卡路里，青少男每日的平均熱量需求為 3,600 卡路里。滿足這些需求其實並不難，因為青少年的食慾增加，食物的攝取量也隨之增加，青少男更是似乎永遠吃不飽。比起小時候，青少年對食物的排斥也有所降低。青少年的蛋白質攝取量應占每日飲食攝取量的 12% 至 16%，而為了增強骨骼和肌肉的生長，以及因應血液總量增加，攝取額外的鈣質是必要的。月經初潮後必須監測青少女的鐵質攝取量，因為此時的青少女更容易罹患缺鐵性貧血。

　　美國兒科學會（AAP）建議對有高膽固醇家族史的青少年進行高血壓檢測。對於患有家族性高膽固醇血症、檢測結果升高或高血壓的個體，須進行飲食管理。

　　飲食習慣受到時間、壓力和同儕的影響，水果和蔬菜常被排除在喜愛的食物（像是肉類和馬鈴薯）名單之外。人們常根據方便性和口味來選擇零食，很少考慮營養價值。有些年輕人喜歡牛奶，有些人則偏好汽水和碳酸飲料，有些人喜歡咖啡因和糖含量高的一般可樂。健怡可樂（無糖可樂）並沒有比較健康，它含有人工甜味劑，飽受醫學爭議。研究表明，大量飲用含糖汽水會導致肥胖和齲齒。

　　許多青少年喜歡飲用能量飲料（energy drinks），因為這些產品宣稱可以提升能量、增強體能和認知功能，想要參加運動比賽、聚會或熬夜學習的青少年，很容易受到這類說詞的影響和蠱惑。這種飲料添加了提神劑咖啡因、糖和其他膳食補充劑，有些只不過是碳酸，飲用時日一久，能量飲料中的糖含量可能會導致肥胖和齲齒，甚至因胰島素敏感性降低而引發第二型糖尿病。此外，能量飲料也有

可能在短期內造成嚴重的不良影響，高咖啡因含量會對心血管和神經系統、肝臟和腎臟帶來負面效應，若將能量飲料與酒精混合飲用，更是危險。

與前幾個世代的人相比，吃蔬食的青少年人數正在增加。有些青少年出於道德或健康原因選擇蔬食，有些則沒有特定理由。蔬食主義的做法差異極大，有些人僅排除肉類，有些則避免使用所有動物製品，包括乳製品和蜂蜜。蔬食主義者必須在日常飲食中加入穀物、豆類和各種蔬菜，為生長和修復組織提供必要的胺基酸。

節食儼然已成為全民運動，數以百計的快速減肥花招和熱潮不停放送廣告，可能導致飲食障礙病例增加。飲食障礙，包括神經性厭食症、神經性暴食症和貪食症，影響越來越多的青少年。多達 13% 的青少年有飲食障礙症狀。

- **神經性厭食症**（anorexia nervosa）是一種故意挨餓，導致體重減輕 25% 以上的心理疾病。過去，神經性厭食症的平均發病年齡為 13 至 17 歲，現在則降至 9 到 12 歲。神經性厭食症不僅是一種飲食障礙，也是一種複雜的情緒障礙，需要立即就醫。多達 1% 的年輕男性和 4% 的年輕女性患有神經性厭食症。
- **神經性暴食症**（bulimia nervosa）的病徵是一陣暴飲暴食過後，接著進行自我催吐、使用瀉藥或過度運動等清除行為。這種情況也需要嚴格的治療。
- **貪食症**（binge-eating disorder）是指未伴隨清除行為的情況下，無節制的進食。貪食症患者多半體重超重，是美國最常見的飲食障礙。

肥胖已達到流行病的水準。根據美國疾病管制與預防中心（CDC）的數據，2017 至 2018 年，美國 12 至 19 歲兒童的肥胖率為 21.2%。兒童肥胖可能導致第二型糖尿病和心血管疾病。

有些青少年無法維持理想的體重，需要營養監督以健康地減重。今日許多青少年都有不健康的飲食習慣或不健康的節食觀念，研究表明，42% 的幼兒希望自己更瘦，多數學齡前兒童認為自己應該節食。這些趨勢凸顯媒體和商業主義如何影響年輕人的信念和選擇。

安全有效的健康照護

　　一所大學的學校健康照護人員在用餐時間，注意到一位名叫史黛西的大三學生這一個月以來和朋友們坐在一起吃飯，但餐具動都沒動，沒有把任何食物放進嘴裡。健康照護人員無意間聽到史黛西說擔心自己如果不減肥，就無法加入大學啦啦隊；她還說沒有一個啦啦隊隊員像她一樣胖。

- 健康照護人員可以提供青少女什麼心理衛教知識，來幫助她們瞭解節食和拒絕進食的問題？

睡眠與休息

　　青春期的生長陡增導致青少年的睡眠需求增加，在此發育階段，需要充足的睡眠和休息來維持最佳健康狀態。青少年大約需要八小時的睡眠才能得到充分的休息，但青少年往往喜歡熬夜看電視、傳簡訊或使用手機，熬夜使他們早上起不了床，或起床後容易煩躁。睡眠不足和學業成績不佳似乎也有直接關聯，有些青少年上課時間昏昏欲睡，無法集中注意力學習（圖 10.5）。

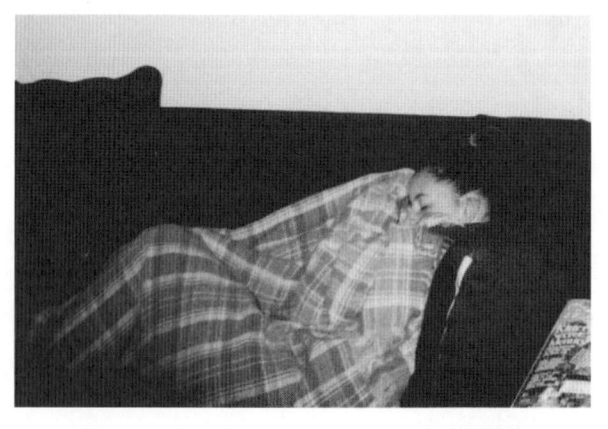

圖 10.5 ｜ 小睡片刻至少能讓青少年補眠

運動與休閒

運動是幫助青少年維持健康的另一個重要因素，許多青少年樂意主動參與運動。青少年的熟練表現和競爭能力決定了受歡迎程度和同儕團體的接納度。有些青少年選擇不參加體育活動或者逃避參與，因為他們缺乏技能或已經養成久坐的習慣和個性。他們喜歡的活動是有挑戰性的思考，而非加強肌肉協調性和肌力。青春期建立的運動模式可能會持續到成年。

除了學校和課外活動之外，許多青少年也從事打工，他們必須學習平衡時間和其他活動。打工為青少年提供了消費和接觸工作世界的機會。

參與運動的青少年必須增加碳水化合物和蛋白質的熱量攝取，此外，他們也必須在劇烈運動之前、期間和之後，攝取足夠的液體以保持身體水分。

安全措施

青春期死亡的主要原因是意外事故，這與青少年的動作能力和力量增強，以及缺乏判斷力有關。種種因素加起來，使他們面臨巨大的傷害風險。

學會開車代表青少年的獨立性增加（圖 10.6），但在此發展階段，車輛事故卻是多數青少年死亡的原因。判斷力不佳、缺乏駕駛技能、不遵守交通規則和未繫安全帶，以及邊開車邊傳訊息等，是許多青少年發生車輛事故的罪魁禍首。安全駕駛課程和防禦駕駛的觀念可以減少事故悲劇人數。

青少年千萬不可酒後駕車，飲酒者必須委任酒後代駕司機。父母也要樹立正確的行為榜樣，灌輸正確的駕駛觀念。

青少年和年輕成人的第二大死因是他殺，風險因素包括種族和社會經濟地位。在所有兇殺案中，一半與飲酒有關。飲酒和吸毒會加重與車輛相關的傷害和死亡風險。

在這個階段，體育活動也是造成許多傷害的原因。青少年在參與體育活動時往往橫衝直撞，不把受傷當一回事。青少年參加任何體育賽事之前，必須進行審

圖 10.6 ｜ 學會開車是人生重要的里程碑

慎的身體檢查；參與接觸性運動時（如橄欖球、武術），一定要使用適當的防護裝備。事實證明，防護衣具可以減少運動傷害發生。男孩更常發生與足球和曲棍球等接觸性運動相關的傷害，女孩則更常發生與體操相關的傷害；有些運動傷害則有季節性模式（譯注：例如冬天更容易肌肉拉傷、痠痛和抽筋）。

美國兒童與青少年因槍枝相關的傷害和死亡發生率正逐步攀升，適當地保管槍枝及合適的訓練，可以避免此類事故。家庭內與社區中有關槍枝的事故案件令人咋舌，家長必須負起責任，對槍枝進行適當的教育和監督。有些玩具會害兒童與青少年的手受傷，甚至造成致命傷害。許多製造商已停止生產可能被誤認為真槍的玩具槍，這些玩具槍同樣具有強大的破壞力和傷害力。

健康促進

整體而言，青少年的健康狀況反映了他們的生活習慣和營養習慣。青春期這段期間，每年應進行一次身體檢查，檢查項目包括視力和聽力篩檢。視力問題應及時配戴眼鏡或隱形眼鏡矯正。青少年應避免使用高分貝的立體聲耳機，頻繁接觸過大的噪音會導致神經損傷和聽力損失，有些青少年甚至因為經常參加喧鬧的音樂會而出現嚴重的聽力損失。體重和身高測量，以及營養指導應成為每次健康檢查必備項目之一。如果有蛀牙或咬合不正問題，則必須每六個月（或更頻繁

安排牙科檢查。

　　青少年時期就應該監測血壓紀錄，及早發現任何異常跡象，及時採取預防措施和治療。檢查血液中的膽固醇濃度，並向可能罹患高血脂症者提供飲食建議。女孩容易貧血，因此，應至少每年進行全血細胞計數檢查。疲勞、虛弱或月經量過多等症狀都可能是貧血的徵兆。

　　青少年對兒童早期疾病的抵抗力普遍較高。功能良好的免疫系統仍須靠 14 至 16 歲時的疫苗接種來強化，以預防白喉和破傷風。適當的營養與健康的生活習慣，有助於確保青少年的整體健康狀況。

　　應持續留意和評估青少年是否有脊椎異常的徵兆，例如第 9 章中談到的脊椎側彎。要常提醒青少年良好姿勢的重要性，預防日後出現肌肉骨骼疼痛和發育異常。

　　青少年對於皮膚的護理和衛生也有許多擔憂。青少年通常對自己的外表和皮膚狀況非常敏感，即使出現一點小瑕疵也會讓他們苦惱不已（圖 10.7）。應教導青少年有關正確皮膚護理的基礎知識。如果出現急性痤瘡，則需要進一步治療。

圖 10.7 ｜ 青少年非常重視外表

心理疾病

　　青春期是身體快速變化，以及從依賴父母轉向為獨立自主，導致情緒壓力劇增的時期。青春期的心理健康問題開始浮現，但可能未被察覺診斷出來。青春期

最常見的心理疾病是焦慮症和憂鬱症，焦慮是對真實或想像的壓力的反應，本書第 9 章有相關討論。

美國兒科學會（AAP）建議從 14 歲開始對青少年進行心理健康評估。容易造成青少年心理疾病的因素包括：女孩初經過早、有精神疾病家族史、少數族裔、身心障礙者、LGBTQ+、物質濫用者，以及曾在家裡或學校遭受身體虐待或霸凌者。

家庭的心理健康也非常重要，會直接影響孩子的情緒和心理健康。美國兒科學會（AAP）也建議對家人進行評估和鑑定，及早發現心理疾病的徵兆。

健康照護人員必須與青少年建立關係，強調早期診斷和早期治療的重要性。有許多準確的心理健康篩檢工具可用於診斷心理健康問題，幾分鐘內即可評估完成。為鼓勵青少年參與治療，健康照護人員應注意社會對心理疾病的汙名化，需支持和尊重青少年。教導青少年以提高他們的社交技巧、問題解決能力和整體自信心。

憂鬱症

憂鬱症（depression） 是一種長期的悲傷和無價值感，是影響許多青少年的嚴重問題。學校、家庭和人際關係的壓力，可能會讓青少年不堪負荷，引發這種情感性疾病。青少年更容易出現這種情況，因為他們花更多時間自省反芻，深感失望和絕望，家人和朋友可能不會注意到憂鬱症的病徵。憂鬱症患者自殺的風險增加，自殺是 15 至 24 歲年齡層的第三大死因，年輕男性受暴力和自殺的影響最大。許多因素可能導致青少年自殺；憂鬱、低自尊、衝動控制能力弱、物質濫用和情緒孤立，是自殺的常見因素。專欄 10.2 列出憂鬱症的常見徵兆。

健康照護人員應評估憂鬱症患者的自殺傾向線索，除了仔細傾聽話語內容外，還要試著理解服務對象的感受，千萬不可低估服務對象所表達的情緒和想法。坦率地詢問服務對象是否正在考慮自殺。有自殺計畫的人處於極度危機風險之中，知情者務必通報任何疑似自殺傾向的個體，以便採取必要的預防措施。持續且密切的監督，確保個體的安全，直到其他措施介入以降低自殺風險。

專欄 10.2　憂鬱症與自殺意念的徵兆

- 頻繁哭泣。
- 失眠。
- 飲食失調。
- 社會孤立或退縮。
- 外顯問題行為：懼學、成績退步、逃學、暴怒、物質濫用。
- 無望感。
- 無法解釋的身體症狀。
- 對打理外表失去興趣。
- 分贈財物。

物質濫用

物質誤用 / 濫用（substance misuse/abuse）是指失控地使用菸草製品、酒精和其他藥物，如鴉片類藥物、大麻和興奮劑，是當今社會嚴重的公共衛生問題。渴望被接納的需要常導致青少年嘗試吸菸或使用藥物。

如今雖已立法禁止向未成年人出售菸草製品，但事實上，取得菸草製品並非難事，禁菸運動收效甚微。好消息是，學校和企業推行的無菸環境使人們更難找到自在的吸菸場所。菸草製品和二手菸造成的疾病、失能和死亡等健康危害雖已廣為人知，但菸草的使用仍持續不衰。

電子菸（electronic cigarettes、e-cigarettes、"vaping"），原本是為了戒菸而開發的替代品，係由電池加熱液體，產生氣懸膠體蒸氣，這些液體中含有尼古丁及其他可能致癌的揮發性化合物。2020 年，美國疾病管制與預防中心（CDC）報告指出，約五分之一的高中生和二十分之一的中學生使用電子菸。多數父母並不知道孩子在使用電子菸，該設備本身存在安全隱患，因為電池可能爆炸引起火災，蒸氣中的尼古丁則會導致肺部問題。

有些青少年以咀嚼、沾食或吸鼻方式來使用菸草，他們以為這種不會產生煙霧的方式比吸菸更安全。然而，咀嚼菸草和鼻菸中的化學物質會導致嘴唇乾裂、口腔出血和潰瘍、琺瑯質腐蝕，並增加罹患口腔癌的風險。

父母在早期的管教和正向的榜樣，是阻止青少年吸菸的最佳方法。美國疾病

管制與預防中心（CDC）和其他組織致力於為需要戒菸的個體提供自助計畫和其他諮詢服務。

其他常被濫用的物質包括：鴉片類藥物美沙冬、羥考酮（奧施康定）和氫可酮（維柯丁）。芬太尼和海洛因過量致死事件頻傳，使得鴉片類藥物氾濫成為美國的首要防治任務。2017 年 10 月，美國總統要求衛生與公眾服務部宣布鴉片類藥物氾濫為公共衛生緊急事件。建議由受過訓練的急救人員或家屬向鴉片類藥物過量受害者注射納洛酮，這類藥物可以逆轉鴉片類藥物引起的呼吸窘迫。

藥物誤用（drug misuse）是指藥物使用過量、多重用藥、劑量過高或使用時間過長，造成身體損傷、藥物耐受性（對藥物作用的反應減弱）或依賴性。突然停藥可能會導致戒斷症狀。2016 年，40% 的藥物過量死亡和鴉片類藥物處方使用有關。

為了預防和減少青少年藥物誤用，有必要為他們提供社會和情感支持。2018 年，聯合委員會（Joint Commission）（譯注：原名「醫療衛生機構認證聯合委員會」，負責對美國醫療保健組織和項目進行認證）要求健康照護人員在疼痛管理方面遵循某些具體策略，以減少因藥物誤用造成的死亡。機構內必須有一名團隊負責人來管理戒治者的疼痛控制，並開立治療疼痛的藥物處方。機構內的團隊必須將戒治者納入疼痛管理計畫中，並向戒治者告知任何鴉片類藥物的不良反應及安全使用、保存和廢棄處理方式。健康照護人員必須善用資料庫的資訊來辨識有成癮風險的戒治者。

藥物誤用已證實會導致成癮、藥物使用過量、危險駕駛和死亡，以及其他社會問題，包括性濫交、性傳播感染（STI）和懷孕。請參閱專欄 10.3，認識藥物誤用的徵兆。

嘗試飲酒常被青少年視為另一種成年儀式。多數青少年在達到法定年齡之前就開始飲酒，家庭、學校或其他社交場合都可能接觸到酒精，有些青少年覺得飲酒可以幫助他們處理情緒或逃避面對某些現實。在流行文化電影和影片中，菸草製品和酒精都被包裝成性吸引力的象徵，使得兒童和青少年很難抗拒菸酒的誘惑。

酒精濫用係指飲酒干擾了日常活動的進行。大約 18% 的青少年有狂飲行

為，大學生尤為常見。**狂飲**（binge drinking）的定義是，男性在兩小時內連續飲酒五杯以上，女性連續飲酒四杯以上，導致血液中酒精含量迅速上升。凝聚力強的諮商和支持團體，可以協助青少年解決物質濫用問題。

專欄 10.3

藥物誤用的徵兆

- 睡眠模式改變：昏昏欲睡、睏倦嗜睡、無精打采或躁動不安。
- 情緒波動。
- 食慾改變。
- 明顯煩躁不耐。
- 對朋友、學校及其他活動失去興趣。
- 躲躲閃閃、秘而不宣。
- 財產或金錢損失。
- 判斷力受損。
- 衛生習慣或外觀改變。

思辨練習

練習一：

14 歲的安娜來到無需預約的診所尋求建議。她告訴醫護人員，她曾與男友發生過一次性行為，也承認性行為將會繼續下去。她不想懷孕，對性傳播感染表示擔憂。安娜覺得她無法與父母討論這些問題。

1. 請你為安娜設計一個簡單的教學計畫。
2. 列出青春期約會的主要功能。
3. 自殺防治是推動青少年心理衛生的重點。請說明如何將其納入你為安娜制定的預防性健康計畫中。
4. 在這個發展階段，青少年可能嘗試使用酒精、藥毒品和菸草製品。青少年經常從事這些不健康的行為，以獲得同儕的認可。你將如何教育安娜瞭解這些不健康行為的風險？

思辨練習

練習二：
你認為一個人的自尊與職業選擇有何關係？請解釋你的答案。

練習三：
青少年與父母之間衝突的主要原因是什麼？請列舉一二。

本章重點回顧

- 青春期發育（或前青春期）是一段始於生長快速、終於生殖系統成熟的時期。以女孩來說，係指初潮來臨；以男孩來說，係指製造精子。
- 與青春期發育相關的主要變化包括：身體快速生長、身體比例的變化，以及第一性徵和第二性徵的發育。
- 第一性徵影響性腺的生長與成熟。
- 男性的性腺位於睪丸，成熟後會產生精子和男性性荷爾蒙。射精表示男性的性功能成熟。
- 女性的性腺位於卵巢。女性荷爾蒙的分泌及卵子的成熟和釋放，表示女性的性功能成熟。
- 初潮是指第一次月經。月經通常從青春期到更年期每月發生一次，懷孕期間除外。
- 第二性徵係指所有對生殖沒有直接作用的變化，包括：長出體毛、汗腺活動增加、男孩變聲、女孩臀部和骨盆變寬。
- 這個年齡階段的青少年往往花更多時間獨處，疏離早期結交的朋友。在許多情況下，由於青少年變得能言善辯，導致他們的家庭關係出現變化。

- 青春期是一個過渡時期，從性成熟開始，到身體成熟結束。這個階段彌合了依賴與獨立、童年與成年之間的差距。
- 約會大約從 15 至 16 歲開始，有助於在同儕群體中建立社會地位和認可，也是和同儕團體一起消磨時光的方式之一。
- 在這個階段，性受到高度重視。為了符合所屬群體的標準，青少年承受極大的壓力。許多青少年在青春期發生性行為。
- 家庭應提供性教育，並在學校中進一步深化學習。
- 自慰是正常的性表達方式之一。
- 青春期發育之前就應該提供性教育，給予青少年有關預防性傳播感染和懷孕的相關建議。
- 青春期的主要特徵包括激烈起伏的情緒、不安感、反思自省、嘗試與學習，以及重新評估價值觀與信仰。
- 根據 Erikson 的觀點，青春期的心理社會任務是尋找自我認同。自我認同始於個體脫離家庭、邁向獨立。遠離家庭的舉動，展現了青少年對自由和獨立的需求。
- 青少年在許多問題上確實是矛盾的：對家人又愛又恨；既想要自由，又需要監督；希望成為同儕團體的一分子，又想要獨處。常見的情緒包括：生氣、恐懼、擔憂、嫉妒、羨慕和幸福感。
- 同儕關係在此階段非常重要。青少年與同儕有著相似的年齡、感受、經驗、目標和疑慮，這些都是父母難以提供的。
- 青少年可能會組成朋黨、群夥和幫派，他們渴望被這些群體的成員接納。群體的接納可以幫助他們建立快樂和自信，不被群體接納會導致孤立和落寞。
- 這個年齡階段的青少年得承受許多要求。社會期望他們選擇未來的職業並認真思考自己的未來。

- 中樞神經系統的成熟，使得青少年從具體運思期進展到形式運思期。這種思考方式更符合邏輯，得以進行抽象思考和科學推理。
- 學校是青少年活動的重心，在學校能否取得成功，很大程度取決於社會經濟背景、家庭關係、同儕影響和社會壓力。
- 道德判斷奠基於早期學到的是非原則。
- 青少年也拓展了他們的靈性意識，他們對宗教提出質疑、進行哲學思考和比較。
- 青春期的紀律非常重要。父母和青少年之間的諸多衝突，多半與交友選擇和約會問題有關。
- 青春期的快速生長，使得青少年的營養需求也隨之提高。青春期的飲食習慣改變，肉類和馬鈴薯比水果和蔬菜更受青少年喜愛。零食選擇的主要考量是方便性和口味。
- 青春期早期的青少年需要更多的睡眠時間。青少年約需要八小時的睡眠才能得到充分的休息，熬夜的習慣常導致青少年早上容易疲倦和煩躁。睡眠不足似乎與學業成績不佳有關。
- 運動對於維持青少年的健康狀態非常重要。
- 青春期死亡的主要原因是意外事故。
- 青少年的整體健康狀況反映出他們的生活習慣和營養習慣。青少年每年應進行身體檢查，適當的營養和良好的健康習慣有助於形成全面的健康生活方式。

課後評量

1. 青春期發育第一個快速生長的身體部位通常是：
   A. 手臂。
   B. 腿。
   C. 腳。
   D. 頭。

2. 根據 Erikson 的說法，青春期的主要心理社會任務是：
   A. 自主決定。
   B. 自我認同。
   C. 親密關係。
   D. 信任。

3. 初潮的最佳定義是：
   A. 長出體毛。
   B. 女性荷爾蒙的分泌。
   C. 第一次月經。
   D. 乳房發育。

4. 下列哪一項身體變化通常發生在青春期？
   A. 雄性激素分泌下降。
   B. 視力提高。
   C. 皮脂分泌減少。
   D. 肌肉力量和耐力增加。

5. 神經性暴食症的病徵是：
   A. 處在飢餓狀態。
   B. 暴飲暴食。
   C. 體重逐漸增加。
   D. 骨質密度逐漸流失。

6. 青春期早期的道德發展表現在：
   A. 接受社會規範和標準。
   B. 對現有規範和標準提出質疑。
   C. 行為更加自我中心。
   D. 堅定的個人道德標準。

7. 約會要達到的目標之一是：
   A. 建立成人的行為。
   B. 強化正義原則。
   C. 證明個人和社會地位。
   D. 促進獨立。

8. 評估個體自殺風險的最佳方式為：
   A. 與人建立緊密的關係。
   B. 看到生活中美好的一面。
   C. 詢問此人是否有自殺計畫。
   D. 讓他獨處，想清楚自己的目標。

9. 哪項說法最能描述 Erikson 理論中青少年的任務？
   A. 「我希望為未來累積財富。」
   B. 「我想與我的靈魂伴侶分享我的生活。」
   C. 「我希望完成學業並成為一名律師。」
   D. 「我會永遠活著。」

10. 影響青少年食物選擇的推力是：
    A. 營養需求。
    B. 促進健康。
    C. 同儕壓力。
    D. 餐費。

11. 當今青少年使用科技的優點之一是：

    A. 助長暴力。

    B. 提供教育。

    C. 提升自尊。

    D. 加速適應不斷變化的身體形象。

12. 目前青少年車輛事故的原因之一是：

    A. 社群媒體上的照片串流。

    B. 在社群媒體上花費的時間。

    C. 接觸暴力遊戲。

    D. 開車時使用手機。

答案：1. (C)；2. (B)；3. (C)；4. (D)；5. (B)；6. (B)；7. (C)；8. (C)；9. (C)；10. (C)；11. (B)；12. (D)。

Chapter 11
成年早期（青壯年期）

學習目標

1. 列出成年早期發展的四個目標。
2. 說明成年早期的生理特徵。
3. 說明 Erikson 的成年早期心理社會任務。
4. 列出成年早期應重視的營養問題。
5. 說明成年早期女性的兩項重要健康檢查。

成年早期涵蓋 20 至 40 歲初這段青壯年期間，是較為穩定的成長時期。此階段預期將逐步經歷生理和社會層面的變化。隨著某些身體系統的生長和發育，有些系統開始出現老化的跡象。所有的早期事件、經歷和成長模式，都有助於形塑個人並為成年階段做好準備。

　　成年期是多數青少年期待並為之努力的時期，這個階段通常伴隨著正面的情緒、夢想和抱負。這段時期的目標包括：選擇和建立職涯、滿足性需求、建立家庭、擴大社交圈和心智發展成熟。這個時期接近尾聲時，成年人開始將他們早期的夢想與當前的成就進行比較。此時，他們必須調和落差，接受現實或做出改變。

生理特徵

身高

　　生理發育在成年時完成。男性的脊椎骨會持續生長至 30 歲，使身高增加約 3 至 5 公分。女性通常在 20 多歲之前就達到了成年身材。

骨骼與肌肉發展

　　骨質密度在 35 歲時達到高峰，過了這個年齡，女性的骨質密度就會逐漸流失。儘管骨骼生長停止，但受傷部位的骨細胞仍會汰舊換新。運動有助於增強耐力、力量和肌肉張力。男性和女性的實質肌肉量，因營養、運動和睪固酮的濃度而異；因此，男性通常比女性擁有更多的肌肉量，但肌肉量的增加並不是因為肌肉細胞數量增加。運動所需的肌力隨年齡而改變，成年早期之後，從事網球、足球等劇烈運動的能力下降，由此可能萌生對其他運動（例如高爾夫球）的興趣。35 歲之後，身體未疲勞狀況下的工作能力和最大工作效率開始下降。若不幸受傷，最好透過休息和固定治療來緩解。

牙齒

智齒在青春期後期或 20 歲初冒出（見第 10 章）。無法順利冒出的智齒可能會導致疼痛和擠壓其他牙齒，甚至需要手術治療。牙齦疾病或**牙齦炎**（gingivitis）影響許多成年人，是成年人牙齒脫落的主要原因，但這是可以預防的，故應對牙齒和牙齦進行適當的護理，包括定期刷牙、使用牙線和限制過量攝取甜食。《2030 健康國民》亦將口腔健康納為健康的社會決定因素之一（見專欄 11.1）。

專欄 11.1

健康的社會決定因素：口腔健康

- 口腔健康狀況不佳影響的年齡層極廣，35 至 44 歲的成年人中，約七分之一患有牙齦相關疾病。
- 牙齒保健資源取得，與年齡、教育、收入、族裔和地理位置有關。
- 成年人應該定期進行牙齒健康檢查，最好每六個月一次，至少每年一次。未經治療的疾病（包括心臟病、糖尿病和癌症）常對牙齒健康帶來不良影響。
- 包括營養和飲食需求在內的健康教育，對於維持良好的口腔健康至關重要。

其他身體系統的發展

到了成年早期，所有器官和身體系統都已完全發育成熟。體型的變化、體毛的生長和肌肉的發育，在整個 20 多歲期間緩慢持續。

20 至 30 歲之間的心輸出量（譯注：每分鐘左心室或右心室流入主動脈或肺動脈的血量）達到最大，此後逐漸下降。在成年期間，心肌變厚，血管中的脂肪沉積導致血流量減少。某些行為，包括飲酒、吸菸以及吃**膽固醇**（cholesterol）含量高的食物，可能會增加個體罹患心血管疾病的風險。隨著年齡增長，心臟和血管的彈性變小，這種硬化導致成年後期常見的心輸出量減少和血壓升高。

肺部吸入和排出空氣的能力稱為**肺活量**（vital capacity）。肺活量在 20 至 40 歲之間下降，男性呼吸功能的高峰值年齡為 25 歲，女性為 20 歲。由於肺部失去彈性，肺活量功能逐漸衰弱。吸菸的成年人比不吸菸的人，肺部更容易失去彈

性,肺部失去彈性也使得成人的呼吸道更容易受到感染。可以透過運動來維持和強化肺活量。

成年早期的食慾維持不變。30歲以後,胃液和消化液明顯減少,不良的飲食習慣常導致胃部不適和消化不良。**基礎代謝率(basal metabolic rate)**係指個體在休息時消耗的能量,會隨著年紀增長而降低。即使飲食習慣保持不變,基礎代謝率變化也可能導致體重增加。成年人須攝取含有纖維素和足夠液體的飲食,來維持正常的腸道排泄。均衡的飲食和運動,以及規律的排泄模式,有助於正常的腸道功能。當正常排泄模式出現任何變化,應向健康照護人員報告,以便進行適當的醫療評估和治療。

暴露在陽光下和環境污染物中,皮膚細胞會發生一些變化。過度暴露於紫外線可能會導致皮膚癌,尤其是淺色皮膚的人(請參閱本章「接觸致癌物」小節)。青春痘通常會在成年後消失,少數沒有消失的症狀,可以採用多種不同的治療方案。

青春發育期之後,神經系統中的細胞數量和大腦容量都會減少。成年早期階段的感覺和知覺開始出現變化,然而,感知速度和準確性尚未受到影響。不過,**反應時間(reaction time)**(即個體對刺激做出反應的速度)逐漸加快,直到25歲開始走下坡。25歲以後,由於水晶體彈性下降和混濁度增加,視力慢慢變差,到了40歲,看近距離物體的能力通常會下降,這種情況稱為**老花眼(presbyopia)**,會隨著年齡增長而惡化,可配戴矯正鏡片來矯正視力。20歲時聽力最佳,此後,聽力逐漸喪失,尤其是高頻音。幸而此時的聽力損失對個人的日常生活影響不大,但過度接觸聲量大的音樂或工作產生的噪音,會加速聽力受損。多數成年人都能找到方法彌補輕微的聽力損失。

此時處於最佳能力狀態的身體系統是生殖系統。女性的月經週期趨於穩定,若有月經不規則或嚴重不適,應尋求醫師建議。一般來說,成年早期的男性較不會有生殖問題。

可能威脅夫妻性關係和情緒健康的問題之一是不孕症(infertility)。不孕症的定義係指經過12個月以上定期無保護的性交,卻未能懷孕。約有14%的夫婦無法生育。在COVID-19大流行期間,不孕率創歷史新低。懷孕困難的夫妻應

尋求諮詢和醫療，他們經歷巨大的壓力和焦慮，經常自我責備或互相責備。不孕症的醫療包括刺激排卵的荷爾蒙和體外受精等輔助生殖技術，或採用捐贈者的精子或卵子。有些夫妻考慮委託代理孕母，亦即將受精胚胎植入代理孕母的子宮，直至足月生產。生育能力測試和評估須耗費昂貴的醫療費用，不孕症治療未果的夫妻，需要支持和時間來考慮其他選項。

實用小提示：不孕症

有助於受孕的建議參考如下：
- 確定排卵時間（使用基礎體溫測量或相關商業產品測知）。
- 在排卵期間每隔一天同房一次。
- 練習採用男性在上體位進行陰道深度插入。
- 避免使用任何潤滑劑或沖洗陰道。
- 性交後讓女性保持仰臥姿勢至少 20 分鐘。

生命徵象

成人的靜止心率正常範圍為每分鐘 60 至 90 次，正常的呼吸頻率為每分鐘 12 至 18 次，正常的血壓讀數應為收縮壓 120 或更低，舒張壓 80 或更低。根據美國心臟協會（American Heart Association, AHA）2017 年指南，當血壓高至 130/80 毫米汞柱時，應透過改變生活方式來加以控制治療。

發展的里程碑

成年早期的主要發展里程碑包括：選擇和建立職涯、滿足性需求、建立家庭、擴大社交圈和心智發展成熟。

動作發展

多數人在成年早期已經達到了身體效能的頂峰。肌力和協調性在 20 多歲和

30 多歲時達到高峰，30 到 60 歲時逐漸下降。肌力最大的部位包括背部、手臂和腿部的肌肉。

性發展

　　成年人必須先接受自己是一個有性能量的個體，對自己的性取向感到滿意。**性**（**sexuality**）是一個廣泛的術語，包括解剖學、性別認同、關係，以及個人對性的想法、感受和態度，許多因素如：生理發展、人格特質、文化與社會作用，以及宗教和倫理價值觀，在在影響性的發展。教育擴展了成年人對性的知識和理解，使正向的情感得以發展，促進親密關係中的溝通和開放，目標是在人際關係中獲得快樂和性滿足。

　　成年人具有體驗和分享愛的能力，以此讓性需求獲得滿足。浪漫的愛情是一種深刻的情感體驗，彼此分享溫暖和溫柔的情意。相較於早期的發展階段，心智成熟的成年人有建立親密關係的基礎。浪漫愛包含親密與激情，愛是互惠與對等的，雙方都要付出和分享。相互分享和承諾的連結，促進了人與人之間的安全感。是愛讓成年人相聚相守，而非僅為了體驗性而已。

　　對多數男性和女性來說，在成年早期階段，性通常是穩定的。大部分 20 多歲的成年人，已經建立了自在的性行為模式。

　　關於人類性反應的研究數不勝數。儘管每個人的感受和態度差異極大，但性喚起的基本反應相去不遠。最著名的是 Masters 和 Johnson 進行的研究，他們將性反應分為四個不同階段，描述人類性反應的週期：興奮期、持續期、高潮期和消退期。

- **興奮期**（excitement phase）萌發於生殖器肌肉緊繃和血管充血。
- 高潮前的**持續期**（plateau phase）會出現高度興奮的狀態。
- 在**高潮期**（orgasmic phase），陰道和陰莖有節律性的收縮，男性會射精（釋放精液）。其他的性喚起生理反應包括：血壓升高、呼吸頻率、心率、肌肉緊繃及生殖器組織充血或腫脹。這些反應升高了整體的興奮狀態。
- 在**消退期**（resolution phase），生殖器恢復到未興奮狀態。男性會有一個短暫

的不反應期（refractory period），在此期間他們無法重複性高潮。但女性如果受到刺激且慾望高漲，就可經歷多次且連續的性高潮。

近期有關性行為的研究，強調整合身心以獲得令人滿意、健康的性體驗。

親密伴侶暴力（intimate partner violence）是所有年齡層都可能出現的問題，包括：身體暴力、言語虐待、性暴力、心理攻擊和其他形式的恐嚇。這些類型的暴力行為皆會造成嚴重的後果，最嚴重的後果是殺人。我們可以使用多種策略來預防並向受害者提供支持，教導關係技巧和提供支援服務，對於預防或中斷虐待循環至關重要。

心理社會發展

20多歲的成年人應該已經形成了穩固的認同感。正如Erikson所言，自我認同（ego identity），或對自己是誰的認識，讓成年人能夠完成下一個任務——建立**親密（intimacy）**關係。Erikson將親密廣義描述為不僅是性方面的親密，還包括戀人、親子、朋友之間的情感親密。親密的定義包含溫暖、愛和深情的感覺，個人必須在情感關係中奉獻自己。**內省（introspection）**或自我反思，係分享內心深處想法的必備能力。個體必須學習真心敞開心扉並信任他人。親密不僅關乎性，還關乎認識自己以及懂得如何表達自己。

不確定自我認同的成年人往往會迴避有意義的關係，而進入缺乏相互連結的隨意性行為（casual interactions），進而導致孤立和只顧自身利益。沒有信任和承諾的關係，通常無法長久且注定失敗。

選擇和建立職涯

瞭解工作角色及其意義，方能更好地理解成人的生活。受雇、升遷、解雇和退休等事件，一向被視為是成人職涯中的重要里程碑。工作是成年期的主要社會角色之一，多數的成年人都有工作，工作讓個體、社會、文化和經濟得以存在。工作角色會影響個體的認同感，因為我們的社會經常以謀生方式和收入來評價他人。但每個人對工作賦予不同的意義，對某些人來說，工作代表聲望和社會認

可；但對某些人來說，卻是令人失望和挫折。工作可以增強自我價值、尊重和創造力，也代表能為他人提供服務。

無論男性或女性，在進入勞動市場時都希望向上流動——更好的工作、薪資待遇或升遷機會。有些年輕人尋求繼續教育或職業培訓，以取得成功並掌握最佳的致富機會（圖11.1）。薪資、晉升和累積財富的能力，被用來衡量工作角色是否成功。為了在職涯上取得成功，每個人都不得不承受來自內在和外在的壓力。

圖 11.1｜年輕人相當重視教育

失業。工作保障是現今許多成年勞動力關心的問題。大公司被迫縮小規模，並大幅裁減從管理階層到初級職位的各個層級員工。退休金計畫、薪資和醫療照護成本節節上升，迫使企業透過解雇本來可以留到晚些時候再退休的員工來節省資金，對成年人造成了不安和動盪的局面。

全球經濟不穩定也給成年人帶來巨大壓力。2000年代中期，全世界許多經濟體經歷了二戰以來最嚴重的金融危機之一。千禧世代（Millennials）係指1980至1990年間出生的年輕人，在2000年代中期剛成年。千禧世代也被稱為「回力鏢世代」（boomerang generation），在離開家鄉，找不到高薪工作和負擔得起的住處後，許多年輕人像回力鏢一樣搬回舒適穩定的父母家。千禧世代的父母是嬰兒潮世代，他們出生於1950年代，養家糊口，現在也到了退休年齡。這些父母中有許多人本應進入空巢期，但他們卻得要撫養自己的成年子女和孫子，這是情感

和經濟上的雙重負擔；有些嬰兒潮世代還要照顧年邁的父母。

COVID-19 大流行對年輕人的生活造成了深遠的影響。根據 Pew Commission（皮尤民調）的資料顯示，2020 年，有 52% 的 18 至 29 歲年輕人與父母同住。此外，COVID-19 大流行之初，女性已處於極為不利的困境，結果，女性失業人數遠多於男性。此結果造成女性的經濟困難，特別是有色人種女性，其中許多人只能屈就於傳統上薪資較低的醫療保健、教育界和服務業工作。

非自願失業會對個人、家庭及其支持系統帶來莫大的壓力，長期失業會導致嚴重的心理和社會問題。無論是因裁員、組織重組或其他方式導致永久性或暫時性失業，個人都會失去穩定收入，甚至失去自我價值。長期失業最終恐導致憂鬱和社會孤立。

女性勞動力。女性的職場際遇可能與男性天差地別。女性面臨家庭、自我、工作的壓力，其職業要求必須與婚姻、生育和養兒育女的要求取得平衡，這些衝突可能成為職涯的障礙和負荷不了的壓力。

女性從事的行業也在改變。如今，女性可以追求法律、商業、醫學和工程領域的職業，這些職業不再由男性主導。男性必須適應女性作為職場同事和主管，以及負擔生計養家糊口的角色。

女性在職場上比男性更容易遭遇性騷擾或不公平對待。當職場發生性騷擾時，充滿敵意的工作環境會阻礙個人的表現和職業發展。性別歧視，與其他刻板印象偏見一樣，對社會產生負面影響。**性別歧視**（sexism）是指基於性別或傳統的性別角色，而產生的歧視態度、信念、法律和行為，並導致對個體的成見和不平等待遇。負面刻板印象的後果之一是，受害者誤信這些印象是真實的，因而低估了自己或貶低自己。專欄 11.2 列出性騷擾的跡象。女性就業狀況的性別歧視依然明顯，例如，男性和女性之間的收入差距仍然很大。美國人口普查局 2019 年報告指出，男性每得到 1 美元（約 32 元新台幣）工資，女性才獲得 82 美分（約 27 元新台幣）。全世界的女性應攜手同心站在同一陣線，讓世人看到她們在各個領域所遭受的不公平現象。如今，女性為自己發聲的努力終於得到了鼓勵與支持。

專欄 11.2

性騷擾的跡象

性騷擾包括：
- 持續或重複的性言語虐待。
- 露骨的性評論、姿勢或動作。
- 展示具性暗示的物品。
- 性提議、威脅或暗示。若拒絕性服從，就業、薪資或地位將受到不利影響。

建立家庭

對許多人來說，成年早期是建立家庭的時期。家庭的形式和結構變得更多樣化。有些年輕人可以離開原生家庭並建立自己的家庭，有些人卻負擔不起。對年輕人來說，找到屬於自己的住處是重要的一步，選擇在哪裡定居大都取決於工作距離和收入。有些年輕人希望與原生家庭保持密切關係。成年人的一個重大決定是選擇伴侶還是保持單身，在美國，雖然結婚的比率很高，但也有許多年輕人選擇延遲結婚或獨居；此外，同居的未婚伴侶數量也顯著增加。與三、四十年前的夫妻養育多個子女相比，今日的夫妻或伴侶通常只育有一兩位子女，或者根本不想生養孩子。當今的夫妻或伴侶經常推遲懷孕和生育，直到獲得令他們滿意的事業和經濟保障。

關係可能是長期的，也可能是短暫的，在某種程度上取決於每個人的目標和需求（圖 11.2）。尚未解決認同衝突的成年人，常在親密關係中遇到困境。戀愛關係中的成年人必須建立清楚明確的角色，盡量減少衝突。建立家庭和撫育孩子的決定是個人的選擇（圖 11.3），有些成年人忙於事業而延後生育，有些人則選擇不生不養，還有些人選擇單親教養。請參閱第 4 章關於家庭風格和安排的補充閱讀材料。

圖 11.2 ｜成年早期是建立有意義關係的重要時期

圖 11.3 ｜建立家庭的決定通常發生於成年早期

擴大社交圈

　　成年人傾向根據人生階段的相似性來選擇朋友，例如孩子的年齡、婚姻的持續時間、職業狀況或社群興趣。成年人的友誼往往能持續很長時間，即使分隔異地也能維持下去。年輕人與朋友分享感受、經驗和信任，友誼的對象可能是熟識的朋友，或是戀人之間的情誼。親密友誼的特徵包括：互惠、相容、尊重和接近性。**互惠（reciprocity）**係指朋友之間互相幫助和支持、相互依賴，其核心條件是給予和接受。**相容（compatibility）**係指關係的情感基調，組成要素是舒適、自在和友好。**尊重（respectability）**強調榜樣和價值觀。**接近性（proximity）**係指互動的頻率和關係的持續時間，這兩個因素比地理鄰近性更重要。成人的友誼發生情境各式各樣，包括家庭、職場和社區。友誼和社交是人生必要的關係，為個體提供情感支持和安定。

心智發展成熟

　　心智成熟的成年人已經發展出內在和外在的控制和約束機制，使其能以社會可接受的方式行事。成熟的成年人已經建立了統整個人信仰和道德價值的生活哲學，幫助他們做出決定和選擇，並保有自我的主體性。心智成熟的成年人有開闊的視野、樂於接受建議，但又不至於過度被他人左右，有能力生活、分享、關心和尊重他人。心智成熟的另一個指標是有能力關注社區的需求。心智成熟的成年

人為自己的行為負責，在不忘記目標的情況下處理問題或挫折。

認知發展

與處於早期發展階段的兒童青少年不同，成年人不再以自我為中心，因此，他們能夠客觀地從更寬廣的角度看待問題。認知能力有賴於個體解決問題和善用資訊的能力，判斷獲取知識的方式和理由。多數成年人處於形式運思期的認知功能層次，這使得他們能獲得更多學習成果，或臻至智力巔峰；但若遭遇身體或情緒的傷害和羞辱，可能會對認知發展與學習產生不利影響。藉由借鑑過去的經驗，成年人推理、解決問題和確定優先事項的能力都得到了提升。

智力是對個體知識程度的衡量，多數智力是靠標準化測驗分數來評估，測驗通常要求受試者回憶在學校受教育期間獲得的知識。這類測驗對社經地位較低的人來說並不公平，導致他們的智力分數較差。研究顯示，若能為這些人提供與社經地位較高的人一樣的學習機會，他們的得分會升高。

根據美國國家教育統計中心 2019 年的資料顯示，大約 41% 的年輕人就讀於大學或職業學校。學校協助年輕人學習規劃時間、擴大視野，並加深他們對世界的理解。

有些年長者多年後重返學校，他們需要更長的時間來適應學習環境。成人學習理論家認為，對成人學習者最佳的氛圍是相互尊重、信任、支持和關懷。由於個別差異，成年人的學習速度不同。他們的學習理由不一，受到具有個人意義和重要性因素的激勵。**增強**（reinforcement）是激勵他們繼續學習的動力，成人學習者的正增強物包括讚美和社會認可，這些正增強物比強迫學習具有更強大的激勵效果。

道德發展

多數成年人處於道德循規後期，他們有能力選擇自己想依循的原則和規則。對許多人來說，道德問題不是絕對正確或錯誤的問題，而是要依發生的背景脈絡而定。例如，成年人知道殺戮是錯的，但在戰爭期間，為了履行士兵的職責，必要時就得殺人。在戰爭的情況下，殺戮行為是光榮和合乎道德的行為。

道德高尚的人會尊重他人的權利。道德不是死板板的規則，而是指導個體行動的準則。有些道德觀超越了愛、倫理和正義，達到了相互滿意的狀態，對自己和他人的真正理解為雙方帶來滿足。這種對道德發展的解釋，有時被稱為女性主義道德觀（feminist perspective of morality）。與其他發展問題一樣，道德是一個相當個別化的問題。

　　許多成年人對宗教表現出濃厚的興趣，有些人會回歸到兒時成長過程中的宗教信仰，向後代傳承宗教。在多數家庭中，母親比父親更常實踐自我宗教價值觀和信仰。

營養

　　《2030 健康國民》的目標之一，是透過健康飲食和維持適當體重來促進健康並減少慢性疾病。在減少肥胖並防止家庭糧食不安全和飢餓方面，營養的食物必不可少。健康的營養和飲食習慣對任何年齡層的身心健全和發育發揮關鍵作用。成年期的飲食需求與青春期的飲食需求差異不大，熱量需求取決於成年人的年齡、體型、身體活動量和性別。男性通常每天需要 2,700 至 3,000 卡路里的熱量，而女性每天只需要 1,600 至 2,100 卡路里的熱量。個體必須根據生活方式（活動 vs. 久坐）調整熱量攝入，以維持理想的體重。

蛋白質

　　建議成年人每日熱量攝取的 15% 為蛋白質形式。蛋白質來源包括低脂或脫脂乳製品、肉類和魚類、豆類、豆類製品和堅果，近期研究顯示，常以魚類作為飲食一部分的成年人，罹患心臟病的風險較低。特別推薦某些類型的魚，如鮭魚、鱒魚、鯖魚和竹莢魚類，因為它們含有 omega-3 脂肪酸，有助於降低血清總膽固醇濃度。若個體有需求並在醫療監督下，科學家建議可服用魚油補充劑，但須小心過量可能有害。對於那些奉行植物性飲食的人來說，亞麻仁油可作為 omega-3 脂肪酸的補充來源。

脂肪的類型

　　飲食中只需要極少量的脂肪即可保持身體健康，多餘的脂肪只會增加額外的熱量並導致肥胖，高脂肪飲食也會升高血液中膽固醇濃度。日常飲食中含有一部分的膽固醇，肝臟也會製造並過濾掉多餘的膽固醇。膽固醇是大腦、神經、血液和荷爾蒙細胞的重要組成成分，然而，血清膽固醇升高是冠狀動脈疾病的主要原因。低密度脂蛋白（low-density lipoproteins, LDL）和高密度脂蛋白（high-density lipoproteins, HDL）與三酸甘油酯的比率，是評估心臟病和中風風險的指標。表11.1 摘述不同的脂肪類型。

- **反式脂肪（trans fats）**是在植物油中添加氫而製成的，目的是延緩食物腐敗，同時增強味道口感。美國政府已開始限制在食品加工過程中使用反式脂肪，因為科學研究證實反式脂肪與冠狀動脈心臟病有直接關聯。

- **飽和脂肪（saturated fats）**在室溫下會變成固體，存在於肉類、家禽肉和乳製品（奶油、乳脂、全脂牛奶），以及棕櫚油和可可脂中。飽和脂肪含量高的食物應盡量減少。不同部位的肉，飽和脂肪含量有所不同，含有可見脂肪的肉類，飽和脂肪含量通常較高。去除肉類中的可見脂肪或家禽的外皮，有助於降低總飽和脂肪含量。雞蛋和內臟（肝臟、心臟和腎臟）的飽和脂肪含量非常高，因此應謹慎食用。烘烤與燒烤比油炸和爆炒好，因為可以在不添加油的情況下提取肉中的脂肪。美國心臟協會（AHA）建議女性每天食用的肉量不超過 170 公克，男性每天食用的肉量不超過 198 公克。

- **不飽和脂肪（unsaturated fats）**在室溫下通常為液體，此種脂肪來自於植物，如：玉米、棉籽、紅花籽、橄欖和大豆。所謂的**單元不飽和脂肪**（monounsaturated fat）和**多元不飽和脂肪**（polyunsaturated fat）係指化合物的特定化學成分。近期研究顯示，低飽和脂肪和高單元不飽和脂肪的飲食，可降低結腸癌和直腸癌的風險。

表 11.1　不同食物中的脂肪類型

脂肪類型	主要含有食品
飽和脂肪（膽固醇含量高）	肝臟、腎臟、蛋、蝦子、龍蝦、牡蠣、椰子油和棕櫚油、全脂牛奶、奶油、起司、紅肉
單元不飽和脂肪	菜籽油、橄欖油、花生油、酪梨、橄欖、杏仁、腰果、榛果
多元不飽和脂肪	玉米油、棉籽油、紅花籽油、葵花油、芝麻油、大豆油
Omega-3 脂肪酸	大比目魚、鯖魚、鯡魚、鮭魚、沙丁魚、鮪魚、鱒魚、白鮭、亞麻仁油

碳水化合物

成年人每日攝取的熱量應包含 50% 至 60% 的碳水化合物，其中至少一半應來自全穀物。複合碳水化合物，如穀物（小麥、米、玉米和燕麥）、豌豆和豆類，以及澱粉類蔬菜（馬鈴薯和山藥），都富含維生素和礦物質，纖維含量也很高，有助於排便。

維生素和礦物質

每日服用維生素補充劑雖無大礙，但切勿用來代替天然食物來源或服用治療劑量，除非有醫師的處方。

年輕時就必須防止骨質快速流失和骨質疏鬆症。**骨質疏鬆症（osteoporosis）** 是骨骼礦物質流失導致骨量減少的疾病，主要影響 40 歲以上的女性。骨質疏鬆症發生率高的主要原因有二：(1) 女性骨量比例低於男性；(2) 隨著更年期臨近，女性的雌激素濃度下降，導致礦物質吸收速度超過骨形成速度。充足的鈣攝取量、規律的運動和荷爾蒙替代療法，有助於降低骨質疏鬆症的風險。

鈣和維生素 D 對於維持強壯的骨骼和牙齒至關重要。多數女性每日攝取的鈣量遠低於建議的 1,000 至 1,500 毫克。鈣和維生素 D 的良好來源包括：低脂或脫脂牛奶和乳製品、肉類、深綠色蔬菜、罐頭鮭魚、沙丁魚和豆腐。

自由基（free radicals）是新陳代謝過程中產生的化學物質，疑為細胞老化的元凶之一。維生素 C 和 E 是公認的抗氧化劑，或可干擾自由基形成。植物油、小麥胚芽、堅果、豆類和綠葉蔬菜中都含有維生素 E，維生素 C 則僅存於水果和蔬菜中。維生素 C 無法儲存於體內，因此必須每日補充。

鈉

　　高血壓（hypertension）是一種會提高罹患心臟病和中風風險的疾病，影響了許多成年人。不知為何，非裔的高血壓發生率高於其他族裔。某些研究顯示，高鈉食物可能會導致血壓升高，有高血壓病史的人應限制或避免攝取過量高鈉食物。許多調理食品（又稱預先加工食品、速煮食品、方便食品）都含有鈉，包括預製或醃製的肉類和魚類、湯品、醬汁、調味料和某些休閒食品。

睡眠和休息

　　成年人每晚平均需要 7 至 9 小時的睡眠，充足的睡眠有助於成人發揮最大的生產力。有些成人會抱怨**失眠（insomnia）**或難以入睡，失眠的症狀包括：較長的入睡時間、夜間或清晨頻繁醒來、醒來後仍感到疲倦和不安等。飲食、壓力、疲勞和身體健康狀況不佳，是失眠的可能因素。睡眠困難有時是藥物的副作用，過量使用咖啡因、酒精、尼古丁、安眠藥和其他藥物，也會加重擾亂身體的自然睡眠模式。失眠持續數週以上，表示是需進一步關注的健康問題。

實用小提示：促進睡眠的步驟

- 睡前避免吃大餐。
- 在午後規律運動。
- 固定的就寢時間。
- 睡前練習放鬆。
- 床僅用來睡覺，避免在床上閱讀或使用 3C 產品。
- 制定每日大約在同一時間起床的時間表。

運動與休閒

只要定期規律的運動,任何年齡的體質都可藉此獲得改善(圖 11.4)。**有氧運動**(aerobic exercise)能鍛鍊身體的大肌肉,提高心輸出量和新陳代謝率,增強肌肉適能、耐力、力量和靈活度,是消耗卡路里的最佳運動形式,例如快走、騎自行車和跑步等皆是。舉重等**阻力運動**(resistance exercise)消耗的熱量雖然較少,但可以增強肌肉質量並維持新陳代謝率。

為了改善心血管健康,建議成年人每週運動三至五次,每次至少 30 分鐘。經過數週的鍛鍊,即可達到最大心輸出量,從而提高氧氣輸送到組織的速度。缺乏適當的運動會導致疲勞、頭痛、背痛和關節疼痛。運動應納入成年人的日常生活中,或將運動計畫和社交活動結合。

圖 11.4 ｜ 年輕成人應定期運動

安全措施

年輕成人的安全問題包括槍枝和汽機車事故。這些安全問題與青少年時期的問題類似,如第 10 章所述。成年人現在須將他們對安全的擔憂,從自身擴展到顧及孩子和其他家庭成員的安全,時刻強調並維護家庭安全。例如家庭火災防範問題,包括使用滅火器和煙霧偵測器,以及正確儲存易燃材料。煙霧偵測器和一氧化碳偵測器的電池應每年進行兩次測試和更換(如有必要),確保這些裝置正

常運作。每位家庭成員都必須知道家中發生火災時的逃生計畫，成人尤應以身作則，為兒童樹立榜樣，教導他們安全的措施。

健康促進

成年期間應每年進行一次身體檢查。檢查的其中一個項目是完整的血液分析，以便辨識和治療任何早期發現的問題或異常。由於美國結核病病例增加，成年人應接受**結核菌素皮膚試驗**（**Mantoux skin test**，又稱**芒圖試驗**）來篩檢結核病。病例數的增加，與抗藥性菌株增生和免疫抑制人數增加有關。如果檢驗結果呈陽性，則必須進行胸部 X 光追蹤檢查。每年一次的心電圖（ECG）有助於提供基準線心臟影像，血壓篩檢和體重評估也是成人年度健康檢查的必要項目。及早發現健康問題並及時治療，方能預防未來疾病惡化。

婦科問題包括受孕問題、不孕症、月經不適或失調。子宮頸癌篩檢先從接種人類乳突病毒（HPV）疫苗開始，以預防可能導致子宮頸癌的感染，如第 10 章所述。子宮頸癌篩檢從 25 歲起至 65 歲止，每 5 年進行一次人類乳突病毒初級檢測，如果沒有使用人類乳突病毒篩檢，則可以改為每 5 年做一次聯合篩檢（HPV + Pap Smear）。**巴氏檢查**（**Papanicolaou test**，簡稱 Pap smear，又稱子宮頸抹片檢查）用於篩檢子宮頸癌，檢測結果共分五個等級：第一級，無異常細胞；第二級，非典型正常但亦非惡性細胞；第三級，異常細胞；第四級，可能但非絕對惡性的細胞；第五級，確定為癌症細胞。所有女性應該每年進行一次子宮頸抹片檢查；若有子宮頸癌家族史，則應盡早在青春期開始接受檢查。

所有 20 歲以上的女性，都應該熟悉乳房自我檢查（breast self-examination, BSE）的正確方法。乳房自我檢查是檢測早期乳房疾病的最重要檢查，應每個月於月經結束後約 1 週（7 天）時進行一次檢查。專欄 11.3 概述乳房自我檢查的步驟。從站在鏡子前面開始，檢查乳房是否有明顯不規則現象，然後以站立（例如，在淋浴時）或仰躺（例如，躺在床上）姿勢觸診腫塊或凹陷。雖然乳癌在男性中很少見，但也有可能發生。因此，男性和女性都應該自我檢查乳房，並向醫

> **專欄 11.3**
>
> ## 乳房自我檢查（每月）
>
> **站在鏡子前面：**
> 1. 手臂自然下垂於身體兩側，然後舉過頭頂。
> 2. 仔細觀察每個乳房的大小、形狀和輪廓。
> 3. 檢查皮膚紋理是否有皺褶、凹陷或變化。
> 4. 注意是否有乳頭溢液。
>
> **側躺：**
> 1. 將枕頭放在右肩下方，右手放在腦後。
> 2. 用左手手指以打圈方式輕輕按壓右乳房，從乳房外側開始，螺旋式向乳頭方向按壓。輕觸是否有任何腫塊或組織變厚。
> 3. 檢查腋下和乳房下方區域。
> 4. 重複上述步驟檢查左乳房。
>
> **站著淋浴時：**
> 1. 舉起右臂，用左手檢查右乳房。
> 2. 從外部區域開始向內，以打圈方式輕輕按壓。
> 3. 輕觸是否有任何腫塊或增厚。
> 4. 重複上述步驟檢查左乳房。

師報告任何異常的腫塊或增生。**乳房攝影（mammography）**或乳房 X 光檢查最新指南建議，從 40 至 54 歲開始進行乳房 X 光檢查，每年進行一次。55 歲以上到 74 歲為止，應每兩年（而非每年）進行一次乳房 X 光檢查。女性若有乳房疾病家族史，或 BRCA1 或 BRCA2 基因（譯注：皆為遺傳性乳癌基因）檢測呈陽性，建議及早在 30 多歲時進行乳房 X 光檢查，並根據需要每年進行乳房 X 光檢查與核磁共振造影（magnetic resonance imaging, MRI）追蹤。

所有成年人應每年進行一次直腸檢查，包括簡單的糞便**潛血（occult blood）**檢查。潛血存在可能暗藏胃腸道疾病。

成人應每 10 年注射一次破傷風加強疫苗，及每年注射一次流感肺炎鏈球菌疫苗。出國旅行或經常接觸大量人群者，需要額外的疫苗接種。相關疫苗接種資

訊,可向當地衛生部門索取。

個人的健康狀況和生活習慣皆可能導致心臟病變。心臟病的危險因子包括:缺乏體能活動、吸菸、血液膽固醇和血壓升高,為了控制這些危險因子,個體必須進行適度的活動、避免吸菸、採用適當的飲食來控制體重,並遵從藥物治療醫囑。近期統計數據顯示,生活方式較健康的人較少死於心臟疾病。

安全有效的健康照護

安柏,42 歲。某日洗完澡後,發現右乳房有腫塊。她非常擔心,因為以前從未有過腫塊。她的最後一次乳房 X 光檢查大約在七個月前,結果並無異樣。她知道月經大概一週後會來。她很恐慌,陷入焦慮,因為她有乳癌家族史。她打電話給醫生,護理師請她月經結束後再安排就診。

- 關於檢查乳房是否有異常情況的最佳時機,還可以提供安柏哪些其他資訊?

接觸致癌物

美國國家癌症研究所(National Cancer Institute)估計,約 80% 的癌症病例與生活方式有關。許多癌症可以透過避免接觸**致癌物(carcinogens)**和遵循健康習慣來加以預防。吸菸與許多口腔、咽喉和呼吸系統方面的癌症有關,在美國,吸菸者的總死亡率約為從未吸菸者的三倍。近來,二手菸的有害影響引起了人們的廣泛關注,美國每年有近 42,000 名成年人因接觸二手菸而死亡,因此,許多州都實施了限制或禁止在公共場所吸菸的法律。專欄 11.4 提供了戒菸建議。

某些食物中含有許多致癌物質,尤其是醃製或燻製的食物。水果、蔬菜或肉類中殘留的農藥,有使人致癌的風險。飲食中的脂肪可能會促發乳癌和結腸癌。某些食物中的纖維是無法消化的物質,全穀物、麵包和蔬菜中都含有纖維,研究指出,高纖維飲食有助於預防結腸癌或直腸癌。過量飲酒與咽喉癌、食道癌、口腔癌和肝癌有關。

> **專欄 11.4**
>
> ## 戒菸建議
>
> **有助於戒菸的方法包括：**
> - 行為矯正
> - 催眠
> - 立即戒掉（cold turkey）
> - 個別諮商
> - 尼古丁貼片
> - 戒菸藥物，例如安非他酮（商品名「威博雋」[Wellbutrin]）或戒必適（Chantix）
>   （譯注：需經醫師開立處方）
> - 針灸
> - 逐漸減少使用具焦油和尼古丁含量的濾嘴
> - 慢慢戒掉
> - 參加支持團體

病毒也可能是致癌物。有些病毒透過性接觸傳播，更安全的性行為包括使用保險套，有助於預防人類免疫缺乏病毒（HIV）和人類乳突病毒（HPV）等其他病毒傳播。

某些癌症可歸咎於當今工業社會中存在的致癌物質，許多監管機構致力於減少環境中有毒物質的含量。家用和園藝類產品務必按照製造商指定的方式使用，以避免不當傷害。有些安全、廉價、無毒的物質可以取代常見的有毒清潔劑和病蟲害防治產品（例如，用硼酸代替商業殺蟲劑；用小蘇打和醋產品代替商業排水管清潔劑、烤箱清潔劑等）。

超過 50 萬名美國人患有皮膚癌。皮膚損傷和皮膚相關癌症的致病主因是太陽的紫外線，每個人（尤其是淺膚色的人）都應該避免過度暴露在紫外線下。衣物和防曬產品能提供最佳的戶外保護，建議使用**防曬係數（sun protection factor，SPF）**15 以上的防曬產品。SPF 係指可以暴露在陽光下而不被曬傷的時間（以分鐘為單位）。外出時間超過 15 分鐘的人，須使用 SPF 較高的防曬產品。

🌸 事故引起的感官傷害

年輕成人常將感覺功能視為理所當然，但缺乏照顧和意外可能會導致感官傷害。例如，使用防護眼鏡可以避免工作場所 90% 的眼睛傷害。在做家事和修繕住家（例如修剪樹籬、使用電動工具或化學物質）或從事某些運動（例如棒球、壁球、網球）時，亦應配戴防護眼鏡，化學物質飛濺、飛散碎片或高速移動的球會導致眼睛受傷。

過度暴露於噪音之下導致的聽力損失，是年輕人在家庭和工作中應該關心的問題。成人和青少年採取的預防措施類似，請參閱第 10 章。

定期的視力和聽力檢查有助於早期發現白內障、青光眼和聽力損失。早期發現和及時介入可減少功能惡化喪失。

🌸 肥胖

大約 36.5% 的美國成年人患有肥胖症。**肥胖（obesity）**的定義為體重超重 20% 至 30%。研究顯示，肥胖與死亡率之間存在直接關聯，此外，肥胖還會增加高血壓、第二型糖尿病（非胰島素依賴型糖尿病 [non insulin-dependent diabetes]）和高膽固醇的風險；高膽固醇可能導致心臟病和中風。肥胖也與其他疾病有關，例如膽囊疾病、肝硬化、腎臟疾病和某些癌症。體重過重會增加負重關節的壓力，衍生骨關節炎和背部問題。

飲食和運動可促進體重減輕。某些食物比其他食物含有更多的熱量：每 1 公克脂肪產生 9 大卡熱量，每 1 公克蛋白質或碳水化合物可產生 4 大卡熱量。因此，嘗試減肥的人可改吃低脂飲食。快速減肥（應急食物 [crash diets]）或極低熱量飲食不僅無效，而且有害健康，這種飲食對於永久改變個人的飲食習慣幾乎沒有作用。快速節食減掉的體重，通常很快就會恢復，且導致對食物的渴望和暴飲暴食，成為飲食障礙的隱憂。快速節食恐引發**體重循環（weight cycling）**（譯註：又稱「溜溜球效應」[Yo-yo effect]，指因過度節食，導致身體出現快速減重與迅速反彈的變化）——體重大幅波動。近期的研究表明，體重循環會使得體重逐漸增加。成功的體重控制計畫是奠基在養成終生的行為改變和良好的飲食習慣，此外，規律的運動可以改善心血管功能，有助於減肥並減輕壓力。

壓力

成年人壓力的常見原因包括工作、婚姻問題、育兒問題和財務問題。壓力反應因人而異，是在經年累月下發展出來的。成年人可能會出現某些與工作、人際關係或生活方式壓力有關的健康問題，有時，在尋求職涯發展和社會認可時，難免會忽略促進健康的活動。許多成年人對營養和飲食不甚在意，有些人則「夜夜笙歌」，涉入危險行為。年輕時不健康的生活方式，對日後的健康產生直接負面影響。

參加一些壓力管理工作坊，可以協助個體學習如何更好地因應或減輕壓力。多數紓壓活動都在設法幫助成年人學習如何有效地管理時間、說「不」以及直接處理壓力來源。培養幽默感，以及善用瑜伽和運動等放鬆技巧，有助於控制壓力（見圖 11.4）。（其他紓壓練習，請參閱第 1 章。）

家庭計畫

生育計畫包括決定何時或是否要生育孩子。如今，許多女性選擇在建立家庭之前，先穩固個人的職涯或完成學業。拜現代科學和研究所賜，有許多避孕方法可供選擇。透過健康照護人員的教導和諮詢，個體能做出最適合自己的負責任決定。避孕方法的選擇應基於個人的價值觀和信仰，同時瞭解特定避孕產品的可靠性、副作用和對性滿足的影響。

理想的生育控制方式是採取安全、有效、負擔得起，且為使用者願意接受的節育方式。現今常用的避孕方法包括荷爾蒙避孕法（口服避孕藥和皮下植入避孕法）、子宮內避孕器（intrauterine devices, IUD）以及化學和屏障避孕法（保險套、避孕隔膜、殺精劑和宮頸帽）。出於宗教或其他原因，有些人選擇不使用任何生育控制裝置，而是靠**安全期避孕法**（rhythm method）來自然地預防懷孕。這種方法需要女性監測排卵期和安全期的基礎體溫（basal body temperature）（早晨剛睡醒時靜躺於床上量測的體溫），雙方在女性最有可能懷孕的期間避免性交。表 11.2 列出常見的生育控制方式和裝置。

表 11.2　生育控制方式

方式	利	弊
自然法、日曆法或安全期避孕法：監測基礎體溫、檢查子宮頸黏液以確定排卵期和安全期；性交中斷法（射精前退出陰道）	免費、安全且為多數宗教所接受。	排卵期間需禁慾 5 天；不完全可靠。
荷爾蒙避孕法：口服避孕藥、皮下植入避孕法或事後避孕藥	如果使用得當，幾乎 100% 有效。	體重增加；月經不規則；高血壓；增加中風、心臟病和乳癌的風險。
工具屏障避孕法：保險套、避孕隔膜、宮頸帽、避孕海綿	價格便宜；可預防性傳播感染。	工具破裂或移位；削弱性快感；增加毒性休克症候群（toxic shock syndrome, TSS）的風險。
化學屏障避孕法：各類殺精劑（霜狀、果凍狀、泡沫狀）、陰道栓劑	容易取得。	麻煩；局部刺激不適。
子宮內避孕器：子宮內黃體素避孕藥、子宮內含銅避孕藥	不影響荷爾蒙週期或中斷性行為；有效期限長達 10 年（含銅）。	感染、出血、穿孔、點狀出血。

思辨練習

練習一：

　　布蘭登和艾娃是一對 30 多歲的夫妻，他們結婚已經四年半了，決定要生育孩子。他們嘗試懷孕有 18 個月了，但沒有成功。雙方互相責備，並認為都是因為壓力太大才會不孕。他們已向醫生預約，打算進行評估。

1. 健康照護人員應該問哪些問題，才能更理解這對夫妻遇到的困難？
2. 放鬆有助於受孕嗎？
3. 他們應該考慮懷孕和生育的其他替代方案嗎？

練習二：

　　薇薇安是你的隔壁鄰居。她今年 30 歲，身高 163 公分，體重約 82 公斤。她在辦公室兼職接待員，工作地點距離她家不過 800 公尺，然而她上下班都搭乘公車。她向你傾訴她的肥胖史，跟你分享她從網路上下載的減肥食譜，例如水果和蔬菜，以及每週僅一種蛋白質食物來源。她說這種食譜保證 1 週內可減重 4.5 至 7 公斤。

1. 對於這種飲食方式，你對薇薇安有什麼建議？說明你的建議理由。
2. 為薇薇安制定有利於她的健康減肥飲食計畫。
3. 列出幾種可促進薇薇安健康生活方式的改變或調整。

本章重點回顧

- 成年早期涵蓋 20 至 40 歲初的時期，通常是穩定的成長時期。
- 身體生長已經完成。多數人在成年早期達到生理的最高效率。
- 肌肉力量和協調性在 20 多歲和 30 多歲達到高峰，然後在 40 至 60 歲之間緩慢下降。
- 牙齦炎影響許多成年人，但這是可預防的疾病。智齒從青春期後期到成年早期冒出。
- 感覺和知覺的早期變化逐步出現。40 歲以後，看近距離物體的能力逐漸下降，這種情況稱為老花眼，可透過矯正鏡片進行治療。成年人可能出現一些高頻聽力喪失。
- 生殖系統在成年早期發揮最高效率作用。女性的月經週期趨於穩定，月經週期不規則或經期不適的女性應尋求醫療建議。一般來說，男性在成年早期較不會有生殖問題。若有不孕問題，應就醫進行檢查及接受治療。
- 心臟方面的變化包括心輸出量逐漸下降，以及肌肉和血管彈性變小。這些變化可能導致血壓升高。呼吸功能在 20 多歲時達到高峰。
- 成年早期的主要發展里程碑包括：選擇和建立職涯、滿足性需求、建立家庭、擴大社交圈及心智發展成熟。
- Erikson 認為成年人的心理社會發展任務是親密，包含戀人、親子或朋友之間的情感親密。
- 形式運思期的認知功能在成年期進一步發展。成年人有能力客觀地從更寬廣的角度看待問題。
- 多數成年人處於道德循規後期。與其他發展議題一樣，道德發展以相當個別化的速度進步。

- 飲食對健康至關重要。熱量攝取量取決於成年人的年齡、體型、身體活動量和性別。男性通常每日需要 2,700 至 3,000 卡路里的熱量，而女性每日需要 1,600 至 2,100 卡路里的熱量。
- 成年人每晚平均需要 7 至 9 小時的睡眠。許多因素可能導致失眠，包括壓力、飲食、疲勞和身體健康狀況不佳。
- 透過定期規律運動，任何年齡層的體能都可以得到改善。
- 整個成年階段都應該做好事故預防。感覺器官使用或照護不當，可能導致疾病或受傷。預防運動期間受傷的保護包括：適度的訓練、使用防護衣物和裝備。
- 年輕成人不僅關心自己的安全，也關心孩子和家人的安全。
- 建議每年做健康檢查。
- 預防癌症很重要。許多癌症可以透過避免接觸環境中的致癌物和實踐健康的生活方式來預防。過度接觸紫外線（尤其是淺膚色的人）可能會導致皮膚癌，戶外活動時應使用防曬產品和穿著防護衣物。
- 體重管理也很重要，因為肥胖會導致許多疾病，例如糖尿病、心臟病和中風。控制體重的最佳方法是透過教育來改變終生的飲食和運動模式。
- 壓力管理協助人們學習時間管理、如何說「不」和直接處理壓力來源。

課後評量

1. 艾米麗是一位健康的 30 歲女性。她會經歷下列哪一項與年齡相關的正常身體變化？
   A. 骨細胞增加。
   B. 肌肉細胞減少。
   C. 新生的腦細胞增加。
   D. 肺部失去一定的彈性。

2. 35 歲以上的人牙齒脫落的主要原因是什麼？
   A. 牙齒密度。
   B. 齲齒。
   C. 牙齦炎。
   D. 口腔炎。

3. 40 歲的安德魯正在進行年度眼科檢查，他注意到自己的視力下降。這個年齡層出現這種症狀最可能的原因是什麼？
   A. 虹膜變寬。
   B. 眼睛疲勞。
   C. 水晶體混濁。
   D. 老花眼。

4. 年輕成人的心理社會任務是什麼？
   A. 認同。
   B. 親密。
   C. 內省。
   D. 自我中心主義。

5. 長期失業通常會帶來哪些心理後果？
   A. 工作恐懼症。
   B. 社交孤立。
   C. 退化行為。
   D. 無私。

6. 哪些能力是成年人心智成熟的表現？

    A. 過度自制。

    B. 培養對社群活動的興趣。

    C. 依照他人的建議做出人生選擇。

    D. 經常換工作。

7. 乳房自我檢查的最佳時機是什麼時候？

    A. 月經後一週。

    B. 月經前一週。

    C. 一個月內的任何時間。

    D. 每月 10 日左右。

8. 哪些食物含有 omega-3 脂肪酸？

    A. 鮭魚、鱒魚和竹筴魚。

    B. 牛奶、奶油和起司。

    C. 蝦子、蛤蜊和龍蝦。

    D. 雞蛋、肝臟和腎臟。

9. 下列哪一項是心臟病的已知病因？

    A. 蛋白質。

    B. 碳水化合物。

    C. Omega 3 魚油。

    D. 反式脂肪。

10. 關於注射 HPV 疫苗，哪一項資訊是正確的？

    A. 可治癒子宮頸癌。

    B. 有助於辨識子宮頸中的癌細胞。

    C. 可以預防人類乳突病毒引起的子宮頸感染。

    D. 會抑制子宮頸細胞的生長。

答案：1.(A)；2.(C)；3.(D)；4.(B)；5.(B)；6.(B)；7.(A)；8.(A)；9.(D)；10.(C)。

Chapter 12
成年中期（中年期）

學習目標

1. 列出成年中期的生理變化。
2. 說明 Erikson 的中年階段心理社會發展任務。
3. 列出此發展階段特有的目標。
4. 描述成年中期須注意的健康問題。

成年中期（或稱中年期）（middle adulthood 或 middle age），涵蓋範圍從 40 歲中期到 60 歲初期。過去，中年期的定義為傳統生育角色完成後的發展時期，然而今日許多女性的生育年齡延後，因此，目前對中年期的定義是：成年早期之後、退休年齡之前的一個發展過渡期。

關於中年的形象和認知，大家看法不一。有人形容這個階段是人生的顛峰，中年人通常是強大、明智、有管理能力的。相反地，也有人認為年過四十之後生活就開始走下坡，中年是精力和外表吸引力下降、家庭生活不幸福的時期。

我們認為，中年期是人生自然的發展階段，應該被視為成長和進步的時期，而不是衰退和退化的時期。在這個發展階段，如果能夠繼續保持健康的生活方式，就可以達到最佳表現和成熟水準。

這一階段已經確定了幾個目標，包括建立和適應新的家庭角色（圖 12.1）、確保當前和未來的經濟穩定、維持積極的自我意象，以及評估或重新規劃職涯選擇。此外，中年人仍須保持健康的生活方式和身體健康。

三明治世代（sandwich generation）一詞常用來指稱「夾在」成年子女和年邁父母之間的成年照顧者。根據 Pew Research（皮尤研究中心）的數據，幾乎一半的成年人屬於三明治世代，大約 15% 的中年人為年邁父母和年幼孩子提供經濟支援，近 40% 的中年人為年邁父母或成年子女提供情感支持。這種責任可說是中年人的壓力來源。

圖 12.1 ｜ 家庭關係在中年期很重要

生理特徵

身高和體重

隨著年齡增長,中年人的身高會逐漸減少 3 至 10 公分。軀幹區域脂肪堆積,身體外型改變。由於身體脂肪分布的變化,即使體重沒有增加,中年人也需要更大的衣服尺寸。適當的運動和飲食可以減緩老化對身體的影響。

肌肉與骨骼發展

與中年階段相關的多數生理變化是逐漸出現的,不同的個體出現的時間各異。此階段的其中一個顯著變化,與結締組織的肌肉張力和彈性降低有關。肌肉張力不足會使臉部、腹部和臀部的皮膚變得鬆弛、不夠緊緻,而且隨著肌肉張力降低,肌力也逐漸衰弱。關節的磨損使中年人容易罹患退化性關節疾病,運動、控制體重和飲食皆有助於維持正常的關節功能。

女性的骨質量在 35 歲時達到高峰,之後緩慢下降,更在停經後迅速減少。骨骼去礦化作用(demineralization)的結果,導致骨骼變得多孔、脆弱,這就是骨質疏鬆症;女性的發病率高於男性。遺傳、抽菸、喝酒和咖啡因、久坐的生活方式以及營養不良,是導致骨質疏鬆症的一些主要因素。歐裔和亞裔的骨質疏鬆症發生率較高,預防措施主要針對可行的做法,包括運動、飲食、曬太陽、荷爾蒙替代療法,以及攝取充足的鈣和維生素 D_3。

牙齒

適當的口腔照護可以預防牙齦疾病(請參閱第 11 章)。定期檢查、正確刷牙和使用牙線,有助於保持牙齒和牙齦健康。

其他身體系統的發展

心肺肌肉失去彈性,最大功率略微下降——即血壓些微升高,換氣率下降。一般來說,所有肌肉的工作能力都略微下降,在勞累後需要更長的恢復時間。

皮膚發生許多變化。**真皮層（dermis）**（皮膚內層）細胞彈性減弱，導致皮膚出現皺紋和下垂。最明顯可見的變化出現在臉上，包括嘴巴的笑紋（法令紋）、眼睛周圍的皺紋（魚尾紋）、下巴皮膚鬆弛，體重顯著減輕可能會加劇這些變化。對某些人來說，頭髮的明顯變化包括變白、稀疏和生長緩慢。族裔、基因和性別都會影響頭髮的生長模式（圖 12.2）。

圖 12.2 ｜對某些中年人來說，明顯的變化包括皮膚變化和白髮

視覺和聽覺敏銳度均下降（見第 11 章）。水晶體變得更厚且混濁，導致周邊視力下降；眼睛聚焦近處物體的能力下降（老花眼），且不太能適應從暗處到亮處的變化，但多數的視力變化都可以使用矯正鏡片順利控制，雷射手術也可矯正某些缺陷，且恢復得很快。許多人患有某種程度的**老年性耳聾（presbycusis，又名退化性聽損）**，即聽力敏銳度下降，這與耳朵的毛細血管壁增厚有關。缺乏適當的照護和過度暴露於噪音環境，恐進一步加劇這類傷害。

中年期的味覺辨別能力逐漸喪失，這通常是一個微小的變化，不會影響食慾或食物選擇。口腔和牙齒的整體狀況對飲食的影響較為明顯。

生命徵象

與年輕成人相比，健康中年人的生命徵象並無顯著變化（一般成人的生命徵象正常範圍，請參閱第 11 章）。

發展的里程碑

性發展

　　人類是有性生殖的生物。然而，年齡增長可能會改變個人的性選擇、性機會和性表達方式。許多關於中年性行為和性表現的誤解仍然深植人心，例如認為中年是性活動愉悅和興趣減少的時期，有些人甚至把中年婚姻說成是一種無愛、無性的關係。對當代的許多中年人來說，此時是夫妻雙方都積極投入工作、尋求經濟和職業回報的時期，以至於沒有太多時間來培養親密的性關係，有些夫妻還會抱怨沒有時間或精力進行性行為。

　　生殖能力喪失，無論是由於自然時程還是人為手術，都不是**性能量**（libido）和性快感消失的原因。很多時候，中年女性的性能力、性能量和性快感都處於顛峰狀態，還有些女性因為不用擔心懷孕，對性的態度更加積極。男性對性的擔憂，主要在於角色變化、睪固酮濃度降低以及對性表現的焦慮。性能量或性反應減弱可能是某些處方藥物的副作用所致；其他心理社會因素，包括與工作相關的壓力、生理整體素質或健康變差等，都會導致男性認為他們的性反應減弱。

　　男性和女性的生命週期變化，在科學上統稱為**更年期**（climacteric）。對女性來說，這種生活變化更常被稱為**更年期絕經**（menopause，即月經停止），這是由於雌激素和黃體酮分泌逐漸減少而導致月經停止的現象。更年期結束意味著生殖能力停止。遺傳深深影響了更年期的開始和持續時間，因此女性通常可以從母親的月經史來預測自己的生活變化過程。停經過渡期通常發生在 45 至 55 歲之間，平均結束年齡（月經停止）為 51 歲。

　　更年期通常始於女性月經週期出現明顯變化。週期變得不規則且持續時間較短，月經週期之間的間隔拉長。有些女性在非月經期間會出現點狀出血，血流量會增加或減少（月經期間的正常失血量約為 30 至 60 毫升之間），或月經突然停止。體內的卵巢、輸卵管和子宮縮小，卵巢不再分泌生殖激素和釋放卵子。陰道逐漸失去彈性並變得乾燥，這些變化可能會導致**性交（交媾 [coitus]）** 期間的搔癢和不適（**性交疼痛 [dyspareunia]**）。性交時使用潤滑劑可以減少因陰道乾澀加

劇而引起的不適。

更年期女性經常出現**潮熱**（hot flashes）症狀，係指毛細血管擴張和血液突然湧向皮膚表面引起的熱燒感。潮熱時，身體會變得非常燥熱，接著是多汗、血管收縮和發冷。潮熱主要發生於頭部和頸部區域，連旁人都可以注意到，可能持續幾秒鐘或長達幾分鐘，甚至一天重複多次。潮熱通常伴隨其他症狀，包括盜汗、失眠和廣泛性焦慮。表 12.1 摘述更年期症狀和介入措施建議。

表 12.1　更年期徵兆和介入措施建議

徵兆	介入措施建議
潮熱後發冷	・洋蔥式穿法（分層穿著） ・避免高領口衣服 ・穿棉質衣服
心悸、緊張、頭痛	・進行常規身體檢查以排除健康問題 ・減輕壓力
肌力喪失	・規律運動
皮膚彈性下降	・避免陽光曝曬
臉部毛髮增多	・用電蝕除毛或熱蠟除毛方式處理
陰道潤滑度下降	・性交前使用水溶性潤滑劑
睡眠障礙、容易疲勞	・養成睡前放鬆的習慣

有些女性將更年期視為自然事件，最後終能帶來新的自由和開始；但有些女性以消極的態度看待更年期——將其視為生育年齡的結束。教育和深入探索她們的感受，可以幫助女性更加瞭解自己的身體，以及在更年期所經歷的變化。

荷爾蒙替代療法（hormone replacement therapy, HRT）是減輕更年期症狀的有效治療方法。然而，不建議有乳腺疾病或癌症個人/家族史的女性進行荷爾蒙替代療法。據研究報導，在適當的醫療監督下使用荷爾蒙替代療法，可以降低骨質疏鬆症的風險，但荷爾蒙替代療法對心臟保護的作用仍有一些爭議。根據美國心臟病學學院（American College of Cardiology）2017 年完成的研究指出，與未接受荷爾蒙替代療法的女性相比，為緩解更年期症狀而進行荷爾蒙替代療法，或許

能降低女性因心臟動脈斑塊積聚而死亡的風險。美國國家老化研究所（National Institute of Aging）建議，有更年期症狀的女性在補充荷爾蒙之前，應先嘗試改變生活方式以緩解不適，包括洋蔥式穿法、保持涼爽的環境（使用空調或便攜式風扇）、減少酒精和咖啡因攝取量，以及避免辛辣食物。女性可以進行靜心練習，例如冥想、瑜伽或太極拳，此外，還可以增加大豆、鷹嘴豆、扁豆和亞麻籽等含有雌激素的食物攝取量。

如果女性適合且選擇荷爾蒙替代療法，也建議僅短期治療。在開始治療之前，女性必須瞭解這些藥物的潛在益處及副作用。荷爾蒙療法會增加體內雌激素和黃體素的濃度，這些荷爾蒙可以單獨或搭配使用。

中年期男性的生活沒有明顯的生理變化，睪固酮濃度不一定會降低，但存活的精子數量會減少。睪固酮濃度低且出現嗜睡或性慾下等症狀的男性，可考慮睪固酮替代療法。男性即便到了 80 多歲，仍具有產生精子和**生殖**（procreation）的能力。男性在中年經歷的重要變化，與其思維模式和自我形象有關。有些中年男性看到中年相關的身體變化時，會試圖讓自己看起來或表現得更年輕。男性性功能問題通常是由疾病或藥物引起的，或與心態有關。感受到老化過程威脅的中年男性，性功能可能會出現困難，有些中年男性甚至試圖與年輕女性交往來證明自己的性吸引力猶在，亦被稱為**中年危機**（midlife crisis）。

中年人開始經歷一段由許多因素引發的壓力時期，這些因素可能會導致中年危機。有些人則感到自由、滿足，能夠掌握和享受多重角色。

心理社會發展

Erikson 認為，中年期的首要任務是**創生育成**，意指個體服務社會大眾的意願和能力。對許多中年人來說，貢獻自我也包括以身作則，為自己的子女樹立榜樣。然而，正如 Erikson 所言，不一定要生養子女才算貢獻自我。無論有沒有子女，許多中年人對自己多年來累積的技能和知識更有自信，因此，他們更有能力將自己的貢獻擴展到直系家庭之外，他們關心社區、思求進步、造福子孫後代，貢獻自我的例子包括擔任教會、學校、醫院或社區的志工。實現人生目標和貢獻自我，讓中年人對自己的人生知足滿意。

無法付出貢獻會導致只顧自身利益和**停滯不前**。停滯不前的人只關心自己，拒絕接受生活原本的樣子，也拒絕改變那些他們不滿意的事。不成熟和只顧自身利益可能會導致憂鬱和外顯不當行為。

建立和適應新的家庭角色

如同其他人生階段一樣，中年期也會經歷角色轉變。大約 15% 的中年人因喪偶、離婚或人生選擇而沒有伴侶。

對有孩子的伴侶來說，時間不再花在以孩子為中心的活動上，而是以夫妻兩人為主，可能會投注更多的休閒時間來追尋兩人的興趣。已經完成早期養育角色的伴侶發現，他們現在必須重新認識彼此，並重新定義他們的新角色和責任。

發展真正的親密感對於維繫親密關係至關重要。親密感帶來信任和相互關心，讓伴侶間以相互支持、對彼此都有利的方式分享快樂和失敗。為了成功完成新角色所需的轉變，必須學會欣賞對方的成長、個性和需求。關係中的雙方都必須保持彈性，支持彼此努力適應新的角色。儘管任何階段的伴侶關係都需要尊重對方的個性，但中年期的婚姻往往會因早期未解決的衝突而萌生壓力，這些衝突可能與財務、角色分工或親密關係有關。新舊問題接踵而至，伴侶雙方必須開誠布公地討論和謀求解決，以維護關係。若需要專家的協助，可尋求婚姻諮商。如今，越來越多的離婚發生在中老年期，經過多年的婚姻不滿，夫妻最終走上離婚一途。對多數伴侶來說，離婚並非一時衝動，而是深思熟慮多年了。離婚常使女性的經濟陷入困境，若再碰到友誼破裂及親子關係衝突，處境更是雪上加霜。

對某些夫妻而言，當家中最後一個孩子離家時，可說是特別有壓力的另一段適應期。當孩子繼續開展他的生活，留下父母獨自在家，可能會出現**空巢症候群**（**empty-nest syndrome**）。有些父母很難適應孩子離家的生活，對女性來說尤其困難。幸好隨著越來越多女性在家庭和職場擔任雙重角色，這種現象在今日比前幾代少見。許多中年女性發現，在孩子離家後，她們的壓力減輕了，有更多的時間去追求自己的目標和抱負。

有些人因為延遲結婚和生育，以至於人到中年，家裡仍然有嗷嗷待哺的年幼子女。這種延遲生育趨勢的結果之一是，每個家庭平均生養孩子的數目減少──

延遲結婚的時間越長，婚後生育的孩子越少。這個階段養育子女可能會給父母帶來額外的壓力，因為體力已不如年輕時那麼好；然而，年幼的孩子可能會為中年父母的生活帶來新的青春和活力。

許多人在中年時就成為祖父母。現在的祖父母與過去的祖父母不同了，不再代表著高齡和體弱。今日許多祖父母的外表看起來都很年輕，有些人仍在積極工作或實現畢生的夢想，另有些人則承擔起照顧孫子女的角色，讓他們的成年子女繼續工作或完成學業。當成年子女無法提供適當的養育時，有些祖父母甚至成為主要照顧者。有些中年人在祖父母的角色中找到樂趣，但將主要照顧責任留給孩子的父母承擔（圖 12.3）。

圖 12.3｜許多中年人都盼望成為祖父母

祖父母教養可能有不同的風格，包括：正規型、非正規型／寵溺型、代理父母型、智庫型和疏遠型。正規型祖父母將管教孩子的責任留給父母，但同時也對孫子女抱持濃厚的關懷；非正規型／寵溺型祖父母寵愛、縱容孫子女；代理父母型祖父母承擔教養責任，他們在父母工作時負責大部分的育兒活動和決策；智庫型祖父母被家庭信仰和習俗賦予權威重任，是年高德劭、受後輩敬仰的長者，家庭成員向祖父母尋求知識和指導；疏遠型祖父母係指祖父母與成年子女和孫子女的接觸有限，可能是生活安排不允許經常互動探訪，也可能是早期家庭衝突所致。許多孫子女對祖父母抱持強烈的依戀和情感。無論祖父母的教養風格如何，

他們的角色對所有年齡階段的孫子女都很重要。

正如中年人與孩子的關係發生變化一樣，他們與父母的關係也發生了變化。多數中年人與父母的關係密切，經常保持聯繫；有些人和父母屬於相互扶持的關係；有些人則維持基於責任和義務的關係。

中年人會發現他們需要適應照顧父母的角色，意識到自己不能再依賴父母的支持；相反地，父母現在需要他們的支持。經濟問題或健康狀況不佳可能導致彼此的角色變化。照顧年邁的父母會為家庭帶來額外的壓力，通常會是女兒承擔起這個角色。對許多中年人來說，照顧年邁的父母是一項重大挑戰，有時還得做出艱難決定，協助父母搬到敬老院或養護機構，或與中年子女一起居住。這些改變引發的所有感受都需要得到認可。照顧年邁父母的中年世代需要額外及強大的支持網絡，協助他們因應許多日常壓力，也讓他們能從照顧中得到喘息。喘息服務包括居家式或社區日托式等選擇。請參閱實用小提示，瞭解照顧年邁父母的建議。過去 20 年來，生活成本和失業率攀升，導致部分成年子女及孫輩搬回父母家，有些則是大學畢業後或失業後回家與父母同住，有些成年子女背負學貸債務，內心絕望不堪。這些家庭成為了所謂的「回力鏢」家庭（"boomerang" family）。

實用小提示：照顧年邁的父母

照顧年邁的父母可能很困難，實用建議如下：
- 體認並尊重年邁父母的感受。
- 預期自己會產生矛盾的感受——既是責任感，也難免心生怨懟。
- 與手足和其他家庭成員保持開放的溝通管道。
- 盡可能地設立限制並委派任務；將愉快的活動納入自己的日常活動中。
- 尋求支援服務、支持團體、居家照顧、喘息服務和養護機構。

建立當前和未來的經濟保障

到了中年，多數人都處於賺錢能力和工作狀態的顛峰。最好能在第一次進入就業市場時就開始規劃經濟保障，而不是等到中年才開始為退休儲蓄。

若中年父母想協助子女支付大學教育費用，經濟保障恐怕更加吃緊。大學費用對許多中年父母的經濟保障計畫有著重大影響。如果延遲生育子女，等到需要為孩子支付高等教育費用之時，中年父母的賺錢能力可能已過了顛峰期。對於需要在經濟上資助父母的中年人來說，經濟保障也是一個特殊挑戰。

維持積極的自我意象

中年人需要接受這個階段與年齡相關的明顯變化，同時又不失去自尊。在這個嚮往年輕、如此強調外表和維持青春的社會，讓人時不時感受到老化過程的威脅，許多人透過手術、美容、節食和運動來保持年輕的外表。心理和生理健康的平衡，以及積極的社會互動，才能使個體維持健康的性狀態和正向的自尊。

評估和重新規劃職涯選擇

成年人希望在中年時達到職業生涯的顛峰目標。那些還沒有達到的人，也只得慢慢接受現在已經擁有的成就，或做出轉職或重返校園的決定。單一工作或職業的概念已成為過去式，如今，有些成年人從事不只一份工作，以滿足不斷上漲的生活成本。有些中年女性在子女長大獨立後才第一次進入職場，另有些人猛然發現，由於技術、就業市場或環境的變化，他們被迫轉換工作。失業、再培訓和搬遷，都對今日的中年勞動者產生了影響。

認知發展

與成年早期一樣，中年期的心智能力和記憶力仍保持在最佳狀態。中年人有能力以務實、具體的方式思考，展現出整合客觀理性思考模式的獨特潛力，是認知成熟的最佳寫照。許多中年人選讀課程是為了深化工作相關知能或實現個人興趣，重返校園讀書的中年人在適應學習環境方面可能會遇到一些困難，例如，他們可能在制定學習計畫、記憶及在課堂聽講上遇到困難。入學後，成人學習者會經歷一段短暫的適應期，但只要不氣餒和不打退堂鼓，他們很快就能適應學習的要求。儘管需要更多的時間來學習和完成任務，但他們的準確率通常比年輕人高、學習的動機更強，甚至會因生活經驗和需求而更有學習動力。實用小提示為中年學習者提供些許建議。

實用小提示：中年學習者

為了幫助和鼓勵中年人繼續接受教育，以下建議可供參考：
- 如果距上次入學已有數年之久，可能需要幾週時間才能調整好生活節奏。
- 動力與毅力是學習成功的重要關鍵。
- 跟上閱讀進度；問自己是否理解所讀的內容。
- 努力達成教科書中列出的學習目標。
- 查閱不懂的名詞。
- 善用課本中的圖表。
- 摘要閱讀的內容。
- 給自己一些時間適應新的科技軟體。
- 完成書中的評量問題與練習。
- 從上課第一天起就準備考試。
- 考試結果出來後要重新檢閱試卷，找出答錯的題目。用這些答錯的題目作為將來考試必須複習的重點。

道德發展

中年期是許多人審視自己並重新評估個人價值觀和信念的時期。在此階段，靈性可能變得更加重要，指導他們做出道德決定。致力於改善他人的福祉可以增強個人的道德成長。到了中年階段，許多人已經清楚明白什麼是個人需求、道德義務和社會規範。

營養

中年人的飲食需求與 20 多歲、30 多歲的成年人相似。所有中年人都應限制鈉、咖啡因和脂肪的攝取。中年期的基礎代謝率逐漸變慢，可能會影響體重，即使在不增加食物攝取量的情況下，體重也可能增加 2 至 5 公斤或需要穿著寬鬆尺寸的衣服。這不僅與新陳代謝減慢有關，還與身體脂肪分布的變化有關。以女性來說，身體脂肪重新分布到腰部和臀部，而對男性來說，身體脂肪重新分布使得

腹圍增加和下半身肌肉量減少。為彌補這些變化，中年人必須減少熱量攝取，增加營養豐富的食物來源，並提高體能活動量。健康的飲食習慣應持續整個中年期。根據世界衛生組織（WHO）的說法，良好的營養有助於健康老化和疾病復原，降低感染風險，並促進和維持肌肉力量，有助於預防跌倒。中年人每天需攝取 1,500 毫克鈣質才足夠，也就是每天攝取兩份或兩份以上富含鈣的食物；鈣是維持骨質、肌肉收縮和調節血壓的必要營養素。研究發現，四分之一的美國人患有糖尿病、高血壓、心血管疾病或癌症，但這些疾病都可以透過適當的營養成功地控制。遵循「我的餐盤」即可滿足健康飲食的需求（具體飲食指南請參閱第 11 章）。

睡眠與休息

中年人的睡眠需求減少。許多中年人表示，他們更難以入睡或維持睡眠。壓力、健康狀況不佳或缺乏運動，都會導致睡眠問題。中年人需要 7 至 9 小時的睡眠才能得到完全的休息，裨益心理和生理健康。睡眠能修復身體組織並保持最佳功能，也與維持認知功能有關。無論年輕人或年長者，小睡片刻都是補償睡眠不足的方式之一。

兒童的正常睡眠週期為 50 分鐘，成人為 90 分鐘。睡眠分成兩種：快速動眼睡眠（rapid-eye-movement sleep, REM）和非快速動眼睡眠（non-rapid-eye-movement sleep, NREM）。非快速動眼睡眠再細分為三個週期：第一階段，入睡期；第二階段，淺睡期；第三階段，熟睡與深睡期；快速動眼睡眠是做夢期。研究顯示，隨著年紀增長，人類的睡眠時間會變淺，時間也會減少，意味著年長者清醒的時間會更長。

人類有一個 24 小時的生理時鐘，由大腦下視丘腺體中的一小群特殊神經細胞管理。它是一個控制晝夜節律（即睡眠—覺醒週期）的警報系統，讓我們白天保持清醒，夜晚調節睡眠。隨著年齡增長，這個系統會發生變化，年長者在夜間保持清醒的時間更長，就是最好的證明。

許多情況會導致睡眠障礙和睡眠不足，成年人更容易出現睡眠不足的情況。睡眠不足會導致判斷力變差、情感性疾患、記憶力下降和反應速度變慢。駕駛時判斷力變差和反應時間變差，可能會導致車禍、工作表現不佳，甚至受傷。睡眠不足也會導致煩躁、頭痛和哈欠連連，長期睡眠不足會導致糖尿病、肥胖、心血管疾病和憂鬱症等疾病。

常見的睡眠障礙

打鼾與睡眠呼吸中止

　　打鼾是睡眠中斷的主要原因之一，可能是睡眠呼吸中止症的徵兆。睡眠呼吸中止症（sleep apnea）是指睡眠期間上呼吸道部分或完全反覆阻塞，與肥胖、扁桃體腫大、內分泌或神經肌肉疾病、心臟或腎臟疾病，導致呼吸氣流減少或阻塞有關。醫療處置包括使用持續性正壓呼吸器（continuous positive airway pressure, CPAP）和改變生活方式。持續性正壓呼吸器透過面罩將空氣導入鼻道和口腔，使喉嚨整夜保持通暢，防止缺氧和呼吸停止；此種治療必須經醫師在睡眠評估後才能實施。

失眠

　　失眠係指無法入睡和維持睡眠，特徵是夜間多次覺醒。失眠可能是因更年期症狀（如潮熱和盜汗）、關節炎、胃食道逆流症和心臟衰竭等疾病所引起。

不寧腿症候群

　　不寧腿症候群（restless leg syndrome，又稱睡眠腿動症）係指個體因為肌肉痠痛、疼痛、腿部抽筋和腿部自發性動作，導致睡眠碎片化（譯注：指睡眠斷斷續續，但不一定會完全醒來）。目前多數認為不寧腿症候群是因大腦中神經傳導物質多巴胺的變化所引起。

發作性嗜睡症

　　發作性嗜睡症（narcolepsy，又名渴睡症、猝睡症）係指白天過度嗜睡，干擾日常活動並導致安全問題（有關促進睡眠的方法，請參閱第 11 章）。

運動與休閒

有些中年人積極進行規律運動，有些人常久坐不動，必須提醒他們運動的好處。第 11 章概述了不同類型的運動。中年人每週應進行至少三次、每次至少 30 分鐘的規律運動。在開始任何運動項目之前，應先諮詢健康照護人員。事實證明，規律運動可以延長預期壽命並提高生活品質，而經常運動也有助於控制體重。建議中年人可進行的運動包括快走、游泳、騎自行車和其他形式的有氧運動。

每個人對嗜好的選擇各有所愛。許多成年人的休閒活動以家庭為中心，但也可以試著培養旅行、園藝、藝術和音樂方面的興趣（圖 12.4）。有些成年人發展出新的興趣或才能，或善用現有時間深化原本喜愛的興趣。許多人樂於為社區奉獻時間和服務，在當地醫院和學校擔任志工，利己利人。透過有意義、愉快的活動來充實閒暇時間，為退休做準備非常重要。若中年期的休閒活動能持續下去，或許能更順利地過渡到成年後期。

圖 12.4 ｜嗜好和活動能促進中年期的健康

安全措施

事故預防是所有年齡層的人都該關心的問題。汽機車碰撞事故仍持續不斷地

造成中年人受傷和死亡。找出工作場所的安全問題並減少風險因素，有助於減少工傷和事故發生。1970 年通過的《職業安全與健康法案》（Occupational Safety and Health Act of 1970）（譯注：台灣為《職業安全衛生法》）旨在提高所有男女勞工的健康與安全，辨識並持續監測工傷高風險個體，方能找出促進預防的策略。

健康促進

儘管身體機能普遍減慢，但個體在整個中年期仍可能保持健康的體魄。控制體重、健康的生活方式和避免事故，有助於促進成年後期的健康。

當今許多中年人都很關心外表和體態。由於媒體對飲食和保健的強調及關注，促使中年人非常注重健康和有益健康的生活方式。皮膚反映了個人的整體健康狀況和年齡，近來最受矚目的莫過於面霜、乳液和注射肉毒桿菌，這些產品的功效有限，故有些中年人試圖以昂貴的醫美手術逆轉時間的影響。

為了維持身體健康，中年人應每年進行一次身體健康檢查。體重管理是這個年齡層的目標，並須篩檢血液膽固醇濃度。血清膽固醇升高與心血管和冠狀動脈疾病有關，高密度脂蛋白（HDL）太高或太低都不好，但低密度脂蛋白（LDL）升高則會增加心血管疾病的風險。有些人可以透過飲食和運動維持理想的血液膽固醇濃度，有些人除了調整飲食和運動之外，還須搭配降膽固醇藥物治療。

中年人也應進行青光眼和白內障的眼部檢查。**青光眼（glaucoma）** 經常在中年期開始發病，起因於眼腔內液體積聚，眼壓逐漸升高卻不易察覺，直到對視力造成不可挽回的傷害。常規的非侵入性眼科檢查有助於早期發現青光眼，藥物或矯正手術可以防止視力惡化喪失。**白內障（cataracts）** 會導致眼球水晶體混濁，最終阻礙光線通過水晶體。60 歲後更容易出現白內障，可能是由於老化或其他慢性病所引起。白內障可以透過手術矯正，效果極佳。

相較於年輕時期，結腸癌更好發於中年期。飲食習慣與結腸癌的關係密切，建議採用高纖維和低脂肪的飲食，以降低結腸癌和心臟病的風險。男性和女性應於 50 歲後進行一次大腸鏡檢查，接著每 10 年進行一次大腸癌篩檢；有高風險或家族史的人更應提早及頻繁地篩檢。有結腸疾病家族史的成年人，須進行早期

檢查。

乳房纖維性囊腫（fibrocystic breast disease）是一種良性疾病，可能會在 30 多歲開始出現，並持續到更年期。90% 的女性幾乎都會罹患某種程度的乳房纖維性囊腫，特徵是乳房組織中出現大顆、有時會令人不適的囊腫。雌激素與乳房纖維性囊腫的發生有關，因為雌激素會導致乳腺導管內壁細胞充血和腫脹。停經後，隨著雌激素濃度下降，組織腫脹和囊腫形成似乎減少許多。纖維性囊腫的發展與乳癌目前尚無已知的相關性。然而，乳房組織中的所有不規則現象和腫塊，都應由經過訓練的醫檢師徹底檢查。50 歲以上的女性應每兩年進行一次乳房 X 光攝影檢查，30 至 64 歲的女性應每五年同時進行巴氏抹片檢查和人類乳突病毒（HPV）檢測，或每三年進行一次巴氏抹片檢查。子宮頸癌高風險女性須更頻繁地接受篩檢。

50 歲以上的男性常出現攝護腺肥大問題，這種常見的情況稱為**良性攝護腺增生**（benign prostatic hyperplasia, BPH），與攝護腺癌是不同的鑑別診斷。良性攝護腺增生的早期症狀包括：排尿困難、尿流減少、滴尿和頻尿。美國癌症協會（American Cancer Society, ACS）建議每年進行一次攝護腺篩檢。50 歲後每年進行一次直腸檢查，也有助於發現攝護腺是否增大。血液檢查亦能檢測到攝護腺癌初期的攝護腺特異抗原（prostate-specific antigens, PSAs）。對於罹患攝護腺癌的高風險男性，應從 45 歲開始進行直腸指診，包括非裔男性和直系親屬（父親、兄弟或兒子）中有在早期（65 歲以下）被診斷出患有攝護腺癌者。罹患癌症風險較高的男性（曾有一名以上的直系親屬罹患攝護腺癌），應從 40 歲開始進行篩檢。進行篩檢之前，應先取得知情同意，瞭解篩檢的風險和益處，或繼續進行活體組織檢查以利診斷。早期發現和及時治療可以改善良性攝護腺增生和攝護腺癌的預後。

心臟病和癌症仍是中年期的主要死因。影響中年男性的主要慢性病包括心臟病、背痛問題、視力損失和氣喘，影響女性的主要慢性疾病包括關節炎、高血壓和憂鬱症。

思辨練習

練習一：

　　約瑟夫和蜜雪兒已經結婚 35 年了，期間一直投入於工作中。約瑟夫任職於金融業，蜜雪兒從事幼兒教育，兩人育有三個孩子和五個孫子女，都住在附近。約瑟夫最近一直談起退休，想搬到別的州定居；蜜雪兒則憂心退休後的生活，也不想搬家。約瑟夫告訴蜜雪兒，她還有六個月的時間考慮這個想法，否則他就要離家開始新的生活。

1. 討論有哪些因素可以促進成功的退休生活。
2. 討論男性和女性對退休的看法差異。
3. 哪些方法可以幫助蜜雪兒適應退休生活？

練習二：

　　52 歲的郵政職員瑪麗正在進行年度體檢。她告訴醫師在最後一次月經期間，血流量有兩天大增，還有 2 至 3 天的點狀出血。她還抱怨自己很容易焦慮和盜汗。

1. 健康照護人員應該如何回應瑪麗的擔憂？
2. 瑪麗必須進一步接受哪些篩檢？
3. 應該教導中年女性哪些衛教資訊？

思辨練習

練習三：

　　珍妮和布雷迪育有四個孩子，年齡從 8 歲到 18 歲不等。珍妮的父親是一位鰥夫，患有記憶力問題、定向感混亂和判斷力受損，他最近搬進了這對夫婦的家。他無法料理三餐，且需要他人協助日常生活起居，珍妮和布雷迪希望他在居家環境中接受照顧。珍妮負責照顧孩子、家庭和她的父親，如此一來，她已沒有餘力做好每件她曾經認為應當盡責的家務。

1. 這對夫婦應該考慮採取哪些措施來分擔壓力？
2. 你會建議珍妮尋求哪些社區資源？

本章重點回顧

- 成年中期（中年期）涵蓋範圍從 40 歲中期到 60 歲初期。
- 今日，許多職場女性延遲結婚和生育，想讓自己的職涯更上一層樓。因此，許多中年人在這段時期仍得承擔育兒角色。
- 中年期是自然的發展階段，是一個成長和進步的時期，而不是衰弱和退化的時期。
- 這個階段的中年人達到最佳表現和成熟水準。
- 多數的生理變化是逐漸出現的，不同的個體出現的時間各異。
- 結締組織的肌肉張力和彈性降低，骨骼去礦化作用導致骨骼變得多孔、易碎。
- 牙齦疾病很常見，可以透過適當的口腔護理和維護來預防。
- 皮膚失去彈性並出現皺紋。
- 頭髮生長緩慢、稀疏和變白。
- 眼睛失去調節和聚焦近處物體的能力，聽力敏銳度急遽下降。
- 中年期的目標包括：建立和適應新的家庭角色、確保當前和未來的經濟穩定、維持積極的自我形象，以及評估或重新規劃職涯選擇。
- 中年人經歷的主要挑戰和機會包括：重新關注夫妻角色、空巢症候群、隔代教養，甚至繼續支援已為人父母的成年子女。成年人莫不希望在中年期建立經濟保障並達到事業顛峰。
- 更年期代表月經結束和生殖能力停止。停經過渡期通常發生在 45 至 55 歲之間，月經停止平均年齡為 51 歲。
- 中年男性沒有顯著的生理變化。男性到了 80 多歲時仍有能力產生精子。男人經歷的主要變化是他們的思維模式和自我形象。
- 根據 Erikson 的理論，中年期的心理社會任務是創生育成，也就是表現出對社區的關心和興趣。未能貢獻自我的人會導致只顧自身利益和停滯不前。

- 心智能力和記憶力維持在最佳表現水準。中年期是審視自己並重新評估個人價值觀和信念的時期。
- 許多中年人已經清楚明白什麼是個人需求、道德義務和社會規範。
- 中年人的營養需求與年輕成人相似。中年人必須密切留意飲食、運動和健康的生活方式；亦有體重增加情形。
- 中年人的睡眠需求減少。有些中年人很難入睡。
- 每個人對休閒活動的選擇各有所好，但提前為退休做準備很重要。
- 心臟病和癌症仍然是中年期的主要死因，必須每年進行完整的身體健康檢查，及早發現和治療身體疾病。

課後評量

1. 中年後期皮膚出現皺紋的原因是：
   A. 皮膚細胞中的水分增加，脂肪減少。
   B. 真皮層失去彈性。
   C. 肌肉量增加和纖維組織延展。
   D. 真皮和表皮內的細胞快速流失。

2. 下列哪一項是中年人的特徵？
   A. 女性直到 60 多歲還能生育。
   B. 男性 70 歲以後就不能產生精子了。
   C. 性需求和性能量消失。
   D. 性功能和性行為在這個階段持續進行。

3. 潮熱的原因是：
   A. 神經系統興奮。
   B. 荷爾蒙分泌旺盛。
   C. 血管舒張和收縮。
   D. 血管收縮力下降。

4. 心理社會任務中的創生育成指的是：
   A. 達成經濟穩定。
   B. 繁衍下一代。
   C. 實現自己的事業與抱負。
   D. 提攜和指導下一代。

5. 當個體滿足以下哪個條件時，才是成功因應中年期變化的最佳方式：
   A. 有自己的孩子。
   B. 結婚。
   C. 事業順遂。
   D. 擁有良好的支持系統。

6. 辛西婭是一位 55 歲的女性，最近被診斷出患有乳房纖維性囊腫。她擔心是否因為她沒有母乳哺育孩子才導致這種疾病，你的最佳回應是：
   A. 「不用擔心，妳沒有做錯任何事。」
   B. 「目前還無法採取任何措施來阻止病程的發展。」
   C. 「這是由於乳腺組織的荷爾蒙刺激引起的。」
   D. 「母乳哺育通常會降低罹患這種疾病的風險。」

7. 中年期的飲食需要充足的鈣，以便：
   A. 建構和修復組織。
   B. 加強神經傳導。
   C. 維持骨量。
   D. 改善視力。

8. 下列哪一項是給中年人的最佳飲食建議？
   A. 高碳水化合物、低脂肪。
   B. 高纖維、低脂肪、低鈉。
   C. 高蛋白質、高熱量和高脂肪。
   D. 阿特金斯飲食法（Atkins）、南灘飲食法（South Beach）或珍妮克雷格飲食法（Jenny Craig）。

9. ＿＿＿＿＿被稱為「好」的膽固醇。

10. 中年期常見的正常生理變化包括：
    A. 心輸出量增加。
    B. 骨密度增加。
    C. 腎絲球功能變得更好。
    D. 椎間盤變薄。

答案：1. (B)；2. (D)；3. (C)；4. (D)；5. (D)；6. (C)；7. (C)；8. (B)；9. (HDL)；10. (D)。

Chapter 13
成年後期（老年期）

學習目標

1. 說明老年人口的三個人口統計分期。
2. 比較老化的生物學理論和心理社會理論。
3. 列出在此發展階段的正常生理變化。
4. 說明與老化相關的發展里程碑。
5. 說明 Erikson 對這個發展時期所設定的心理社會任務。
6. 列出對年長者很重要的飲食變化。
7. 列出對年長者很重要的健康促進活動。

美國政府和美國社會安全局（Social Security Administration）定義的「老年」（old age）包括所有 65 歲以上的人口。年長人口的統計特徵或**人口統計（demographics）**資料不時更新。老年通常分為三個時期：**初老期（young old）**——65 至 74 歲，**中老期（middle old）**——75 至 90 歲，**老老期（old old）**——90 歲以上。

就像生命早期階段一樣，並非每位 65 歲以上的年長者發展歷程都相同。有些 80 歲的年長者過著積極、充實的生活，有些人則因疾病纏身而無法活躍或獨立。因此，實際年齡通常不是衡量精神、身體和社交健康狀況的可靠指標。

年長者的數量是當今美國人口成長最快的群體。2019 年，65 歲以上人口總數為 5,410 萬人，占美國人口的 16%，亦即超過七分之一的美國人為年長者。自 1900 年以來，年長者人口幾乎增加了四倍；到了 2035 年，65 歲以上年長者的人數將超過 18 歲以下兒童的人數。

受到移民型態的影響，21 世紀年長者人口的族裔組成，預計將發生巨大變化。65 歲以上的人口中，有 22% 屬於少數族裔群體。根據這些族裔人口，預測將產生幾個重要的健康照護影響。語言隔閡是年長多元族群面臨的主要困難之一，族裔多樣性也影響個人對健康照護、治療過程和疾病預防的決定。

許多人仍然住在自己的家中——無論有沒有與配偶或其他家人同住，直到年老。2020 年，超過一半（61%）的非長照機構住民與配偶或伴侶住在家中。在所有非長照機構入居年長者中，只有 27% 獨居。獨居者的比例隨著年齡增長而增加。2019 年，在 65 歲及以上的人口中，只有 120 萬人（3.1%）住在長照機構；85 歲以上的年長者，住在長照機構的比例最高可達 8%。

2019 年，美國超過一半（51%）的 65 歲以上人口，居住在加州、紐約州、佛羅里達州、賓州、德州、俄亥俄州、伊利諾州、密西根州和北卡羅萊納州等九個州。與年輕人相比，年長者遷居的可能性較小，就算搬家，通常離原來的住所也不遠。

健康照護費用是影響年長者健康照護選擇的另一個重要因素。年長夫妻和個人的主要收入來源是社會安全福利金，其次是資產收入，再其次是退休金，最後是工作所得。2019 年，年長男性的年收入中位數為 36,921 美元，年長女性的年收

入中位數為 21,815 美元。2019 年，490 萬年長者（約占 8.9%）生活在貧窮線以下。

預期壽命是指個體可能存活的平均年數，最準確的預測因子是親生父母的年齡。1900 年出生的人，平均壽命不到 50 歲；2019 年出生的人，預期壽命約為 78.8 歲。預期壽命增加主要是由於兒童和年輕人死亡率降低，到了 2040 年，將有約 8,000 萬名年長者，是 2000 年的兩倍多。1900 年，死亡率的主因是造成嬰兒和孕產婦死亡的傳染病，相較之下，2019 年的主要死因是癌症和心臟病，這兩種疾病通常出現在年長者群體。飲食習慣可能影響預期壽命，肥胖、吸菸和久坐的生活方式也會增加早逝的風險。

《2030 健康國民》的目標是改善健康、功能和生活品質。對於美國年長者群體來說，預防保健服務對於維持醫療品質和個人健康非常重要。表 13.1 列出一些影響年長者健康的社會決定因素（SDOH）。

COVID-19 大流行在許多方面影響了 65 歲以上的年長者。2020 年，65 歲以上年長者的失業率翻了四倍多，從 3.7% 增加到 14.8%。COVID-19 對年長者的心理健康和整體福祉產生了負面影響，導致焦慮和憂鬱的病例報告增加。

表 13.1　年長者健康的社會決定因素（SDOH）

健康的社會決定因素（SDOH）	結果
教育	接受良好教育的年長者健康素養較高，從而帶來更好的健康結果。
環境	支援年長者的社區服務，包括提供安全的交通方式。可以讓年長者安全行走和運動的開放空間，對於身心健康至關重要。安全的住屋和安全的街道有助於提高生活品質。
社會關係	年長者喜歡生活在熟悉的社區，就地養老。與朋友和家人保持和諧關係，可減少孤立感，有助於延緩認知能力下降和憂鬱心情。
經濟狀況	擁有良好的經濟狀況可以讓年長者獲得食物、住屋和交通；支付包括藥物在內的健康保健費用；支付每月所需費用。
健康照護	在社區中獲得預防性和急性醫療照護服務資源，接受早期診斷和早期治療。

老化的理論

壽命（life span，平均生命期）的最佳定義是一個物種能夠生存的**最長**年數。人類的壽命是 120 歲，在過去的 10 萬年裡基本上沒有太大變化。

老化過程從受孕時就開始了，這個過程會導致生理損傷，最終死亡。**老化**（**aging**）是正常、不可避免、漸進的過程，隨著時間的推移產生不可逆轉的變化。值得注意的是，儘管所有人都會變老，但變老速度卻因人而異。正常老化的症狀稱為**衰老**（**senescence**）。關於老化過程仍有許多迷思和誤解，有關老化的常見誤解，請參閱專欄 13.1。

研究老化的學問稱為**老年學**（**gerontology**）。沒有一種理論可以完全解釋老化過程或我們為何老化，有許多不同的理論試圖解釋老化的謎團，多數理論都能說明如何評估個體對老化的適應能力。瞭解老化有助於健康照護人員評估和實施對年長者的照護。

專欄 13.1

關於老化常見的誤解

關於老化的常見誤解，包括認為多數年長者：
- 老態龍鍾。
- 獨居生活，不與家人往來。
- 疾病纏身。
- 是犯罪受害者。
- 住在長照機構。
- 故步自封，無法學習新技能。
- 對生活不滿。
- 工作效率低於年輕員工。
- 對性沒有興趣。
- 生活在貧窮線以下。

生物學理論

生物學理論試圖解釋因老化伴隨的生理變化。

發條理論

實驗研究顯示，不同物種的細胞繁殖存在顯著差異。壽命較長物種的細胞比壽命較短物種的細胞繁殖次數更多。根據**發條理論**（clockwork theory），結締組織細胞透過基因編碼，內建一個時鐘，使得細胞在多次繁殖後，會停止繼續繁殖，這個「時鐘」決定了一個人生命的長度。

自由基理論

自由基理論（free-radical theory）的假設是：細胞代謝或大氣中的物質產生高度不穩定的分子，稱為自由基。這些粒子反應性很強，可能與蛋白質、脂質或細胞器結合。自由基會引起染色體突變，進而改變細胞功能。根據自由基理論，這些自由基會導致老化過程。**抗氧化劑**（antioxidants），如維生素 C 和 E，據信可以防止自由基形成，因而被視為是重要的飲食物質。抗氧化劑在老化過程中發揮的確切作用尚不清楚。

耗損理論

耗損理論（wear-and-tear theory）認為，細胞經過反覆損傷，因耗損而停止運作。由於代謝廢物隨著時間不斷累積，剝奪了細胞的營養，導致細胞損壞故障。

免疫系統衰退理論

免疫系統為身體提供抗體，防禦外來物質入侵。免疫反應隨著年齡增長而下降，年長者逐漸流失身體特定部位的淋巴組織，包括胸腺、脾臟、淋巴結和骨髓。**免疫系統衰退理論**（immune-system-failure theory）假設，免疫系統無法發揮功能，導致身體對外來入侵物質的反應減慢，使年長者更容易受到嚴重或輕微的感染。

自體免疫理論

自體免疫理論（autoimmune theory）指出,老化與人體免疫系統衰弱有關,免疫系統無法辨識自身組織而自我攻擊。免疫系統的內建程式為辨識與區分外來物質和自身的蛋白質,但隨著年齡增長,免疫系統慢慢失去這項能力,結果,身體開始攻擊並破壞自己的細胞——引發自體免疫反應。在老化期間,身體的自體免疫反應會增強,這可能與類風濕性關節炎和某些癌症等自體免疫疾病的發生率更高有關。

心理社會理論

心理社會理論試圖解釋老化如何影響社會化和生活滿意度。

撤離理論

撤離理論（disengagement theory）認為社會和個人彼此逐漸相互撤退或脫離。這個理論的支持者認為,撤離是年長者將權力交棒給年輕人的方式,這個過程對兩造來說都是樂見其成的好事。年長者擺脫了社會責任和壓力,改由年輕人承擔領導責任。然而,這個理論的批評者認為,隨著年長者的社會參與度降低,他們的滿意度也跟著降低。

活動理論

活動理論（activity theory）主張,個體經由維持和參與高水準的社會活動來獲得生活滿足感。活動理論的支持者建議年長者尋找有益的、令人愉悅的活動來取代早年的活動,建議年長者繼續積極從事各種活動。如果因年齡的變化而必須放棄活動,則必須找到替代活動;未能找到新的活動取代原本從事的活動或角色,會導致個體失去目標或社會價值。最有意義的活動是能與他人保持連結的活動,持續活躍的人,其活力和適應能力高於那些不太活躍和參與的人,進而提高了他們的生活滿意度（圖 13.1）。

圖 13.1 ｜積極的態度有益健康

連續性發展理論

連續性發展理論（continuity-developmental theory）將每個人視為具有獨特性格的個體。連續性發展係指個體的性格和因應模式不會隨著老化而改變，老化過程是生命週期的一部分，而非一個單獨的最終階段。性格模式是在很長一段時間內形成的，可據此看出個體是否持續活躍、參與或撤離社會，瞭解性格類型有助於預測個體對老化的反應。個人的健康狀況也會影響活躍程度和生活滿意度，疾病可能導致退休、社會孤立和自尊下降。

生理特徵

生活品質不是由年齡決定的，主要取決於個體生活自理（如穿衣、洗澡、如廁和進食）的能力。健康問題雖不可避免，但許多問題是可以及早預防或控制的。

身高和體重

許多老化跡象顯現在身體構造和組成上（圖 13.2）。軀幹長度隨著脊椎彎曲程度增加和椎間盤壓縮而縮短；事實上，這個過程更早就開始了：平均而言，成年人在 30 歲以後，每 10 年身高會減少 1 公分；由於三角肌肌肉質量流失，男女兩性的肩膀寬度皆會減少；由於肺部和胸廓失去彈性，胸圍略有增加；頭圍縮小，鼻子和耳朵看起來變長；55 歲後體重緩慢下降。其他變化包括體表面積和活性細胞團減少，導致年長者的細胞比年輕人少了 30%；身體脂肪萎縮，呈現骨感外觀，腋窩、胸腔和眼眶等身體區域凹陷。這些身體組成的變化，對於我們瞭解

圖 13.2｜老化的身體徵象因人而異

年長者的藥物代謝和健康照護措施至關重要。體表面積和體脂肪的減少，會影響藥物的劑量和吸收率，為了適應這些生理變化，年長者應使用較低劑量的藥物。

肌肉骨骼系統

停經後，女性骨質流失的速度比男性更快，使女性罹患骨質疏鬆症的風險更高。典型的骨質疏鬆症風險族群是年長、瘦小、白人、更年期女性，當然男性也有骨質疏鬆症的風險。專欄 13.2 提供降低骨質疏鬆症風險的建議。80 歲以上的女性有五分之一的機會發生股骨（大腿骨）骨折。定期主動或被動運動（譯注：指借助他人或機械等外力協助來運動）可以大大減少身體不適和骨質流失。長期姿勢不良，導致**脊柱後凸**（駝背 [kyphosis]）、脊椎過度彎曲或典型的「貴婦駝背」（又譯「富貴包」[dowager's hump]）；頭部傾斜及髖部和膝蓋彎曲，導致身體重心轉移。除了骨質流失外，肌肉質量也會減少，肌力和張力下降。

專欄 13.2

骨質疏鬆症的風險和處置措施

風險因素	處置措施
遺傳因素： ・女性、白人、骨架小、有家族史、更年期提早。 **營養因素：** ・低體重、低鈣攝取量、高咖啡因攝取量、高飲酒量。 **生活方式因素：** ・吸菸、缺乏運動。	・避免吸菸。 ・限制咖啡因的攝取量。 ・限制飲酒。 ・增加鈣的攝取量。 ・定期運動。 ・採取荷爾蒙替代療法。

這些變化影響平衡，進一步增加跌倒的風險，每年約有三分之一的年長者跌倒。跌倒常導致嚴重失能、住院治療、相關費用增加及死亡人數增加。對反覆跌倒的恐懼可能導致久坐行為、功能受損和生活品質下降。

年長者的肌肉骨骼連接處（韌帶和肌腱）彈性較差，導致肌肉痙攣和靈活度下降。肌肉僵硬和活動範圍縮小，在早晨或一段時間不動後更為明顯。肌肉無力毛病最常見的原因不是年齡老化，而是由於缺乏活動。

心血管系統

隨著年齡增長，心臟尺寸並不會明顯縮小，心臟瓣膜變得更厚、更為僵硬。**脂褐素**（又稱老年素 [lipofuscin]）是一種含色素的代謝廢物，在年長者身體的各個器官中含量明顯增多。血管彈性喪失，加上膠原蛋白和脂褐素累積，導致**血管腔（lumen）**（血管直徑）變窄，血壓繼之升高。常見的現象是收縮壓輕微升高，但舒張壓不變。血壓顯著升高更有可能是環境因素造成（飲食、體重和壓力程度），而不是年齡增長的結果。在 20 至 80 歲之間，心輸出量每年減少 1%，這是心肌力和收縮力衰弱的結果。這種變化可從心率減慢得到證明，年長者的心臟在兩次跳動之間停頓的時間更長。定期運動可以增強心臟功能並預防併發症，最能強化心臟功能的運動是步行。年長者的靜脈也變得更加明顯和彎曲。脆弱血管壁上漸增的壓力，導致下肢和直腸靜脈曲張發生率上升。

呼吸系統

在人的一生當中，呼吸系統受到許多損害，其中與年齡相關的變化是隱微且逐漸發生的。胸部某些結構的變化，削弱了呼吸功能；胸腔與肋軟骨的鈣化，使胸壁硬化，越來越缺乏彈性。胸壁的這些變化使得呼吸更加吃力，肺組織逐漸失去彈力。肺活量下降，造成肌肉須費時費力才能將空氣吸入和呼出肺部。20 至 60 歲之間，肺活量約損失 1 公升。肺部呼氣效率降低，導致**殘氣量（residual volume）**增加；殘氣量是指用力呼氣後肺部剩餘的空氣量。咳嗽的效果變差。所有這些變化使得年長者更容易受到呼吸道感染。

胃腸系統

胃腸道系統的諸多變化會引起不適，但通常不會嚴重到成為健康風險。唾液

量減少,導致**口乾症**(xerostomia)和**吞嚥困難**(dysphagia)。嘔吐反射減弱,導致年長者在進食時容易窒息。為減少窒息的風險,年長者應慢慢進食並保持挺坐姿勢。

由於**蠕動**(peristalsis)(指推動食物通過胃腸系統的波浪肌肉運動)減少,年長者的食道、胃和小腸排空所需的時間更長。食道排空速度變慢,增加誤嚥的風險。因此,年長者不僅要以挺坐姿勢進食,用餐後還要保持這個姿勢一小時以上為宜。由於胃的蠕動和胃泌素減少,容易造成消化不良;胃總容量縮小,導致飢餓感和食慾下降。腸道的變化包括營養吸收減弱,經常使用瀉藥的人日後恐面臨維生素和營養素缺乏的風險。隨著肝臟老化,酵素的分泌減少,對食物和藥物的代謝產生不利影響。

下腸道蠕動變慢,連帶減慢體內廢物的移動,導致便秘和腸胃脹氣增加。為維持正常的腸道功能,年長者需攝取足夠的液體、粗糧或纖維。規律的如廁習慣和運動,有助於強化正常的腸道功能。排便也會受到神經感覺減弱和排便訊號延遲的影響,這些變化加上直腸外括約肌功能退化,導致年長者容易腸失禁(即大便失禁)。

牙齒

牙齒掉落並非老化過程的結果,而是保健不當導致的疾病。只要透過適當的保健,年長者依然可以終生保留牙齒。隨著年齡增長,牙齒會出現自然磨損的跡象,包括部分琺瑯質流失、牙齦萎縮、咬切和咀嚼能力下降,這些變化對安全和消化的影響力不容小覷。為年長者準備食物時,應考量咀嚼能力及其口腔和牙齒的狀況,如有需要,可以用稀軟或泥狀的食物代替一般型態的食物。

表皮系統

表皮系統(integumentary system)由皮膚、頭髮、指甲、油腺和汗腺組成。皮膚保護身體維持**體內平衡**(體內恆定 [homeostasis]),免受溫度、壓力和濕度變化及微生物入侵。老化會損害皮膚維持體內平衡的能力,皮膚失去彈性並出現皺紋,且變得更薄、更乾燥、更脆弱。這些變化使得年長者在輕微擦傷或受傷

後，更容易出現皮膚破損，循環系統的變化也可能會延遲傷口癒合。

年長者皮下脂肪組織減少，導致承受溫度變化的能力下降。雪上加霜的是，汗腺的數量和功能亦跟著退化。年長者出汗較少，容易著涼，如果坐在靠近窗邊或通風處，會覺得很冷，最好是穿件毛衣或薄外套。由於出汗減少，年長者更容易中暑。在溫暖的天氣裡，應該避免過度勞累並攝取充足的水分。

黑色素細胞（melanocytes）隨著年齡老化而分布不均，皮膚出現不規則的色素沉澱——即**老年性雀斑**（曬斑 [senile lentigo]）。27 至 65 歲之間，皮膚中的黑色素細胞實際數量減少了 80%。大量反覆暴露在陽光和紫外線下，會加劇皮膚的老化。許多與年齡相關的皮膚變化，使年長者更容易罹患皮膚疾病，如：感染、**搔癢症**（pruritus）、**角化症**（keratosis）、壓力性損傷和皮膚癌。

指甲生長速度減慢，變得更加脆弱、黯淡、發黃。腳趾甲變厚，應定期由足科醫師修剪，並留意日常清潔。

50% 的人在 50 歲時頭髮變白。男性在 30 多歲開始、女性在更年期後，常出現脫髮現象。脫髮不僅限於頭部，也發生在其他部位，包括腋下和恥骨區域。男性的眉毛、鼻子和耳朵上的毛髮生長增加，女性則是臉部和下巴上多長了一些毛髮。

神經系統

神經元（neurons）或神經細胞的數量隨著年齡增長而減少，到了 70 歲時，約有 5% 至 10% 的神經元萎縮；70 歲以後，萎縮率增加得更快，導致神經系統與大腦之間傳遞訊息的能力下降。大腦重量在 20 歲時達到高峰，到了 80 歲時，大腦會減輕 100 公克，即 7% 的重量。由於循環系統血管的變化，腦血流量減少。然而，記憶和學習問題並非由正常的老化引起，而是特定疾病所導致的功能障礙。其他神經變化包括運動反應減慢，年長者的反應時間約延遲 30%，因此，必須對年長者進行個別評估，以確定他們的反應時間和安全駕駛的能力。

感覺系統

感覺系統中與年齡相關的正常變化,可能會影響日常功能和整體健康問題。五種感官——味覺、視覺、聽覺、觸覺和嗅覺——都變得不太靈敏,使年長者受傷的風險大增。從中年期開始視力持續惡化,老花眼使得眼睛聚焦能力喪失,水晶體逐漸**混濁**(opacity),提高了白內障和青光眼的發病率;周邊視力下降,對眩光更為敏感。色覺(辨色力)隨著年齡的增長而變化:紅色和黃色的色覺效果最好,區分綠色和藍色的能力減弱。出於安全考量,最好使用黃色和橙色等明亮的顏色來標記路緣和台階。

淚管(lacrimal ducts)堵塞可能導致眼睛淚液過多。某些藥物影響、維生素缺乏和疾病會導致眼睛乾澀,使用人工淚液有助於減輕不適並保護角膜免於乾燥。

大約三分之一的 65 歲以上年長者患有嚴重的老年性耳聾(與年齡相關的聽力損失),足以影響日常生活。10 歲時,可以聽到高達 20 千赫的音頻;到了 50 歲,最高音頻降為 13 千赫;到了 60 歲,幾乎沒有超過 5 千赫的聽力。因此,最好用低音調、適度大聲的聲調對年長者說話,彌補高頻聽力的喪失。輕微的創傷或某些疾病可能會導致聽力損失。年長者的中耳變化包括鼓膜增厚和骨骼鈣化。**耳垢**(cerumen)累積可能會干擾經由外耳道傳到中耳和內耳的聲音振動,此類聽力損失的症狀包括:耳朵悶脹、搔癢和**耳鳴**(tinnitus),清除積聚的耳垢後,傳導性聽力即可顯著改善。傳導性聽力損失是由於內耳聲道受阻或縮小,其他類型的聽力損失則可能與神經萎縮和循環系統變化有關。實用小提示提出改善與聽力損失人士言語溝通的建議。

味蕾數量的減少,導致味覺辨別力受損,首先是甜味,接著是其他味覺逐漸喪失。這些變化不僅與年齡因素有關,環境因素也會有所影響。鮮少研究探討嗅覺與年齡的變化,一般相信嗅覺隨著正常老化而下降,部分是因為嗅覺神經退化。嗅覺喪失會帶來安全問題,因為獨居長者可能無法察覺細微的瓦斯漏氣或煙味,因此,家中務必裝置氣體或煙霧偵測器。另外,觸覺的明顯變化主要與疾病有關,而非單純老化所致。

實用小提示：聽力損失

為了改善與聽力損失者的言語溝通，我們可以：
- 降低聲調並清楚地說話。
- 必要時重述語意。
- 面向對方。
- 使用臉部表情和手勢來闡明訊息。
- 在光線充足的地方說話，將燈光置於聽者身後。
- 盡量減少外在干擾。
- 學習唇語。

泌尿生殖系統

女性停經後，卵巢、子宮和輸卵管**萎縮（atrophy）**。陰道壁變薄、彈性減弱，潤滑液和陰道分泌物減少，可能導致性交不適。陰道分泌物可以保護陰道免受細菌入侵，這種保護功能減弱，使年長女性面臨更大的陰道感染風險。

停經後的最初幾年，體內約有 2.5% 的鈣質流失，導致骨質跟著流失。然而，經過這個初始階段之後，骨質流失的速度就會減緩。一般認為雌激素具有抗動脈粥狀硬化作用，可以保護女性免受心臟病的危害，但隨著雌激素濃度下降，停經後女性心臟病的發病率會增加，幾與男性的發病率相等。更年期後的其他常見變化包括：聲音低沉、陰毛稀疏和乳房組織萎縮，可以考慮採用荷爾蒙替代療法（HRT）（請參閱第 12 章）。

50 歲以後，男性的睪丸功能逐漸下降。年長男性勃起所需的時間更長，射精時釋放的精液也變少。睪固酮和精子濃度逐漸下降，但健康男性即使到了高齡階段，仍能維持生殖能力。攝護腺肥大可能導致排尿困難，故健康檢查時應進一步檢查攝護腺功能。攝護腺與直腸中間隔著結締組織，利用肛門指診（直腸指診）即可觸及攝護腺背面進行檢查。

影響泌尿系統的正常年齡相關變化是逐漸發生的。腎臟體積不但縮小，且失去一些功能單位或**腎單位（腎元 [nephrons]）**，導致過濾率降低三分之一到三分之二，造成過濾、濃縮或稀釋尿液的能力下降。幸而，即使出現這些與年齡相關

的變化，老化的腎臟仍能繼續維持體內平衡。

　　膀胱壁失去彈性，膀胱容量從 250 毫升減少至 200 毫升。有多次懷孕史的女性，更容易出現骨盆底肌肉進一步衰弱的風險，導致壓力性尿失禁（stress incontinence）（譯注：因腹內壓力增加，在咳嗽、打噴嚏和跳躍時，會引起漏尿現象）。排尿訊號延遲，使年長者容易尿失禁。

內分泌系統

　　隨著個體年齡增長，內分泌系統的分泌細胞被結締組織取代，導致荷爾蒙濃度下降。身體所有的組織和器官，都會受到這些與年齡相關的內分泌系統變化的影響。糖尿病和甲狀腺功能障礙是影響年長者的兩種主要內分泌和代謝疾病。表 13.2 摘述與年齡增長有關的變化。

表 13.2　與年齡增長有關的變化

年齡增長	提升功能的建議
心血管系統 血管隨著脂肪和疤痕組織的堆積而變窄。	鍛鍊身體。 控制體重。 攝取低飽和脂肪飲食，搭配「我的餐盤」圖表中的各種食物。
皮膚與毛髮 皮膚變薄且缺乏彈性。 頭髮開始變白。	避免暴露在陽光下。 使用防曬產品。 經常檢查皮膚是否有損傷或變化。
牙齒 牙齦萎縮，琺瑯質磨損。	保持良好的牙齒衛生。 每 6 個月安排一次牙科檢查。
視力 水晶體變化導致近距離視力下降。 水晶體開始混濁，是白內障的前兆。	安排年度眼科檢查，根據需要配戴矯正鏡片。 戶外活動時使用具有 UVA/UVB 防護功能的墨鏡。 攝取足夠的深綠色蔬菜。
聽力 部分聽神經細胞流失，但聽力直到 60 歲以後都維持不變。	避免暴露在噪音污染之中。

（續）

年齡增長	提升功能的建議
大腦與神經系統 大腦些許萎縮，神經細胞減少。	主動參與活動，以激發思考和記憶力。
肌肉系統 肌肉質量和力量下降。	每天運動以增強肌肉。
骨骼系統 50 歲以後骨密度下降。 關節彈力下降。	適當的伸展運動。 保持健康的飲食習慣。 避免肥胖。
肺部 肺部失去彈性。 胸壁硬化。	避免吸菸和接觸二手菸。 定期進行有氧運動。
消化系統 酵素和消化液的濃度降低。 行動減少會導致便秘。	吃富含纖維的食物。 攝取足夠的水分。 經常運動。 保持規律的如廁習慣。
泌尿系統 腎臟的效率降低，膀胱肌肉減弱。 男性：攝護腺肥大。	進行骨盆運動。 攝取足夠的水分。 男性：每年進行一次攝護腺檢查。
生殖系統 男性： 性慾無太大變化。 女性： 更年期荷爾蒙的變化導致陰道彈性和潤滑度下降。 對性的興趣因人而異。	男性： 避免飲酒和吸菸。 經常運動。 保持正常的血壓和心血管健康。 女性： 若醫師許可，可使用荷爾蒙療法。 使用水溶性陰道潤滑劑。

生命徵象

與年齡相關的正常心血管變化為收縮壓適度升高，根據美國心臟病學學院和美國心臟協會（AHA）的 2021 年指南：

- 正常血壓：小於 120/80。
- 高血壓前期：120-129/80。

- 第一期高血壓：130-139/80-89。
- 第二期高血壓：140/90 以上。

靜止心率通常保持不變或略微減慢。年長者的靜止呼吸頻率幾乎沒有變化，但可能需要更多的肌肉活動才能將空氣吸入和呼出肺部。

體內平衡

體內平衡（homeostasis）的最佳定義為身體系統內部和外部環境之間的平衡或均衡。隨著年齡增長，身體系統中常見的與年齡相關的變化，使個體更難以維持體內平衡。檢測溫度變化的體溫調節反應功能減弱，導致年長者出現體溫過低或過高的風險更大。年長者的正常體溫略低於年輕人，對年長者來說，36°C 的體溫讀數才是正常的。如果沒有認識到這一點，健康照護人員可能會將年長者的 37.2°C 體溫誤解為正常值，但實際上這升高的 1 度可能是受到感染的徵兆。年長者對室溫的變化也極為敏感，其理想室溫是 24°C，暴露於低溫時容易感到不適或發冷，導致體溫過低；暴露在太高的溫度下，也容易面臨體溫過高和腦損傷的風險。

由於心臟儲備（cardiac reserve）能力下降，使年長者面臨多重問題的風險。正常情況下，在劇烈活動期間，心輸出量會增加，以滿足身體更高的需求，但心臟儲備會受到多種老化心臟疾病的不利影響。年長者容易出現體液過多的情形，且難以調節體液。年長者對口渴的意識減弱，讓狀況進一步變得更為複雜。

其他體內平衡變化包括：老化使眼睛適應黑暗的能力下降，以致夜間駕駛或從明亮環境移動到黑暗環境變得更加困難。

發展的里程碑

動作發展

隨著年齡增長，肌肉骨骼和神經系統的變化導致動作減慢。粗大和精細動作技巧受到韌帶和關節僵硬的影響，步態速度（gait speed）和抬腳高度降低。姿勢和平衡狀況改變，弱化年長者的活動能力。

性發展

與一般的觀念相反，年長者其實可以享受令人滿意的性關係。年長者也有情感和追求愉悅的需求，但也因個人年齡和機會殊異，可能會以不同的方式表現。年長男性需要更多的刺激才能勃起，年長女性可使用雌激素乳霜或其他潤滑劑來防止陰道組織乾燥引起的不適。無論何種情況，皆須尊重個人隱私，維持尊嚴和積極的自我意象。

心理社會發展

成功解決 Erikson 心理社會發展的前七個階段，可以讓年長者為自我統整的任務做好準備。**自我統整**就像一個生活拼圖，所有的片塊都完美地組合在一起。每個階段的完成都幫助個體整合自我，為生命賦予了意義。能夠發展出自我統整的人通常會對自己的成就感到滿意，回顧過往的生活並承認某些失敗和遺憾，但整體上仍然覺得自己是成功的。自我統整使個體能夠以平靜的心態面對死亡，並有信心為子孫後代留下傳承。

從過往一生的經驗中獲得的智慧，和自我統整息息相關。**話舊（reminiscence）**或人生回顧的過程，可以讓年長者對自己的成就和價值感到欣慰。話舊讓年長者將生活串聯在一起，賦予生命事件和記憶意義與脈絡，有助於理解過去，安放過去，讓個體平靜地接受失望，樂觀地面對未來。

認為自己的人生沒有意義或是做了錯誤決定的人，會感到絕望、徬徨無助和失控感。絕望也與死亡恐懼和對未來的焦慮有關。

與 Erikson 的其他任務一樣，自我統整的發展也受到家庭和其他社會化經驗的影響。所有這些經歷結合起來，有助於塑造一個人對老化的態度。如果將年長視為衰退和生產力低下的時期，這些負面的期望極有可能成為自我應驗預言。**年齡歧視（ageism）**或對年長者的偏見，導致人們對老化過程產生負面看法，提供正確的教育有助於對抗年齡歧視並培養對年長者的正面態度。此外，如果兒童自小就有良好的榜樣，他們才能終生對老化抱持正面態度，有助於在自身年老時，發展出良好的自我統整。

實現自我統整也包括適應身體意象、家庭角色、工作和休閒、性行為的變化，以及面對不可避免的死亡。

身體意象的變化

如何看待老化，最終將影響我們如何因應不斷變化的身體。外貌對一個人的自我概念有很大影響。多數明顯的老化變化都是逐漸發生的，使年長者有時間適應新的意象（圖 13.3）。如果個人的身分認同僅基於外表吸引力，繼續從這個角度看自己的話，可能會陷入沮喪抑鬱。

圖 13.3 ｜ 年長者有必要接受自我身體意象的變化

家庭角色的變化

隨著伴侶一起變老，他們必須做出一些調整。配偶任何一方的身體或心理疾病，常導致原本的婚姻角色出現變化。配偶之一方若成為主要照顧者，都可能會造成雙方憤怒、怨恨和抑鬱的情緒。主導關係可能會從丈夫轉移到妻子，或反過來從妻子轉移到丈夫。因為退休，角色也可能發生變化，給雙方帶來新的限制和壓力。丈夫在家裡停留的時間比以往任何時候都多，如果他們依舊想擔任主導家庭的角色，就會引發衝突；有些男性的角色變成了家管，而妻子繼續工作。任何一種角色轉變都需要一段時間來調整。

配偶的死亡會導致角色發生變化，增加尚存配偶和其他家庭成員的壓力。失去配偶是人生中非常重要的事件。研究表明，年長已婚人士通常比年長未婚人士更健康。與單身、喪偶和離婚者相比，已婚者罹患慢性病和住院的發生率較低。此外，研究顯示，剛喪偶的男性（6 個月）和女性（2 年）死亡率較高。65 歲以上已婚女性比同齡的已婚男性更有可能成為尚存配偶。

喪偶常見的兩大問題是孤寂和收入減少。寡婦常沒有準備好成為決策者和財務監督者。舊有的關係和活動隨之消失，迫使她去追求新的生活重心和活動。只要時間許可和獲得支持，許多女性在配偶過世後能過著適應良好的獨立生活。許多年長者嘗試尋覓新的伴侶關係，過去的婚姻經驗、良好的健康狀況、足夠的收入和成年子女的態度，是成功關係的重要因素。

某些喪偶或離婚長者選擇再婚。長期以來，再婚者被迫放棄前配偶的社會安全福利，但美國國會已經通過立法，允許尚存配偶在前配偶和新配偶的福利之間做選擇，以能獲得較大福利為主。

年長者可能會因為搬遷或朋友離世而失去朋友，某些年長者也可能因為搬到新社區，得放棄多年老友和故鄉。

隨著預期壽命延長，年長者的離婚率不斷上升。損害健康的疾病、失能和對婚姻不滿，是熟齡離婚的主要原因。憤怒和內疚都會對喪偶和離婚者造成不良影響，離婚也使個體面臨經濟困難的風險。健康照護人員須對喪偶或離婚者的情感和社會支持系統進行評估，以確定他們的風險因素和特定需求。瞭解這些因素，方能提供適合的轉介和諮商。

年長者最害怕失去生活自理能力，他們不想成為家人的負擔。疾病或失能可能導致生活自理能力喪失，如果發生這種情況，應盡一切努力協助受影響的個體延長及最大限度地發揮生活自理能力，以增強其自尊和價值感。

對許多年長者來說，祖父母的角色有助於減少孤獨感（圖 13.4）。許多祖父母與孫輩定期、頻繁地聯繫，加深孫輩與祖父母的感情。關於互動強度和祖父母教養方式，須依年長者的年齡和健康狀況調整。許多人的壽命夠長，還能成為曾祖父母。

圖 13.4｜成為祖父母通常能帶來滿足感

工作和休閒的變化

工作除了帶來經濟報酬之外，也為許多人帶來身分認同和自尊。許多年長者在 65 歲以後繼續工作，2022 年，65 至 74 歲的美國勞動力參與率為 26.6%。然而，在 COVID-19 大流行期間，年長者的失業率增加。2020 年 3 月至 4 月期間，年長者人口失業率增加了四倍多，從 3.7% 飆升至 15.6%。

年長的員工更重視工作的社會層面，而年輕的員工通常較重視收入。職業相關研究顯示，年長的員工有更高的工作滿意度、更低的缺勤率和更低的工作流動率。儘管有這些優點，對年長勞動者的隱微年齡歧視仍然存在，年長者很難找到並保住工作。如今的就業市場仍然偏好年輕勞動力，年輕人往往比年長、技術更

佳的資深勞動者更容易受到聘用。

許多年長者繼續工作以延遲退休，因為工作角色結束會改變終生建立的習慣。許多人的自我價值與工作角色直接相關，儘管他們年輕時夢想有更多閒暇時光，但隨著退休時間逼近，才發現退休的吸引力越來越小。多年來，退休基本上都是男性的經驗，如今，隨著越來越多女性加入勞動力市場，退休問題也影響了女性。65 歲退休的女性預計還能再活 19.2 年，比同齡退休的男性多活 3 年。許多人推遲退休計畫，因為適當的計畫要包括許多決定，存多少錢、如何分配資產、投資標的選擇等等只是財務規劃的其中一些問題。目前普遍認為，若想維持退休前的生活水準，退休時需要準備退休前收入的 70% 到 90%（參見專欄 13.3）。

專欄 13.3

關於退休財務準備

- 瞭解自己的退休需求。
- 瞭解關於年長者的社會安全福利政策。
- 研究雇主的退休金計畫或利潤分紅制度。
- 為避稅儲蓄計畫做準備。
- 將錢存入個人退休帳戶。
- 不要動用到存款。
- 盡早開始規劃。
- 確保個人的資金投資去向。
- 諮詢合格的專家。
- 避免看似「好得令人難以置信」的投資。

年長者的健康狀況是影響退休調適的最重要因素，先前的工作和休閒習慣也會影響調適效果。有助於促進退休後正向情緒的因素包括：足夠的收入、社會支持和穩固的自我概念，這些因素皆有助於當今的年長者適應更長的退休時間。時至今日，65 歲退休的人，距離生命結束之前可能還有 20 年以上的時間。當然，規劃退休的最佳時機是個人第一次進入勞動市場時。適當的規劃可以幫助個體期

待平靜的退休生活，在精神和情感上不斷成長並獲得滿足。

即使做好了準備和規劃，退休也是一個不斷發展的過程，會經歷一系列的反應和發展階段。退休的七個階段如下：

1. **遙遠期**（remote phase）是一段否認和懵懂的時期。在此期間，個體對退休幾乎沒有準備。
2. **臨近期**（near phase），即將退休者可能會做一些退休計畫。
3. **蜜月期**（honeymoon period）的特徵是如釋重負的輕鬆感。這段期間正好能嘗試去做所有過去沒有時間從事的活動。
4. **現實幻滅期**（disenchantment）來臨，個體有時會浮現失望感，努力與自己的期望妥協。
5. **重新定位期**（reorientation phase），個體必須重新確立目標並改變生活方式。
6. **穩定期**（stability phase）的其中一項階段目標是適應現實。
7. 如果個體重返職場，或因生病而失能，退休角色就進入**終止期**（terminates）。

儘管社會上絕大部分的人是以工作為導向，但許多人仍然從工作後的休閒活動中獲得滿足感，覺得他們賺到了時間去追求其他興趣。休閒，當然也可以是「有生產力的」，因為休閒不但可以提升個人的幸福感，也能為社區其他人提供裨益身心的活動。個體從事的活動依興趣的不同而有很大差異。

性行為的變化

不幸的是，社會對年長者的其中一個誤解是他們不能、也不該有性行為。儘管有種種誤解，年長者仍有能力在晚年享受性愛。老年期的性表達不僅限於性交，還包括愛撫、擁抱和自慰，性活動滿足了年長者對肌膚接觸、溫暖和親密的基本人類需求。研究顯示，成年後期的性行為模式與早年的性行為模式有關。性活動減少可能與接觸機會變少或誤信年長者應該無性的刻板印象有關，性表現困難通常與健康狀況不佳、疾病、藥物或其他社會問題有關。

年輕人常認為性對他們而言是理所當然的，卻很難將父母的性行為視為天經地義的事。由於這些負面態度，許多年長者對自己的性需求感到內疚，擔心自己

的行為受到嘲笑。醫療機構的一些做法，可能會進一步強化負面的刻板印象。很少有機構為伴侶提供獨處或發生性行為的隱私和空間，遑論尊重 LGBTQ+ 年長入居者的權利和隱私。事實上，某些長期照護機構的管理人員甚至將已婚伴侶分房居住。表達與接受關愛，可以提升個體的自我悅納感，性表達的好處不勝枚舉，包括身體活動和改善心肺循環。從這些種種原因可看出，性表達在年長者的生活中意義多麼重大。健康照護人員可以營造支持的氛圍，在這樣的氛圍中，性表達不會受到壓抑，而是自然不過的生活。實用小提示羅列健康照護人員如何協助年長者表達性需求。

實用小提示：表達性需求

協助年長者表達性需求：
- 允許他們保有隱私。
- 不帶偏見。
- 放大優點，弱化缺點。
- 鼓勵他們嘗試打扮和使用化妝品。
- 建議穿著賞心悅目的衣服。
- 避免貶低或嘲笑他們對性的興趣。

死亡的必然性

在某個年齡之前，健康的人通常不會想到死亡的逼近。死亡對不同的人有不同的意義，有些人平靜地面對死亡，有些人則害怕死亡，覺得自己來日無多。隨著朋友和親人相繼離世，年長者開始面對死亡的現實。多重失落（multiple losses）是年長者常碰到的遭遇，失落提醒我們自己也會死亡。失去配偶或摯友會讓人心生寂寞和孤立，社區、宗教信仰及支持團體可以緩和痛苦並適應失落，強化靈性信仰有助於引導和支持年長者度過失落。對許多人來說，死亡和臨終是情感上的難題，健康照護人員在照顧臨終者時，也要自我調適到一個自在、坦然的心態。我們必須幫助家屬面對死亡，教導他們尊重臨終者的意願和生前預囑。儘管這對許多人來說是個悲傷的時刻，但只要懷著人道和慈悲的精神，就可以幫助家屬安

心地度過喪親過程,甚至體認到死亡的意義,並為所有相關人員帶來成長。

許多瀕臨死亡的年長者試圖化解與朋友和家人之間的宿怨,減少內疚和不安,繼續朝下一個階段前進。我們應鼓勵年長者開放心胸討論他們對死亡和喪葬計畫的感受。為了安心,可以指定財產和所有物的分配人、生前預囑或預立醫療指示以及指定醫療代理人。更多有關死亡和瀕死的內容,請參閱第 14 章。

實用小提示:為死亡做好準備

詢問年長者是否做好死亡準備的問題,包括:
1. 您有預立遺囑嗎?
2. 您是否與親人討論過您的臨終願望?
3. 您是否與親人討論過器官捐贈?
4. 您是否整理並蒐集了所有重要的文件?

認知發展

健康的年長者在晚年依然能保持認知能力。魏氏成人智力量表(Wechsler Adult Intelligence Scale, WAIS)於 1955 年發展出來,至今仍用於評估成年人的認知能力。然而,這項量表測量的內容與日常認知任務無關,因此,對於瞭解年長者在測驗項目之外的實際表現並沒有多大用處。使用與日常功能相關的測驗材料,可顯示出年長者的智力並沒有隨著年齡的增長而下降。

影響智力的因素很多,包括遺傳、教育、社會經濟背景和健康狀況。年長者通常缺乏競爭的企圖心,也不太願意用分數或表現讓別人留下深刻印象。學習新材料的速度雖會隨著年齡增長而變慢,但重要的是學習心態,年長者往往抗拒嘗試學習新事物,例如,兒童將電腦學習視為挑戰,但許多年長者則將其視為威脅,敬而遠之。舊的刻板印象和觀念——例如「老狗學不會新把戲」——可能是自我應驗預言造成的。年長者可善用生活經驗智慧解決問題,而不是硬要採用新的解決方案。

學習、感知和認知能力可能會受到年齡增長影響。感知能力受損的年長者很難集中注意力於一項以上的任務,忽略不相關的噪音或干擾。反應時間因老化而

變長,難以用平常的速度處理資訊。當年長者設定好自己的步調時,他們即可彌補這些變化並更有效地學習。

記憶力因年齡增長出現輕微變化。多數年長者對於聽到的內容,比讀到或看到的內容記得更深刻。研究表明,年長者檢索儲存資訊的速度較慢,但有些年長者沒有嘗試回憶,而是很直接地就說他們忘記了。新近或短期記憶儲存的資訊量有限,而久遠或長期記憶以有意義的形式儲存和編碼訊息。年長者的短期記憶受損程度比長期記憶嚴重,他們往往能清楚記得自己的婚禮過程,卻記不起一小時前發生的事。健康狀況和感官受損的程度對記憶力的影響很大,事實上,許多看似顯著認知受損的年長者,實際上可能是患有嚴重未接受治療的感官缺陷。

研究人員並不確知為什麼記憶會隨著年齡增長而變化,只知道我們會失去一些神經細胞,大腦海馬迴的活動也會減少,導致某些儲存資訊流失。年長者可以採取一些措施來增強記憶力,例如定期運動以增加輸入大腦的血液量,從而增強記憶力。心智鍛鍊也可能有助於刺激大腦和記憶力,有些人稱這些練習為「心智慢跑」(mental jogging)。心智鍛鍊的形式不一,可以根據每個人的特定喜好去選擇。

研究者正在研究荷爾蒙替代療法是否可刺激記憶。使用荷爾蒙替代療法是個人的自主決定,女性使用前應與健康照護人員討論。

另一個有助於增強記憶力的措施是維持良好的飲食習慣,重要的是三餐正常,選擇優質食物有助於維持最佳功能。每餐應包含全穀類、水果和蔬菜,這些都是葡萄糖和抗氧化劑的良好來源,據說可以刺激大腦功能。年長者也應盡量避免飲酒和使用藥毒品,以免對大腦和記憶產生不良影響。

減輕壓力和充足的睡眠對於整體健康和記憶力至關重要。表 13.3 提供改善心理功能的建議。

使用助聽器、眼鏡和其他輔助設備可以增強學習、促進獨立行動能力和提高自尊(圖 13.5)。患有慢性身體疾病的年長者很容易疲勞,從而降低了他們的學習能力。健康的年長者可以選擇重返學校就讀並取得成功的結果,求知若渴的年長者較能找到滿足感和自我實現感。

表 13.3　改善心智功能

精神衰退的風險	改善心智功能的建議
阿茲海默症家族史	定期體檢。
未經治療的高血壓、心臟病或糖尿病史	遵從醫囑。
鉛接觸史	避免接觸含鉛塗料。
吸菸	避免吸菸。
使用非法藥物	避免使用非法藥物。
酗酒	限制酒精攝取量。
缺乏運動	保持活力並定期運動。
缺乏社交互動	保持社交活躍和參與。
高壓情境	避開壓力情境並練習紓壓技巧。
求知動力薄弱	動腦思考；報名課程、閱讀、持續鍛鍊心智。

圖 13.5 ｜ 輔具有助於維持獨立行動能力

道德發展

　　自古以來，年長者的智慧讓人以為他們的道德推理層次已經臻於完美。實際上，年長者的道德和倫理層次與其他年齡層的人並無顯著差異。道德信念奠基於

個體一生中與他人互動的經驗。年長者的基本道德準則可能會因疾病或需求而改變，疾病或藥物會干擾個體的道德推理，而道德推理取決於完善的認知功能。

年長者有更多時間投入靈性需求。然而，沒有證據表明年長者的信仰變得更加虔誠。儘管如此，許多人透過接受和遵循特定宗教的教義，依其靈性信仰找到了生命的意義。擁有堅定信仰的人，較能在生活中找到平靜和滿足。

營養

年長者容易有飲食不足和營養不良的風險，加上社會人口中年長者人數日益增加，面臨此類風險的人更多。營養不良的後果包括：功能狀態下降、肌肉功能受損、肌肉質量衰弱、免疫功能不全、貧血、認知功能下降、傷口癒合不良及住院率和醫療費用增加。善用篩檢以發現和監控年長者的營養問題至關重要，對於身體和認知能力下降的年長者必須特別關注和照顧。對於高風險年長者或日常營養需求無法獲得滿足的人，可考慮口服高能量液態補充品或腸道營養灌食（enteral feeding）（譯注：經由導管傳輸營養到胃或小腸）。

許多因素會影響年長者的營養狀況和飲食習慣。營養狀況受到個體生活方式、身體結構變化和藥物使用的影響，通貨膨脹和固定收入可能阻礙某些年長者購買充足飲食所需的食物，社會狀況（獨居或與他人一起生活）和教育程度也會影響年長者是否充分滿足他們的營養需求或飲食要求。維持體重對年長者來說是必要的，體重減輕可能是由於肌肉組織流失。

獨居常導致食慾下降和降低準備餐點的動力。身體各系統失能、感官受損和其他與年齡相關的變化，會惡化年長者購買、準備、進食和享受食物的能力。表 13.4 摘述年長者的飲食對健康的影響。其他年長者擔憂的問題包括：前往商店的交通不便以及對社區暴力的恐懼。《美國年長者法案》（Older Americans Act）第 7 章明定年長者營養方案，如送餐到家服務（Meals on Wheels）。

表 13.4　年長者的飲食影響

系統	生理變化	飲食建議
心血管系統	血管彈性變差。 心輸出量減少。 收縮力減弱。	減少鈉的攝取。 如果超重需減肥。
呼吸系統	失去彈性。 肺活量降低。 血流量減少。	減少熱量攝取，預防肥胖。
腎臟系統	血流量減少。 過濾率減少，腎單位數目減少。	多喝水（攝取充足的水分）。
神經肌肉系統	反應減少。 體力和動作功能下降。	保持均衡飲食。
神經系統	反應時間變長。 神經衝動速度減慢。	保持均衡飲食。
感覺系統	味覺和嗅覺喪失，可能會對食慾產生不利影響。	提供有吸引力的食物，並使用新鮮草本植物和調味品來增加風味。
內分泌系統	某些荷爾蒙的血液濃度降低。 葡萄糖耐受性降低。	減少單醣攝取。
胃腸系統	牙齒脫落。 味覺、唾液和消化酵素下降。 蠕動減少。	使用假牙。 使用高湯和果汁來增加食物的含水量。 少量多餐。 增加纖維量。 保持充足的液體攝取量。 服用維生素 C 和足夠的蛋白質來幫助傷口癒合。
表皮系統	皮下脂肪減少。 汗腺萎縮。 皮膚變色、變薄、有皺紋、脆弱。	攝取充足的水分並保持均衡飲食。

到了花甲之年，在文化、宗教和家庭結構的影響下，飲食模式已成為根深柢固的習慣，很難改變。如果需要改變飲食，健康照護人員不僅要仔細檢視年長者的飲食，也要留意上述提到的所有因素。

21 歲以後，靜態基礎代謝率以每十年 2% 的速度下降，導致熱量需求減少。總熱量需求取決於個人的活動量。51 至 75 歲之間，多數男性每日應攝取 2,000 至 2,300 卡路里的熱量，76 歲以上的年長男性每日需攝取 1,650 至 2,000 卡路里的熱量；51 至 75 歲的女性通常每日需要 1,600 至 1,800 卡路里的熱量，76 歲以上的年長女性每日約需 1,500 至 1,600 卡路里的熱量。

碳水化合物應占年長者熱量攝取的 60%。最好的碳水化合物是複合式澱粉和糖，例如全麥麵包和穀物。這些食物需要長時間的消化，因此更能滿足食慾。碳水化合物相對便宜、美味，無需冷藏即可長期保存，建議所有成年人每日應攝取 100 公克的碳水化合物。如果每日攝取量低於 50 公克，就有誘發**酮症**（ketosis）的危險；酮症是脂肪代謝不當時酮體積聚的結果，會導致體內酸鹼平衡失調。

蛋白質應占熱量攝取的 12% 至 13%。由於高蛋白食物的價格更高，常使得年長者望而卻步，捨不得食用。雞蛋、肉類、牛奶、魚、家禽，以及米、豆類、穀物、堅果和種子的混合物中含有完整的胺基酸。健康長者的蛋白質需求與患病長者的蛋白質需求大不相同，術後的年長者需要更多蛋白質來幫助身體建立和修復組織。

日常飲食必須包含脂肪。脂肪能提供能量、運送脂溶性維生素、保護和緩衝身體，以及合成身體所需的化合物。然而，有研究建議，年長者每日脂肪熱量不要超過 30%，限制膽固醇和攝取富含不飽和脂肪的飲食，有助於降低心血管疾病的風險。

膳食纖維的用途廣泛，例如增加排便量以預防便秘，還有助於控制體重、消除飢餓感並提供飽腹感，而無需負擔額外的卡路里。研究顯示，膳食纖維可以預防結腸癌和乳腺癌，建議食用量是每日 25 至 50 公克，全穀物、糙米、未去皮的水果和蔬菜、豆類、堅果和麩皮等食物，皆富含膳食纖維。建議年長者應增加水分攝取量，以防止糞便阻塞和腸阻塞。

年長者通常不太會察覺到自己口渴了，他們可能會因為行動不便，或擔心須夜間起床排尿（nocturia）而避免喝水，這些因素使年長者比年輕人面臨更大的脫水風險。有些年長者的病情需要多攝取水分，例如利尿治療、發燒、嘔吐和腹瀉。正常情況下，水分的攝取量和排出量應該保持平衡，水分攝取量應足以產生每日 1,000 毫升尿液。健康照護人員應警覺年長者的脫水跡象，包括意識混亂、口乾舌燥、眼眶凹陷、皮膚乾燥鬆弛、尿比重大於 1.030，以及每日尿量少於 500 毫升。

許多年長者喜歡服用某種類型的維生素補充品，例如維生素 D_3。然而，補充品不該取代均衡飲食。同樣重要的是，應提醒年長者不要服用過量的維生素。

對某些人而言，適量飲酒（女性每天喝一杯，男性每天喝兩杯）與罹患冠心病的風險較低有關。

生理和心理變化都可能對年長者的營養不良產生影響。營養不足和營養過度是年長者的潛在問題，有幾個因素可能導致這些問題，包括攝取不足、吸收不良、營養流失、感染和藥物治療。

營養不良的問題影響 40% 至 60% 的年長住院患者，40% 至 80% 的養護機構入居者面臨營養不良的風險，居家照護的長者與長照機構長者的營養不良比例相似。所有場域中的照護人員和居家照顧者必須警覺營養不良的徵兆，症狀包括：體重減輕、傷口癒合不良、認知功能受損、視力障礙和肌肉萎縮，未發現或未治療的營養不良容易出現壓瘡、感染和其他併發症。辨識年長者營養問題的有效介入措施為：一旦懷疑有問題，立即轉介給營養師。完整地檢視個人用藥亦有助於辨識任何潛在的藥物與營養素的相互作用。抱怨口乾的長者可以咀嚼無糖口香糖或無糖硬糖。若情況允許，可鼓勵家庭成員帶來長者喜歡的食物。用餐時間應該營造有助於促進食慾的社交氛圍，若有家人、工作人員或志工在旁關心陪伴，可促進年長者的食慾。

睡眠與休息

　　年長者比年輕人需要更多的休息和更少的睡眠時間。休息和睡眠有助於恢復身體的能量儲備，防止疲勞。然而，隨著年齡增長，睡眠品質下降，年長者需要更長的時間入睡，會在夜間更頻繁地醒來。近期研究顯示，失眠是年長者最常見的主訴。《2030 健康國民》的目標之一是增加充足睡眠的成年人比例。根據報導，30% 至 50% 的年長者有睡眠困擾，儘管時間充足，有些人仍難以入睡或維持睡眠。失眠可能是褪黑激素和皮質醇（可體松）等荷爾蒙分泌減少所致，一般藥局即可買到褪黑激素（譯注：台灣目前僅能由醫師開立處方籤，向藥局購買），有時可用於治療輕度失眠。美國國家睡眠基金會（National Sleep Foundation）建議 65 歲以上年長者的睡眠時間為 7 至 9 小時。睡眠不佳的後果隔天就會顯現，如任務表現不佳、煩躁和疲憊。失眠也與某些代謝失調疾病有關，心理疾病如憂鬱、焦慮、恐慌發作、人格障礙及失智症也可能會導致失眠，並惡化為慢性問題，其他疾病如肥胖、糖尿病、甲狀腺失調、心臟病和癌症也可能產生睡眠問題。某些物質會干擾正常的快速動眼睡眠，進而導致失眠，包括：酒精、尼古丁、咖啡因和處方藥。年長者最好避免在藥局購買非處方助眠藥物，如苯海拉明（Benadryl）、奈奎爾（Nyquil）和其他含有「PM」配方的物質，這些都是容易上癮的物質，導致在隔日醒來時殘留「宿醉」感。研究表明，這些非處方助眠藥物也可能抑制認知功能。

　　睡眠史評估有助於規劃照顧措施。年長者對於入睡和夜間醒來等問題的回答，可能是解決其睡眠問題的線索，健康照護人員須據此提供良好睡眠習慣的建議。對於入住機構的長者，健康照護人員應先瞭解他們之前的睡眠習慣。為了讓年長者在睡前感到舒適，可以讓他們喝杯熱飲，保持溫暖，蓋好被子，睡前先上廁所等。其他有助於睡眠的措施包括：白天小睡、晨間運動、避免使用刺激物質（咖啡、酒精和尼古丁）和睡前吃大餐。請參閱實用小提示，瞭解如何促進年長者的睡眠。

實用小提示：促進睡眠

促進年長者的睡眠：
- 滿足個體的舒適需求（如廁、衛生和營養）。
- 養成規律的睡眠習慣。
- 提供安靜、輕鬆的環境。
- 將室溫維持在 20°C 至 22°C 之間。

運動與休閒

缺乏活動會導致年長者的體能下降。研究表明，超過 40% 的年長者沒有從事運動或體力活動。不到三分之一的年長者從事散步和園藝等適度的體力活動，只有 10% 的人從事劇烈活動。事實證明，運動是保持終生身體健康的最佳方法之一。規律的運動可以減緩老化過程的影響，大幅提高身體系統的效率，並降低冠狀動脈疾病、高血壓、成人糖尿病、結腸癌、焦慮和憂鬱的發病率。在開始任何運動計畫之前，必須諮詢醫師並獲得醫療許可，適度適量是所有運動計畫的關鍵法則。專欄 13.4 列出運動的好處。

專欄 13.4

運動的好處

運動應養成習慣，但不宜過度劇烈。例如，每天持續步行 30 分鐘，就是一種有益的運動。規律運動的效果如下：
- 降低冠心病的風險。
- 促進心肺健康。
- 增強肌力、耐力和彈性。
- 降低骨質疏鬆症的風險。
- 有助於控制體重。
- 降低血壓、血脂及血糖。
- 增強幸福感並有助於降低憂鬱風險。

安全措施

　　聽力和視力下降、步態變化和神經系統疾病，都會增加年長者跌倒的風險。必須教導年長者學習安全行為，包括慢慢起身和避免洗熱水澡，因為熱水淋浴會讓他們頭暈。血液循環和皮膚正常的老化，使他們的皮膚變得脆弱且更容易受傷，皮膚受傷癒合得更慢。

　　統計研究證實，與一般想法相反，年長者成為犯罪受害者的可能性並不比年輕人高；然而，他們經常成為搶劫、偷竊和詐騙的受害者。年長者會限制自己的外出活動，因為擔心自己成為犯罪分子的獵物，但因恐懼而留在家裡可能會升高社會孤立感。

　　年長者面臨的安全問題之一與駕駛有關。駕駛自由賦予個體獨立性和行動能力。媒體經常探討何時該停止年長者駕駛的辯論問題，需要做出停止駕駛這項決定的跡象包括：頻繁發生輕微交通事故、頭部和頸部活動受限、關節退化和認知變化。理解這些變化對個人生活造成的情緒衝擊，才能安撫年長者覺察自身狀況並幫助他們接受現實。美國老年醫學會（American Geriatric Society）建議先與年長者的基礎醫療人員進行討論。

　　虐待（abuse）的定義是故意造成他者的身體或情緒痛苦，或者剝奪生存或舒適所需的基本照顧。年長者虐待案件的確切數目難以估計，但研究表明，各種場域的年長者虐待案件正在增加中。虐待不分社會、文化和社經階層，多數情況下，虐待與照顧者的壓力、未解決的家庭衝突或家庭虐待史有關。所有形式的虐待都會帶來傷害，降低個人的自尊。健康照護人員必須瞭解年長者的受虐情形，知曉法律要求通報其所目睹的虐待行為，未能舉報虐待行為可能會被法院追究責任。專欄 13.5 列出年長者受虐的徵兆。

專欄 13.5

年長者受虐的徵兆

- 藥物濫用。
- 社交孤立。
- 缺乏支持系統。
- 財務問題。
- 婚姻失和。
- 外向攻擊。
- 過往精神病史、忽視或虐待。

健康促進

　　年長者健康促進的重點與年輕人不同。重點不再只是預防，而是維護健康。運動、飲食調整和健康的生活方式（圖 13.6），最能提高年長者的健康水準並減少風險因素。健康教育和正向的老化態度也有助於促進晚年的健康，年長者缺乏健康促進的知識以及對年長者的負面態度，會阻礙年長者尋求適當的醫療保健服務。年長者之所以須使用許多醫療服務，是因為他們的情況較為複雜，需要具備專業知能的人員來滿足他們的特定需求。需要有更多的健康服務方案來為少數群體和其他未得到充分服務的人提供健康教育與監督。年長者的健康教育目標，包括幫助他們協調及管理個人照護的配套措施、提高照護品質，並確保年長者照護人員的最低培訓水準。

圖 13.6 ｜家庭互動可以促進年長者的健康

維護健康包含早期發現異常和疾病，所有年長者都需要每年進行身體健康檢查。健康檢查應涵蓋飲食、活動量、藥物使用（處方藥和非處方藥）、吸菸和飲酒評估、視力和聽力檢查。由於年長者的免疫反應減弱，因此 COVID-19、破傷風、帶狀疱疹、肺炎和流感的疫苗接種非常重要。65 歲以上年長者的肺炎鏈球菌感染率是其他年齡層的三倍，美國衛生與公眾服務部建議 65 歲以上的年長者每年接種流感疫苗，65 歲以後至少接種一次肺炎鏈球菌疫苗。女性接種疫苗的意願略高於男性。

年長者更有可能罹患至少一種慢性病，常見的慢性病包括：高血壓、關節炎、心臟病、癌症、糖尿病和鼻竇炎。

補充和替代醫學

許多年長患者喜歡服用藥草和膳食補充劑來治療或預防疾病，科學研究尚未證實這些物質的益處或風險，因此，任何自然療法的使用者在服用這些物質之前皆應謹慎小心，並諮詢健康照護人員。

- 建議服用銀杏以改善血液循環和流向大腦的血液。
- 建議服用鋸棕櫚來預防或治療攝護腺肥大。
- 建議服用聖約翰草（貫葉連翹，又名貫葉金絲桃）來緩解壓力、焦慮和憂鬱。
- 建議服用月見草來治療更年期和皮膚乾燥的徵兆和症狀。
- 建議服用北美黑升麻緩解更年期徵兆和症狀。
- 建議服用硫酸軟骨素和葡萄糖胺來維持軟骨健康。
- 建議服用芹菜來治療痛風和關節炎。
- 建議服用大蒜來降低血壓和膽固醇並防止血栓。
- 建議服用維生素 E 來預防心臟病或失智症。
- 建議服用維生素 C 來減輕感冒嚴重程度。

年長者的主要死因是心臟病、癌症、中風、動脈硬化、糖尿病、肺部疾病和肝硬化。乳癌好發於 50 歲以上的女性，接受適當的乳房 X 光攝影檢查，可使 50 至 59 歲女性的死亡率降低 25% 至 35%。

年長者特別容易受到紫外線的影響，即使是短暫的陽光照射，也可能導致正在服用某些藥物的年長者出現光敏反應（譯注：指皮膚對陽光過度反應），故應教導年長者採取促進皮膚健康的措施，包括攝取足夠的水分及避免使用含有酒精的皮膚和香水產品。建議年長者在沐浴後使用潤膚產品，以保持皮膚柔軟和濕潤。

年長者在這個日新又新的健康照護領域中可使用廣泛的服務。若罹患急性或嚴重疾病，就需要住院治療。長照機構的設施須為年長入居者提供熟練的護理服務和復健服務，隨著越來越多年長患者在短期住院後出院，長照機構病情嚴重程度的入居者急遽增加。專欄 13.6 列出選擇長照機構時須考慮的因素。在這些場域服務的健康照護人員，必須加強對病情較嚴重的高齡入居者的知能。

有些年長者選擇以社區為主的服務，例如居家照護。典型的居家年長者患有多種複雜的醫療健康問題，對居家護理人員或家庭照顧者是一大挑戰。今日的居家護理人員除了須具備出色的臨床技能外，還是跨領域團隊中擁有自主專業能力的一分子。輔助生活（assisted living）是另一種以社區為主的生活安排，通常是為年長入居者提供附加支援服務的公寓或住屋，目標是協助想要繼續獨立生活的年長者，協助入居者在溫馨的居家環境中進行日常生活活動。這類型的居住安排費用較高，適合中高收入的年長者。

專欄 13.6

選擇長照機構時要考慮的因素

費用：每日費用、保險範圍、提供的服務。
管理：醫療服務的所有權、交通便利性。
照護理念：工作人員選拔標準、工作人員的服務比例、對服務對象的態度和照護方式。
其他服務：語言治療、物理治療、社會服務、職能治療。

長期照護

有證據顯示，健康保險費用持續攀升，需要醫療照護的年長者可能沒有足夠

積蓄來支付他們希望得到的照護類型和費用。一些為未來健康做計畫的年長者會購買長照險，為將來患有慢性病或失能時預做規劃。購買長照險也能讓家人安心，可用來支付長期照護、輔助生活、成人日間照顧或居家照顧而進行家屋改造的費用，通常涵蓋其他付費保險未能保障的照護費用。

長照險主要由私人保險公司販售，要價不菲，保障範圍和花費依被保險人選擇的照護場域而定。費用取決於多種因素，例如購買時的年齡、先前的健康問題和其他因素。

購買長照險的目標年齡是 50 歲至 71 歲。這個年齡階段的人多半患有一或多種慢性健康問題，因此很難獲得承保或保費高昂。買方必須確定保險涵蓋先前既有的病症，並明確說明具體症狀。基於成本考量，個體必須決定購買長照險是否划算，特別是已有家庭照顧者可協助時。購買長照險時，務必確認保險公司取得政府許可且信譽良好。

安寧療護為患有末期疾病的長者提供居家或住院的支持和照護。社區和醫院都有提供心理健康服務，協助個體維持心理健康。年長者可使用各種醫院以外的服務，包括安養機構、日托服務及失智症者的喘息服務，無法出門的長者可申請居家服務。

年長者有其特殊的健康相關問題，包括失智症、憂鬱症和自殺，擬定預防政策才能幫助和保護年長者。

特殊健康問題

譫妄

譫妄（delirium）是一種急性的大腦功能反應異常，造成認知和注意力嚴重損害。譫妄可發生於任何年齡，但在年長者中最為常見。患者的症狀因人而異，典型症狀包括：定向障礙、情緒不穩定（情緒快速變化）、幻覺和妄想。引發譫妄的病因可能是系統性的（干擾大腦代謝過程的急性病症）、機體性的（如栓塞或阻塞等）或心理社會－環境因素（指削弱個人現實感的外在非生理性原因）。譫妄的症狀通常持續數小時或數天，通常會有睡眠－覺醒週期紊亂和精神運動（psychomotor）混亂，例如：激躁不安、過動或活動量減少，以及情緒不穩定。

> **實用小提示：譫妄**
>
> 詢問以下兩個問題來判定是否為譫妄發作：
> 1. 這種情況持續多久了？
> 2. 是如何突然開始的？

失智症

　　與過去的觀念相反，失智症並非不可避免，也不是正常老化過程的一部分。**失智症（dementia）**是指認知能力喪失。失智症的症狀——記憶減退、定向障礙和精神混亂——可能由 70 多種不同的疾病所引起。阿茲海默症（Alzheimer）是影響年長者罹患失智症和認知障礙的主要原因，還有其他類似但可治療的失智症，其特徵也包括：記憶減退、定向障礙和社交功能變差。65 至 80 歲的年長者失智症發病率為 5% 至 10%；80 歲以上為 20% 到 40%，其中 10% 到 20% 是由藥物中毒引起。因年齡增長而受到影響的肝臟和腎臟生理功能變化，增加了藥物中毒的風險，藥物代謝和排泄會隨年齡增加而減慢。專欄 13.7 說明失智症的常見誤解與事實。

　　年長者的完整體檢常規項目，應包括認知功能評估。許多年長者在失智症早期階段未被診斷出來，是因為他們的社交能力和行為表現掩飾了其他方面的功能喪失。簡易心智狀態檢查（Mini-Mental State Examination, MMSE）可簡單地判定認知功能。這些檢查測試記憶力、判斷力、抽象思考、注意力和計算能力，施測者務必留意提供安靜且有利於產生有效檢查結果的氛圍。瞭解年長者的基線認知功能（baseline cognitive function），是正確管理及照護年長者的不二法門。請參閱表 13.5 以瞭解失智症和譫妄的區別。

　　對待認知混亂症狀患者的處遇方法包括允許他們做出一些選擇，使其失控感降到最低。簡化環境以避免過度刺激和挫折感，並交由同一位可信賴的照護人員協助處理熟悉的日常生活事務，最有助於減少患者的抗拒。健康照護人員必須保護個體，避免他們受到傷害或自我傷害。

專欄 13.7

失智症的誤解與事實

誤解	事實
記憶力減退就是失智症的前兆。	記憶減退時不時會發生，而且是自然現象。
失智症只影響年長者。	失智症既影響年長者，也可能早發於年輕族群。
失智症者有暴力傾向和攻擊性。	失智症狀因人而異。焦躁不安是因為失智症者陷入混亂和恐懼。
失智症者無法享受新事物和生活。	要抱持耐心並讓失智症者有足夠的時間適應新的和舊的活動。
被診斷為失智症後，就表示治療無望。	現今已研發出許多療法、藥物和措施可以延緩與控制失智症狀。

表 13.5　失智症與譫妄的區別

失智症	譫妄
逐漸發病，無法確定日期	突然且明確的發作
慢性化，病程持續多年	之前患有急性疾病
通常是不可逆的	及時治療通常可逆轉病程
罹病後定向感逐漸混亂	初期即有定向混亂徵象
每日狀況相對穩定	意識模糊、改變
作息顛倒，睡眠─覺醒週期紊亂	睡眠─覺醒週期紊亂
精神運動變化在疾病後期才出現	精神運動變化顯著，活動減退或活動過度

> ### 安全有效的健康照護
>
> 　　長照中心護理師走進 88 歲瑪麗的房間。瑪麗患有冠心病，護理師發現她安靜地躺在床上。快到吃早餐的時間了，瑪麗通常是最早出現在餐廳裡的人之一，但今天她看起來無精打采，幾乎沒有注意到護理師來看她。護理師測量她的生命徵象，發現她的體溫略微上升。她否認有任何疼痛或不適，但她似乎搞不清楚時間和日期。護理師決定通知醫生前來查看。
> - 年長者的意識清醒狀態突然出現變化，是否表示患有失智症或譫妄？

憂鬱與自殺

　　多重失落、疾病纏身和藥物治療，可能會讓年長者陷入憂鬱。同樣地，對年長者的刻板印象，常妨礙家庭和健康專業人員正確辨識年長者的憂鬱症狀，如絕望和極度悲傷。使用支持服務有助於緩解年長者經歷到的多重失落，正確診斷和治療疾病有助於預防憂鬱症。伴隨身體虛弱和持續疼痛的慢性疾病容易導致憂鬱症，有些憂鬱症病例與年長者服用的藥物有關，**多重用藥**（polypharmacy）可能會產生假性憂鬱症狀，減少或停用某些藥物可能有助於緩解症狀。儘管罹患憂鬱症，但若能合併藥物和其他治療方式，會有較好的預後效果。

　　未經治療的憂鬱症可能會導致自殺。年長者的自殺率正在迅速攀升，家庭成員和照顧者必須警覺情緒的突然變化或其他可能的自殺警訊。憂鬱症和自殺相關徵兆的訊息，請參閱第 10 章。

健康照護服務

社會保障

　　《社會保障法》是 1935 年美國羅斯福總統的新政之一，最初目的是補貼退休後的收入，由州政府和聯邦政府共同承擔管理。社會保障的資金來自於從雇主和員工扣除的薪資稅。退休時，勞工領取的福利相當於他們在工作年資中的繳款額。

　　1939 年，《社會保障法》進一步延伸強化，為數百萬美國年長者提供援助，並以此作為提高生活水準的措施。保障金額計算是根據較短時間的平均收入而非

終生的平均收入。1950 年的另一項修正案為尚存配偶和受扶養親屬提供保障，後來也納入原本被排除在外的政府雇員和自營業者。1957 年設立失能險，資助 50 歲以上的職災勞工。1960 年，保障範圍進一步擴大，取消年齡限制，為所有職災勞工提供福利。

美國社會安全局試圖將保障維持在與通貨膨脹和醫療費用上漲相同的水準。根據《2016 年美國年長者概況》（A Profile of Older Americans: 2016）報告指出，2014 年美國 65 歲以上年長者的主要收入來源是社會保障金。

Medicare 與 Medicaid

聯邦醫療保險（Medicare）是最昂貴的聯邦計畫之一，分為 A 到 D 四個部分。A 部分的資金來自雇主和員工繳納的費用，其運作方式與醫院保險類似。B 部分是自願額外支付的醫療保險，從保險費和一般收入支出，B 部分涵蓋支付醫生的費用和其他服務費用。受益人必須年滿 65 歲或失能，方符合享有社會保障金的資格。

C 部分是聯邦醫療保險優勢計畫（Medicare Advantage Plan），由各種健康計畫組成，例如健康維護組織（HMO）和優選醫療組織（PPO）。D 部分是處方藥保險，用來降低受益人購買處方藥的費用。受益人必須留意 D 部分要求的登記加入日期，延遲登記加入必須繳納滯納金。目前已有私人保險公司提供聯邦醫療保險未能涵蓋的項目，例如免賠額和共付額。

聯邦醫療補助（Medicaid）隸屬於《社會保障法》第十九條，於 1965 年首度推出。收入等於或低於貧窮線的公民有資格獲得聯邦醫療補助，聯邦政府授權給各州為未投保的公民量身定做基本健康計畫。聯邦醫療補助是長期照護的主要資金來源。

年長者的權利

1987 年，聯邦政府通過《美國長者法》（Older Americans Act）。該法案旨在透過監察專員（申訴專員）計畫來保護住在機構的年長者。監察專員充當年長者的代表和發言人，確保他們的權利受到保護。

1990 年，美國國會通過了《病人自主權利法》（Patient Self-Determination

Act），旨在確保患者在無法為自己發言時，其意願依然獲得遵循。目前有兩種類型的預立指示可達成這項目標：生前預囑和醫療代理委託書。當個體仍有能力指定未來的治療類型時，即可寫下**生前預囑（living will）**。**醫療代理委託書（health care proxy）**或持久授權書（durable power of attorney），可指定代理人在意願人自己無法做出決定的情況下，代其做出決定。請參閱附錄 A 和附錄 B 的生前預囑和醫療代理委託書範本。

醫生可應意願人或家屬的要求，開立拒絕施行心肺復甦術（Do Not Resuscitate, DNR）醫囑。在意願人突然死亡的情況下，該醫囑從法律上保護醫護人員。醫護人員必須熟悉執業州的法律，因為各州對於生前遺囑、DNR 和其他此類預立醫療指示的法律各不相同。

年長者有權期待健康老化。健康老化的定義是能在晚年享受身心健康的生活，除了生活自理之外，還包括保持社交活躍，並與家人和朋友往來互動。儘管並非所有年長者都擁有良好的健康狀況，但樂觀和積極的態度有助於強化個人適應與年齡相關變化的能力。

思辨練習

艾莉，80 歲，與女兒和女婿住在一起，這是她在長照機構接受日托服務的第二週。自從她來到中心之後，就一直非常安靜和孤僻。今天，她憤憤不平地說道：「我女兒簡直不是人。」她要求你答應她，告訴她的女兒，她想討回她的社會保障金。

1. 你對這位長者的第一個反應是什麼？
2. 擬定你對艾莉及其家人的介入計畫。
3. 說明話舊（人生回顧）的功能。

學生活動

參觀墓園並反思你對死亡的感受。

本章重點回顧

- 老年期分為三個時期：初老期（65 至 74 歲）、中老期（75 至 90 歲）、老老期（90 歲以上）。
- 年長者是當今美國人口成長最快的群體。女性的預期壽命比男性長。預期壽命最準確的預測因子是親生父母的年齡。
- 有幾種理論試圖解釋老化。生物學理論包括發條理論、自由基理論、耗損理論、免疫系統衰退理論、自體免疫理論。
- 心理社會理論試圖解釋老化如何影響社會化和生活滿意度，包括撤離理論、活動理論和連續性發展理論。
- 許多身體變化都是正常老化過程的一部分。
- 老年期的心理社會任務包括接受和適應不斷變化的身體意象、家庭角色、工作和休閒模式、性行為以及面對死亡的必然性。
- 根據 Erikson 的理論，完成前七項發展任務的年長者，準備要去實現自我統整的任務；缺乏自我統整的年長者會變得無助與絕望。
- 年長者可利用話舊或人生回顧的過程，來為自己的生命賦予意義並增強自我價值感。
- 年長者的認知能力通常可以維持到晚年。隨著年齡增長，記憶力會出現輕微的變化。年長者的短期記憶受損程度往往比長期記憶嚴重。
- 道德信念奠基於個體一生中與他人互動的經驗。許多年長者透過靈性和宗教找到平靜和滿足。
- 良好的營養可以預防晚年疾病，並改善個人對治療的反應。
- 年長者比年輕人需要更多的休息和更少的睡眠時間。休息和睡眠有助於恢復身體的能量儲備，防止疲勞。
- 運動是維持終生身體健康的良好方式。
- 年長者更可能罹患至少一種或多種慢性病或併發症。

- 年長者的主要死因是心臟病、癌症、中風、動脈硬化、糖尿病、肺部疾病和肝硬化。
- 健康促進和維護健康的重點是運動、飲食調整和健康的生活方式。
- 瞭解年長者特有的風險增加因素可以預防事故發生。感官知覺、步態變化以及神經系統疾病，會增加年長者跌倒的風險。
- 針對年長者的犯罪和虐待，不分社會、文化和社經階層。
- 社會保障、聯邦醫療保險和聯邦醫療補助是為年長者提供援助的計畫。
- 穩定且一致的照護人員和遵循熟悉的日常生活事務，最有助於減少年長患者的抗拒。
- 年長者的憂鬱和自殺可能是由多重失落、疾病纏身和藥物治療所引發的。

課後評量

1. 大多數美國年長者住在哪裡？
    A. 慢性長期照護機構。
    B. 急性復健機構。
    C. 醫院。
    D. 他們自己的家，獨居或與家人住在一起。
2. 心理學理論如何解釋老化？
    A. 老化帶來的身體變化。
    B. 個體的生活滿意度。
    C. 預期壽命。
    D. 壽命。
3. 由於以下何種原因，使得年長者跌倒的風險增加：
    A. 耳垢累積。
    B. 停經後症狀。
    C. 身體重心轉移。
    D. 身高明顯下降。
4. 年長者跌倒可能會導致哪些後果？（複選題）
    A. 永久喪失功能。
    B. 久坐不動。
    C. 生活品質變差。
    D. 延長機構照護時間。
    E. 提高自尊。
5. 當年長者失去脂肪組織時，會出現什麼結果？
    A. 肌肉重量增加。
    B. 記憶力減退加速。
    C. 體溫控制困難。
    D. 生理時鐘加快。

6. 年長者的聽力受損，說話者最好以何種溝通方式為佳：

   A. 低、中度音調。

   B. 高頻音調。

   C. 輕柔的呢喃。

   D. 大聲喊叫。

7. 哪個退休階段的特徵是如釋重負的輕鬆感？

   A. 遙遠期。

   B. 重新定位期。

   C. 穩定期。

   D. 蜜月期。

8. 下列關於老化的敘述，哪一項是正確的？

   A. 隨著年齡的增長，人就是會生病。

   B. 大多數年長者都住在長照機構。

   C. 年長者可以學習新事物。

   D. 所有上了年紀的人都會變得衰老。

9. 年長者的失智症：

   A. 是永久不可逆轉的。

   B. 是老化的自然結果。

   C. 是潛在疾病的症狀。

   D. 是由阿茲海默症引起的。

10. 哪些是譫妄的症狀特徵？

    A. 發病持續數週。

    B. 不可逆的。

    C. 持續惡化。

    D. 可能由急性疾病所引起。

11. 年長者的飲食需要包含足夠的蛋白質、碳水化合物、脂肪、纖維和水分。手術後，年長者需要更多的＿＿＿＿＿＿來建立和修復組織。

    A. 碳水化合物。
    B. 蛋白質。
    C. 脂肪。
    D. 水分。

12. 婚姻衝突、藥物濫用和經濟困難，可能會導致下列哪些結果？（複選題）

    A. 社交孤立。
    B. 家庭虐待。
    C. 擺脫束縛。
    D. 年齡歧視。
    E. 自我統整。

13. 哪種老化理論認為，個體應該盡可能長時間地保持愛好和興趣？

    A. 撤離理論。
    B. 發條理論。
    C. 耗損理論。
    D. 活動理論。

答案：1. (D)；2. (B)；3. (C)；4. (ABCD)；5. (C)；6. (A)；7. (D)；8. (C)；9. (C)；10. (D)；11. (B)；12. (AB)；13. (D)。

Chapter 14
臨終與死亡

學習目標

1. 解釋與臨終和死亡有關的重要名詞。
2. 說明 Kübler-Ross 的臨終和死亡階段。
3. 說明失落的種類。
4. 說明死亡概念的發展。
5. 說明和死亡有關的文化差異。
6. 說明臨終的徵兆。
7. 說明有關臨終的倫理議題。

死亡是生命的一部分

　　生命的旅程可以按照不同的年齡階段來預測，但生命的長度卻是不可預測的。死亡是所有生物不可避免的命運，死亡的概念賦予生命意義和目的。死亡與失落是非常個人化的議題，每個人的反應各不相同。**失落（loss）**是每個人一生中都會碰到的遭遇，挑戰我們原先預定好的優先事項和關係的重要程度。重大的失落或許會帶來改變和適應。因應（coping）是一個複雜的過程，涉及個人的自我認同。個體如何因應，取決於處理過往失落的方式，因應機制反過來又會影響個體如何克服未來的失落。理想情況下，失去親人會讓人更珍惜生命及瞭解生命的脆弱性。

　　死亡可能發生在任何年齡。任何年齡突然、意外的死亡都會產生獨特的問題。無論身處哪個年齡階段，失去親人都是一種痛苦。**悲傷（grief）**是對失落的反應或外在行為表現。一般來說，大部分的人都會因死亡而感到悲傷，對失落的悲傷反應是一個痛苦的過程。某些研究人員提出所謂的**預期性悲傷（anticipatory grief）**，係指對預期失落的反應，例如在罹患末期疾病時，家人意識到親人即將離世，在死亡發生之前會經歷一種失落感（圖 14.1）。預期性悲傷讓家人有機會表達情感，及時完成與臨終者的未竟事務，並開始處理不可避免的失落。當悲傷反應持續一段可預測的時間、具有自限性（self-limiting）（譯注：係指無需治療

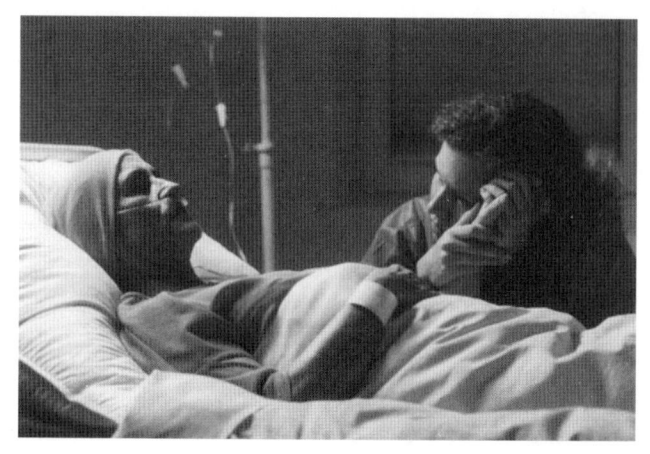

圖 14.1 ｜ 當家庭成員在死亡發生前經歷失落感時，即為預期性悲傷

即可自行痊癒）並有健康的解決方案時，這樣的悲傷反應可說是適應良好或健康的。**適應不良的悲傷反應（maladaptive grief responses）**通常表現出強烈、漫長、變化不定的悲傷過程，導致無法解決的衝突。任何人都不應否認或忽視在悲傷過程中情感支持的需求，專業人員可以提供並建議協助的方式來減輕與喪親有關的痛苦。**哀悼（mourning）**是人們在遭受重大失落後經歷的自然過程，是十分個人化的，有助於調節失落。哀悼的過程可長可短，從幾個月到幾年不等，目的是回到正常的生活常軌。每個人的悲傷程度各不相同，有些人會憤怒、內疚、焦慮、憂鬱、心神不寧和身體不適，有些人會失眠。悲傷是個體對失落的健康、正常的反應。超出正常時間長度的延遲、延長的悲傷，有可能是病理反應，需要加以介入處遇。**喪慟（bereavement）**是持續感受到失落的狀態。

悲傷包含許多反應，如：情緒、認知和復原的反應。悲傷的情緒反應有：麻木、悲傷、哭泣、孤獨、焦慮、憂鬱、飲食過量或過少、過度活躍或社交退縮。生理反應如：口乾舌燥、喉嚨緊繃和腹部不適，導致身體虛弱和疲勞。典型的認知反應通常是否認、懷疑和憤怒、時常夢見和想起故人。復原反應（restorative responses）需要經過一段時間的沉澱和轉化，對過去有新的領悟及滿意的感受，再次對活動產生興趣。在這個階段，可能會發展新的關係、嘗試新的角色、形成新的優先事項和目標。

失落與悲傷的理論

Elisabeth Kübler-Ross 的階段論

Elisabeth Kübler-Ross（庫伯勒－羅絲）是一位精神科醫師，她列出病人及家屬面對臨終和死亡時經歷的五個不同階段。病人和家屬經歷這些階段的順序不一，也不一定同時出現。這五個臨終階段的順序取決於個體的性格、文化影響和病程時間。

第一階段：否認

當病人或家屬認為醫師的診斷有誤，不相信死亡即將到來時，就是處於否認（denial）階段。若是意外死亡，在世的家屬和朋友會感到震驚和難以置信，否認這一事實。否認讓個體有時間處理預後（經過治療後可能的結果）或死亡帶來的影響。

第二階段：憤怒

當病人或家屬要消化即將到來的死亡事實時，可能會產生憤怒（anger）的情緒。憤怒可能轉向內在，或轉移到健康照護人員甚至神明身上。當憤怒指向健康照護人員時，健康照護人員仍必須支持病人和家屬。家屬也可能將憤怒發洩在臨終病人身上，指責臨終者離他們而去。兒童可能會因失去親人而產生被拋棄的感受，或因親人離世而自責不已。

第三階段：討價還價

當病人或家屬知道死亡不可避免時，可能會試圖透過與神明討價還價（bargaining）來爭取更多時間，例如：希望有額外幾個月或一年的時間來完成心願。

第四階段：憂鬱

憂鬱（depression）是指病人或家屬知道自己無法改變結果時所經歷的悲傷或孤獨感。此階段的個體處於自暴自棄的退縮、無語問蒼天的狀態。

第五階段：釋懷

釋懷（acceptance）係指病人或家屬承認死亡是不可避免的。釋懷的人著手解決過去未竟的感受和問題，所有的個人事務都安排妥當，做好最後的道別。

🌸 John Bowlby 的分離階段論

John Bowlby（鮑比）研究依戀和失落的反應。Bowlby 觀察孩子與母親分離的反應，注意到這些反應與成人悲傷模式的相似之處。Bowlby 指出，孩子對分

離的最初反應是**抗議**（protest）：在這個階段，孩子對失落的反應強烈、痛苦不安、哭個不停。抗議階段也是成年人對重大失落的第一個反應。第二個階段是**沮喪**（despair）：孩子安靜、悲傷、壓抑，對周遭環境毫不在意，經常拒絕進食、體重減輕。這些反應與失去至親的特徵相似。最後一個階段是**漠然**（detachment）：在這個階段，就算母親回來，孩子也似乎對她不感興趣。孩子的疏離反應顯示他試圖重新調整並接受失落。

Bowlby 以依戀理論為基礎和背景，發展出哀悼理論。哀悼的第一個階段是**麻木階段**（numbing stage）：這是一種保護機制，讓個體有時間動員自身的力量來因應失落。其次是**痛苦階段**（painful stage）：個體的失落感特別強烈，非常思念故人。第三階段是**混亂和沮喪**（disorganization and despair）：個體對遭遇失落感到憤怒，並尋找為什麼這種情況會發生在自己身上的答案。最後，經歷過重大失落的人來到**重組階段**（reorganization stage）：個體適應新的角色並調整優先事項順序。最後的重組階段需要朋友與家人的支持和鼓勵。

失落的種類

有些失落是可預期的、普遍存在的，有些失落則不可預期。失落可能發生在發展的各個階段。許多失落可歸類為**有形的失落**（physical losses），是顯而易見的，如配偶、父母、子女或其他至親死亡即為這類型的失落。另有些失落對外界來說不太明顯，被稱為**象徵性失落**（symbolic losses），例如因失業、離婚或被遺棄而造成地位或角色變化。所有的失落都會產生悲傷反應。

配偶死亡

配偶死亡是人生的重大失落，尚存配偶必須面對孤獨和角色的變化。研究表明，喪偶的男性或女性繼之死亡的風險很大，尤其是在失去至親後的頭兩年。某些研究發現，男性和女性對成為鰥夫或寡婦的反應方式並不相同。喪妻男性的反應是孤單無助，彷彿失去了自身的一部分；喪夫女性的反應則是被拋棄、獨留一

人生活。尚存配偶的年齡對因應和處理至親離世的方式影響甚大。對男性來說，喪偶通常發生在晚年，而女性通常在更年輕的時候喪偶，年齡可能會影響個體對新角色的適應。

父母死亡

父母離世對任何年齡的子女來說都是困難的。對兒童來說，父母死亡的失落意涵，取決於他們的年齡和認知發展階段。應鼓勵兒童坦然地表達他們的害怕、擔心和感受。遊戲能讓幼兒更好地表達他們的情緒。他們需要得到保證，會繼續被愛和照顧，他們並不孤單。大一點的孩子需要感受到被愛、支持和接納。兒童提出的問題應以他們能夠理解的程度誠實地回答。成年後失去父母雖為預料之中、自然的事情，但仍然很難承受。父母是無條件的愛和支持的來源，但父母的離世結束了這種支持，帶來了角色的轉變，現在可能需要成年子女來照顧仍在世的父親或母親。在這段困難時期，家庭應該尋求支持團體的協助，以獲得更多的鼓勵與安慰。

孩子死亡

孩子死亡被認為是最難以理解和接受的失落之一。我們理所當然地認為孩子會活得比父母更久，期望他們健康平安，因當孩子因意外或疾病而死亡，父母和家人的絕望、懷疑和憤怒可想而知。若死亡原因為事故時，父母難免將責備的矛頭指向外界的人事物。在某種程度上，責備有助於喪子父母從這種無意義的失落中重新獲得一些掌控感。

流產或死產

另一個重大失落是未出世嬰兒的死亡。胎兒死亡（流產或死產）後，父母和家人會經歷到嚴重的創傷和悲傷，無論懷孕時間多久，都會產生巨大的失落和失望感。當死亡發生在接近足月時，醫護人員必須讓父母有機會見到並擁抱他們的孩子，並事先告訴父母，孩子的外觀、膚色和體溫，再用溫暖的毯子包裹嬰兒並

帶到父母身邊。醫護人員應該敏察父母是否願意與嬰兒單獨在一起，還是希望有人陪在身邊，向離世的嬰兒道別。有些父母表示，看到一個先天畸形的嬰兒並沒有想像中的那麼糟；一些在分娩過程中經歷死產的父母後來表示，他們堅信孩子真的活過。讓他們看到並擁抱自己的孩子，有助於展開悲傷的歷程。

> ### 安全有效的健康照護
>
> 當安琪懷孕 28 週時，她因為腹部絞痛和陰道流血而被送到急診室。入院幾小時後，安琪開始陣痛，但生下的卻是死產女嬰。這是安琪和另一半嘗試懷孕一年後的第一個孩子，他們待在恢復室裡，顯得很絕望沮喪。
> - 健康照護人員可以採取什麼措施來幫助這對伴侶緩解悲傷？

手足死亡

兄弟姊妹去世對任何年齡和階段的手足來說，都是巨大的痛苦和悲傷。當逝者是個孩子時，其他兄弟姊妹更是難以承受，甚至責備自己。在世的孩子不僅要因應父母的反應和哀悼，還有自己的悲傷。成年兄弟姊妹的死亡有時會造成家族的空虛和斷裂。無論死亡原因是疾病、事故還是災難，在世者都會想搞清楚緣由，努力嘗試以能夠理解並最終可接受的角度來看待失落。隨著親人離世，家庭無可避免地需要重組和調整。

非預期的失落

任何突然的死亡都是令人震驚的，更何況是自殺——也就是故意結束自己生命的行為，留給遺族特殊而極度的痛苦與煩惱。遺族不僅沒有時間做好心理準備或告別，也可能因為不知道親人的自殺計畫或無法阻止他們輕生而感到內疚。

面對自己的死亡

罹患末期絕症的病人得面對自己的死亡。無論已得知哪些訊息，他們多半都意識到死亡即將來臨。年齡、宗教、文化、家人和朋友的支持，以及個人的信念等，都會影響個體接受死亡的方式。讓家人和親密的朋友陪在身邊，有助於減少孤立感。

年長者常認為死亡是不可避免的，因此有些人會預做準備，允許家庭成員一起討論喪禮、安葬和財產處置等事宜和心願，帶給參與的相關人員些許掌控感和安慰。家人和朋友應就臨終時可能掛心的事和個人偏好的後事安排方式，進行公開的溝通和討論。

死亡概念的發展

個體對死亡的理解，與年齡、發展和認知階段有關。
- 嬰兒沒有死亡的概念。慢慢地，幼兒開始意識到自己與母親是分開但獨立的個體。
- 學步兒主要擔心的是分離焦慮。死亡對他們來說意味著「動也不動」。
- 學齡前兒童會擔心受傷以及與傷害或疾病相關的疼痛，害怕看醫生、打針或疼痛，他們常問：「會痛嗎？」
- 到了 5 或 6 歲的時候，兒童擔心做錯事會受到懲罰。他們在螢幕上看到死亡，有些人失去了家人。他們的想像力豐富，會因經常夢見、或被親眼所見、信以為真或可能發生的事情而感到害怕。學齡兒童已經明白人終有一死，認為死亡與事故、疾病或年老有關。生活在暴力頻繁社區的兒童，可能會在很小的時候就得面對死亡。隨著槍枝、毒品和幫派數量日漸氾濫，某些兒童不得不將槍擊、刺傷和暴力視為家常便飯。
- 青少年將死亡視為最終結局，也知道一些儀式和習俗。對青少年來說，死亡是一種遙遠的可能性，因為他們相信自己是無敵的、身體健壯且精力充沛，當朋友或同儕死亡時，青少年會感到震驚和憤怒。死亡是實現目標的阻礙，青少年通常掙扎於找到生命的意義和社會目標。

- 成年人對死亡的看法,取決於他們的人生觀。在成年早期,個體正在確立自己的目標和抱負,他們的重心放在提高學歷和事業成就上,也可能放在建立家庭和撫養子女上,應該從這個階段就開始做好未來規劃(儘管日子還很長)。當同齡人突然去世或生重病時,成年人的死亡焦慮會不時浮現。
- 中年人開始經歷體能不如從前,這些失落促使中年人思考自身死亡的可能性。父母的去世迫使中年人重新評估優先事項和價值觀,死亡和失落促發改變和適應的需要,化危機為轉機,由此更為欣賞生命和提高生活滿意度。
- 年長者可能意識到他們的來日無多,希冀透過談論死亡和最後的願望,以及完成生命回顧來做好心理準備。這麼一來,個體或許可以帶著平靜和安詳的心情繼續前進。

文化與宗教信仰差異

如第 3 章所定義的,**文化**是指代代相傳而習得的行為模式,宗教是一套正規有條理的信仰和實踐體系。文化模式(或特徵)和宗教,幾乎主宰和指導個體如何處理關鍵的生活事件,包括出生、結婚和死亡。這些儀式不但幫助人們知道特定時間和事件該做什麼,更能指引失去至親的家庭如何回應、繼續發揮家庭功能。藉由累積對不同文化背景的知識和理解,健康照護人員更能滿足病人及家屬的需求,更多知識亦將提高健康照護的品質。健康照護人員應允許病人表達在其過世後,想要如何進行文化和/或宗教儀式,並定期與個體確認這些意願是否更動,也許隨著時間過去,個體會有不同的考量。

臨終的徵兆

沒有人能準確預測死亡時間,然而,有些跡象顯示病人正在衰弱並瀕臨死亡。有些人開始抽離外界發生的事物,將注意力轉向內在。儘管據說聽覺會保留到死亡之後,但多數的感官知覺正逐漸弱化。有些病人安靜不動,有些病人則焦

躁不安。呼吸方式發生變化；呼吸頻率變得不規則，時而呼吸暫停，稱為**潮式呼吸**（Cheyne-Stokes respirations）。生命徵象發生變化，血壓下降、脈搏減慢、腸道和膀胱控制減弱、意識程度下降，個體逐漸意識不清。當死亡臨近時，身體的熱量流失，產生冰涼的感覺。靈性的需求在此時變得更加重要，家人和朋友是臨終者真正的慰藉，可惜很少有人知道該怎麼做。至親即將離世的家屬所需的協助和支持，請見下方「實用小提示：療傷的話語」。遭受重大失落的個體可透過專欄 14.1 中列出的建議來減輕痛苦。

實用小提示：療傷的話語

與臨終病人的家屬溝通時——

請記得：
- 詢問開放式問題。
- 不帶成見。

問他們：
- 你在擔心什麼？

判斷：
- 對他們來說，此時重要的事是什麼？

總是：
- 確保隱私。

試著：
- 瞭解他們現有的知識程度。
- 支持並認可他們的感受。

不要：
- 說陳腔濫調，例如「他現在好多了」。

專欄 14.1

如何熬過失落

- 接受他人的好意幫助；讓家人和朋友陪在你身邊；加入支持小團體，與遭遇類似失落的人分享。
- 敞開心胸表達感受，不要壓抑情緒。
- 不要忽視健康；注意情緒、睡眠和飲食模式的變化。
- 儘量避免在遭遇重大失落後，又讓生活立即發生過大變化；暫緩做出搬家、再婚或換工作等相關決定，在做出重大改變之前，先試著適應失落。
- 善待自己；規劃能讓身心愉悅的活動，重新感受快樂是可以的。
- 如有需要，尋求專業協助。

臨終議題

法律文件

預立醫療指示（advance directive） 是一份說明當個人無法表達醫療決定時，預先設立醫療意願的法律文件。醫療照護機構必須在病人入院時，告知他們擁有這項法律保護的權利。1991 年，美國聯邦政府通過了**《病人自主權利法》（病主法）（Patient Self-Determination Act, PSDA）**。根據這項法案，每位病人都有權利預立醫療指示。如果機構未能告知病人這項權利，聯邦政府將收回該機構的補助款。

生前預囑也是一種預立醫療指示，表明個人在患有嚴重疾病的情況下，是否維持延命治療的意願。該法律文件可在美國各地取得，每個州的格式或內容可能略有不同。有些人決定簽署的是**醫療照護持久授權書（durable power of attorney for health care）**，指定某人代為表明病人的意願，並在病人無法表達自身意願的情況下，代為執行醫療照護的相關決定。入住醫療機構時，病人會被詢問是否願意簽署「**拒絕施行心肺復甦術**」（又名「**放棄急救同意書**」）（**Do Not Resuscitate,**

DNR），也稱為「拒絕緊急救治」（No Code）或「允許自然死亡」（Allow Natural Death），這些法律文件指示醫療人員須瞭解病人心臟或呼吸停止時的意願。讀者可參閱附錄 A 和附錄 B 的生前預囑和醫療代理委託書範本。

🌸 安寧療護與臨終關懷

安寧療護（palliative care）是減輕末期病人痛苦的一種照護形式，注重生命品質及緩解病人的壓力、生理、情感和靈性需求。安寧療護的目的不在於延長病人的壽命。療護目標必須由病人、家屬和健康照護人員共同擬定，建立一個跨科別的專業照護團隊，並由一名團隊負責人領導。該團隊由宗教人員、職能治療師、物理治療師、疼痛管理專家、心理健康專家、社會工作者和護理人員組成。當病人的預後發生變化時，可以從安寧療護轉向臨終關懷。

臨終關懷（hospice care）係指在舒適的家中或指定的病房為末期病人提供照護以迎向死亡。當預期壽命不到 6 個月且不再尋求治癒時，即可提供臨終關懷，故臨終關懷強調的是生活品質而非治療。死亡被視為是一個自然的過程，強調滿足生理、心理、靈性和家屬的需求。臨終關懷由幾個不同的科別提供，包括：護理、社會工作、物理治療和宗教人員（如果需要的話），病人可以自主決定他們對每個科別的需求。病人死亡後，臨終關懷中心仍會為家屬提供為期 13 個月的喪親諮商，在這段期間，家屬可以免費接受個人或團體諮商。臨終關懷現已納入《平價醫療法案》（ACA）的給付範圍。專欄 14.2 列出臨終關懷的判定標準。

專欄 14.2

臨終關懷的判定標準

- 病人的預期壽命不到 6 個月。
- 身邊有主要照顧者。
- 病人選擇臨終關懷。
- 醫師支持臨終關懷。
- 已擬定臨終關懷計畫。

倫理議題

倫理決策（ethical decisions）的難題經常躍上檯面，給病人和家屬帶來挑戰。例如，病人在預立醫療指示中聲明希望暫停某些治療，像是鼻胃管灌食、機械通氣和心肺復甦術，而家屬可能會為了要不要做這些決定而掙扎不已。另一個例子是，希望家屬考慮捐贈臨終者的器官。健康照護人員在向家屬提出此類選項時必須得體和謹慎，最終決定權在於家屬，最好能徵得本人的意願（如果已知）或家屬的信念。任何時候家屬都不應因決定而受到壓力或批判。

醫助死亡（physician-assisted dying），也稱醫療協助死亡（medical aid in dying, MAID），係指刻意結束病人的生命。這個概念因文化、宗教和道德價值歧異，興起一波爭議，引發許多不同的反應。醫助死亡在美國的九個州是合法的，包括奧勒岡州、華盛頓州、加州、緬因州、佛蒙特州以及華盛頓特區等，這個倫理議題仍在激烈辯論中。**尊嚴死**（death with dignity）的擁護者認為，罹患末期絕症、心智能力正常的成年人，有權利請求並接受處方藥物來加速自身的死亡。支持**死亡自決權**（right to die）的健康照護人員並不是要促成死亡，而是不希望不由分說一概延長生命。

許多健康照護人員並未就有關臨終的複雜議題，與病人或家屬做好溝通的準備。每位病人及家屬各有不同的需求，都需要獲得關懷和支持（圖 14.2）。每個人都應該提前計畫，讓家庭成員及健康照護人員瞭解自己的臨終願望。任何健康照護人員都不該將自己的信念強加於病人，相反地，應該提供一個讓人安心、平靜的環境，讓病人可以有尊嚴地進行治療。所有病人都有權利充分瞭解自己的病情以及治療可能帶來的益處和風險，家庭應尋找機會坦誠討論個人的擔憂和意願，做出最適合其需求的決定。儘管末期疾病令人心碎，但對每位相關人員來說，為治療方案爭論不休而非互相安慰和支持，是一件更讓人難過的事。

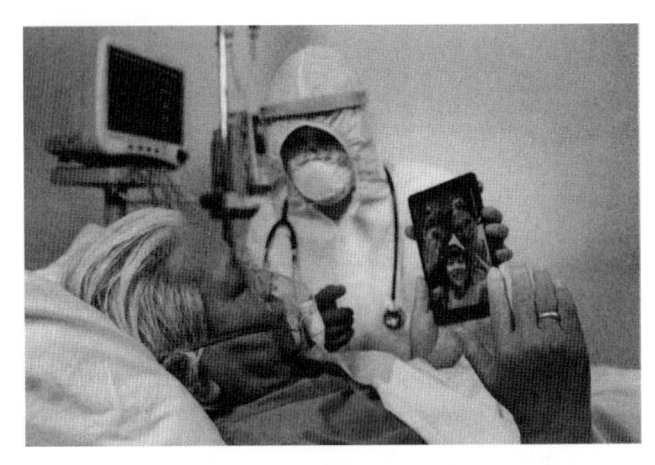

圖 14.2 ｜ 在 COVID-19 全球大流行期間，醫療照護人員往往是隔離病房患者可以獲得的唯一支援。這段期間對病人、家屬和醫護人員來說都是十分艱難的

實用小提示：陪伴臨終病人指南

協助臨終病人時：
- 別低估你的付出。
- 陪在臨終者身邊。
- 當一切都說了、做了之後，沉默或許才是最佳的陪伴。
- 你的陪伴展現了你對他的關心。

思辨練習

練習一：

　　7 歲的小修剛得知他的祖父去世了。他的父母和親戚都很傷心，忙著安排後事。小修和祖父非常親近，放學後經常到祖父那邊玩。他的父母不確定是否要讓小修出席葬禮。

1. 小修的父母該如何處理他對祖父過世的反應？
2. 你覺得小修應該出席葬禮嗎？請說明你的理由。

練習二：

　　列出五項有助於為臨終病人的家屬帶來安慰的建議：

1.
2.
3.
4.
5.

練習三：

　　一名 85 歲的年長女性入住長照機構，三週後，你注意到她鮮少進食，只願意吃家人從家裡帶來的食物。其他入居者試圖接近認識她，但她既不參與活動，也不與他們交流；你還注意到她拒絕喝水。你可以問她及家屬哪些問題，藉以更理解這位長者的行為？

Chapter 14｜臨終與死亡

本章重點回顧

- 死亡是所有生物不可避免的命運。
- 死亡和失落是相當個人化的議題。
- 失落是每個人一生中都會碰到的遭遇。
- 死亡可能發生在任何年齡。
- 悲傷是對失落的反應或外在行為表現。
- 哀悼是個體遭受重大失落後經歷的自然過程。
- 喪慟是一種持續感受到失落的狀態。
- 悲傷包括情緒、認知和復原反應。
- 悲傷的情緒反應包括：麻木、悲傷、哭泣、孤獨、焦慮和憂鬱。
- Elisabeth Kübler-Ross 率先歸納出失落和死亡的五個階段。
- John Bowlby 研究兒童對失落和分離的反應，這些反應與成人的悲傷模式相似。
- 死亡的概念因年齡和個人發展階段而異。
- 文化和宗教可以指引個體和家庭度過喪親之痛。
- 臨終前會出現許多身體和社會變化。
- 如果病人已經無法做出醫療決定，預立醫療指示將合法地表明其意願。
- 生前預囑是預立醫療指示的一種形式，敘明個體對維持生命治療的意願。
- 醫療照護持久授權書係指在病重的情況下，指定某人代為表明病人意願的權利。
- 拒絕施行心肺復甦術（DNR）是一項法律規定，當發生心臟或呼吸停止時，醫護人員據以依循病人的意願。
- 醫助死亡係指刻意結束病人的治療或生命。
- 安寧療護是一種有助於減輕末期病人痛苦的照護方法。
- 臨終關懷採用跨科別服務，為臨終病人在家中或病房提供舒適和平靜的方式以迎向死亡。

課後評量

1. 對死亡的情緒反應稱為：
   A. 喪慟。
   B. 悲傷。
   C. 哀悼。
   D. 失落。

2. 根據 Kübler-Ross 的說法，死亡的最後階段是：
   A. 否認。
   B. 憤怒。
   C. 討價還價。
   D. 釋懷。

3. 下列哪一個年齡階段具備人終有一死的概念？
   A. 學步兒。
   B. 學齡前幼兒。
   C. 嬰兒。
   D. 學齡兒童。

4. 下列哪一項可能是臨終的徵兆？
   A. 脈搏加速。
   B. 喪失聽力。
   C. 呼吸不規則並伴隨呼吸暫停。
   D. 焦慮。

5. 臨終關懷的重點是：
   A. 治療措施。
   B. 實驗性治療。
   C. 藥物試驗。
   D. 提升舒適度。

6. 在 John Bowlby 的分離階段中，孩子看似安靜、退縮和壓抑的階段是：
   A. 抗議。
   B. 沮喪。
   C. 漠然。
   D. 憤怒。
7. 病人的女兒問醫護人員，為什麼她的父親被安排去接受安寧療護，並表示她沒有聽說過這種類型的照護方式。下列何者為較佳的說明？
   A. 「醫生知道什麼對病人最好。」
   B. 「你父親仍將繼續接受治療。」
   C. 「這是最好的，因為醫生已經終止了所有治療。」
   D. 「別擔心，我們會繼續為他提供最好的照顧。」

答案：1. (B)；2. (D)；3. (D)；4. (C)；5. (D)；6. (B)；7. (B)。

附錄 A：生前預囑範本

介紹

本生前預囑符合紐約州法律，正如西徹斯特郡醫療中心，72 N.Y.2d 517（1988）案所述。在該案中，法院認定需要「明確且令人信服」的證據來證明患者的意願，並指出「理想的情況是患者的意願以某種形式的書面文件表達，作為一份『生前預囑』」。

簽名

我，＿＿＿＿＿＿＿＿＿＿＿＿＿＿＿＿＿＿，心智健全，特此聲明，如果我日後永久地再也無法參與有關我的醫療照護決策時，請將此聲明作為要遵循的指示。這些指示反映了我在下列情況下拒絕接受醫療的堅定承諾：

如果我處於**無法治癒或不可逆轉的精神或生理狀況，且沒有合理的康復預期**時，包括（但不限於）：(a)**末期狀況**；(b)**永久失去知覺**；(c)**處於最低意識狀態，使我永久無法做出決定或表達自己的意願**。我指示我的主治醫生停止或撤回只會拖延我死亡時間的治療。

我指示我的治療僅限於能讓我舒適和減輕疼痛的措施，包括因停止或撤回治療而可能出現的任何疼痛。

我瞭解，**如果我處於上述情況**，法律上並未要求我須具體說明未來的治療措施，但**我強烈反對以下形式的治療**：

劃掉任何不符合你意願的陳述

　　我不想進行心肺復甦術。
　　我不想用機械裝置來維持呼吸。
　　我不需要人工營養和流體餵養，也不需要施予抗生素。

然而，我**確實希望**能最大限度地緩解疼痛，即使這可能會加速我的死亡。

新增個人說明（如果有的話）

其他指示：

在文件上簽名、註明日期並填寫你的地址

根據紐約州法律，上述指示表達了我拒絕治療的合法權利。我的生前預囑有權得到執行，除非我在新的文件中聲明廢除上述指示，或者明確表示我改變了主意。

簽名：＿＿＿＿＿＿＿＿＿＿＿＿＿＿＿　　日期：＿＿＿＿＿＿＿＿
地址：＿＿＿＿＿＿＿＿＿＿＿＿＿＿＿＿＿＿＿＿＿＿＿＿＿

你的見證人必須簽名並填寫他們的地址	**見證人聲明（年滿 18 歲）** 我聲明，簽署本文件的當事人自願且不受脅迫地簽署本文件。他（她）於我在場的情況下簽署（或要求他人代為簽署）本文件。 見證人 1：_____ 　　地址：_____ 見證人 2：_____ 　　地址：_____

©2005 National Hospice and Palliative Care Organization

Courtesy of Caring Connections
1700 Diagonal Road, Suite 625, Alexandria, VA 22314
www.caringinfo.org. 800/658-8898

Copyright©2005 National Hospice and Palliative Care Organization. All rights reserved. Reproduction and distribution by an organization or organized group without the written permission of the National Hospice and Palliative Care Organization is expressly forbidden. For more information, please visit www.caringinfo.org. Reprinted with permission.

附錄 B：醫療代理委託書範本

簽名
填寫你的代理人的姓名、地址及聯絡電話

一、我，＿＿＿＿＿＿＿＿＿＿＿＿＿＿（姓名）
在此指定＿＿＿＿＿＿＿＿＿＿＿＿＿＿＿＿＿＿＿＿＿＿＿＿
＿＿＿＿＿＿＿＿＿＿＿＿＿＿＿＿＿＿＿＿＿＿＿＿＿＿＿＿＿
（姓名、地址、代理人聯絡電話）為我的醫療代理人，他可以為我做任何的醫療決定，除非我另有說明。我的代理人確實知道我對人工營養及流體餵養的意願。

如果我無法自行做出醫療決定，本醫療代理委託書立即生效。

新增個人說明（如果有的話）

二、選擇性指示說明：我指示我的代理人根據我的意願和限制（如下所述），或他（她）另外所知的情況做出醫療決定。

填寫你的替補代理人的姓名、地址及電話號碼

三、如果我在上面指定的對象無法、不願意或無能力擔任我的醫療代理人，以下為替補代理人的人選。
＿＿＿＿＿＿＿＿＿＿＿＿＿＿＿＿＿＿＿＿＿＿＿＿＿＿＿＿＿
（姓名、地址、代理人聯絡電話）
＿＿＿＿＿＿＿＿＿＿＿＿＿＿＿＿＿＿＿＿＿＿＿＿＿＿＿＿＿
（姓名、地址、代理人聯絡電話）

器官捐贈（勾選）

四、死亡時的器官捐贈：我死後，
☐**不想**捐贈我的器官、組織或部位。
☐**願意**捐贈我的器官、組織或部位。
☐1. 任何有需要的器官、組織或部位；
　　　　　　　或
☐2. 以下器官、組織或部位；
＿＿＿＿＿＿＿＿＿＿＿＿＿＿＿＿＿＿＿＿＿＿＿＿＿＿＿＿＿
＿＿＿＿＿＿＿＿＿＿＿＿＿＿＿＿＿＿＿＿＿＿＿＿＿＿＿＿＿

☐3. 我的捐贈有以下目的：
　　（在以下任何你不想要的項目劃刪除線）
　　（1）移植　　（2）治療　　（3）研究　　（4）教育

委託書的持續時間條件（如果有的話）	五、除非我撤銷本委託書，否則本委託書將無限期有效，或直到我在下面規定的日期或條件為止。本委託書將在以下日期自動失效（如有需要，請填入具體日期或條件）： _____ _____
在文件上簽名、註明日期並填寫地址	六、簽名：_____ 日期：_____ 　　地址：_____
見證人手續	**見證人聲明（年滿 18 歲）** 我聲明，簽署本文件的當事人自願且不受脅迫地簽署本文件。他（她）於我在場的情況下簽署（或要求他人代為簽署）本文件。我並非本文件指定的代理人。 見證人 1：_____ 　　地址：_____ 見證人 2：_____ 　　地址：_____
©2005 National Hospice and Palliative Care Organization	Courtesy of Caring Connections 1700 Diagonal Road, Suite 625, Alexandria, VA 22314 www.caringinfo.org. 800/658-8898

Copyright©2005 National Hospice and Palliative Care Organization. All rights reserved. Reproduction and distribution by an organization or organized group without the written permission of the National Hospice and Palliative Care Organization is expressly forbidden. For more information, please visit www.caringinfo.org. Reprinted with permission.

名詞彙編

A

accommodation　**調適**　Piaget 提出的概念。當新的經驗與現有的基模無法相容時，就得修改基模以與新的資訊融合。

acculturation　**文化互滲（濡化）**　因外部壓力，使得文化之間持續直接互動，彼此交換價值觀和信念。

acrocyanosis　**手足發紺**　因末梢循環不良導致新生兒手腳發青的現象。

activity theory　**活動理論**　老化理論之一，建議個體在晚年時期依然保持活躍和投入活動。

adducted　**內收**　四肢靠向身體中心的活動。

adenohypophysis　**腦下垂體**　位於腦下垂體前葉。

adolescence　**青春期**　是一個過渡時期，開始於性成熟，結束於生長停止和情緒趨於成熟。

advance directive　**預立醫療指示**　一份說明當個人無法表達醫療決定時，預先設立醫療意願的法律文件。

aerobic exercise　**有氧運動**　鍛鍊身體大肌肉並提高心輸出量和代謝率的運動。

ageism　**年齡歧視**　對年長者的歧視。

aging　**老化**　是正常、不可避免、漸進的過程，隨著時間推移產生不可逆轉的變化。

ambivalence　**矛盾心理**　對同一個人或同一物體有著兩種相反的情感，例如愛與恨。

amblyopia　**弱視**　又名「懶惰眼」（lazy eye），是兒童早期常見的視力疾病，因其中一隻眼睛的肌肉較弱引起。如果不加以矯正，恐會導致失明。

animistic　**萬物有靈**　幼兒相信桌子、樹木和太陽等物體都有情感和動機。

anorexia nervosa　**神經性厭食症**　一種飲食障礙，病徵是故意挨餓和體重大幅減輕。

anticipatory grief　**預期性悲傷**　對預期性失落（例如末期疾病）的反應。

antioxidants　**抗氧化劑**　可防止自由基形成，影響老化過程。

anxiety　**焦慮**　對壓力情境的反應。

apathy　**冷漠**　對周遭環境缺乏興趣。

Apgar score　**亞培格量表分數**　一種評估量表，用於反映新生兒的整體一般狀況。

apnea　**呼吸中止**　呼吸停止。

apocrine glands　**頂漿汗腺**　腋窩和恥骨區的汗腺。

assimilation　**同化**　Piaget 提出的概念，將新資訊吸收到現有基模的能力。

atrophy　**萎縮**　逐漸衰弱。

attachment　**依戀**　母親和孩子之間的情感連結。

autoimmune theory　**自體免疫理論**　老化理論之一，認為老化與人體免疫系統衰弱有關，免疫系統無法辨識自身組織而自我攻擊。

autonomy　**自主性（自主決定）**　自主獨立和自我意識。

B

basal metabolic rate　**基礎代謝率**　個體在休息時消耗的能量。

beliefs　**信念**　文化所持有的真理。

benign prostatic hyperplasia　**良性攝護腺增生**　攝護腺良性腫大，導致排尿困難、尿流減少、滴尿和頻尿。

bereavement　**喪慟**　持續感受到失落的狀態。

binge-eating disorder　**貪食症**　病徵是無節制的進食（但未有與暴食症相關的清除行為）。

blastocyst　**囊胚**　受精卵著床時正在發育的細胞團。

bottle-mouth syndrome　**瓶口症候群（奶瓶性齲齒）**　牛奶或果汁中的糖分引起的齲齒，通常發生在夜間餵奶時。

bulimia nervosa　**神經性暴食症**　一種飲食障礙，病徵是一陣暴飲暴食過後，接著自我催吐。

bullying　**霸凌**　一或多個人針對選定的受害者，對其反覆採取負面行動。

C

carcinogens　**致癌物**　如香菸、輻射等。

cataract　**白內障**　眼球的水晶體混濁。

centration　**中心性（片見性）**　學齡前兒童僅將注意力集中在某個線索上。

cephalocaudal　**從頭到尾的發展**　指從頭部開始向下朝四肢末端生長和發育。

cerumen　**耳垢**　耳屎積聚。

cervix　**子宮頸**　子宮的下「頸部」部分。

Cheyne-Stokes respirations　**潮式呼吸**　呼吸頻率不規則，時而呼吸暫停。

child abuse　**兒童虐待**　父母或照顧者近期的任何行為或不作為，導致兒童死亡、嚴重的身體或情緒傷害、性虐待或剝削。

cholesterol　**膽固醇**　飲食中許多食物的成分，也是大腦、神經、血液和荷爾蒙細胞的重要成分。

chromosomes　**染色體**　攜帶和傳遞遺傳特徵的基因。

circumcision　**包皮環切術**　出於衛生或宗教原因將包皮切除的手術。

cleft palate　**顎裂**　硬顎先天形成不完整和未閉合。

climacteric　**更年期**　中年期的生活變化。

clockwork theory　**發條理論**　老化理論之一，結締組織細胞具有決定生命長度的內建時鐘。

coitus　**性交**　也稱交媾。

colostrum　**初乳**　母乳的前身，早在胎兒第 7 個月時就儲存在母親的乳房中。

communication　**溝通**　兩個以上的人之間的互動。

compatibility　**相容**　帶有支持、舒適等情感基調的關係。

compensation　**補償**　防衛機制之一，個體在某個面向表現優異，來彌補另一個面向的不足。

conception　**受孕**　女性的卵子與男性的精子結合，也稱為受精。

conscience　**良知**　個體的內在價值體系，類似超我。

conscious　**意識**　Freud 的理論概念，意指個體當下覺察到的所有經驗。

continuity-developmental theory　**連續性發展理論**　老化理論之一，主張老化過程是生命週期的一部分，而非一個單獨的最終階段。

conversion　**轉化**　防衛機制之一，將潛意識的感受和焦慮轉化為身體症狀，但這些症狀並沒有潛在的生理問題。

cooperative play　**合作遊戲**　學齡前兒童的典型遊戲風格，他們開始懂得以合作的方式輪流分享。

cultural awareness　**文化意識**　欣賞多樣的文化表現，如藝術、音樂、服飾和身體特徵。

cultural competence　**文化能力**　致力於理解另一文化和族裔。

cultural sensitivity　**文化敏感度**　意識到多樣性的存在，尊重每個人的獨特性。

culture　**文化**　代代相傳而習得的行為模式。

cyberbullying　**網路霸凌**　故意利用網路、手機或其他科技反覆騷擾或嘲諷他人。

D

death with dignity　**尊嚴死**　罹患末期絕症、心智能力正常的成年人，有權利請求並接受處方藥物來加速自身的死亡。

deciduous teeth　**乳牙**　大約在出生後 6 至 7 個月時長出來。

defense mechanisms　**防衛機制**　又稱為心理防衛機制，是在生命週期各個階段，個體用來因應焦慮威脅的手段。

delirium　**譫妄**　急性的大腦功能反應異常，造成認知和注意力嚴重損害。

dementia　**失智症**　認知能力逐漸喪失。

demographics　**人口統計**　研究某一群體，包括群體的規模、群體內部的變化、群體的居住地點等資訊。

denial　**否認**　防衛機制之一，意指個體不想承認某些事件或情緒。這些事件或情緒痛苦到被個體排除在意識之外。

dental caries　**齲齒**　蛀牙。

depression　**憂鬱症**　長期的極度悲傷和無價值感。

dermis　**真皮層**　表皮正下方的皮膚內層。

development　**發展**　逐步獲得技能和發揮功能。

diffusion　**擴散**　將文化特徵傳播出去。

dilation　**擴張**　子宮頸開口變寬或擴大。

disease　**疾病**　內力與外力失衡。

disease prevention　**疾病預防**　分為一級、二級、三級等三個層次，旨在預防疾病，包括適當的教育、營養、運動和疫苗接種。早期診斷和治療有助於預防永久性失能。當出現永久性失能時，目標是盡可能地提高功能水準。

disengagement theory　**撤離理論**　老化理論之一，主張年長者和社會彼此逐漸相互撤退或脫離，以協助年長者將權力交棒給年輕人。

displacement　**替代**　防衛機制之一，意指將對某人或某物的情緒轉移到另一個威脅較小的人或物體上。

Do Not Resuscitate　**拒絕施行心肺復甦術**　又名「放棄急救同意書」，當病人心臟或呼吸驟停時，醫護人員依此瞭解病人意願的文件。

dominant genes　**顯性基因**　遺傳特徵表現蓋過其他基因。

durable power of attorney for health care　**醫療照護持久授權書**　指定某人代為表明病人的意願，並在病人無法表達自身意願的情況下，代為執行醫療照護的相關決定。

dysfunctional family　**失功能家庭**　無法為家庭成員提供穩定結構的家庭。

dyspareunia　**性交疼痛**　性交時疼痛或不適。

dysphagia　**吞嚥困難**　吞嚥時感到不適。

E

effacement　**子宮頸薄化**　子宮頸縮短和變薄。

ego　**自我**　也被稱為「心靈的執行者」，是最接近現實的部分。

ego integrity　**自我統整**　成年後期時對自己的成就感到滿意。

egocentric　**自我中心**　幼兒無法從自己以外的角度來感知世界。

ejaculation　**射精**　釋放精子和精液。

embryo　**胚胎**　在子宮中發育到第 8 週結束時的有機體。

emotions　**情緒**　感覺狀態，會引發生理和心理變化。

empowerment　**賦能**　賦予個體自我負責的能力，鼓勵個體為自己的決定負責。

empty-nest syndrome　**空巢症候群**　雙親對成年子女離開家的反應。

enculturation　**涵化**　透過觀察和教導來學習自身的文化。

endemic　**地方病**　僅影響特定族群或國家的疾病。

engrossment　**全心關注**　新生兒與父親建立連結的過程。

enuresis　**遺尿症**　兒童到可以控制排尿的年齡後仍反覆尿床。

epidemic　**流行病**　影響社區中大量居民的疾病。

epiphyseal cartilage　**骨骺軟骨**　長骨末端的骨化和生長中心。

equilibrium　**平衡機制**　均衡或恆定狀態。

estrogen　**雌激素**　卵巢分泌的荷爾蒙。

ethnicity　**族裔**　來自同一種族和地理區域，擁有共同文化傳統的群體。

eustachian tube　**耳咽管**　連接咽部和中耳的結構。

F

family　**家庭**　兩個以上的人選擇住在一起並分享興趣、角色和資源。

feedback　**回饋**　對訊息的回應。

fertilization　**受精**　女性的卵子與男性的精子細胞結合，也稱為受孕。

fetus　**胎兒**　從第 8 週到出生為止的生命體。

fibrocystic breast disease　**乳房纖維性囊腫**　乳房組織中的良性囊腫生長。

fight-or-flight response　**戰或逃反應**　因感知到威脅而準備攻擊或逃跑的狀態。

fine motor skills　**精細動作技巧**　控制手和手指的動作。

folkways　**民俗**　文化中的習俗，決定了我們如何互相寒暄問候。

fontanels　**囟門**　位於嬰兒顱骨縫接處的空間或軟點。

free-radical theory　**自由基理論**　老化理論之一，主張高度不穩定的分子會導致老化過程。

free radicals　**自由基**　新陳代謝過程中產生的高度不穩定化學物質。

functional family　**有功能家庭**　能促進成員成長和發展的家庭。

G

general adaptation syndrome（GAS）　**一般適應症候群**　Hans Selye 所提出，意指對壓力的生理反應。

generativity　**創生育成**　Erikson 所主張中年期的心理社會任務，意指個體服務社會大眾的意願和能力。

genes　**基因**　存在於細胞核內的去氧核糖核酸（DNA）鏈上。

gerontology　**老年學**　研究正常老化過程的學問。

gingivitis　**牙齦炎**　牙齦發炎，病徵為牙齦腫脹、發紅和出血。

glaucoma　**青光眼**　眼壓升高的眼部疾病。

globalization　**全球化**　擴散、互滲、移民型態和觀光旅遊業結合而造成的變化。

gonads　**性腺**　男性和女性的生殖腺。

grief　**悲傷**　對失落的反應或外在行為表現。

gross motor skills　**粗大動作技巧**　控制手臂和腿部大肌肉的動作能力。

growth　**成長**　體型大小的增長。

H

health　**健康**　兼顧生理、心理和社會適應的健全狀態，而非僅是沒有病痛或消除虛弱。

health care proxy　**醫療代理委託書**　指定某人在病人無法做出決定的情況下代其做出決定。

health promotion　**健康促進**　以提高最佳健康水準為目標的健康照護。

health restoration　**健康復健**　當病程穩定，即可開始進行健康復健。

heredity　**遺傳**　透過基因傳遞並在受精時即已確定的所有特徵。

holistic　**全人**　不僅考慮到生理方面，還考慮到心理、社會、認知和環境的影響。

homeostasis　**體內平衡**　身體的恆定狀態。

hormone replacement therapy　**荷爾蒙替代療法**　在更年期給予雌激素以治療不適症狀。

hospice care　**臨終關懷**　在舒適的家中或指定的病房為末期病人提供照護以迎向死亡。

hot flashes　**潮熱**　由於毛細血管擴張導致血液湧向皮膚表面而引起的熱燒感。

hypertension　**高血壓**　收縮壓大於 140 毫米汞柱、舒張壓大於 90 毫米汞柱的血壓狀況。

I

id　**本我**　身體基本、原始的衝動。

identification　**認同**　防衛機制之一，意指個體表現出另一個他相當尊重的人的性格特質。

immune-system-failure theory　**免疫系統衰退理論**　老化理論之一，主張老化是由於免疫系統無法發揮功能所致。

individualism　**個人獨特性**　個體享有獨立思想和行動的權利。

industry　**勤奮進取**　Erikson 主張的學齡兒童的心理社會任務。在這個階段，兒童的精力旺盛，專注於外在現實世界及擔任的角色。

infant mortality rate　**嬰兒死亡率**　每 1,000 名活產嬰兒，在週歲前死亡的人數。

initiative　**積極主動**　Erikson 主張的學齡前兒童的心理社會任務，透過假裝、探索和嘗試新角色來達成。

insomnia　**失眠**　無法入睡。

integumentary system　**表皮系統**　皮膚等相關結構。

intimacy　**親密**　溫暖、愛和深情的感覺。

introspection　**內省**　自我反思的方式，是個體願意分享內心深處想法的必備能力。

involution　**子宮復舊**　子宮恢復到非妊娠狀態。

K

karyotype　**核型**　分析個體的染色體模式。
keratosis　**角化症**　皮膚角化增厚。
kyphosis　**脊柱後凸**　駝背。

L

lacrimal ducts　**淚管**　以上下兩眼瞼內的淚點為開口的細微小管。
language　**語言**　用於溝通的口語或書面文字或符號。
lanugo　**胎毛**　新生兒身上覆蓋的細毛。
larynx　**喉頭**　包覆聲帶的器官。
latency　**潛伏期**　Freud 提出的概念，學齡兒童的性能量相對休眠的時期。
laws　**法律**　是政府支持並執行的成文政策。
libido　**性能量**　性驅力。
life expectancy　**預期壽命**　個體可能存活的平均年數。
life span　**壽命**　一個物種能夠生存的最長年數。
lipofuscin　**脂褐素**　含色素的代謝廢物，在年長者身體的各個器官中含量明顯增多。
listening　**傾聽**　可以是主動的，也可以是被動的，再加上對語言的詮釋。
living will　**生前預囑**　預立醫療指示之一，表明個人在患有嚴重疾病的情況下，是否維持延命治療的意願。
lordosis　**脊柱前凸**　幼兒腰椎向前過度彎曲的生理現象。
loss　**失落**　個體一生都會面臨的遭遇。
lumen　**血管腔**　血管的開口或直徑。

M

maladaptive grief responses　**適應不良的悲傷反應**　遭遇失落後表現出強烈、漫長、變化不定的悲傷過程，導致無法解決的衝突。
malnutrition　**營養不良**　缺乏必需營養素或未能攝取食物而導致的飲食不佳狀態。
malocclusion　**咬合不正**　上下排牙齒錯位或對接不整。
mammography　**乳房攝影**　乳房 X 光檢查，用於診斷和篩檢乳房疾病。
Mantoux skin test　**結核菌素皮膚試驗（芒圖試驗）**　篩檢結核病的皮內試驗。
maturation　**成熟**　無須經由練習或訓練，即可使能力和潛力發生的過程。

meconium　胎便　新生兒第一次排出的糞便，通常呈綠黑色，無味。
melanocytes　黑色素細胞　皮膚的色素細胞。
menarche　初潮　月經開始（第一次的月經）。
menopause　更年期絕經　月經停止，通常發生在 45 至 55 歲之間。
message　訊息　使用文字、符號或肢體語言表達想法和感受。
method　方式　訊息傳遞的方法。
middle old　中老期　75 到 90 歲的年長者。
milia　粟粒疹（粟丘疹、粟粒腫）　是小簇珍珠白色斑點，主要出現在嬰兒的鼻子、下巴和前額上，是因皮脂腺內的皮脂物質阻塞引起的。
molding　胎頭變形　新生兒在通過產道時顱骨顯得畸形或拉長。
mores　道德觀　文化成員強烈抱持的道德信念。
morula　桑葚胚　受精後的細胞團，狀似桑葚。
mourning　哀悼　個體在遭受重大失落後所經歷的自然過程。

N

negativistic behavior　消極行為　幼兒因受挫或不順他意而表現出的反抗行為。
neonate　新生兒　剛出生 4 週的嬰兒。
nephrons　腎單位（腎元）　腎臟中的功能單位。
neurons　神經元　神經細胞。
night terrors　夜驚　一種極端的惡夢，熟睡中的孩子突然坐起來尖叫，但並未完全清醒。
nonverbal communication　非語言溝通　使用肢體動作來溝通。
normal physiological weight loss　正常的生理性體重減輕　新生兒早期體重減輕 5% 至 10%，並在約 10 天內恢復。
norms　規範　社會公認的規則和行事方式，指導個體在文化中的行為和互動。
nurturance　撫育　家庭對每個成員的愛、關懷和關注。
nutrition　營養　研究人體對食物的需求、食物如何消化，以及食物選擇與健康和疾病之間關聯的科學。

O

obesity　肥胖　體重超重 20% 至 30%。

名詞彙編　457

object permanence　**物體恆存性**　Piaget 提出的概念，幼兒明白即使眼前未見到事物，事物也不會憑空消失。

occult blood　**潛血**　隱微的或看不見的血。

old old　**老老期**　90 歲以上的年長者。

omnipotence　**無所不能**　擁有無限權力或權威的全能感。

opacity　**混濁**　眼球的水晶體逐漸模糊。

ossification　**骨化**　骨組織逐漸取代軟骨的骨骼硬化過程。

osteoporosis　**骨質疏鬆症**　骨骼礦物質流失導致骨量減少的疾病。

ova　**卵子**　女性的性細胞。

ovaries　**卵巢**　女性的性腺。

ovulation　**排卵**　卵巢排出和釋放卵子。

P

palliative care　**安寧療護**　減輕末期病人痛苦的一種照護形式。

pandemic　**全球大流行**　在多個國家或大洲傳播的疾病。

Papanicolaou test　**巴氏檢查**　子宮頸癌的常見篩檢方式。

parallel play　**平行遊戲**　幼兒典型的遊戲風格，看似與其他孩子一起玩，但彼此並無互動。

Patient Self-Determination Act (PSDA)　**病人自主權利法**　每位病人都有權利預立醫療指示。如果機構未能告知病人這項權利，聯邦政府將收回該機構的補助款。

penis　**陰莖**　男性的性器官。

peristalsis　**蠕動**　推動食物通過胃腸系統的波浪肌肉運動。

personality　**人格**　有別於他人的獨特行為模式。

physician-assisted dying　**醫助死亡**　刻意結束病人的生命，也稱醫療協助死亡（MAID）。

physiological jaundice　**生理性黃疸**　新生兒的皮膚在出生後 48 至 72 小時內呈現黃色。

placenta　**胎盤**　附著在子宮內壁上的扁平圓形組織塊。胎盤的功能很多，包括：分泌荷爾蒙、運輸營養物質和廢棄物，以及保護嬰兒免受有害物質的侵害。

preadolescence　**前青春期**　生長快速的時期，直到生殖能力成熟。

prejudice　**偏見**　因種族、性別或性取向，而對他人產生負面情緒、態度或評價。

presbycusis　**老年性耳聾**　因年齡增長而導致的高頻聽力受損。

presbyopia　**老花眼**　看清近距離物體的能力下降，隨年齡增長而發生。

primary sex characteristics　**第一性徵**　性腺的生長與成熟。

procreation　**生殖**　繁衍後代的能力。

progesterone　**黃體素（孕酮）**　一種女性性荷爾蒙。

projection　**投射**　防衛機制之一，常被稱為責他機制，係指個體排拒不可接受的想法或感受，而將其歸因於另一個人。

proximity　**接近性**　位置的接近程度。

proximodistal　**從軀幹到四肢的發展**　從身體中心向四肢方向的生長和發育。

pruritus　**搔癢症**　全身發癢，卻又沒有明顯病灶的疾病。

pseudomenstruation　**假性月經**　出生後不久的輕微帶血陰道分泌物，可能與母體荷爾蒙有關，無需任何治療即可消失。

puberty　**青春期發育**　介於兒童期之後和青春期之前的時期，在此期間身體為生殖所需的變化做好準備。

R

rationalization　**合理化**　防衛機制之一，為不佳的行為或感受辯解或找藉口。這是一種保全面子的技巧，與真相無關。

reaction formation　**反向作用**　防衛機制之一，將不願接受的感覺或想法排除在意識之外，並以相反的感覺或想法取代。

reaction time　**反應時間**　個體對刺激做出反應的速度。

receiver　**接收者**　訊息發送的接收對象。

recessive genes　**隱性基因**　只有成對存在才能傳遞遺傳性狀的基因。

reciprocity　**互惠**　Kohlberg重視的道德情感，意指關心他人是否得到公平的對待。

regression　**退化**　防衛機制之一，意指回到早期的發展階段，以此因應壓力。

religion　**宗教**　特定信仰和崇拜體系。

reminiscence　**話舊**　回想和討論過去重要生活事件的過程。

residual volume　**殘氣量**　用力呼氣後肺部剩餘的空氣量。

resistance exercise　**阻力運動**　可增強肌肉質量的運動，如舉重。

respectability　**尊重**　強調榜樣和價值。

reversibility　**可逆性**　理解兩種行動如何產生關聯。

right to die　**死亡自決權**　拒絕醫療的權利，即使可能導致死亡。

ritualistic behavior　**儀式行為**　有助於降低焦慮的重複行為、習慣或慣例。

S

saturated fats　**飽和脂肪**　來自動物的脂肪，存在於肉類和乳製品中。

schema　**基模**　Piaget 提出的概念，意指由許多有組織的概念組成的模式，這些概念隨著兒童的經驗而擴展

school phobia　**懼學症**　強烈恐懼上學。

scoliosis　**脊椎側彎**　脊椎異常側面彎曲。

scrotum　**陰囊**　內含睪丸的囊袋。

secondary sex characteristics　**第二性徵**　所有對生殖沒有直接作用的變化，例如長出陰毛、腋毛和臉部毛髮；皮脂腺和頂漿汗腺的活動增加；乳房發育；骨盆和髖骨擴寬。

sender　**發送者**　發起並傳遞訊息的人。

senescence　**衰老**　與正常老化相關的症狀或變化。

senile lentigo　**老年性雀斑**　皮膚上常見的、扁平變色的「老年斑」。

separation anxiety　**分離焦慮**　幼兒因上學、住院或家人離世而與家人分離時，分離的壓力會引發焦慮。

sexuality　**性**　是一個廣泛的術語，包括解剖學、性別認同、關係，以及個人對性的想法、感受和態度。

sexually transmitted infections　**性傳播感染**　透過性接觸而感染的疾病。

sibling rivalry　**手足競爭**　嫉妒兄弟姊妹而導致不安全感。

slate gray nevus　**板岩灰痣**　腰骶部附近平坦、不規則的色素沉著區域，有時出現在皮膚黑色素較多的嬰兒身上（舊稱蒙古斑）。

social communication　**社交性溝通**　日常生活中輕鬆、表層的溝通。

socialization　**社會化**　個體適應社會規範的過程。

socializing agent　**社會化媒介**　向孩子灌輸信念、價值觀和道德觀的媒介。家庭是孩子的第一個社會化媒介。

somatic　**身體的**　和身體有關。

sperm　**精子**　男性的性細胞。

spirituality　靈性　對形上學、宗教或至高無上的認識。

stagnation　停滯不前　Erikson 的理論認為，當一個人只關心自己而不關心他人的福祉時，就會停滯不前。

stress　壓力　任何擾亂心理或生理平衡的事物。

subconscious　前意識　儲存記憶、想法和感受的下意識層次。

subculture　次文化　在主流文化群體內，具有共同價值、信念和興趣的小眾文化。

sublimation　昇華　防衛機制之一，意指個體將不為社會接受的衝動，引導到社會可接受的方向。

substance abuse　物質濫用　失控地使用鴉片類藥物、大麻和興奮劑等物質。

sudden infant death syndrome　嬰兒猝死症候群　確切原因不明，又稱「搖籃死亡」。

sun protection factor　防曬係數　可以暴露在陽光下而不被曬傷的時間。

superego　超我　是心靈中決定是非的部分，類似於良知。

suppression　壓抑　防衛機制之一，意指個體有意識地迴避痛苦。

sutures　縫接處　分隔嬰兒顱骨的厚軟骨帶。

symbols　象徵性符號　以語言、手勢或物體表達的符號。文化使用符號與其成員溝通。

T

team play　團隊遊戲　學齡兒童典型的高階遊戲風格，需要具備遵守規則和規定的能力。團隊遊戲可能是競爭性的活動。

technological innovation　技術創新　社會的創新變革，包括解決問題和創造變革的科學、醫學、工程、通訊和製造業的進步。

teratogens　致畸胎物　對胎兒產生不利影響的化學或物理物質。

testes　睪丸　男性的性腺。

testosterone　睪固酮　是睪丸的間質細胞分泌的男性荷爾蒙。

therapeutic communication　治療性溝通　有目的性和目標導向的溝通。

tinnitus　耳鳴　單耳或雙耳發出嗡嗡聲或其他噪音。

trans fats　反式脂肪　在植物油中添加氫而製成的脂肪。

transcultural nursing　跨文化照護　將照護視為關心多樣性文化世界的觀點。

U

umbilical cord　**臍帶**　胎兒和胎盤之間的連結紐帶。
unconscious　**潛意識**　Freud 提出的概念，意指被個體封閉的意識。
undoing　**抵消**　防衛機制之一，個體以某些作為象徵性地抵消先前不被接受的想法或行動，試圖予以彌補。
unsaturated fats　**不飽和脂肪**　在室溫下通常為液體且來自於植物的脂肪。

V

values　**價值觀**　決定什麼是好或壞、對或錯的根深柢固信念與感受。
verbal communication　**語言溝通**　使用口語或書寫文字來傳達態度、想法和感受。
vernix caseosa　**胎脂**　覆蓋在新生兒皮膚上的白色起司狀保護層。
visual acuity　**視力**　視覺的敏銳度或清晰度。
vital capacity　**肺活量**　肺部吸入和排出空氣的能力。

W

weaning　**斷奶**　循序漸進地不再以喝母乳或配方奶為主食。
wear-and-tear theory　**耗損理論**　老化理論之一，主張細胞經過反覆磨損後會停止功能，加速老化過程。
wellness　**健康**　參見 health。

X

xerostomia　**口乾症**　唾液減少而導致的口腔乾燥。

Y

young old　**初老期**　65 至 74 歲的年長者。

Z

zygote　**受精卵**　精子與卵子結合受孕。

國家圖書館出版品預行編目（CIP）資料

發展心理學：健康促進的觀點 / Elaine U. Polan, Daphne R. Taylor著；陳增穎譯. --
初版. -- 新北市：心理出版社股份有限公司, 2025.10
面；　公分. --（心理學系列；11054）
譯自：Journey across the life span : human development and health promotion, 7th ed.
ISBN 978-626-7447-98-7（平裝）

1.CST: 發展心理學　2.CST: 生命全期發展　3.CST: 健康態度

173.6　　　　　　　　　　　　　　　　　　　　　　　　　　　114011688

心理學系列 11054

發展心理學：健康促進的觀點

作　　者：Elaine U. Polan & Daphne R. Taylor
譯　　者：陳增穎
執行編輯：陳文玲
總　編　輯：林敬堯
發　行　人：洪有義
出　版　者：心理出版社股份有限公司
地　　址：231026 新北市新店區光明街 288 號 7 樓
電　　話：(02) 29150566
傳　　真：(02) 29152928
郵撥帳號：19293172 心理出版社股份有限公司
網　　址：https://www.psy.com.tw
電子信箱：psychoco@ms15.hinet.net
排　版　者：菩薩蠻數位文化有限公司
印　刷　者：辰皓國際出版製作有限公司
初版一刷：2025 年 10 月
Ｉ　Ｓ　Ｂ　Ｎ：978-626-7447-98-7
定　　價：新台幣 560 元

■有著作權・侵害必究■
【本書獲有原出版者全球繁體中文版出版發行獨家授權】